权威·前沿·原创

皮书系列为
"十二五""十三五"国家重点图书出版规划项目

地方立法蓝皮书

BLUE BOOK OF LOCAL LEGISLATION

中国地方立法报告
（2018）

ANNUAL REPORT ON CHINA'S LOCAL LEGISLATION
(2018)

主　　编／付子堂
执行主编／周祖成　周尚君
副 主 编／张善根　杨惠琪　陈　婧

社会科学文献出版社
SOCIAL SCIENCES ACADEMIC PRESS (CHINA)

图书在版编目(CIP)数据

中国地方立法报告.2018/付子堂主编.--北京：社会科学文献出版社，2018.5
（地方立法蓝皮书）
ISBN 978-7-5201-2595-6

Ⅰ.①中… Ⅱ.①付… Ⅲ.①地方法规-立法-研究报告-中国-2018 Ⅳ.①D927

中国版本图书馆CIP数据核字（2018）第079007号

地方立法蓝皮书
中国地方立法报告（2018）

主　　编 /	付子堂
执行主编 /	周祖成　周尚君
副 主 编 /	张善根　杨惠琪　陈　婧
出 版 人 /	谢寿光
项目统筹 /	刘骁军
责任编辑 /	关晶焱　郭锡超
出　　版 /	社会科学文献出版社·（010）59367161
	地址：北京市北三环中路甲29号院华龙大厦　邮编：100029
	网址：www.ssap.com.cn
发　　行 /	市场营销中心（010）59367081　59367018
印　　装 /	三河市龙林印务有限公司
规　　格 /	开　本：787mm×1092mm　1/16
	印　张：25.75　字　数：390千字
版　　次 /	2018年5月第1版　2018年5月第1次印刷
书　　号 /	ISBN 978-7-5201-2595-6
定　　价 /	98.00元

皮书序列号 / PSN B-2018-706-1/1

本书如有印装质量问题，请与读者服务中心（010-59367028）联系

版权所有 翻印必究

地方立法蓝皮书编委会

主　　编　付子堂
执行主编　周祖成　周尚君
副 主 编　张善根　杨惠琪　陈　婧
编　　委　(以文序排列)
　　　　　　刘庭勇　张纯河　王正力　张学成　徐以祥
　　　　　　叶　明　喻少如　黄　忠　黄　汇　马立群
　　　　　　张善根　杨尚东　杜　苏　张　印　张　琼

主要编撰者简介

付子堂 法学教授，西南政法大学校长。享受国务院特殊津贴专家，第六届"全国十大杰出青年法学家"，2014年入选"国家百千万人才工程"，获国家"有突出贡献的中青年专家"荣誉称号；中国法学会常务理事、学术委员会委员，教育部高等学校法学学科教学指导委员会副主任委员，中国法理学研究会副会长，中国法学教育研究会副会长，中国人权研究会副会长，全国法律硕士专业学位教育指导委员会委员。在《求是》《人民日报》《光明日报》以及《中国社会科学》《法学研究》《中国法学》等国家级权威报刊及中文核心期刊发表学术论文200余篇，主持和主研国家及省部级科研项目30余项，出版法学教材、专著、辞书等60余部。

周祖成 西南政法大学教授，博士生导师，地方立法研究协同创新中心执行主任；日本筑波大学社会科学系访问学者，中国法学会立法学研究会常务理事，中国法理学研究会理事，中国行为法学会理事。先后在《法学研究》《人民日报》《政法论坛》《现代法学》《法制与社会发展》等权威报纸和核心学术刊物发表论文60余篇。

周尚君 西南政法大学教授，博士生导师，科研处副处长，重庆市"2011计划"地方立法研究协同创新中心副主任；中国法理学研究会理事，中国行为法学会理事，中国社会学会法律社会学专业委员会常务理事。在《法学研究》《中国法学》等权威和核心刊物发表学术论文多篇。主持国家社科基金项目、教育部、司法部、中国法学会项目。

目 录

Ⅰ 总报告

B.1 2017年我国地方立法发展状况
　　……………………… 西南政法大学地方立法中心课题组 / 001

Ⅱ 分报告

B.2 2017年地方立法文本质量评估总报告
　　……………………… 西南政法大学地方立法评估课题组 / 046
B.3 我国地方环境立法的现状与未来
　　……………………… 西南政法大学地方立法研究院课题组
　　　　　　　　　　　　西南政法大学西部生态法研究中心 / 083
B.4 我国行政类地方立法后评估……………… 杨尚东　雷　震 / 154

Ⅲ 专题报告

B.5 新赋予立法权的设区的市立法动向………… 郭　叶　曹　琴 / 198

B.6 地方立法创新之网约车立法……………………………… 莫　林 / 216

B.7 地方先行先试立法模式及其实践
　　——以中国自贸区立法为例………………… 张　涛　王　辉 / 247

B.8 重要立法事项第三方评估机制研究…………… 韩　军　谢章泸 / 263

Ⅳ 调研报告

B.9 地方立法研究动力与学术资源整合之构思
　　——以各地方立法学研究会的成立和运行为例
　　…………………………………………………… 郑文睿　郑　丹 / 287

B.10 地方人大立法新媒体宣传情况分析
　　——以四川省21个市（自治州）人大网站为视角
　　………………………………………………………………… 罗　维 / 296

B.11 天津市地方立法的经验
　　——以天津市人大地方立法为例 ……………………… 周静文 / 305

B.12 广安市饮用水水源保护立法调研
　　………………………………… 广安市人大常委会立法项目调研组 / 319

Ⅴ 个案研究

B.13 1997~2017年重庆市经济建设地方性法规立法特色…… 郑伟华 / 331

B.14 广东自由贸易试验区与上海自由贸易试验区立法比较研究
　　…………………………………………………………… 侯嘉淳 / 357

B.15 《安顺市城镇绿化条例》立法前调研及立法思路
　　………………………… 西南政法大学《安顺市城镇绿化条例》调研组 / 378

Contents …………………………………………………………… / 389

总 报 告

General Report

B.1
2017年我国地方立法发展状况

西南政法大学地方立法中心课题组*

摘　要： 全面依法治国是国家治理的一场深刻革命，必须坚持厉行法治，推进科学立法、严格执法、公正司法、全民守法。完善立法是推进法治建设的首要环节，而客观、科学地分析地方立法的真实状况，对于推动我国立法事业发展有着重要意义。在收集、整理2017年度地方立法成果的基础上，本报告对当年地方立法状况进行总览式概述，并以季度为时间划分节点，引入地域、类型等要素，深入分析研究地方立法年度重点与发展趋势，在此基础上选择立法程序、内容方面具有一定创新表现的立法实例，全面展现本年度地方立法状况。力求描摹地方立法发展态势，挖掘地方立法真实需求，发现立法领域现存问题。

---

* 撰稿人：杨惠琪、张琼、陈婧。数据收集整理由西南政法大学立法研究中心团队成员完成。

地方立法蓝皮书

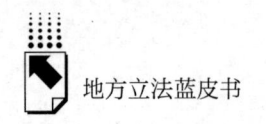

关键词： 地方立法　依法立法　民主立法　科学立法

立法作为国家法治建设的首要环节，其重要性不需赘述，十九大报告针对未来立法工作提出了"依法立法、科学立法、民主立法"这一新时期的立法原则，更是凸显出未来法治建设对"良法"的迫切现实需求。现下我国在中央统一领导的基础上，形成了"多级并存、多类结合"的立法体制。这种制度安排不仅强调了"大国"法律系统作为一个整体的对外规范性，也反映了系统内部对法律渊源的多样性需求。对于立法事业而言，地方的立法成果在我国现行法律规范中占据了绝对数量优势，既往实践更是充分证明，未来我国改革发展的力量主要在地方。因此，面对纷繁复杂的立法现状，针对地方立法进行阶段性的总结分析，无疑有助于描摹地方立法发展态势，挖掘地方立法真实需求，发现立法领域现存问题。基于以上考量，课题组特此针对2017年度地方立法状况进行总结评述。

一　2017年地方立法概况总览

课题组通过对全国各地人大、政府官方网站公开的立法信息数据进行收集、筛选①，汇总了2017年度我国地方立法的基本数据。从时间方面来看，样本覆盖时间为2017年1月1日至2017年12月31日；就立法层级而言，不仅包括传统的省级立法成果，也收集了近两年新获立法权的设区的市的立法成果。另外，依据立法法相关规定，地方人大及其常委会和地方政府都具有立法权，行使相应立法权后分别产生的是地方性法规和地方政府规章。地

---

① 统计时间截止到2018年1月5日。虽然目前市面上已有不少法律法规类数据库可以提供一定的立法数据，但是，考虑到地方人大及政府网站公开渠道的权威性，我们最终还是选择以人大、政府公开信息为收集标准。不过，需要注意的是，现实中一些地方人大网站的确存在公开信息不足、滞后的问题，因此课题组的分析仅对我们取样数据负责，并允许课题组统计数据同实际情况之间存在一定的误差，特此对可能存在的数据更新误差以及统计疏漏作出解释。

方性法规和地方政府规章在位阶、权限、审查、批准方面均具有较大不同。① 这就涉及一个理论问题：两者是否均归属于地方立法范畴？为了解释这一问题，我们可以从广、狭两种视角入手：广义视角将地方政府规章的制定权笼统归属于地方立法权，地方政府自然也是地方立法主体②；而在狭义视角下，地方立法权的主体仅限于地方人大及其常委会，"地方立法权具体是指特定的地方国家权力机关制定法规和条例的权力，以及按照法律规定的权限对法规和条例进行审查和批准的权力"。③ 两类观点仅是理论立场不同，都具有一定的道理，在此不对理论问题进行评析，仅从数据收集分析角度而言，课题组选择了广义视角，将地方政府规章也纳入收集范围。因此，有关地方立法的年度分析会涉及法规、规章两类不同立法成果，特此说明。

（一）地方性法规立法概况

统计显示，2017年度我国地方性法规的立法情况整体以新增立法为主，新增立法占比达到51%，修改法规的情况占46%，废止原有法规的情形则仅占3%（见图1）。该数据说明，就地方性法规而言，修改情形占据的比重同新增立法所占比重的差异较小，侧面印证了地方逐步由规模化立法向适度修法模式的转变。

并且，对地方性法规数据进行归纳发现，相较新增立法项目而言，设区的市普遍获得立法权之后，2017年的立法表现较为活跃，在地方性法规类立法成果中占据了三成的比例，省级立法依旧势头强劲，七成地方性法规类立法成果仍旧是由省级立法主体制定的（见图2）。这同之前学界普遍认为的设区的市立法数量会大幅度上涨这一预测稍有出入。我们认为，设区的市在立法事项受限、立法能力不足等方面的问题是其相关立法数量并未出现井喷式发展的主要原因。首先，立法事项受限使得设区的市立法项目的选择范围相对狭窄；其次，立法能力不足客观上为法规出台

---

① 例如，根据《行政处罚法》的规定，市级地方性法规不可限制人身自由、吊销营业执照，政府规章则可设置警告和罚款。
② 汤唯、毕可志：《地方立法的民主化与科学化构想》，北京大学出版社，2002，第1~2页。
③ 葛洪义等：《我国地方法制建设理论与实践研究》，经济科学出版社，2012，第128页。

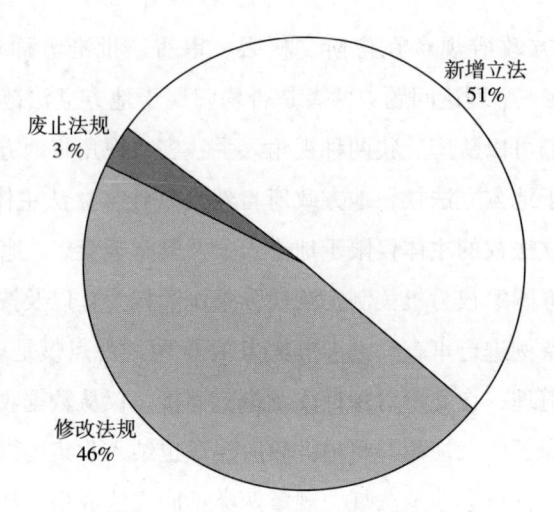

图1　2017年我国地方性法规的立改废情况

资料来源：本文图表中涉及的地方性法规或规章统计数据，为西南政法大学地方立法中心——地方立法动态团队逐月统计，统计渠道为各地地方人大网站公开数据，以下不再一一注明。

设置了阻碍，极易拉长立法的准备及论证时间；最后，批准生效程序的设置对设区的市立法成果提出了较高的质量要求，在一定程度上增加了设区的市立法所需时间。

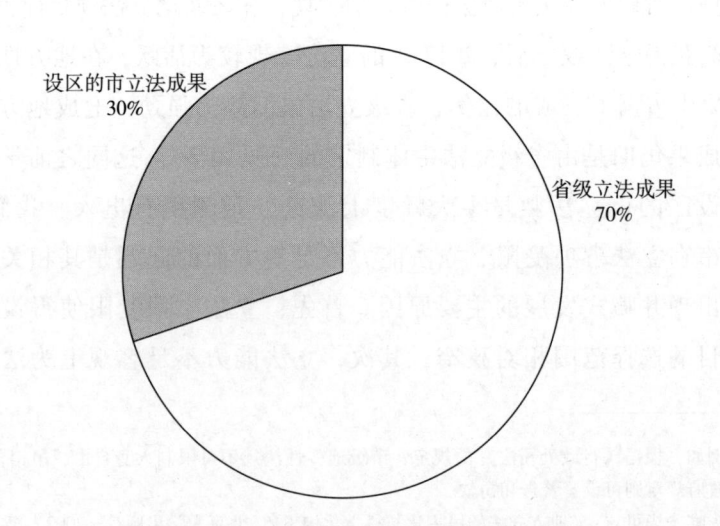

图2　2017年我国地方性法规新增立法情况

此外，考虑到广义的立法行为也包含了修改、废止情形，课题组对相关数据进行了整理。统计发现，在法规修改方面，省级立法主体占据了极大比重，85%的法规修改都是由省级立法主体作出的，设区的市仅占15%（见图3）。考虑到设区的市较多是新获立法权不久，当下的精力主要集中在新增立法方面，修改法规行为主要集中在原有49个较大的市的立法成果当中，数量不多实属正常。

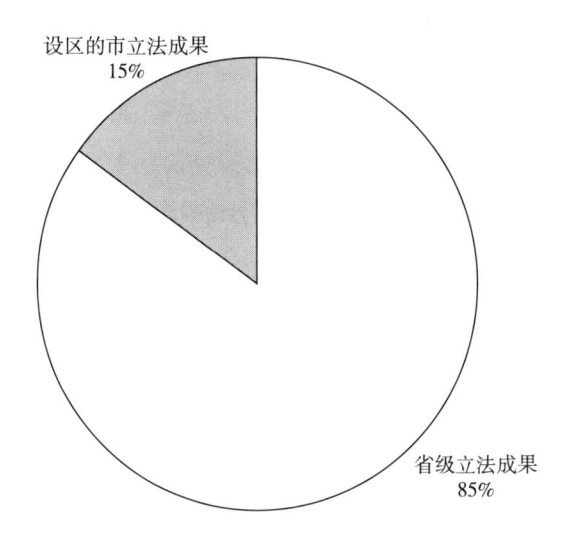

图3　2017年我国地方性法规修改情况

但是，在废止方面，设区的市占据了26%，省级立法则占据74%（见图4）。出现这一情况是因为课题组收集到的废止情况本身就很少，虽然看似设区的市废止行为所占比重相较于修改行为多了11个百分点，但从数量上看，全年仅收集到7例设区的市废止法规的情况。结合设区的市全年数据就能发现，废止法规的情况仅占据设区的市全年数据的3%，而新增立法则占据71%，这点再次印证了设区的市当下主要将精力集中在新增立法方面，但原有较大的市的立法成果也确实需要进行修改，因此，修改法规情形仍旧占据了26%的比重（见图5）。

设区的市立法成果
26%

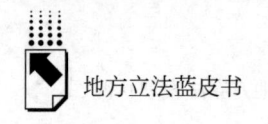

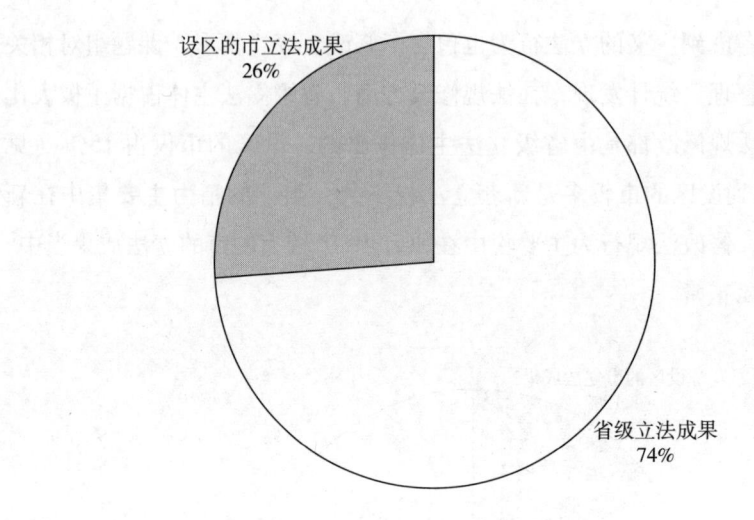

省级立法成果
74%

图4　2017年我国地方性法规废止情况

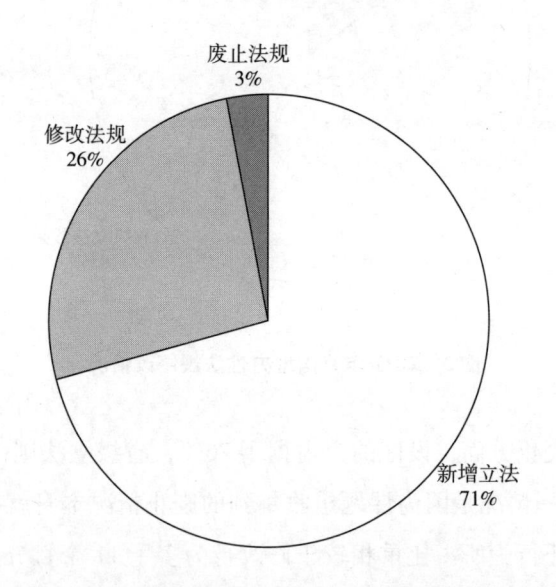

废止法规
3%

修改法规
26%

新增立法
71%

图5　2017年我国设区的市地方性法规的立改废情况

（二）地方政府规章立法概况

本次统计也尽可能收集了2017年度各地地方政府规章的相关立法数据。统计显示，2017年我国地方政府规章的立法显示出新增、修改、废止三者并重的局面,其中,新增规章仍旧占据了一定数量优势,废止规章同新增规章的数量差距不大,修改规章的情形占比最少,但整体而言,地方政府规章的三种情形之间的差异并未像地方性法规那样悬殊(见图6)。

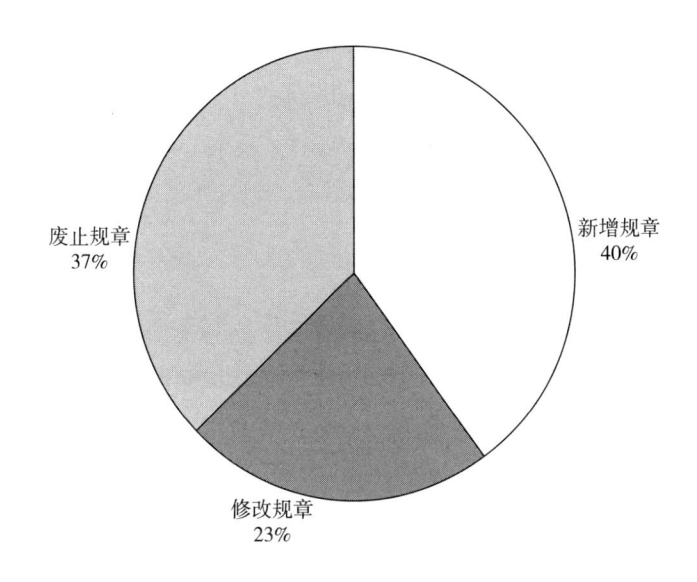

图6 2017年我国地方政府规章的立改废情况

废止规章 37%
新增规章 40%
修改规章 23%

即便在整体表现上,地方政府规章的数据同地方性法规的数据表现也有一定的差异,但是在新增立法这一方面,地方政府规章同地方性法规的数据表现基本一致,出现了省级新增立法行为数量占据较大比重的现象。如图7所示,2017年新增的省级政府规章占据了近七成,设区的市新增规章则为三成左右。

就规章修改行为而言,省级政府依旧占据了数量优势,且数据占比同新增规章的数据表现大致持平,保持在七成左右(见图8)。这点同地方性法规类修改数据又有所不同:在地方性法规类修改数据中,省级相较于设区的市的数据优势高达70个百分点;而在地方政府规章类修改数据中,这一数据优势降低为40个百分点左右。

废止规章数据方面,省级废止规章情形占据了82%,设区的市占据了18%(见图9)。对比地方性法规的废止数据能够发现,设区的市的规章废止比重有所下降,并且,虽然省级规章类数据依然占据优势,但在新增、修

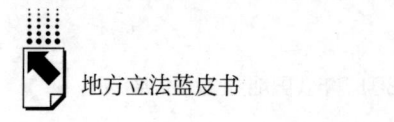

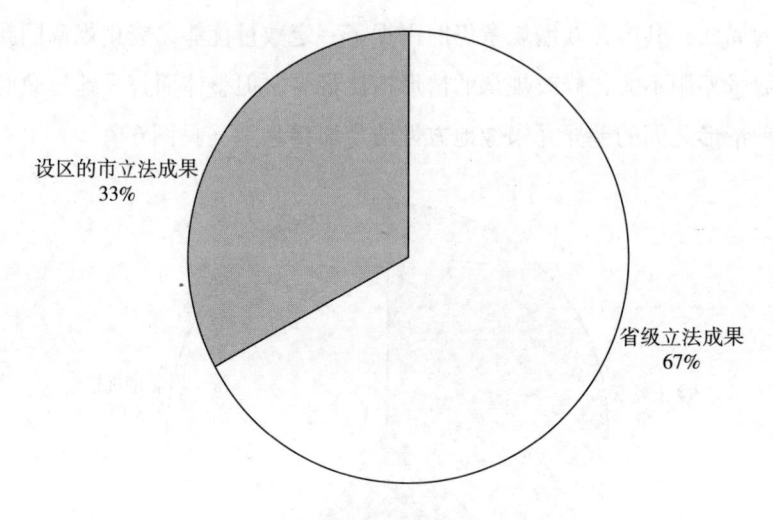

图7　2017年我国地方政府规章新增情况

- 设区的市立法成果 33%
- 省级立法成果 67%

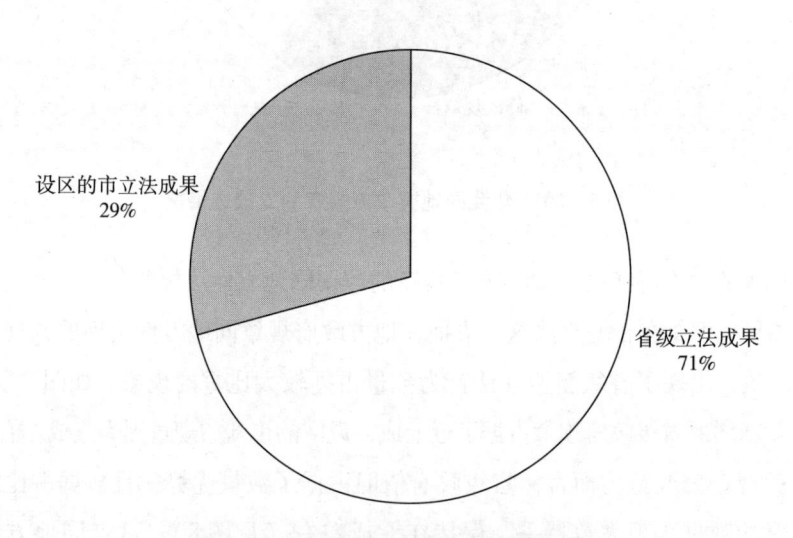

图8　2017年我国地方政府规章修改情况

- 设区的市立法成果 29%
- 省级立法成果 71%

改、废止三个方面，省级立法数据、设区的市立法数据之间的比例一直较为均衡稳定。

对2017年度我国各地立法状况的总览式分析，能够帮助我们初步掌握一年来地方立法的基本态势。但是，这种分析方式较难对各地的立法状况进行深入把握，极易一叶障目。因此，课题组在总览式分析的基础上，以季度

设区的市立法成果
18%

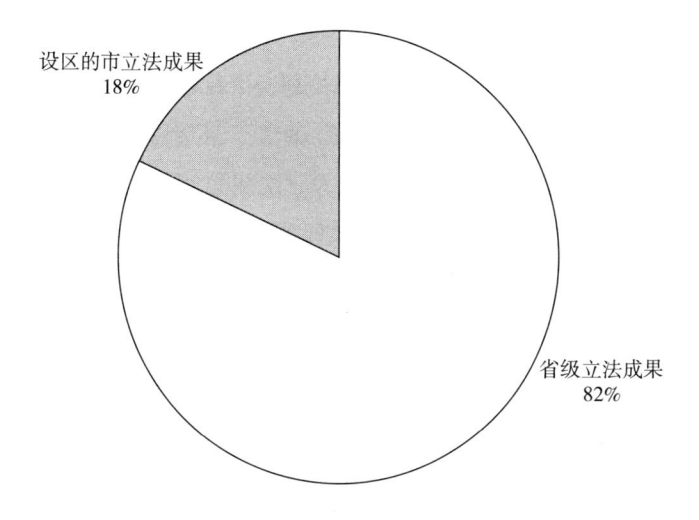

省级立法成果
82%

图9　2017年我国地方政府规章废止情况

为时间节点，针对我国各地的立法情况继续开展了区域分析和类型分析，以期深入挖掘年度地方立法成果以及立法重点，从而反映出我国各地的立法需求及表现差异。后文的分析会将年度地方立法成果依照东、中、西部进行区域划分①，并在此基础上针对立法成果开展类型化分析。不过，考虑到我国目前并不存在一种针对地方立法成果而进行的权威分类方式，因此，课题组借助重庆市人大在实践中采用的基本分类方式②，依据地方立法成果具体调整内容及调整重点的不同，将其基本划分为以下六大类别：

（1）国家机关类立法，具体包括人大制度、行政机构、行政执法、行政事务等内容；

（2）社会事务管理类立法，具体包括公民权益、公共安全、司法服务、社会事务、社会团体、基层政治、劳动安全、社会保障等内容；

（3）文化教育类立法，具体包括教育、科学、文化、卫生、体育等内容；

（4）财政经济类立法，具体包括市场、交通、农业农村、旅游、企业、

---

① 此处采用地理学上对我国东、中、西部地域的划分标准。
② 具体内容可参见"重庆市人大网站—法律法规查询—重庆市现行地方性法规目录及法规文本"，http://www.ccpc.cq.cn/Home/Index/more/u/rule.html。

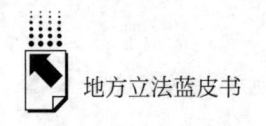

邮政电信、统计、中介组织等内容；

（5）城乡建设类立法，具体包括建设规划、市政绿化、风景名胜等内容；

（6）资源环境类立法，具体包括资源、能源、环境保护、灾害防治等内容。

除此之外，课题组还选择了一些地方立法成果当作实践案例，对其进行了针对性分析，如立法过程中以丰富实地调研为特色的《北京市机动车停车管理条例》，突出立法听证程序的《湖北省消费者权益保护条例》，进行较多立法内容创新的《无锡市民用无人驾驶航空器管理办法》。希望能在数据分析之余，借助案例式分析，尽可能总结本年度地方立法特点。

二 2017年度地方立法数据分析

（一）第一季度新增立法分析

1. 地方新增立法总览

2017年第一季度，我国地方通过地方性法规和地方政府规章共计197部，地方性法规和地方政府规章分别为116部和81部。二者比重如图10所示，地方人大立法略高于地方政府立法量，说明地方政府立法较为活跃，而地方人大立法的主导性则需进一步加强，要积极发挥人大在立法中的引领作用，强化人大的立法职能。

从各省份来看，陕西省2017年第一季度立法总量为12部，其中地方政府规章为10部，约占该省总立法量的83%；福建省立法总量为9部，规章为6部，占比约67%；内蒙古自治区立法总量为8部，规章为5部，占比约63%；浙江省立法总量为9部，规章为5部，占比约56%；广东省立法总量为18部，规章为9部，占比50%。上述省份规章立法量的比例均高于全国平均比例，说明地方立法对地方政府依赖性较强，地方人大立法主导性较弱。

从地域分布来看，第一季度，东部12省、直辖市立法共计94部，中部9省、自治区立法共计48部，西部10省、自治区、直辖市共计55部。如图11所示，东部第一季度的立法量几乎与中西部立法量之和持平。虽

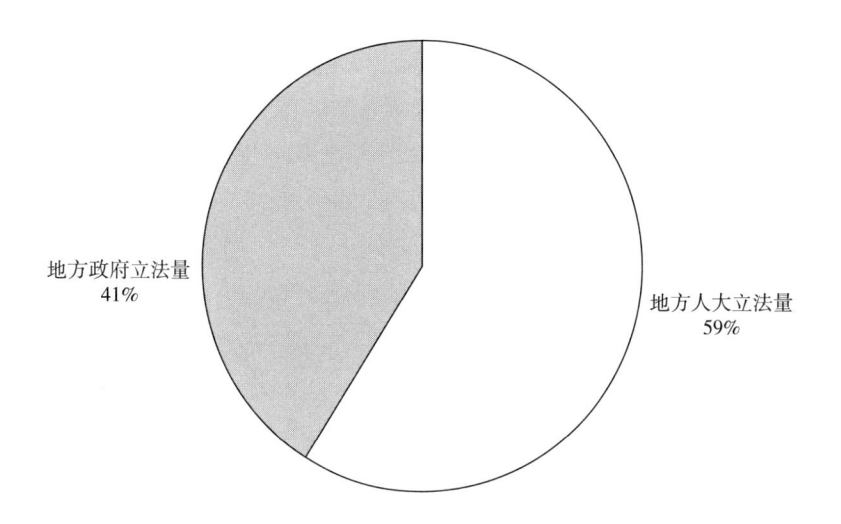

图10　2017年第一季度地方新增立法类别

然东部地区立法总量居高与其所辖省份较多有关，但从最根本上反映了东部地区立法的高活跃度。其中，广东省18部，江苏省17部，福建省、海南省和山东省各8部，上述省份也是我国经济最为活跃的沿海地区。由此可推测，经济发展速度与立法量呈正相关，即经济快速发展催生的新型社会问题和矛盾需要立法作出解答。就中部和西部而言，二者立法量相近。其中，安徽省以13部立法、陕西省以12部立法分别位居中部和西部立法首位。

2. 2017年第一季度地方新增立法类型总分析

地方立法内容的类型分析可以直观反映地方在特定时间内的立法需求以及立法重点，从而可以帮助我们了解地方发展的主要领域。根据前述对地方立法的类型划分，地方立法可分为六大类型。如图12所示，2017年第一季度全国197部地方立法中，国家机关类立法占据首位，约占全国立法总量的31%，其次为社会事务管理类（约22%）、财政经济类（约18%）、资源环境类（约16%）等。由于地方立法的一大功能是对中央法律法规、规章的细化，使原则性规定更具操作性，因而地方的国家机关类立法居多，符合地方立法精细化要求。社会事务管理类立法涉及面较广，囊括了从个人到群体

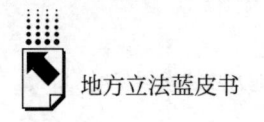

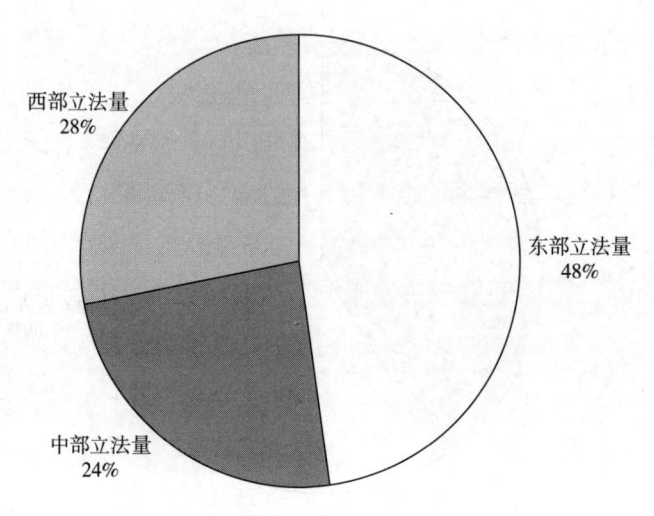

图 11　2017 年第一季度区域新增立法量

的权益，因而立法量靠前。财政经济类和资源环境类立法量相当，说明地方立法在为经济发展保驾护航的同时也注重对资源环境的保护，同时也意味着这两个领域矛盾较为多发。文化教育类和城乡建设类立法相对较少，存在两种可能性：一是地方教育与城乡建设已较为成熟，发展趋于稳定，无须进行过多立法；二是地方立法对这两个领域重视不够。具体情况需结合地域发展情况分析。

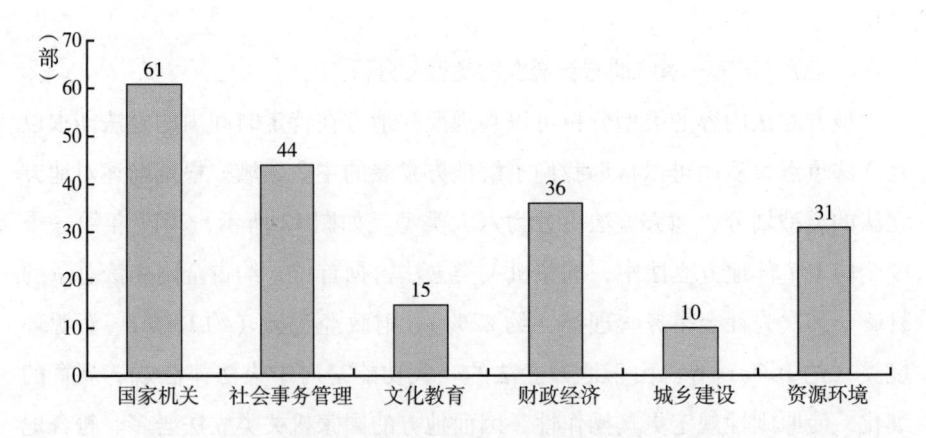

图 12　2017 年第一季度地方新增立法内容分类

3. 2017年第一季度东部地区新增立法类型分析

从现有发展情况来看，东部经济和社会发展快速且活跃，新兴事物繁多。地方立法的一个功能为补充立法，即填补中央立法的空白。面对经济快速发展背景下地方不断涌现的新问题，地方立法可有针对性地及时作出反应。如图13所示，东部地区在2017年第一季度的立法内容主要集中在社会事务管理、国家机关和财政经济方面。与全国立法情况不同的是，东部地区社会事务管理类立法量较为突出，超过全国总立法量的一半。文化教育类立法在全国总立法量中所占比例较小，然而，东部地区在该领域立法量占全国立法量的80%，在东部立法总量中，仅次于财政经济类和资源环境类立法量，说明东部在2017年较为重视文化教育问题。城乡建设类立法量在东部地区最少。

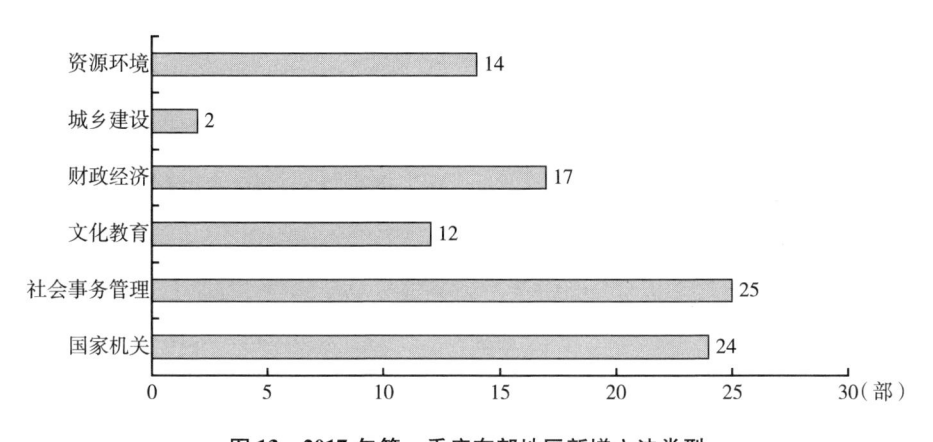

类型	数量（部）
资源环境	14
城乡建设	2
财政经济	17
文化教育	12
社会事务管理	25
国家机关	24

图13　2017年第一季度东部地区新增立法类型

4. 2017年第一季度中部地区新增立法类型分析

中部地区2017年第一季度立法类型如图14所示，国家机关领域的立法量（20部）位居中部地区首位，约占立法总量的42%，远大于其他领域的立法量，说明该季度中部地区立法重点在国家机关领域。与全国立法中社会事务管理类立法量位居前列不同的是，中部地区社会事务管理类（8部）、资源环境类（8部）和财政经济类（7部）的立法量相当，分别占中部总立法量的约17%、17%、15%。与东部地区不同的是，文化教育类立法在中

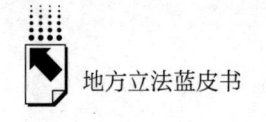

部立法中仅 1 部。2017 年第一季度，中部和东部在文化教育立法领域的立法量差异较大，二者在国家机关领域的立法量则较为接近。

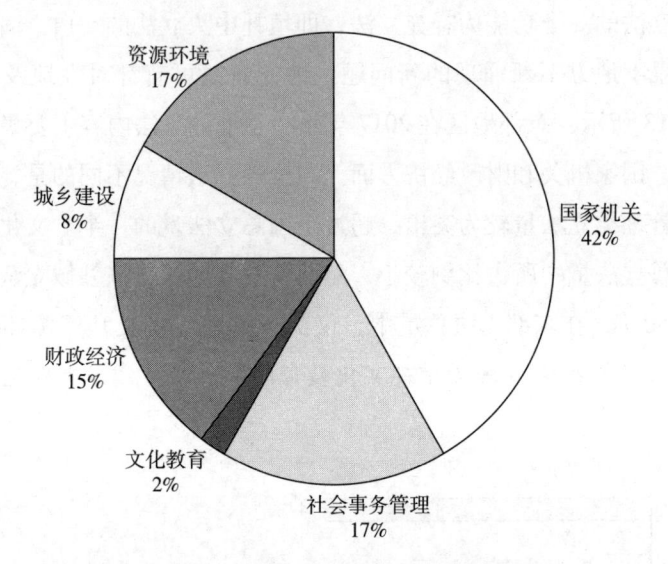

图 14　2017 年第一季度中部地区新增立法类型

5. 2017年第一季度西部地区新增立法类型分析

西部地区在 2017 年第一季度的新增立法类型如图 15 所示，国家机关领域的立法（18 部）仍是重点，约占立法总量的 33%，该比例略低于中部地区。财政经济类立法（12 部）与社会事务管理类立法（11 部）紧随其后。资源环境类立法（8 部）也占据不小的比重。与中部地区相似的是，文化教育类立法量（2 部）最小，仅占西部总立法量的约 4%。

通过对 2017 年第一季度东中西部立法类型的对比分析可发现，东部地区是唯一一个社会事务管理类立法居于立法量首位的地区，中西部地区都是国家机关领域立法量居首位。以上两个立法类型在东中西部都占据要位，与全国立法保持一致。除此以外，东部地区立法尤其重视文化教育领域，中西部则重视不够。在城乡建设方面，东部地区立法量最少，中西部地区虽然立法不多，但在立法总量远低于东部的情况下，城乡建设类立法仍多于东部地区，说明中西部在城乡建设方面仍在发展中。三个地区相似的是，财政经济

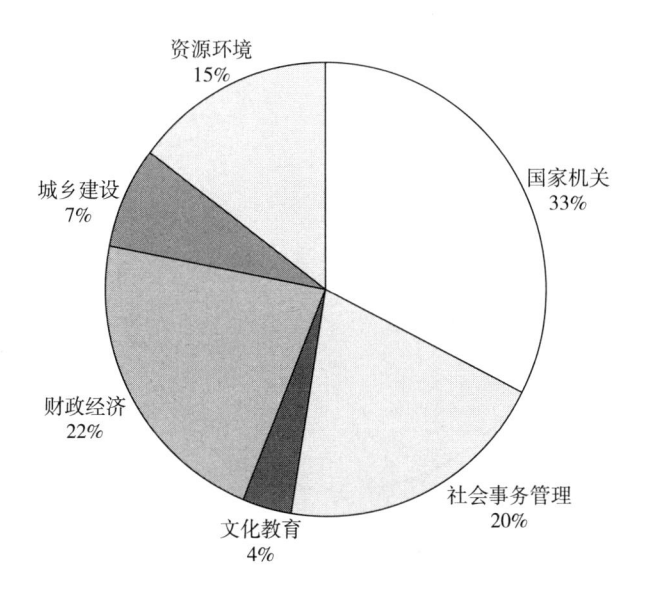

图 15　2017年第一季度西部地区新增立法类型

与资源环境领域的立法量居中，说明经济发展与资源环境的保护对立法需求较大。

（二）2017年第二季度我国新增立法动态分析

1. 2017年第二季度地方新增立法总览

2017年第二季度，我国地方通过地方性法规和规章共计109部，总量少于第一季度，地方性法规和地方政府规章分别为71部和38部。其中，广东省及其所辖市颁布11部规章，占第二季度地方政府规章总量的30%，占第二季度广东省立法总量的39%，高于全国平均比例，说明广东省人大立法主导性有待加强。

地方性法规和地方政府规章占全国立法总量的比重如图16所示，地方人大立法量是地方政府立法量的近二倍。相比于第一季度，第二季度地方人大立法的主导性明显加强，立法积极性逐步显现，对地方政府的立法依赖性降低。地方人大立法量的增加说明地方人大立法主体意识正在加强。

具体从地域来看，东部12省、直辖市第二季度立法共计66部，中部9省、自治区立法共计28部，西部10省、自治区、直辖市共计15部。如图

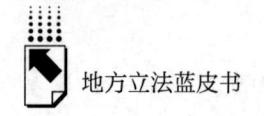

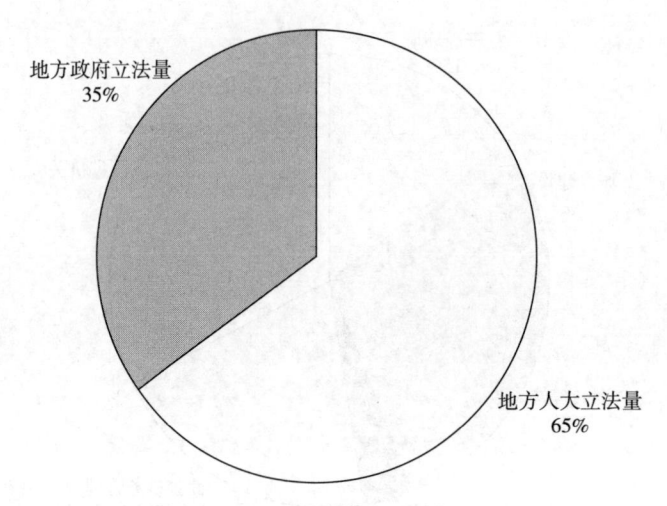

图 16　2017 年第二季度地方新增立法类别

17 所示，东部地区立法量超出中西部立法量之和，活跃度极高，所占比例远超第一季度。其中，广东省以 28 部立法居首，与中部地区立法总量持平，超过西部地区立法总量。广东省作为全国经济引领者，立法量也遥遥领先。中部地区立法量两个季度较为接近，而西部地区第一季度立法量是第二季度的两倍，部分西部省市第二季度立法量为零。

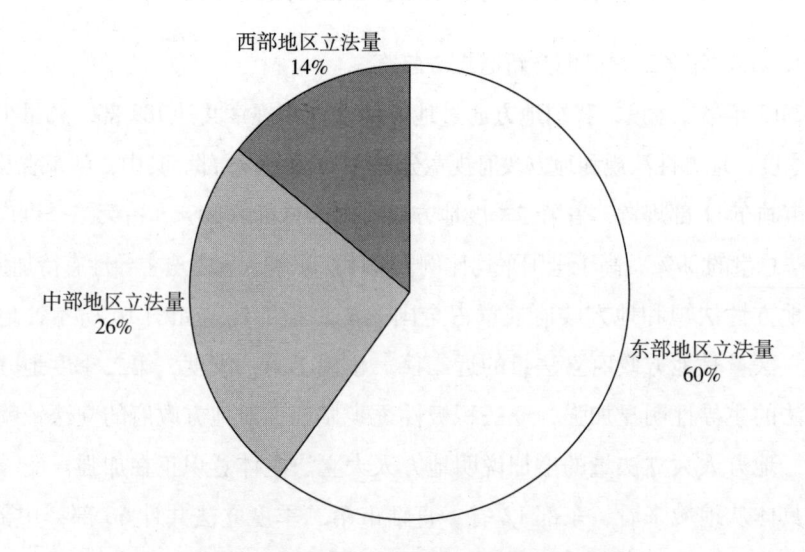

图 17　2017 年第二季度各区域新增立法量

2. 2017年第二季度地方新增立法类型总分析

与第一季度国家机关类立法居首的情况不同的是，2017年第二季度，财政经济类立法量最大，占全国总立法量的比例由第一季度的18%上升至第二季度的30%，社会事务管理类（21%）紧随其后。国家机关类立法量从第一季度的61部下降至第二季度的18部。由于中央立法在年末通过量较大，如2016年约53%的法律在最后一个季度通过，地方立法第一季度需及时对上位法作出精细化立法。因而，第一季度国家机关类立法量远高于第二季度。与第一季度立法重点不同的是，第二季度文化教育类立法量的比例从第一季度的7%上升至14%，而环境资源类立法量则有所下降。城乡建设依然不是立法重点。各地域根据自身发展的不同，立法重点也各有侧重。

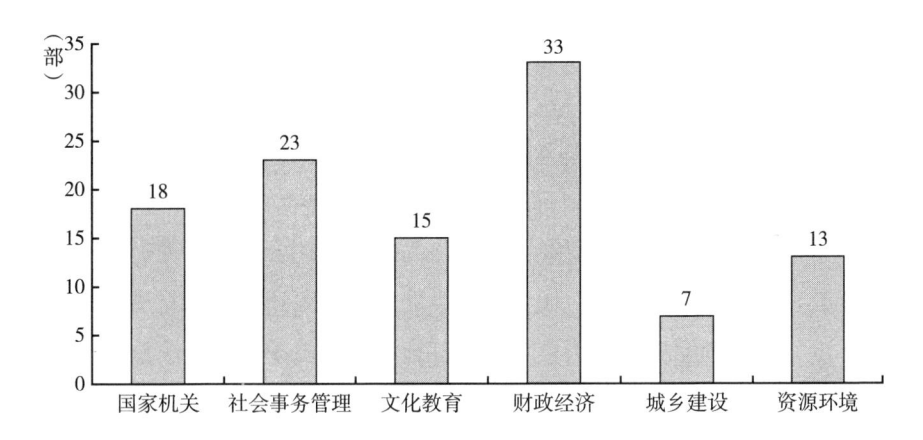

图18 2017年第二季度地方新增立法内容分类

3. 2017年第二季度东部地区新增立法类型分析

2017年第二季度东部立法类型如图19所示，其立法重点领域基本与全国一致：财政经济和社会事务管理类立法为重点，国家机关、资源环境和文化教育类为次重点，城乡建设类立法仍居末位。与第一季度立法不同的是，第二季度东部地区文化教育类立法占该类型全国立法量的比例有所下降，为47%。与之不同的是，财政经济类立法占东部立法总量的比例从第一季度的18%上升为26%，占财政经济类全国立法总量的比例相应

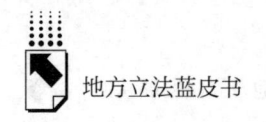

地从第一季度的47%上升至52%。总的来说,东部地区立法重点稍有变化。

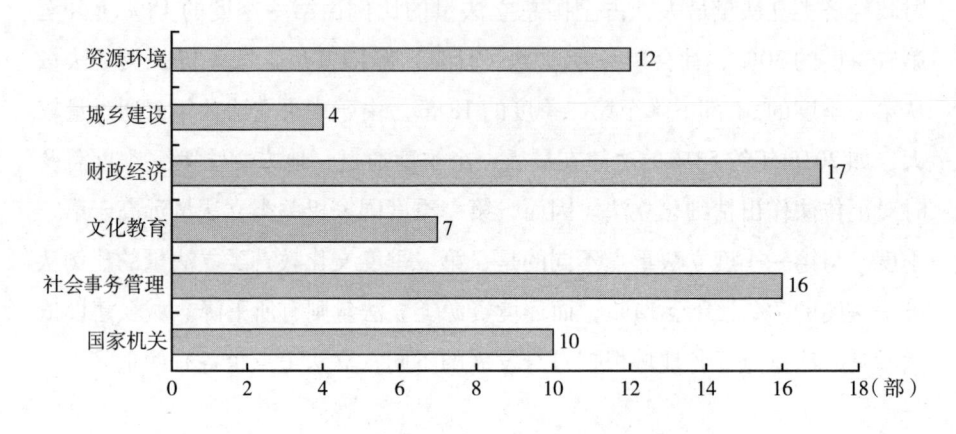

```
资源环境     ████████████ 12
城乡建设     ████ 4
财政经济     █████████████████ 17
文化教育     ███████ 7
社会事务管理 ████████████████ 16
国家机关     ██████████ 10
            0  2  4  6  8  10 12 14 16 18(部)
```

图19　2017年第二季度东部地区新增立法类型

4. 2017年第二季度中部地区新增立法类型分析

2017年第二季度中部地区立法类型如图20所示,与全国立法重点一致的是,中部地区立法亦以财政经济类立法为重点,社会事务管理、国家机关和文化教育类为立法次重点,城乡建设类居后,资源环境类无立法。相比于第一季度立法以国家机关类为重点,中部地区在第二季度将立法重点转移至财政经济类,其占中部地区总立法量的46%。文化教育类立法量虽然不多,但相比于第一季度占该领域立法总量的比例,第二季度占比从2%上升至20%,说明第二季度中部地区加强了文化教育类立法。

5. 2017年第二季度西部地区新增立法类型分析

2017年第二季度西部地区立法重点如图21所示,与全国立法以及中东部立法重点不同的是,西部地区以文化教育类立法为重点,财政经济和国家机关类立法为次重点,城乡建设、社会事务管理和资源环境类居后。具体来说,文化教育类立法占第二季度文化教育类立法总量的33%,超过同时期中部地区所占比例,接近于东部地区。此外,与第一季度相比,西部地区国家机关和社会事务管理类立法量在第二季度下降颇大。总的来说,西部地区立法重点变化较大。

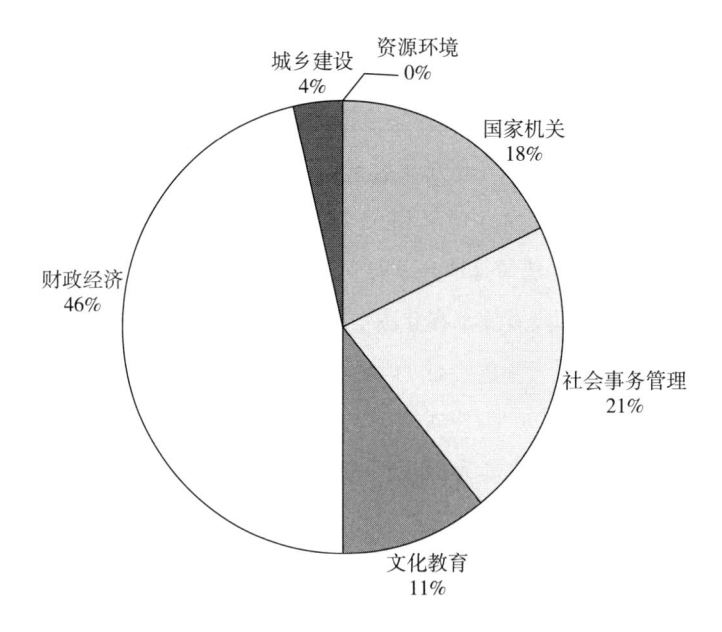

图 20　2017 年第二季度中部地区新增立法类型

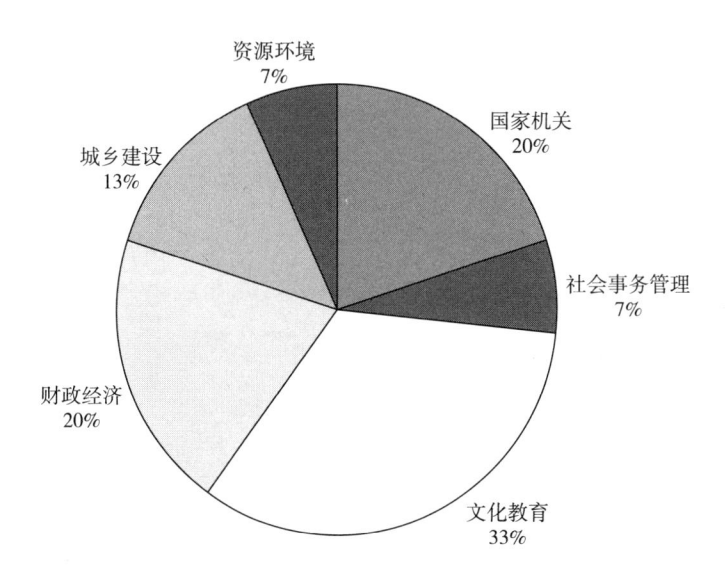

图 21　2017 年第二季度西部地区新增立法类型

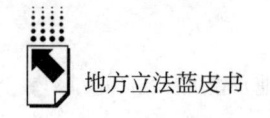

（三）2017年第三季度我国新增立法情况分析

1. 2017年第三季度地方新增立法的区域分析

2017年第三季度，我国地方通过地方性法规和规章共计160部，地方性法规和地方政府规章分别为107部和53部。二者所占比例分别为67%和33%（见图22），地方人大立法量是地方政府立法量的二倍多，说明地方人大立法较为活跃，各地方人大积极发挥了在立法中的引领作用，强化了人大的立法职能。

安徽省2017年第三季度立法总量为15部，其中地方性法规14部，约占该省总立法量的93%；福建省立法总量为13部，地方性法规11部，占比约84%；贵州省立法总量为10部，地方性法规8部，占比约80%；江苏省立法总量为30部，地方性法规为19部，占比约63%。上述省份地方性法规立法量的比例均高于全国平均比例，说明地方人大已开始逐渐主导地方立法，同时政府规章仍占有一定比例，说明政府依然积极参与地方立法。

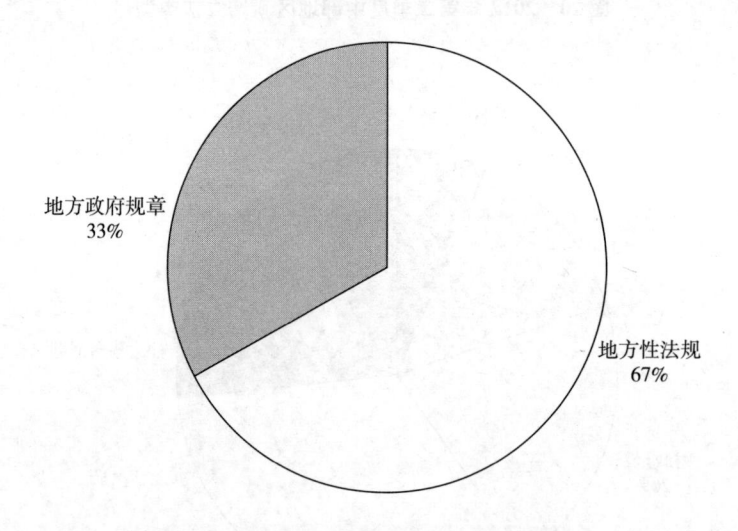

图22 2017年第三季度地方新增立法类别

从地域分布来看，东部13省、直辖市第三季度立法共计91部，中部8省、自治区立法共计34部，西部10省、自治区、直辖市共计35部。如图23所示，东部第三季度的立法量比中西部的总和还要多。虽然东部地区立法总量居高与其所辖省份较多有关,但从最根本上反映了东部地区立法的高活跃度。其中,江苏省30部,福建省13部,浙江省13部,上述省份也是我国经济最为活跃的沿海地区。由此可推测,经济发展速度与立法量呈正相关,即经济快速发展催生的新型社会问题和矛盾需要立法作出解答。就中部和西部而言,二者立法量相近。其中,安徽省以15部立法、贵州省以10部立法分别位居中部和西部立法首位。

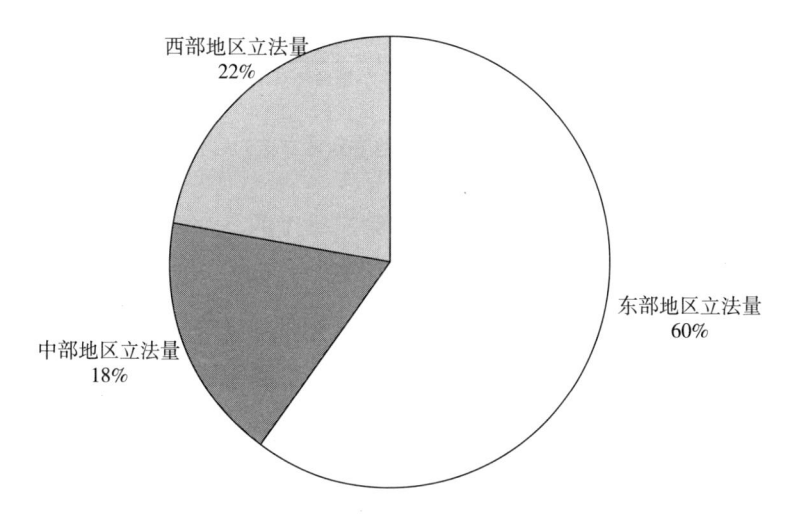

图23 2017年第三季度各区域新增立法量

2. 2017年第三季度地方新增立法的类型分析

如图24所示,2017年第三季度全国160部地方立法中,社会事务管理类立法占据首位,占全国立法总量的30%,其次为资源环境类(22%)、财政经济类(20%)、国家机关类(14%)。社会事务管理类立法涉及面较广,囊括了从个人到群体的权益,因而立法量靠前。财政经济和资源环境类立法量相当,说明地方立法在为经济发展保驾护航的同时也注重对资源环境的保护,同时也意味着这两个领域矛盾较为多发。文化教育和城乡建设类立法相对较少,存在两种可能性:一是地方教育与城乡建设已较为成熟,发展趋于稳定,无须进行过多立法;二是地方立法对这两个领域重视不够。具体情况需结合地域发展情况分析。

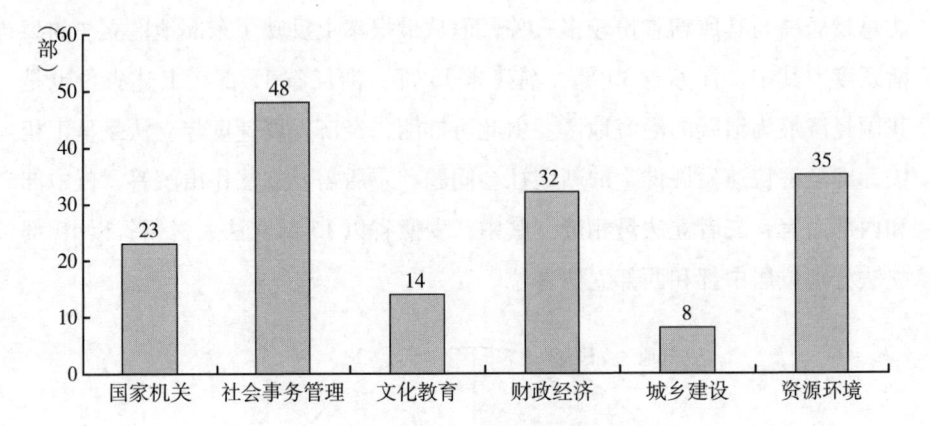

地方立法蓝皮书

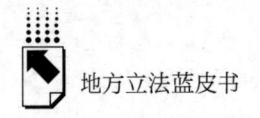

图24 2017年第三季度地方新增立法内容分类

（柱状图数据：国家机关 23；社会事务管理 48；文化教育 14；财政经济 32；城乡建设 8；资源环境 35）

如图25所示，东部地区在2017年第三季度的立法内容主要集中在社会事务管理、资源环境和财政经济方面。与全国立法情况一致，东部地区社会事务管理类立法量占总立法量的比重也较大，占东部地区总立法量的24%。文化教育类立法在全国总立法中所占比例较小，然而，东部地区在该领域立法量占全国立法量的86%，说明东部较全国其他地区较为重视文化教育问题，城乡建设类立法在东部地区最少，说明东部在城乡建设方面的立法已趋于完善。

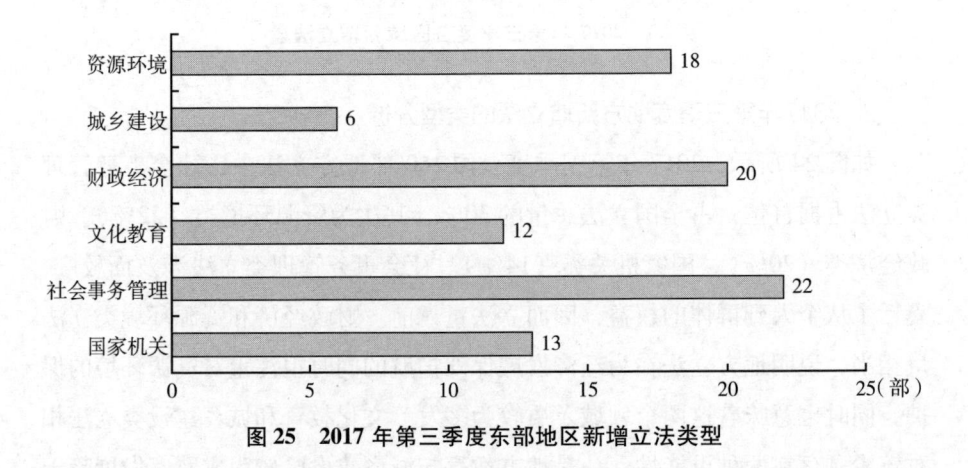

图25 2017年第三季度东部地区新增立法类型

（条形图数据：资源环境 18；城乡建设 6；财政经济 20；文化教育 12；社会事务管理 22；国家机关 13）

中部地区2017年第三季度立法类型如图26所示，社会事务管理方面的立法量位居中部地区首位，占立法总量的32%，说明第三季度中部地区立法重点在社会事务管理方面。与此同时，中部地区资源环境类立法量大大提升，占中部总立法量的约26%，说明在污染相对严重的中部地区，越来越重视有关环境资源问题。与东部地区不同的是，文化教育类在中部立法中仅1部。2017年第三季度，中东部在文化教育立法领域的立法量差异较大。此外，中东部在财政经济方面的立法数量差异也较大，这可能与地区之间的经济发展水平有关。

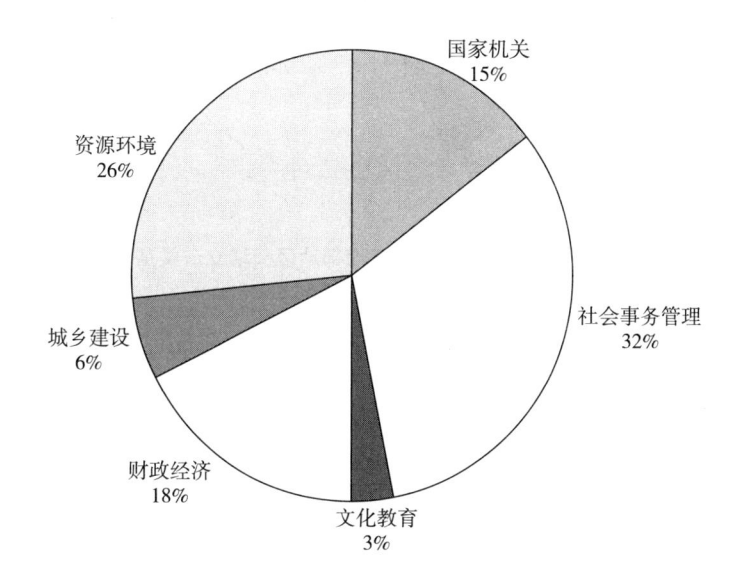

图26　2017年第三季度中部地区新增立法类型

西部地区在2017年第三季度的立法类型如图27所示，社会事务领域的立法仍是重点，占立法总量的43%，该比例是三个地区中最高的，符合第三季度全国地方立法的趋势。财政经济与资源环境类立法紧随其后。与中部地区相似的是，文化教育类立法也仅1部。值得注意的是，第三季度西部地区立法量高于中部地区。

通过对2017年第三季度东中西部立法类型的对比分析可发现，该季度全国均以社会事务管理为立法重点，财政经济和资源环境类立法量也相对较多。除此以外，东部地区立法尤其重视文化教育领域，中西部则与此不同。

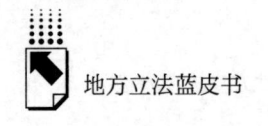

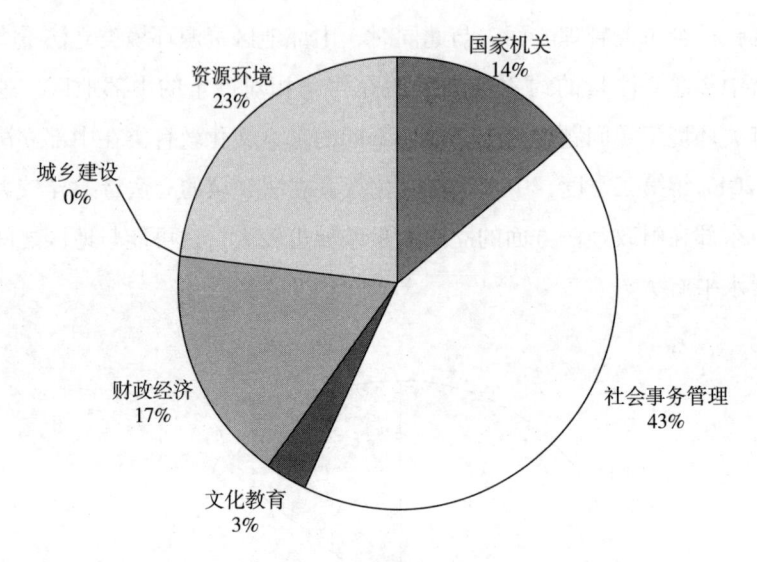

图27 2017年第三季度西部地区新增立法类型

东部地区在财政经济方面的立法量为全国最多,中西部地区虽然不多,但在立法总量远低于东部的情况下,财政经济类立法所占本地区比例与东部地区基本持平,说明中西部也越来越重视财政经济类立法。三个地区相似的是,财政经济与资源环境领域的立法量位于前列,说明经济发展与资源环境的保护对立法需求较大。

(四)2017年第四季度我国新增立法动态分析

1. 2017年第四季度地方新增立法总览

2017年第四季度,我国地方通过地方性法规和规章共计130部,总量大于第二季度,小于第一季度和第三季度。如图28所示,地方性法规和地方政府规章的占比分别为77%和23%,地方人大立法量远小于地方政府立法量。与第三季度相比,地方人大立法量比例有所上升,说明第四季度地方人大立法主动性继续提升。

具体从地域来看,第四季度130部立法中,东部12省、直辖市立法共计74部,中部9省、自治区立法共计44部,西部10省、自治区、直辖市共计12部。如图29所示,东部地区立法量远大于中西部地区立法量,是西

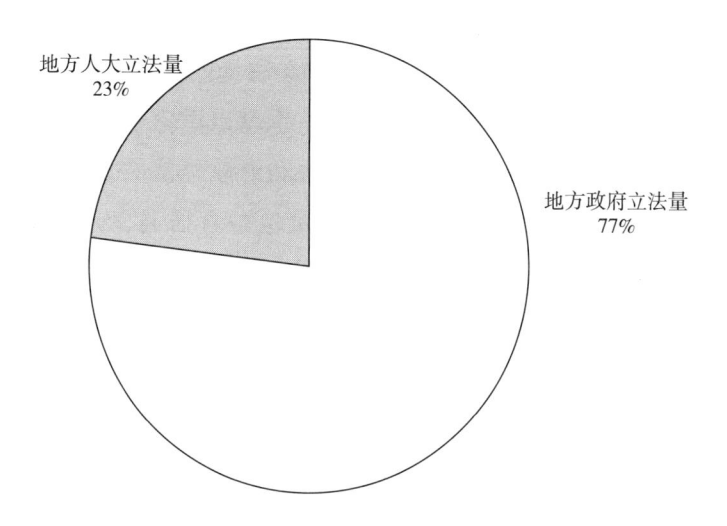

图 28　2017 年第四季度地方立法类别

部地区立法量的 5 倍多，立法状态最为活跃。其中，东部地区立法最多的省份为江苏省，多达 21 部。与第三季度相比，第四季度中部地区立法较为活跃，总量略有上升，而西部地区立法量则下降 60%。

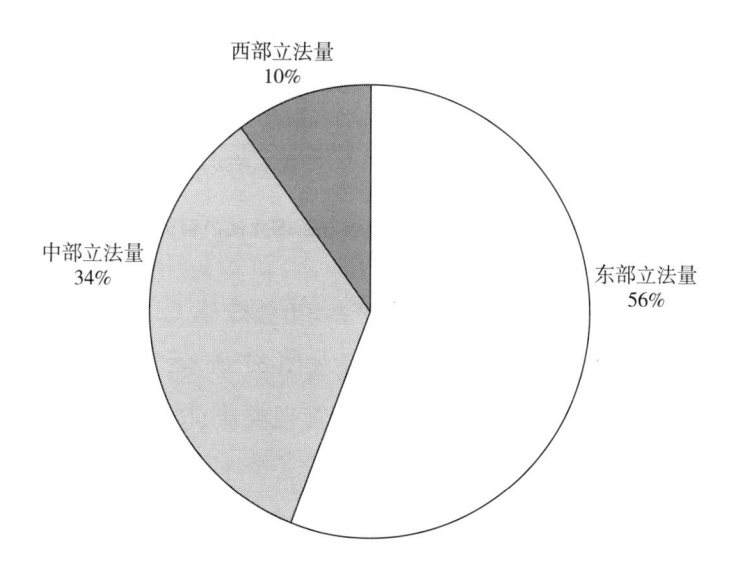

图 29　2017 年第四季度各区域新增立法量

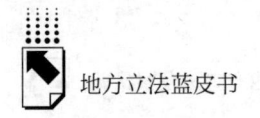

2. 2017年第四季度地方新增立法类型总分析

如图30所示，2017年第四季度地方立法量以社会事务管理类最高，该领域继第三季度后再次居于首位，第一季度以国家机关类为首，第二季度以财政经济类为首。资源环境类立法和财政经济类立法组成第四季度立法的第二梯队，前三个季度的立法量也一直居高，是2017年全年的重点立法领域。文化教育和城乡建设类立法在前三个季度中常处于末位，第四季度的立法量略有提升。国家机关类立法在前三个季度立法量一直居于高位，在第四季度中不再居于要位，该类立法在本季度处于相对饱和的状态。总的来看，第四季度的立法重点相较于前三季度变化较大。

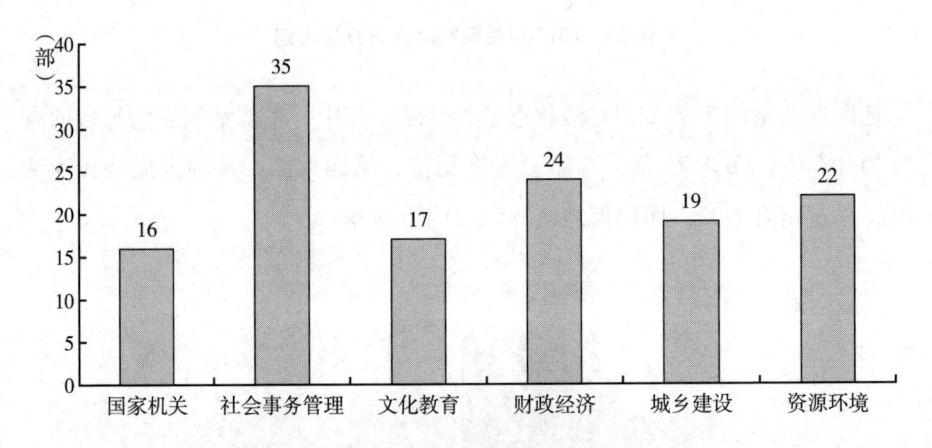

图30　2017年第四季度地方新增立法内容分类

3. 2017年第四季度东部地区新增立法类型分析

2017年第四季度东部地区立法类型如图31所示，其立法重点领域继续与全国立法走向保持一致：社会事务管理类居首。但次重点领域稍有变化，为资源环境类和城乡建设类。与前三个季度城乡建设类立法量占比较低的情况不同的是，东部地区在第四季度加大了对该领域的立法，而大幅降低了国家机关类立法。第四季度国家机关类立法量在四个季度中也是最低的。

图 31 2017 年第四季度东部地区新增立法类型

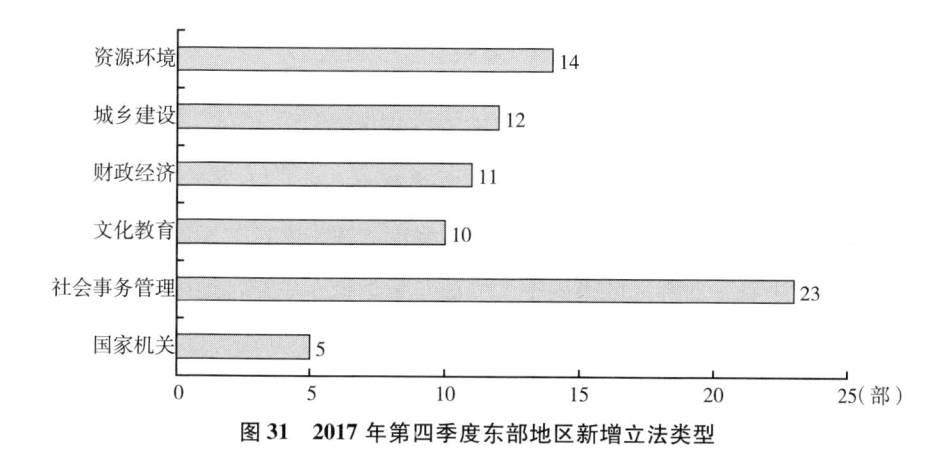

资源环境 14
城乡建设 12
财政经济 11
文化教育 10
社会事务管理 23
国家机关 5

4. 2017 年第四季度中部地区新增立法类型分析

如图32所示，与全国立法重点略微不同的是，2017年第四季度中部地区财政经济类、社会事务管理类和资源环境类是重点立法领域。相似的是，城乡建设类立法为次重点立法领域。该季度中部地区的文化教育类立法量比第三季度有所增加，占比从3%上升至该季度的14%。国家机关类立法量在该季度同第三季度立法量都是最小，整个中部地区仅6部立法。总的来看，中部地区第四季度立法重点领域相较于前三季度略有调整。

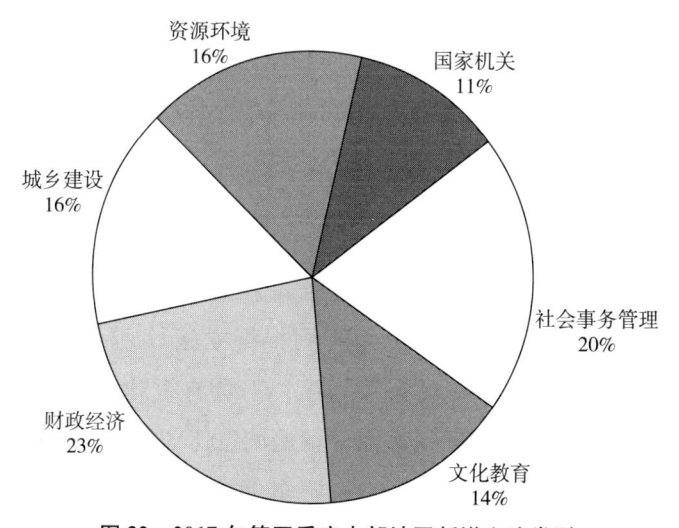

图 32 2017 年第四季度中部地区新增立法类型

- 资源环境 16%
- 国家机关 11%
- 社会事务管理 20%
- 文化教育 14%
- 财政经济 23%
- 城乡建设 16%

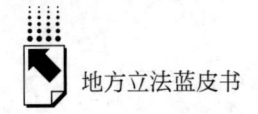

5. 2017年第四季度西部地区新增立法类型分析

如图33所示，2017年第四季度西部地区立法量偏少，仅13部。与全国立法不同的是，国家机关类立法是重点，而社会事务管理类和财政经济类立法是次重点领域。资源环境类和文化教育类立法各1部，城乡建设类立法为0部。从时间分布来看，西部地区第四季度立法没有前三季度活跃。从具体地域分布来看，西部地区第四季度立法总量远低于中东部地区。新疆、西藏等省份出现零立法现象。

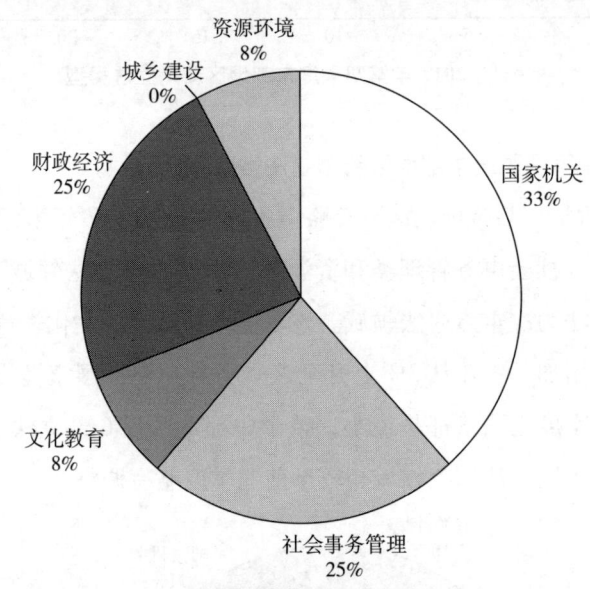

图33 2017年第四季度西部地区新增立法类型

（五）地方立法修改情况分析

地方立法修订与新增立法动态在时间特征上显著不同。前者根据地方工作计划呈现批量发布情况；后者则根据立法计划和立法需求变化。因而，立法修订的时间特征具有计划性，不具有统计学价值，此处仅分析其地域特征。2017年地方立法修订量地域占比如图34所示，东部地区修订量占比是中西部地区的总和，说明东部地区立法修改最为活跃，法律更新量大。立法修订的活跃状态与新增立法的活跃度相匹配。中部地区修订量是西部地区的三倍多，稍逊于东部地区，与新增立法情况趋同。西部地区总体立法量不大，修订量也最低，总体活跃度不高。与新增立法状态关联来看，新增立法较活跃的地区修订状态也较为活跃，二者呈正相关。

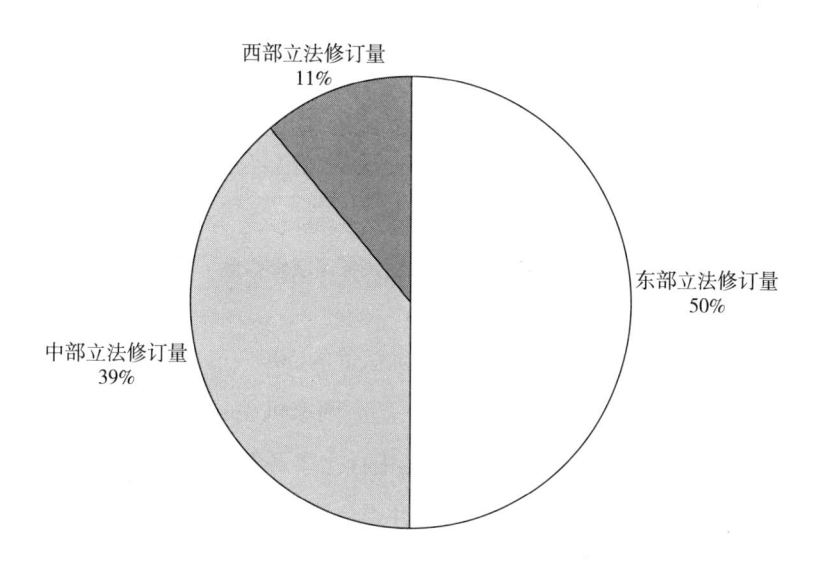

图34 2017年各地域地方立法修订量

1. 2017年地方立法各领域修订量

2017年全国地方立法六大领域的修订情况如图35所示。修订量最大的是财政经济类和国家机关类立法，与前三季度新增立法重点领域相吻合，说明地方立法机关的立法重点较为集中，以财政经济和国家机关为立法第一梯队。另外，社会事务管理类和资源环境类立法位列立法修订量的第二梯队，与第一梯队修订量相差较小，说明地方立法机关对社会事务管理以及资源环境的重视。相较而言，城乡建设类和文化教育类立法修订量与第一、二梯队相差显著，关注度低。

2. 2017年东部地区地方立法各领域修订量

2017年东部地区地方立法修订情况如图36所示，资源环境类和财政经济类立法修订量最多。东部地区资源环境类立法修订量占全年总修订量的

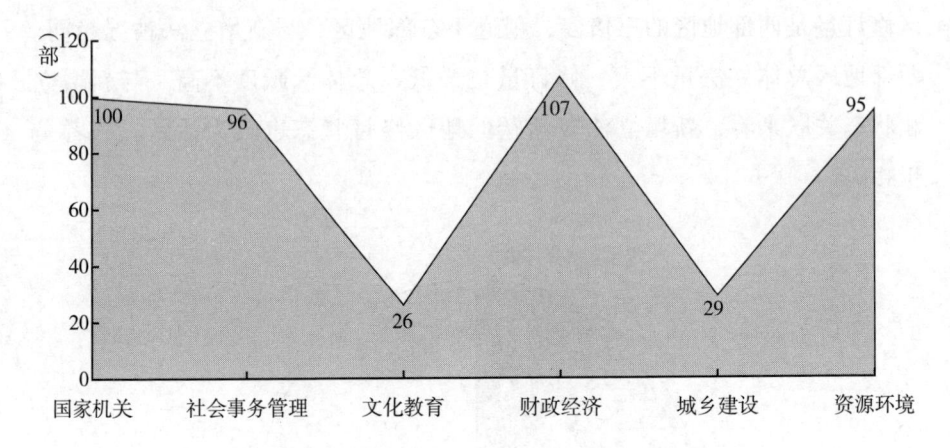

图35 2017年地方立法各领域修订量

60%，财政经济类立法修订量约占全国总量的50%，说明东部地区注重资源环境类以及财政经济类立法的及时更新。国家机关和社会事务管理类立法修订量相当，分别为47部和42部，其中社会事务管理类立法修订量占总量的约44%。虽然城乡建设类和文化教育类立法修订量较少，但占全国总修订量的比例也分别高达55%和42%。总的来说，东部地区2017年立法修订最为活跃，以资源环境类和财政经济类立法修订为重点，国家机关和社会事务管理类立法为次重点。

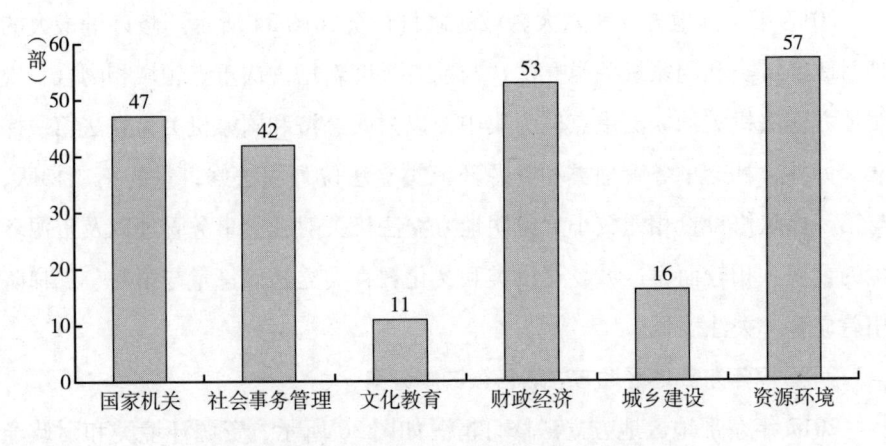

图36 2017年东部地区地方立法各领域修订量

3.2017年中部地区地方立法各领域修订量

如图37所示，2017年中部地区地方立法修订情况大致与全国立法修订情况相似。在六个立法领域中，国家机关类和财政经济类立法修订量最大。前者持平于东部地区修订量，后者略少于东部地区，说明中部地区对国家机关类立法的更新最为频繁。社会事务管理类和资源环境类立法修订分别为38部和28部。中部地区资源环境类立法修订量仅为东部地区的50%左右。结合新增立法情况来看，中部地区资源环境类新增立法量较大，说明中部地区资源环境类立法以新增为主，修订为辅。与东部地区相似的是，文化教育类和城乡建设类立法修订量最少，但中部地区更注重文化教育类立法的修订。

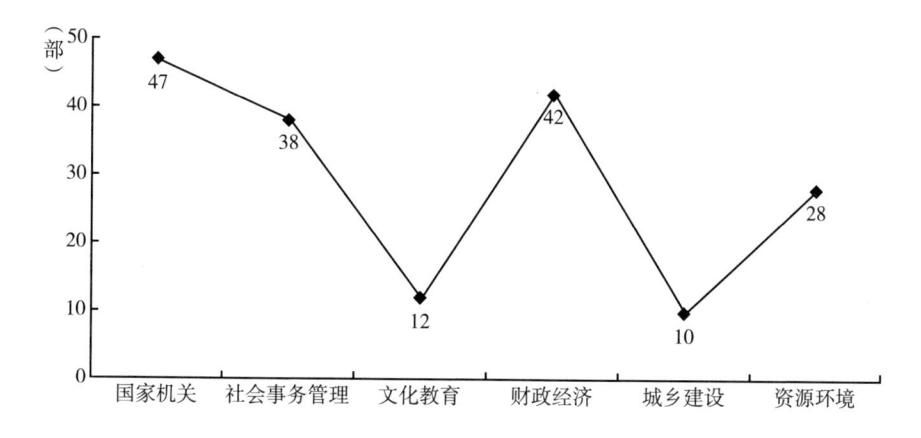

图37　2017年中部地区地方立法各领域修订量

4.2017年西部地区地方立法各领域修订量

图38为2017年西部地区地方立法修订类型比例结构。社会事务管理类立法修订量最大，其次为财政经济和资源环境类立法，该比例分布明显与全国以及中东部地区不同。结合新增立法情况来看，社会事务管理类和资源环境类立法亦是西部地区新增立法的重点领域，说明西部地区2017年着力加强这两个领域的立法。与新增立法以国家机关类立法为重点领域不同的是，该领域的立法修订量并不大，说明西部地区在国家机关类立法领域以补缺为主。与其他地区一致的是，文化教育和城乡建设类立法修订最少。

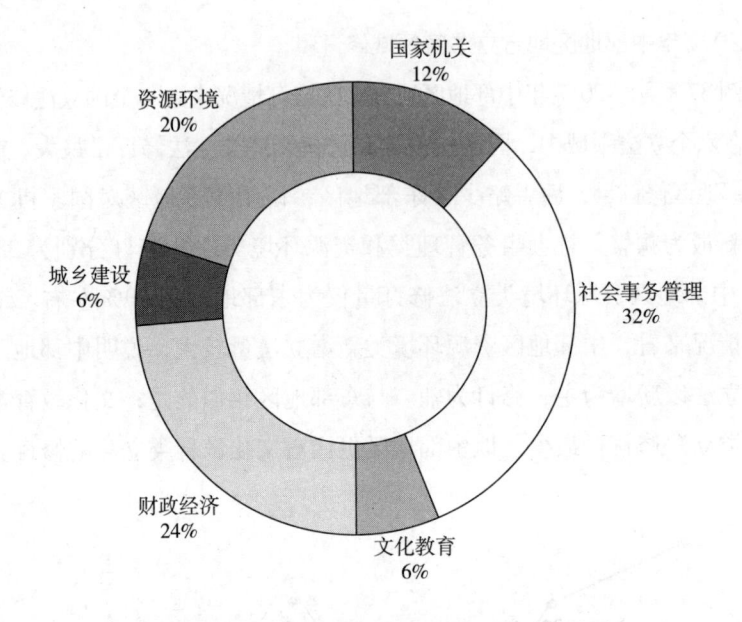

图 38　2017 年西部地区地方立法各领域修订量

通过 2017 年全国以及东、中、西部地区立法修订情况来看，东部地区修订量最大，对全国各领域立法修订的分布具有主导作用。中部地区修订量次于东部地区，但在国家机关类立法修订量方面与东部地区相同。西部地区总体立法修订量偏小，社会事务管理类立法为修订重点领域。总的来看，东部地区更注重对环境资源类立法的修订，中部地区更注重对国家机关类立法的修订，西部地区更注重对社会事务管理类立法的修订。从活跃度来看，东、中、西部立法修订活跃度与新增立法情况一致，也与经济活跃度呈正相关，即经济发达地区立法修订活跃度高。

（六）地方立法废止情况分析

如图 39 所示，2017 年东部地区立法废止量占全年总量的 55%，超过中西部之和，是西部地区的 5 倍。中部地区立法废止量占全国的比例为 34%，少于东部地区，是西部地区的 3 倍多。西部地区 2017 年立法废止量仅占全年总量的 11%。从三个地区立法废止量来看，东部地区最为活跃，其次为中部地区，西部地区居末。该规律与立法新增和立法修订的规律一致，也与经济发展程度呈正相关。

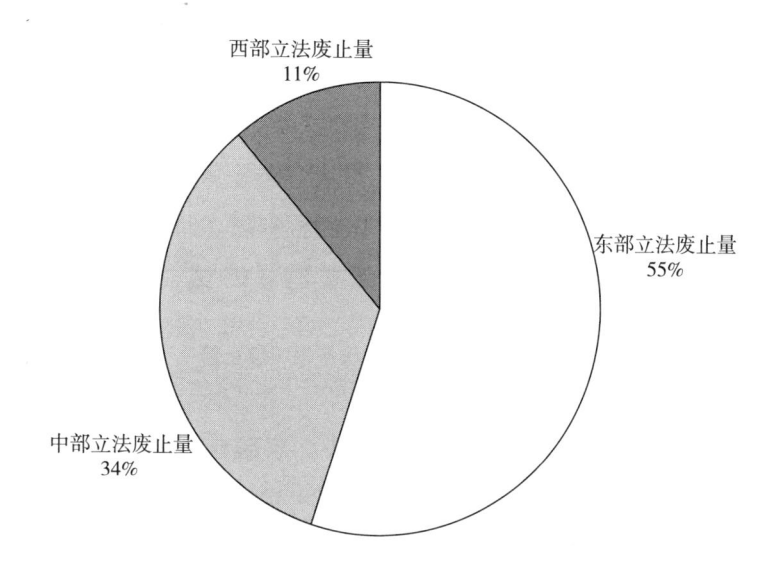

图39　2017年东、中、西部地方立法废止比例

1. 2017年地方立法废止类型分析

图40所示为2017年地方立法各领域废止情况。从立法内容上看，财政经济类立法以86部的废止量居于首位，说明我国财政经济类立法紧跟经济改革趋势，废除不适宜经济发展的立法。国家机关类和社会事务管理类立法废止量相当，处于第二梯队。这两个领域的共同性表现为对上位法的对接和细化，因而立法废止量较大是对上位法更新的及时反馈。资源环境类立法废止29部，废止量较小，但新增立法和修订立法量则较大，说明该领域立法波动较小，以新增立法为主。城乡建设类和文化教育类立法废止量最小，与新增立法和立法修订情况一致，说明这两个领域并非地方立法重点领域。

2. 2017年东部地区地方立法各领域废止量

图41所示为2017年东部地区各领域立法废止量，总体趋势与全国废止情况一致。财政经济类废止量最多，为51部，占全国总量的59%，

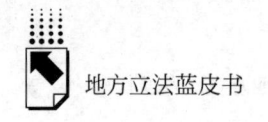

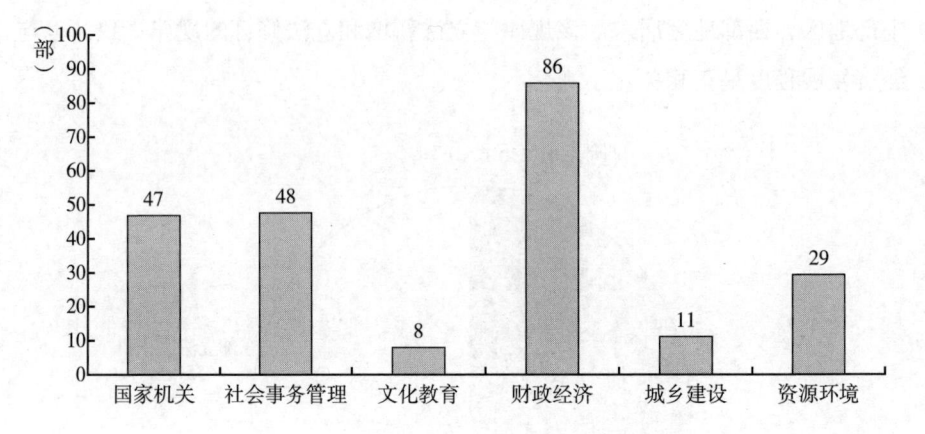

图 40　2017年地方立法各领域废止量

说明东部地区较为注重清理该领域的立法。东部地区国家机关类和社会事务管理类立法废止量分别为26部和24部，分别占总量的55%和50%；东部地区全年废除15部资源环境类立法，占全国总量的52%；城乡建设类立法废除量较小，仅5部，但也占全国总废除量的45%。东部地区在多个立法领域的高废除量说明东部地区立法机构注重现行法律的效力及立法清理的及时性。相较而言，文化教育类立法废除最少，仅2部。

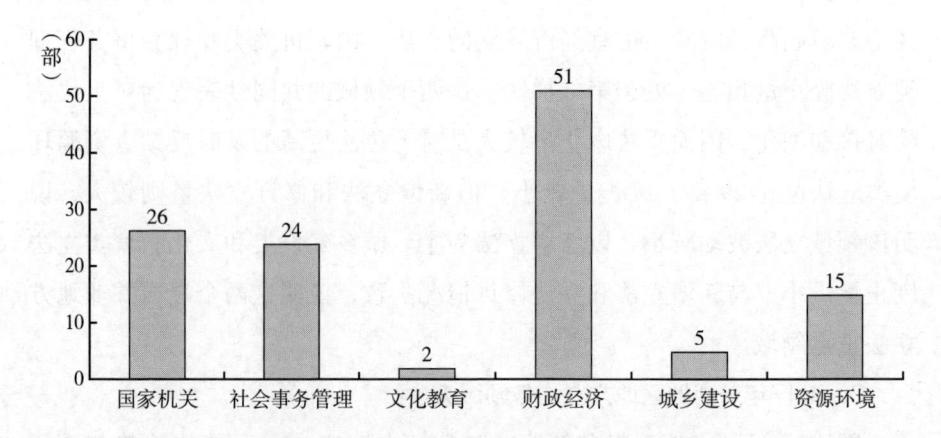

图 41　2017年东部地区地方立法各领域废止量

3. 2017年中部地区地方立法各领域废止量

图42所示为2017年中部地区各领域立法废止量。中部地区立法废止重点领域与东部地区一致,即财政经济类立法,废止量占全国废止总量的31%。与东部地区不同的是,社会事务管理类立法是中部地区立法废止的次重点,为21部,占全国废止量的44%,接近于东部地区的废止量。国家机关类与资源环境类废止量相当,分别为14部和10部。相较而言,中部地区国家机关类立法的废止量不如东部地区突出。但东部地区废止量较低的文化教育类立法在中部地区则达到5部,占全国总量的63%。城乡建设类立法废止量最少,仅4部。总的来说,中部地区立法废止集中于财政经济类和社会事务管理类立法。

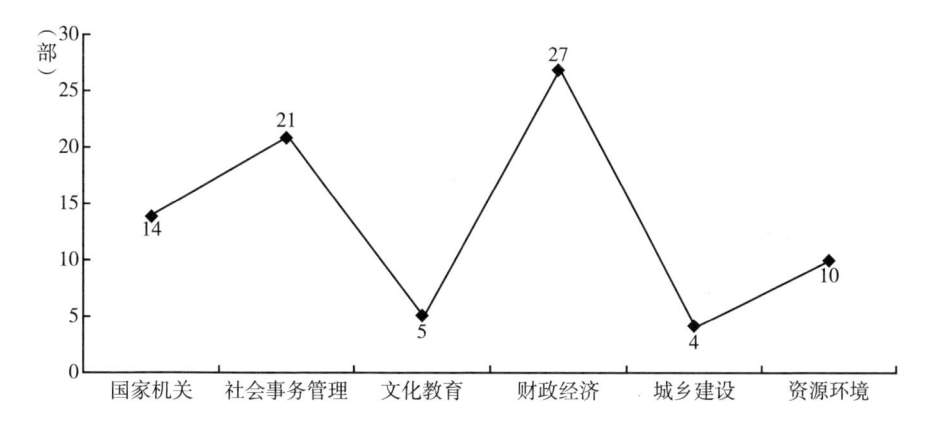

图42 2017年中部地区地方立法各领域废止量

4. 2017年西部地区地方立法各领域废止量

图43所示为2017年西部地区各领域立法废止量。西部地区立法废止总量最少,废止的立法领域与全国略有不同。西部地区在财政经济类和国家机关类立法领域的废止量相当,分别为8部和7部,为重点领域。其次为资源环境类和社会事务管理类,分别为4部和3部。城乡建设类和文化教育类立法废止量分别为2部和1部。总的来看,西部地区各领域立法废止量都偏少。

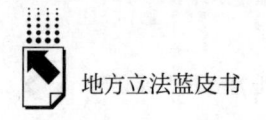

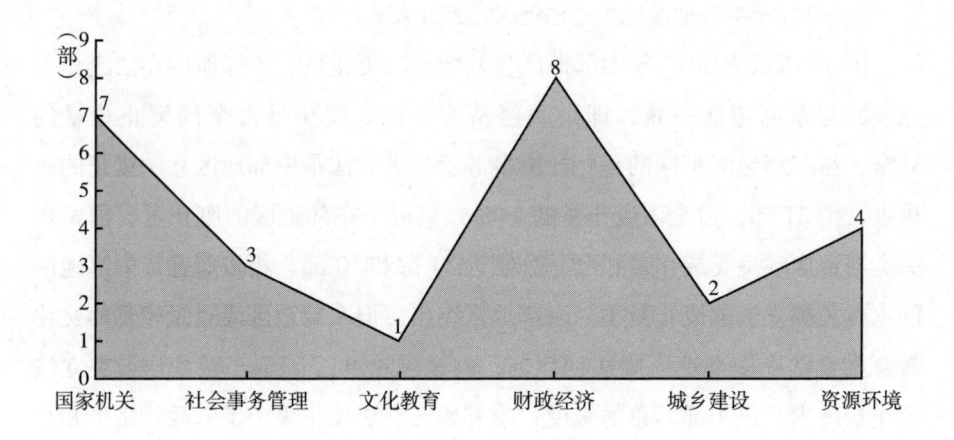

图 43 2017 年西部地区地方立法各领域废止量

综观 2017 年东、中、西部地区和各领域立法废止情况，全国立法废止集中在财政经济类领域，东、中、西部最大立法废止量也在该领域。东部地区立法废止量最大，主导全国立法废止分布情况。中部地区和西部地区立法废止重点领域还分别包括社会事务管理类和国家机关类立法。三个地区在文化教育和城乡建设类领域废止的立法都偏少。结合新增立法和立法修订情况来看，东部地区立法以更新为主，中西部地区以补缺为主，但中部地区立法活跃度强于西部地区。

三 地方立法实例分析

无论是在立法调研和听证制度上，还是在立法内容的创新上，地方立法都各具特色。例如，北京的《北京市机动车停车管理条例》在立法过程中进行了大量的实地调研工作，湖北的《湖北省消费者权益保护条例》则是采用了多种方式的立法听证，而无锡的《无锡市民用无人驾驶航空器管理办法》则是在上位法缺失的情况下进行立法创新，真正将立法科学化和民主化落到实处。

(一)《北京市机动车停车管理条例》

2017年是"十三五"规划重要的一年,自《京津冀协同发展规划纲要》印发以来,京津冀一体化是北京城市发展的重点和方向。在京津冀一体化的基础和保障中最重要的一环就是交通一体化的实现,而机动车停车引起的交通问题既是当前城市病中不可避免的一个重要问题,又是与民生息息相关的热点问题。北京地区交通体系发展的短期目标就是要到2020年,初步建成安全、便捷、高效、绿色、经济的现代化综合交通运输体系。自2014年《北京市机动车停车管理办法》实施以来,北京市在停车管理和改善交通环境工作中取得了一定的效果,2016年市交通委及其他相关部门已经完成建设疏堵工程、开展整治违法停车专项行动等工作,并在机动车停车工作中积累了一定的经验。在此基础上,根据《北京市"十三五"时期交通发展建设规划》的要求,北京市将进一步在交通系统中实现整体的优化和提升,在打造京津冀一体化的大背景下,对《北京市机动车停车管理办法》进行提升,并将其上升为地方性法规。北京市立足于城市交通发展规划,着眼于当前乱停车、乱收费以及停车企业乱挂靠和乱转包等实际问题,以增加居住区停车位供给、规范行业秩序、提高管理水平为目标,积极推进《北京市机动车停车管理条例(草案)》的立法工作。

2017年2月15日第十四届北京人大常委会第一百零三次主任会议通过的《北京市人大常委会2017年立法工作计划》将《北京市机动车停车管理条例(草案)》列为一项重要的工作内容。表1为《北京市机动车停车管理条例》立法计划和立法工作进行的实际时间的对比。

表1 《北京市机动车停车管理条例》立法计划和立法工作实际时间的对比

内容	会议文件名称	拟定会议时间	实际会议时间	拟定会议名称	实际会议名称
一审	《北京市机动车停车管理条例(草案)》	7月	7月20日	第三十八次常委会会议	第四十次常委会会议
二审	《北京市机动车停车管理条例(草案二次审议稿)》	9月	9月25日	第三十九次常委会会议	第四十一次常委会会议

续表

内容	会议文件名称	拟定会议时间	实际会议时间	拟定会议名称	实际会议名称
三审	北京市人民代表大会法制委员会关于《北京市机动车停车管理条例（草案二次审议稿）》审议结果的报告	11月	11月29日	第四十次常委会会议	第四十二次常委会会议
表决	暂无	12月	尚未表决	第四十一次常委会会议	尚未表决[①]

从表1我们可以看到，相关单位在立法工作中基本是按照立法计划进行立法。在立法工作中，北京市人大和市政府紧密配合、共同努力。市人大各部门，尤其是以城建环保办公室为主的职能部门多次进行实地调研，同时结合座谈会等形式，力求打造一部高品质的地方性法规。整个立法工作除了上述人大常委会对条例草案的审议之外，还包括草案的公开征询意见和大量调研工作。根据北京市人大和政府网站，《北京市机动车停车管理条例（草案送审稿）》于2017年4月11日开始在北京市政府法制办官网公开征求意见。此外，该草案的不断完善是基于大量的调研数据和研讨的意见建议。2017年度主要调研及研讨情况见表2。

表2 《北京市机动车停车管理条例（草案）》立法调研情况

日期（月/日）	工作内容	牵头单位	参与单位/人员	内容
5/24	实地调研	市人大城建环保办公室	市政府法制办、市交通委、石景山区首发集团等	前往海淀区五棵松地下停车场和石景山区鲁谷路，就地下停车场和路边电子收费等工作情况进行现场调研
6/23	实地调研	市人大城建环保办公室	市政府法制办、市交通委、东城区和西城区相关单位	前往东城区朝阳门SOHO、朝阳区团结湖中路等地，就错时停车、私装地锁等立法问题进行调研，同时与街道办事处等部门进行协调，开放车位并拆除私装地锁来缓解停车难的问题

---

① 12月28日北京市第十四届人大常委会召开第四十三次会议，原定于本次会议表决的北京市机动车停车条例的议题，由于社会关注度高，还需要进一步调查研究和凝聚社会共识，决定本次会议暂不表决，提请2018年召开的常委会会议再行安排。

续表

日期(月/日)	工作内容	牵头单位	参与单位/人员	内容
7/4	实地调研	市人大常委会	部分市人大代表、副市长、市交通委、市政府法制办、市规划国土委、市住房城乡建设委、市城管执法局、市公安局交管局以及首发集团、首钢集团、301医院等	前往五棵松地下停车场、首钢静态交通发示范基地等地,对停车立法相关的问题进行实地调研,最后听取市交通委和市政府法制办关于立法的工作汇报并组织了座谈交流
8/1	座谈会	市人大城建环保办公室	千方科技、首中投资、汇石凯岩、ETCP、丁丁停车、好停车等10家停车投资建设企业、立体停车设备制造企业和互联网停车企业	就停车设施相关权属/投资用地、科技手段的运用、执法和处罚,以及行业协会作用等进行了交流并提出意见和建议
8/1	座谈会	市人大城建环保办公室	东城、朝阳、海淀、丰台四区交通委及相关街道办事处、居民委员会代表等12家基层政府和居民自治组织	主要针对各自区域在停车相关的领域出现的问题及经验进行了介绍和交流
8/2	座谈会	市人大城建环保办公室	6位市人大代表和4位专家学者	对条例的文本进行了研讨和交流,就条例草案提出了相关意见
8/17	立法工作协调会	市人大城建环保办公室	市人大常委会法制办公室、城建环保办公室,市政府法制办、市交通委	对条例草案文本的结构及调研、研讨后进行修改的情况进行介绍,并对进一步修改工作提出意见和建议
11/10	第三十四次会议	市人大法制委员会	市人大常委会相关人员	对《北京市机动车停车管理条例(草案二次审议稿)》进行审议,并同意将《北京市机动车停车管理条例(草案三次审议稿)》提请常委会会议审议

经过不断的调研、修改和审议,条例目前主要包括如下内容。首先从源头上解决车位不足的问题,区分新旧区域进行规划,对停车位实行分区域分层次的差别化供给制。对于老旧城区、新建区和公共设施中的停车位分别进行合理规划、因地改造和全方位利用。对于独立停车场和设置临时立体停车设施的可以简化建设项目审批流程。同时鼓励社会资本参与到停车设施建造

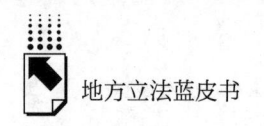

中去，鼓励加大立体停车场等建设，尽量减少对公用道路的占用。其次，对于乱收费的问题也进行了规定。停车收费采取区分层次的方法进行定价，对中心城区和城市外围、重点区域和非重点区域、拥堵时段和非拥堵时段区分对待。同时借鉴国外相关经验并结合《北京市路测停车管理改革方案》的实施情况，规定中心城区路边停车实行电子收费制度。最后，对于停车管理企业也提出了新的要求。

（二）《湖北省消费者权益保护条例》

除了作为首都的北京市，湖北省地方立法也一直走在全国各省市地方立法的前列，以湖北省人大为主的立法单位开创了很多地方性立法的先河，对其他地方的立法起到了示范和引领作用。立法应当遵循科学、民主的原则，"以良法促进发展、保障善治"是十九大的重要精神，这对立法提出了更高的要求：立法不能满足于数量和速度，也要把好质量观，要立良法。为了将十九大精神落到实处，湖北省人大在立法方式上也不断进行探索，2017年工作的重点之一是"建立立法基层听证和网上听证工作机制"，力求通过多种听证方式来实现立法科学化和立法民主化。

2016年12月26日湖北省第十二届人民代表大会常务委员会通过了湖北省《省人民政府2017年立法计划》，根据该计划2017年湖北省拟对《湖北省消费者权益保护条例》进行修订并于7月提请省人大常委会会议审议。湖北省人大常委会根据计划，于7月24日在十二届人大常委会第二十九次会议上听取了《湖北省消费者权益保护条例（修订草案）》的说明。该草案的修订是在原《湖北省消费者权益保护条例》的基础上，对近年来随着科技和网络的发展而产生的大量消费相关问题，如网络消费、预付款消费中存在的问题以及消费者隐私保护作出的增补和调整。会后，根据修改草案当中的问题，省人大常委会于8月24日在主任会议上通过了《湖北省消费者权益保护条例（草案）》立法听证工作方案，同意对该草案的修订采取多种立法听证方式，包括第三方听证、网上听证和基层听证。根据该计划，10月24日至26日，省人大常委会在武汉市选定了5个基层立法联系点进行基层立法听证。随后又通过电视、报纸、网站等媒体向社会公开发布听证公告，根据公告的时间地点开展了立法听证，具体情况见表3。

表3 《湖北省消费者权益保护条例（草案）》立法听证工作情况

时间（月/日）	听证方式	听证地点	听证人	陈述人	主要内容
10/24	基层听证	百步亭社区管委会	省人大常委会领导和常委会委员，省人大法制委员会、财经委员会、省人大常委会法规工作室负责同志，武汉市和江岸区人大常委会负责同志，省人大基层立法联系点百步亭社区负责同志	消费者、经营者、律师、基层执法人员、基层消费者委员会工作人员以及人大代表等	对明码实价、欺诈行为、保健食品经营、教育培训服务、住宅装饰装修、家政服务、商品房销售等问题提出意见和建议
10/26	基层听证	秭归县九畹溪镇政府	省人大常委会、省人大法制委员会、省人大内务司法、省人大常委会办公厅、市人大常委会等部门相关人员	秭归各界的12名听证陈述人	对明码实价、涉农及农资消费、耐用商品和维修服务瑕疵的举证责任、保健食品经营、欺诈行为等问题提出意见和建议
10/24	基层听证	谷城县法院	省人大常委会、省妇联、省人大民族宗教侨务外事委员会、省人大法制委员会、省人大常委会法规工作室、襄阳市人大相关单位、谷城县人大及政府相关单位、谷城县人民法院等部门相关人员	消费者、经营者、律师、基层行政执法人员、司法人员、基层消费者协会人员等	对消费行为的主体、明码实价还是明码标价、按照标价与消费者进行结算、预付卡备案、预付卡续期和退款、经营者的欺诈行为认定等内容进行听证
10/26	基层听证	利川市政府法制办	省人大法制委员会、州人大常委会法工委、法规研究室负责人及利川市有关单位负责人	基层执法人员、市人大代表、经营者、消费者等16名听证陈述人	针对耐用商品维修服务瑕疵的举证责任、欺诈行为、保健食品经营、教育培训服务、商品房销售、平台先行赔付、涉农及农资消费等进行听证

续表

时间月/日	听证方式	听证地点	听证人	陈述人	主要内容
10/24	基层听证	仙桃市中星电子材料有限公司	省人大常委会、省人大法制委员会、省人大常委会委员、省人大内务司法委员会等单位相关人员	消费者、经营者、基层执法人员、律师、人大代表等不同群体代表的14位听证陈述人	围绕明码实价、商业预付卡、欺诈行为、保健食品经营、教育培训服务、住宅装饰装修、商品房销售、二手汽车保修等进行听证
10/31	第三方听证	武汉	省人大常委会、省消费者委员会有关负责人	教授、律师、记者、超市经理、电商客服主管、公务员、国企职工、私营业主、学生、农民、基层消协负责人等20个陈述人	围绕消费行为的主体、明码标价、发放商业预付卡、经营欺诈、培训服务、家政服务、解除商品房买卖合同等相关问题进行现场听证
10/31至11/6	网上听证	腾讯大楚网,立法听证专题网页		众多网友参与讨论、评论,大家踊跃发言。网上听证时,直播页面点击量达27.5万次,网友提出意见建议1243条	对第三方听证中的所有问题提出建议和意见

此后,省人大常委会立法调研组又前往住房与城乡建设部、国家工商总局就修改草案再次开展立法调研,对立法过程中遇到的问题和难点进行了认真交流和深入探讨。住建部、国家工商总局相关人员对草案的修改提出了重要的指导意见和修改建议。《湖北省消费者权益保护条例》经过多次调研和听证环节的修改完善,最终于2018年1月18日下午,在省十二届人大常委会第三十二次会议上通过。

(三)《无锡市民用无人驾驶航空器管理办法》

追随走在地方立法前沿各省市的脚步,设区的市的立法工作也不断进行创新。无锡市政府针对实践中无人机的出现和使用产生的大量问题进行了分析调研，对前沿问题进行立法创新，2017年出台了《无锡市民用无人驾驶航空器管理办法》。

随着无人机技术的广泛应用，无人机的使用数量不断增多。据初步统计，无锡市2017年市民持有无人机数量已超过3000架，2016年全市无人机飞行次数累计达到近4万次。在飞行期间不仅容易引发市民人身和财产的损害问题，还易造成侵犯隐私权和信息泄露，甚至威胁到航空安全。我国尚未对无人机进行特别立法，导致在实践中无法可用，只能硬搬《治安管理处罚法》《民用机场管理条例》等相近的法律进行处理。同时，能够依据的相关法律制定时间较为久远，不能适应当前科技发展带来的新问题和新情况，而中国民用航空局的相关规定在处理问题时存在效力和适用范围等因素的影响。同样，在立法过程中，能够直接依据的上位法缺失，而相关的法律法规则制定年代久远，难以解决当前出现的法律问题，因此需要以民航总局的规定作为参考。该办法制定中依据和参考的主要法律见表4。

表4 《无锡市民用无人驾驶航空器管理办法》依据和参考的法律

名称	制定主体	实施时间	采用方式
《中华人民共和国民用航空法》	全国人民代表大会常务委员会	1996年3月1日	依据
《通用航空飞行管制条例》	国务院	2003年5月1日	依据
《民用无人驾驶航空器系统空中交通管理办法》	中国民用航空局	2016年9月21日	参照
《轻小无人机运行规定（试行）》	中国民用航空局	2015年12月29日	参照
《民用无人机驾驶员管理规定》	中国民用航空局	2016年7月11日	参照
《民用无人驾驶航空器实名制登记管理规定》	中国民用航空局	2017年5月16日	参照

无锡市出台的《无锡市民用无人驾驶航空器管理办法》是我国首个规范民用无人机管理的地方政府规章。由于是初创性质的法律，该办法篇幅不长，内容精简，但是目标明确，对当前实践中出现的突出重点问题进行规制，对切实解决科技发展带来的新问题起到了重要作用，也为进一步制定无

人机相关的法律法规奠定了基础。该办法首先对民用无人机的概念进行界定。在对民用无人机界定范围时,没有简单地采用《民用无人机驾驶航空器实名制登记管理规定》中以无人机重量作为划分依据的办法,而是结合无人机技术的发展和实际情况来进行定义。其次是明确了管理部门的职责。由于民用无人机设计的领域非常广泛,包括工商农业以及拍照、救援等活动,同时也涉及军队、民航、政府等多个部门,政府部门中又涉及多个职能部门,因此合理地进行职权划分也是亟待解决的问题之一。最后《无锡市民用无人驾驶航空器管理办法》对实名登记、飞行要求、禁飞区域等具体内容进行了规定,比如实践中常见的持有人突破无人机厂家对禁飞区域软件的限制如何进行处理等问题,这些问题是根据实践中已发生或可能发生的情况,并结合征询意见中专家和大众的意见和建议总结出来的具有典型性和代表性的内容。作为首部对民用无人机进行规定的规章,其基本满足了解决实际问题的需要。最后,《无锡市民用无人驾驶航空器管理办法》对违反规定的情况规定了相应的法律后果。

《无锡市民用无人驾驶航空器管理办法》从提出到出台历时4个月,在此过程中市公安局、市政府法制办等部门进行了大量的工作。2017年3月,市公安局向市政府提出了民用无人机安全管理立法建议。市公安局组织专门力量进行了前期调研,认真梳理了当前无人机管理中存在的问题,并会同市法制办先后召开了两次座谈会,广泛征求市相关部门、市(县)区和社会各界的意见,经过充分论证和反复修改,形成了《无锡市民用无人驾驶航空器管理办法(送审稿)》。该办法(送审稿)报送市政府后,市法制办按照立法程序,除在市政府、市法制办网站和政府官方微信、微博上公布全文征求社会各界意见外,还书面征求了市人大常委会、市政协以及政府相关职能部门、市(县)区人民政府和政府立法联系点的意见,结合各方面提出的修改意见,市法制办会同市公安局对办法(送审稿)进行了充分的论证,并听取了市政府有关领导的意见。经多次会商,几易其稿,并再次征求有关部门意见,形成了《无锡市民用无人驾驶航空器管理办法(草案)》。7月6日法制办在其网站立法征求意见栏发布了《关于征求〈无锡市民用无人驾驶航空器管理办法（送审稿）〉意见的公告》。最后，该办法（草案）已于2017年7月25日经市政府第十次常务会议审议通过。在此之后，市政府召开《无锡市民用无人驾驶航空器管理办法》新闻发布会，对该办法的立法过程和主要内容进行了介绍，为《无锡市民用无人驾驶航空器管理办法》的实施进一步铺平道路。

分报告
Topic Reports

B.2
2017年地方立法文本质量评估总报告

西南政法大学地方立法评估课题组*

摘　要： 地方立法是立法活动的基础，我国的地方立法已经跨越了大量立法、粗放立法的数量型发展阶段，走向科学立法、精细立法的质量型发展阶段。全面推进依法治国必然要求提高地方立法质量，而地方立法评估则是改善地方立法质量的必经之路。本文借助德尔菲法随机抽选各地155部法规，以"客观录入"的模式对样本法规文本质量情况进行了科学评估。评估发现，地方性法规整体文本质量偏低，且在地域、层级、类型方面存在不平衡性，制约法规质量的主因则是法规的合理性、可操作性较差，从而造成了现存法规形式性远强于实质性。从评估中凝练出地方立法工作中存在"立法重复、立

---

* 执笔人：杨惠琪，西南政法大学地方立法研究院、重庆市地方立法研究协同创新中心研究人员。数据收集团队为西南政法大学法理学硕博研究生团队。

法抽象、缺乏特色、立法偏好"四大突出问题亟待解决,并提出了七项具体建议。

关键词: 地方立法 立法评估 文本质量

法律是治国之重器,良法是善治之前提。"立法先行""科学立法"一直是我国完善中国特色社会主义法治体系所秉持的基本理念。在我国现有立法体制中,地方立法始终扮演着重要角色,其立法程序及质量的优劣将会直接影响国家立法体制的整体运行。《中华人民共和国立法法》修订后,地方立法工作面临着新的挑战与机遇,不仅要消化权限扩容与调整带来的影响,更要以完善立法程序、提高立法质量为目的,实现地方立法工作的转型升级。当下的地方立法工作可谓站在全新起点之上,在此关键时刻,针对原有地方立法成果开展科学、客观、系统化的评估活动,从而发现问题、总结经验,并尝试为地方立法寻求一种常态化的评价机制,以便为今后立法工作提供科学指引,从根本上助力地方立法质量提升,乃是本项目的最大旨趣所在。

一 评估指标体系设计

确定评估主体是要解决"由谁来评估"的问题,根据地方立法评估的启动机制不同,可大致将评估主体分为国家或政府主导型、社会主导型以及国家与社会联动型三种类型。我国现今多采取的是国家或政府主导型,即主要是由立法部门牵头、执法部门参与的评估主体模式,这种模式最大的弊端在于容易使评估陷入自说自话的尴尬境地,使得相应评估流于形式。而独立性强的社会主导型则恰恰相反,从揭露问题角度来说该类型较容易得出有价值的结果,却又容易因相应信息的缺乏而得出偏颇的结论。故此,兼采两者之长的国家与社会联动型就因其灵活性和折中性成为不少评估的首选模式。

项目组认为,从评估目的来看,地方立法评估最终是为了从法学专业角度为地方立法质量的改善提供专业化的评价与建议,因此,由独立的专业第三方[①]担任评估者势在必行。但评估地方立法具体程序与文本质量所需要的信息资源十分丰富,而这些资源又往往被政府所掌握,各个地区信息公开程度的不同又使得信息搜集工作困难重重,故此,即便选择了独立第三方作为评估主体,也需要政府的大力配合与参与。并且,独立第三方的外部评估视角与政府内部考核视角也存在一些差别,因此将内部考评同外部评估相结合,实现评估主体的多元化,也是项目组今后着重考察论证的方向之一。但就该项目初期工作重点而言,还是主张以独立第三方作为评估体系的设计者和评估过程的实施者,而政府则需要以参与者身份加入其中,为评估提供必要的保障。

为了保证指标选取与相应权重设置的科学性,本次评估的指标体系设计论证大致包括四个环节:梳理分析现有法规文本评估指标;项目组分析讨论指标体系雏形;采用德尔菲法征询专家组意见;确定评估指标与相应权重。最终,得到了本次评估适用的"地方立法文本质量评估指标体系(2016)",具体内容见表1。

表1 地方立法文本质量评估指标体系(2016)

一级指标(权重)	二级指标(权重)	具体评估判断点
合法性(19)	立法权限(10)	是否符合地方立法权限
	法制统一(9)	是否同上位法内容相抵触
合理性(35)	授权适度(3.5)	法规条文中的授权情况是否合适
	权责匹配(5.5)	针对公权力的规定是否做到了权责明晰
	权义匹配(5.5)	是否做到没有为私权利主体创设缺乏上位法依据的义务
	救济途径(5.5)	私权利主体之权利是否具备救济渠道
	利益分配(5.5)	私权利主体的权利规定、利益分配是否合理
	自由裁量(4.5)	执法者的自由裁量范围的规定是否适当
	地方特色(5)	法规条文是否体现地方特色

---

① 尤其是专业法学院校或科研机构,一方面可以极大地利用其专业智识资源,满足评估的专业性要求,另一方面能够从主体上体现评估的中立性与客观性。

续表

一级指标(权重)	二级指标(权重)	具体评估判断点
可操作性(35)	行为模式(5.5)	对主体如何采取行为的规定是否明确
	法律责任(5.5)	法律责任是否明确
	程序保障(6.5)	私权利主体之权利是否具备程序保障
	配套措施(3.5)	法规内部是否存在相关配套的措施,以提升其可操作性
	法规重复(3)	从法规名称上看,本地区是否存在重复立法;从法规内容上看,是否同上位法内容重复
	同位法冲突(5.5)	同地域同层次立法是否冲突
	法规匹配(5.5)	同地域同层次立法是否匹配,以提升可操作性
技术性(11)	法规名称(2)	法规名称是否符合立法技术规范
	概念术语(3)	概念术语的表述是否符合立法技术规范
	标点数字(1.5)	标点数字是否符合立法技术规范
	体例结构(3)	体例结构是否符合立法技术规范
	效力设置(1.5)	法规的效力设置条款是否规范

资料来源:本文图表中涉及的地方性法规统计数据,为团队成员自北大法宝网站依照取样时间统计得来。

二 评估实践操作流程

(一)评估对象确定

在德尔菲法的具体操作过程中,评估组和各位专家沟通了意见,明确了本次评估的对象是地方性法规的文本质量情况。但是,考虑到现行有效的地方性法规数目太过庞大,在有限的时间内难以作出整全式的科学判断。并且,前文曾述,本次评估具有实验性特质,考虑到目前我国还没有一项规模相当、指标科学、方法客观的地方立法质量评估实践,项目组决定大胆革新,引入社会科学研究方法,对地方性法规进行科学抽样,以确定本次评估对象。具体确定评估对象时,考虑如下几方面。

1. 时间范围

由于各地地方立法的实践年份不一,并且考虑到对较久远的法规进行考

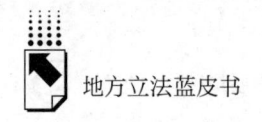

查意义不大，所以，本次评估将考查范围限定在2014年1月1日至2016年4月30日期间制定并正式公布的地方性法规，并且以法规公布时间为准。

2. 法规层级

从效力层级方面来看，我国目前存在两类三种地方性法规，即省级地方性法规、设区的市地方性法规，其中，设区的市地方性法规又可具体区分为原有较大的市制定的地方性法规和新增设区的市制定的地方性法规。不同效力层级的地方性法规具有不同特质，在此难以对其进行合理取舍，所以评估组决定，省级、设区的市这两类三种地方性法规都是本次评估的考查对象，以尽量提升本次评估的覆盖面。

3. 具体法规

2014~2016年的所有层级地方性法规数目依旧十分庞大，考虑到同一主体制定的地方性法规之间具有一定程度的相似性与关联性，所以评估组在此引入随机抽样方法，对31个省份、49个较大的市、75个新增设区的市[①]的现有地方性法规群体进行随机抽样，每省份、每市均抽取一部地方性法规作为最终的评估对象[②]。

（二）评估方法确定

在地方立法文本质量评估方面，国内目前还没有权威评估方法，现存类似实践所选择的方法多是将所评估法规集中提交给业内专家，要求专家根据指标体系情况，对法规文本整体质量进行主观评判，再以具体分数形式展示评估结果。这种模式可以归纳为"主观推断型"评估模式，具有专业性、便利性、深入性的特点，但同时也具有主观判断较多、专家意见影响过大、评估结果模糊性强、评估科学客观中立性不足等弊端。并且，鉴于"主观推断型"评估文本质量的实践已经广泛存在，难以进行大范围的有效推广，评估组也无意进行重

---

① 截至2016年4月30日，已经有75个新增设区的市制定并公布了地方性法规，故此处纳入考查范围的新增设区的市为75个。
② 对于新增设区的市而言，由于都仅制定了1部地方性法规，故不需要进行抽样，此法规即为本次评估对象之一。

复的模式劳动,因此,在综合考虑社会学、统计学专业方法后,评估组结合德尔菲法得到的指标体系与具体判断点,对每项指标的具体含义都进行了界定与澄清,最终决定采取社会学中常用的客观录入的方法对法规文本进行评价。我们将这种方法概括为"客观录入型"评估模式,具体操作方式为:

(1) 评估组对21个二级指标进行具体含义确定,明确每一指标所代表的具体含义;

(2) 评估组进行客观录入操作,要求将每一评估对象的每一法条逐一结合21个二级指标进行考查,从客观事实层面判断每一法条文本是否符合二级指标的具体要求,以实现对法条的逻辑录入①,从而最终完成对每部法规的整体评判。

(三) 模拟试评估

鉴于客观录入型评估模式是一次创新型尝试,并且本次评估的样本群体有155部法规、8000余个条文之多,为了保证评估录入的科学性与有效性,评估组决定选取几部法规进行模拟试评估。模拟试评估的意义在于:第一,帮助评估组熟悉录入操作流程,以提升录入的效率与科学性;第二,从小规模实践中检验指标体系中存在的遗留问题,再次修正具体指标;第三,在评估组内部形成对指标体系的统一认识,保证正式录入时即便对评估样本进行任务分解,也不会造成评估人员在面对不同的法规文本时,存在较大程度的主观干扰与录入分歧。

评估组具体进行了3轮模拟试评估,取得了以下成果:

(1) 指标体系遗留问题得以解决,在未改变征询时具体的指标含义基础上,对"权义匹配""权责匹配""利益分配"三个指标的名称进行了合理修正;

(2) 多名评估组人员对同一法规进行录入后,我们对取得的数据进行了信度分析,发现制定的评估细则及多次模拟试验,大幅度提升了评估信度②;

---

① 这种录入方法的基本操作原理是:在将一具体法条文本与指标具体判断点要求进行结合考查后,如果得出了"是"的回答,则录入为"1",如果得出了"否"的回答,则录入为"0",如果法条文本不反映指标内容,则为"不适用"的情况,不进行录入。具体每一个指标的录入细则及操作,请参见指标分报告对每个指标情况的分析。

② 最终试评估的信度已经满足了克朗巴哈系数要求,达到0.7以上,在某些指标上甚至达到0.8以上,表明评估操作信度过关。

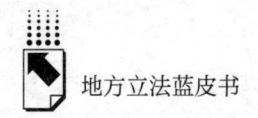

(3) 评估组人员进行多次模拟试验后,熟悉了评估操作流程,评估录入效率也有了较大提高。

(四)评估结果计算

客观录入型评估模式得到的初步数据仅是对每部法规的每一法条的判断结果,我们还需要对每部法规的所有法条进行综合考量,从而对法规进行整体判断。在计算每部法规的分数高低并对其进行排序时,其运算逻辑为:先将每个法条的得分与指标权重值相乘,再分法规加总其所有法条权重得分,最后求其均值用于排序。具体如下。

设单部法规的得分为 X,该法规所包含的法条数为 N,法规中单个法条的得分为 X_{ij},指标权重为 W_j,其中,i 代表该法规中的法条序号,j 代表评估指标序号,则 $\sum_{j=1} W_j = 100$。用于排序比较的法规得分均值计算公式为:$\bar{X} = \dfrac{\sum_{i=1}^{N} X_{ij} \cdot W_j}{N}$。

三 评估结果[*]

表 2 155 部法规得分与排序情况

整体排序	法规名称	法规得分
1	深圳经济特区道路交通安全管理条例	50.36
2	陕西省地下水条例	49.79
3	天津市人才流动条例	49.54
4	广东省城市绿化条例	48.38
5	郑州市大气污染防治条例	48.29

---

[*] 评估组根据评估数据生成了整体层面评估结果、区域层面评估结果、效力层面评估结果、类型层面评估结果四类,后续分析也在此基础上展开,在此仅披露整体评估结果,其他表格从略。

续表

整体排序	法规名称	法规得分
6	海南省电力建设与保护条例	48.26
7	吉林省气象设施和气象探测环境保护条例	47.88
8	汕头经济特区职工权益保障条例	47.58
9	惠州市西枝江水系水质保护条例	47.50
10	齐齐哈尔市机动车排气污染防治条例	47.47
11	中山市水环境保护条例	47.44
12	甘肃省非物质文化遗产条例	47.29
13	杭州市户外广告设施和招牌指示牌管理条例	46.98
14	江西省学校学生人身伤害事故预防与处理条例	46.94
15	上海市禁毒条例	46.57
16	山西省安全生产条例	46.56
17	青岛市房屋使用安全条例	46.48
18	云南省曲靖城市管理条例	46.34
19	包头市未成年人保护条例	46.30
20	徐州市集中供热条例	46.25
21	浙江省水上交通安全管理条例	46.05
22	北京市动物防疫条例	45.70
23	河南省实施《中华人民共和国防洪法》办法	45.65
23	邯郸市减少污染物排放条例	45.65
25	蚌埠市龙子湖景区条例	45.62
26	巢湖流域水污染防治条例	45.56
27	长春市邮政条例	45.49
28	哈尔滨市城市道路管理条例	45.34
29	抚顺市城市供热条例	45.24
30	青海省实施《中华人民共和国全国人民代表大会和地方各级人民代表大会选举法》细则	45.17
31	宿州市城镇绿化条例	45.16
32	拉萨市老城区保护条例	45.10
33	重庆市河道管理条例	45.08
34	鞍山市人民代表大会常务委员会讨论决定重大事项的规定	45.06
35	乌鲁木齐市大气污染防治条例	45.00
36	合肥市防震减灾条例	44.91
36	温州市市容和环境卫生管理条例	44.91
38	新疆维吾尔自治区农田地膜管理条例	44.85

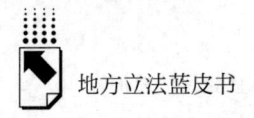

续表

整体排序	法规名称	法规得分
39	黑龙江省科学技术进步条例	44.82
40	太原市户外广告设施设置管理办法	44.63
41	镇江市金山焦山北固山南山风景名胜区保护条例	44.15
42	贵州省大数据发展应用促进条例	44.06
43	南平市人民代表大会及其常务委员会立法条例	44.03
44	淮南市公共资源交易管理条例	43.91
45	漳州市人民代表大会及其常务委员会立法条例	43.89
46	吉林市档案管理条例	43.85
47	佛山市文化街区和历史建筑保护条例	43.78
48	福州市园林绿化管理条例	43.73
48	南昌市城市建筑垃圾管理条例	43.73
50	广州市历史文化名城保护条例	43.65
51	海口市房屋租赁管理条例	43.64
51	庆阳市人民代表大会及其常务委员会立法程序规则	43.64
53	绍兴市制定地方性法规条例	43.62
54	常州市制定地方性法规条例	43.55
55	阜阳市人民代表大会及其常务委员会立法程序规定	43.50
56	成都市地名管理条例	43.47
56	衢州市制定地方性法规条例	43.47
58	宁德市人民代表大会及其常务委员会立法条例	43.46
59	唐山市防震减灾条例	43.43
60	泉州市人民代表大会及其常务委员会立法条例	43.40
61	滨州市制定地方性法规条例	43.39
62	锦州市人民代表大会及其常务委员会立法条例	43.35
63	金华市制定地方性法规条例	43.31
64	舟山市制定地方性法规条例	43.30
64	铁岭市人民代表大会及其常务委员会立法条例	43.30
66	南京市农田水利条例	43.29
67	石嘴山市人民代表大会及其常务委员立法程序规定	43.27
68	山东省老年人权益保障条例	43.26
69	湖州市制定地方性法规条例	43.25
70	三明市人民代表大会及其常务委员会立法条例	43.23
71	黄冈市人民代表大会及其常务委员会立法条例	43.21
71	孝感市人民代表大会及其常务委员会立法条例	43.21
71	咸宁市人民代表大会及其常务委员会立法条例	43.21

整体排序	法规名称	法规得分
74	龙岩市人民代表大会及其常务委员会立法条例	43.19
75	营口市人民代表大会及其常务委员会立法条例	43.18
75	台州市制定地方性法规条例	43.18
77	贺州市立法条例	43.17
78	扬州市制定地方性法规条例	43.16
78	丹东市人民代表大会及其常务委员会立法条例	43.16
80	十堰市人民代表大会及其常务委员会立法条例	43.12
80	荆州市人民代表大会及其常务委员会立法条例	43.12
80	宜昌市人民代表大会及其常务委员会立法条例	43.12
80	襄阳市人民代表大会及其常务委员会立法条例	43.12
80	荆门市人民代表大会及其常务委员会立法条例	43.12
80	泰州市制定地方性法规条例	43.12
86	江门市制定地方性法规条例	43.11
87	安康市地方立法条例	43.10
88	随州市人民代表大会及其常务委员会立法条例	43.09
88	北海市立法条例	43.09
88	四川省世界遗产保护条例	43.09
91	黄石市人民代表大会及其常务委员会立法条例	43.06
91	三亚市白鹭公园保护管理规定	43.06
93	潮州市制定地方性法规条例	43.03
94	沈阳市集体合同条例	43.02
94	湛江市制定地方性法规条例	43.02
96	莆田市人民代表大会及其常务委员会立法条例	43.01
96	阳江市制定地方性法规条例	43.01
96	清远市制定地方性法规条例	43.01
99	毕节市地方立法条例	42.92
100	宁夏回族自治区人口与计划生育条例	42.88
101	呼和浩特市旅游管理条例	42.86
103	揭阳市制定地方性法规条例	42.86
104	南通市制定地方性法规条例	42.85
105	韶关市制定地方性法规条例	42.83
106	福建省人口与计划生育条例	42.77
106	盐城市绿化条例	42.77
108	长沙高新技术产业开发区条例	42.76

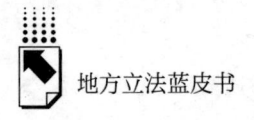

续表

整体排序	法规名称	法规得分
108	柳州市立法条例	42.76
110	西安市税收保障条例	42.75
110	朝阳市人民代表大会及其常务委员会立法条例	42.75
110	大同市餐厨废弃物管理条例	42.75
113	盘锦市人民代表大会及其常务委员会立法条例	42.73
114	梅州市制定地方性法规条例	42.72
115	苏州市排水管理条例	42.68
115	潍坊市制定地方性法规条例	42.68
117	湖南省乡镇财政管理条例	42.65
118	嘉兴市秸秆露天焚烧和综合利用条例	42.58
119	洛阳市科学技术进步条例	42.57
120	石家庄市城市园林绿化管理条例	42.52
121	淄博市文物保护管理办法	42.50
122	昆明高新技术产业开发区条例	42.45
123	临沂市制定地方性法规条例	42.44
124	汉中市地方立法条例	42.38
125	东营市制定地方性法规条例	42.37
126	鄂州市人民代表大会及其常务委员会立法条例	42.30
127	武汉市文明行为促进条例	42.25
128	滁州市人民代表大会及其常务委员会立法程序规定	42.22
129	芜湖市人民代表大会及其常务委员会立法程序规定	42.19
129	铜陵市人民代表大会及其常务委员会立法程序规定	42.19
130	菏泽市制定地方性法规条例	42.15
131	烟台市制定地方性法规条例	42.09
131	宣城市人民代表大会及其常务委员会立法程序规定	42.09
133	池州市人民代表大会及其常务委员会立法程序规定	42.06
133	江苏省绿色建筑发展条例	42.06
135	厦门经济特区城市房屋拆迁管理规定	42.05
136	广西壮族自治区实施《中华人民共和国水土保持法》办法	41.99
137	南宁市违法建设查处条例	41.98
138	辽宁省企业工资集体协商条例	41.96
139	湖北省人体器官捐献条例	41.95
140	珠海经济特区见义勇为人员奖励和保障条例	41.89
141	莱芜市制定地方性法规条例	41.82
142	西藏自治区乡镇人民代表大会工作条例	41.81

续表

整体排序	法规名称	法规得分
143	西宁市南北山绿化管理条例	41.75
144	本溪市城市绿化管理条例	41.67
145	济南市农村公路条例	41.54
146	济宁市制定地方性法规条例	41.51
146	贵阳市建设工程抗震管理办法	41.51
148	宁波市终身教育促进条例	41.38
149	河北省非物质文化遗产条例	41.26
150	兰州市科学技术进步条例	41.00
151	大连区域性金融中心建设促进条例	40.66
152	银川市新建商品房配套设施交付使用管理条例	40.41
153	无锡市促进行业协会发展条例	39.97
154	内蒙古自治区价格监督检查条例	39.94
155	运城市关圣文化建筑群保护条例	39.22

四 评估发现的问题

（一）总体层面上的共性问题

1. 法规评估得分偏低，法规文本整体质量不佳

经过评估我们发现，此次受评的155部法规的整体得分都呈现出偏低的状态。在解释分数偏低的原因之前，有必要对本次评估的计算逻辑进行说明。在本次评估中，我们参照21个二级指标的评估要求，对155部法规共计8000余个法条进行了逐一评价，也即我们判断了每一个法条同21个二级指标要求的符合情况，总计录入次数高达17万频次。如果将每个法条都看作一个单独个案样本的话，那么，每一个案在同每一个二级指标进行对应判断时，无非会得到三种结果：（1）个案符合指标要求；（2）个案不符合指标要求；（3）个案不体现指标要求。对应地，在数据分析时，我们也需要作出三种计分处理：（1）符合要求的记为1分；（2）不符合要求的记为 -1分；（3）不体现要求的记为0分。但是本次评估得出的分数与排序其实依循的是一种变通逻辑：(1) 个案符合指标要求记为1分；(2) 个案不符合指标要求、个案不体现指标要求都记为0分（见表3）。也即，舍弃了负分的计算方式。之所以采取这种变通逻辑，一方面是出于运算简便策略的考虑，另一方面是因为，评估组经试验发现，扣分处理方式只会造成以下结果：每部法规都有扣分项，大部分法规的扣分项也只是集中在某几个指标上，并且，我们的最终目的还是要对法条个案的集合体——每部法规进行分析。在依照法规整合法条录入数据时，我们借助加权平均值处理方式，因此，对于不符合项是要记为 -1 还是 0，其实对于相对的排序结果不会有实质影响。综上，扣分处理除了拉低法规整体得分之外，不会对评估结论尤其是每个指标的整体展现情况有影响，效用不大。所以评估组最终没有采用扣分录入的方式，但是会在分报告中对于每部法规中每个指标的"否"与"缺失"的情况进行区分说明与分析。

表3　法条个案判断情况说明

法条同具体指标匹配情况	录入形式	赋分情况（分）
（一）法条符合指标要求	1	1
（二）法条不符合指标要求	0	0
（三）法条不适用指标	（空）	0

在理解了评分逻辑后，我们就能发现，造成本次法规整体得分偏低的直接原因是，法规中的很多法条并不能对21个二级指标进行完全展现。反映在数据上，即法规中很多法条在某几项指标上得到了0分判定。又因为指标体系要求每个指标的得分同具体权重值相乘，那么即使指标权重再高，在遇到法规条文大部分为"不体现"或"否"时，也只能以0分乘以权重值，所以出现了在100分的指标体系分值分配中，每部法规都有一些二级指标最终得了0分，从而造成法规得分偏低的情况。事实上无论是因为不符合指标要求还是因为不体现指标要求而存在0分项，都说明这次随机抽取的评估法规未能较好地满足评估指标体系的要求。前文曾述，指标体系中的每个指标均经过了德尔菲法的验证，意味着每个二级指标对于地方立法文本质量都存在不同程度的影响。法规未能较好地满足评估指标体系的要求，就意味着法规文本质量在某些方面还存在缺陷，

并且,大量0分项的存在再次证明,在个别指标上,地方性法规的文本质量距离指标体系希望达到的理想状态还存在较大的差距。也即,结合法规分数、指标得分以及问题法条反馈情况来看,地方性法规文本的整体质量并不能令人满意。

2. 法规文本质量不平衡性突出,地域、层级、类型方面均存在差异

虽然本次评估整体分数偏低,并且法规的得分差异都很小,但排序最优和最后的法规之间的分差也达到了11.14分,这对于每部法规之间仅差异零点几分的整体小分差而言,也是较大的分差数值了。如果我们将155部被评估法规依照排序划分为上(排名1~52)、中(排名53~104)、下(排名105~155)三个档次,可以发现法规质量在地域、层级、类型方面均存在较大差异,体现了质量的不平衡性。

首先,我们对法规的所属地区进行了分类。我们依据国家统计局的分类方法,将评估法规涉及的省份、设区的市分为了三大地带①,具体的分类结果见表4。

表4 法规所属地带的分类情况

三大地带	具体省份
东部地带（11个）	北京市、天津市、河北省、辽宁省、上海市、江苏省、浙江省、福建省、山东省、广东省、海南省
中部地带（8个）	山西省、吉林省、黑龙江省、安徽省、江西省、河南省、湖北省、湖南省
西部地带（12个）	内蒙古自治区、广西壮族自治区、重庆市、四川省、贵州省、云南省、西藏自治区、陕西省、甘肃省、青海省、宁夏回族自治区、新疆维吾尔自治区

根据评估结果,我们发现东、中、西部三个地带从整体上看差异并不特别明显,但东部地带的整体法规质量仍旧具有优势,中部次之,西部相对最差。但是,结合法规的极值分差来看,东部地带排名最前和最后的法规之间的极值分差达到了10.39分,中部地带为9.07分,西部地带则为9.85分。再结合三个地带法规得分的离散程度,我们发现,从均衡性角度而言,中部地带法规质量相对较为均衡,东部次之,西部地带的法规质量内部差异性最大(见图1)。

---

① 分类依据参见国家统计局网站(http://data.stats.gov.cn/easyquery.htm?cn=E0103)"地区-三大地带-东部地带、中部地带、西部地带"的基本划分,最后访问时间:2018年4月1日。

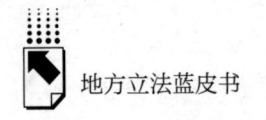

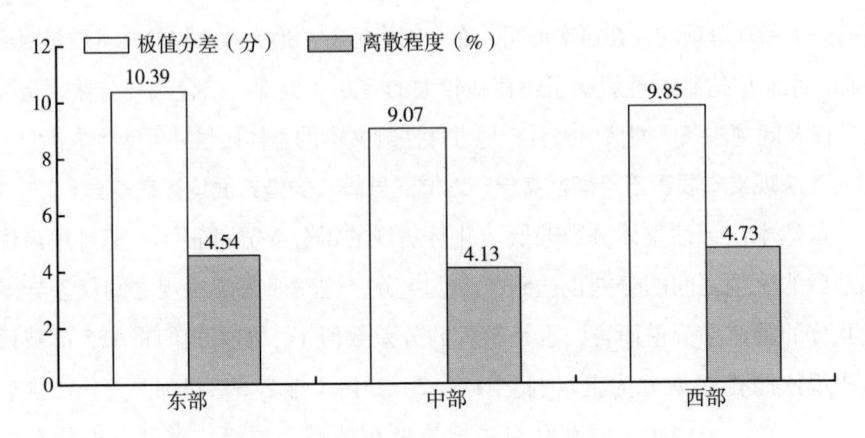

图1 三大地带法规得分的极值分差与离散程度对比

其次,我们依据法规的效力层级,将法规区分为省级法规和设区的市法规,其中设区的市法规内部又可细分为较大的市法规和新增设区的市法规。从之前的排名结果看,省级法规整体质量水平最高,所属法规中位于上、中层次的法规占据了71%,新增的设区的市法规次之,所属法规中位于上、中层次的法规占据了70%,较大的市法规质量相对较差,所属法规中位于上、中层次的法规占据了57%。结合法规得分的极值分差以及离散程度分析,省级法规得分不均衡性相对最明显,新增设区的市法规因为大量雷同的立法条例存在,整体得分趋同,使得设区的市法规的整体均衡性相对最强。

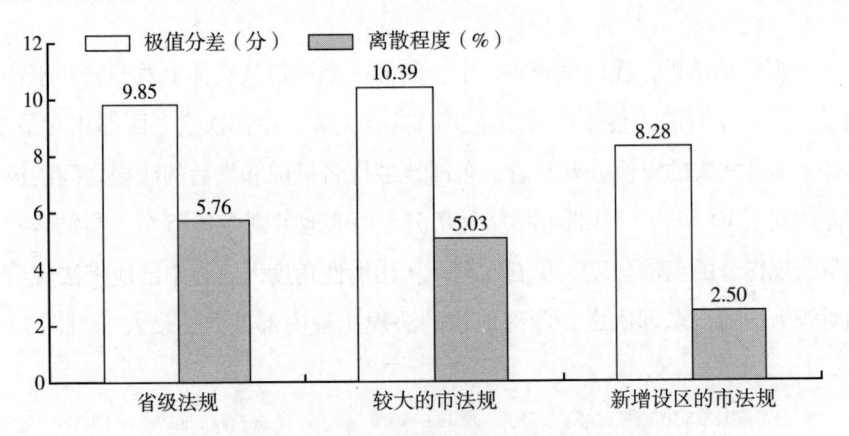

图2 不同层次法规得分的极值分差与离散程度对比

就法规类型而言，由于目前并没有权威的法规类型分类办法，所以我们借鉴了重庆市人大的法规分类方法，将155部法规分为六大类型（见表5）。

表5　155部法规的分类情况说明

法规类别	具体内容
国家机关类	包括人大制度、行政机构、行政执法、行政事务类法规
社会事务管理类	包括公民权益、公共安全、司法服务、社会事务、社会团体、基层政治、劳动安全、社会保障类法规
文化教育类	包括教育、科学、文化、卫生、体育类法规
财政经济类	包括市场、交通、农业农村、旅游、企业、邮政电信、统计、中介组织类法规
城乡建设类	包括建设规划、市政绿化、风景名胜类法规
资源环境类	包括资源、能源、环境保护、灾害防治类法规

从各类法规排名情况来看，社会事务管理类和资源环境类法规表现整体较具优势，上、中档次的法规均达到了该类型的90%，国家机关类法规次之，上、中档次的法规均达到了该类型的70%，文化教育类、财政经济类法规中，上、中档次的法规均达到了该类型的50%，而城乡建设类法规中，上、中档次的法规仅达到该类型的40%。从每类法规得分的离散程度看，国家机关类法规内部差异最小，水平最为均衡，城乡建设类次之，社会事务管理类法规内部差异性最大，水平最为不均衡，其他几类大体相当（见图3）。

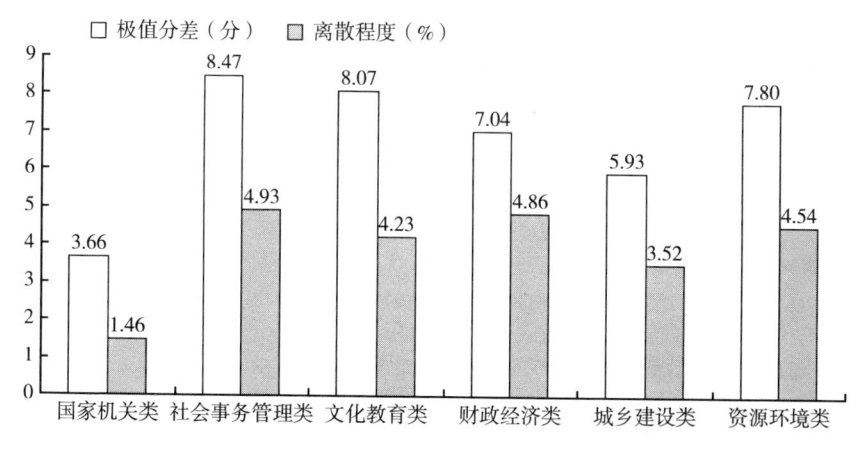

图3　不同层次法规得分的极值分差与离散程度对比

3. 指标得分差异较大，合理性、可操作性是制约文本质量的主要原因

从指标角度衡量，评估组发现，本次设计的 21 个二级指标，得分情况差异显著。总体而言，合法性指标得分情况表现较优，被评估法规中并未出现明显违背合法性的情况；技术性指标得分情况良好，虽然整体稍逊于合法性指标，但问题法条并不十分突出，法规质量受其影响有限。合理性指标和可操作性指标的得分情况十分不理想，同另外两个指标差距很大。

评估组根据每部法规在每个指标上的得分情况，总结了本次评估中 21 个二级指标的得分均值情况（见表 6）。

表 6　二级指标在每部法规中的得分均值

二级指标	立法权限	法制统一	权责明晰	义务适当	救济途径	权益分配	自由裁量
得分均值	0.9785	0.9774	0.7006	0.1968	0.0059	0.0300	0.0460
二级指标	地方特色	授权适度	行为模式	法律责任	程序保障	配套措施	法规重复
得分均值	0.0221	0.0146	0.8258	0.1236	0.0205	0.4798	0.5025
二级指标	同位法冲突	法规匹配	法规名称	概念术语	标点数字	体例结构	效力设置
得分均值	0.0234	0.0206	0.0213	0.9750	0.9645	0.9832	0.0210

每个指标在每部法规中的得分均值，基本上能够反映该指标在整体评估中的被满足情况。依据前文指出的录入、赋分、运算方法，最后每个指标在每个法规中的得分最大值为 1，最小值为 0，再结合每个指标的权重值，就能满足整个指标体系 100 分的要求。综上，指标的均值越接近 1，就意味着法规文本越符合指标的要求，越接近 0 就意味着法规文本同指标的要求差距越大。所以，观察 21 个指标在每部法规中的得分均值，就能发现指标在本次评估中的反馈情况。

从指标得分均值情况中我们能够发现，反馈情况最差的几个指标均集中在"合理性"与"可操作性"当中[①]，并且，合法性指标和技术性指标的

---

① 法规名称和效力设置指标虽然得分均值低，但在计算时我们对其进行了满分处理，因为正常情况下，每部法规中只存在一条反映法规名称，一条反映效力设置，因此，这两个指标分别都只会也应该会仅存在 155 个有效录入情况。但是，原本在绝大多数法规中应得到满分的法规名称与效力设置指标，最终因加权均值法的引入而得到了很低的平均得分。为了保证体系运算规则的一致性，我们在表中未进行数据改动，但是在最后计算法规得分和排序时，对于绝大多数满足指标要求的法规都进行了满分（1 分）的处理。

高分项能达到 0.98 分，而"合理性"与"可操作性"的高分项为 0.83 分，最低分项才不到 0.1 分。另外，合法性与技术性指标的得分情况较为均衡，也即，几项二级指标得分均较高，可是"合理性"与"可操作性"内部也存在严重的反馈不平衡情况。这种不平衡表现为：（1）得分均值高于 0.5 的指标仅有 3 个；（2）得分均值不足 0.1 的指标有 8 个；（3）得分均值最高与最低值之间分差巨大。

综上，不仅"合理性""可操作性"两个一级指标同"合法性""技术性"指标差距较大，"合理性""可操作性"指标内部下辖的二级指标之间，不均衡性也十分明显。这些数据均表明，地方性法规整体质量不高的主要原因即法规文本合理性不足、可操作性不佳。

4. 法规文本形式性强于实质性，地方立法能力亟须提升

法规文本在合法性和技术性方面表现较好，在合理性、可操作性方面表现较差，说明了被评估的地方性法规存在一个通病：法规文本形式性优于实质性。得出这一结论是因为，合法性一级指标下辖立法权限、法制统一两个指标，地方性法规在制定过程中，只要能够严格依照上位法要求，基本就能满足合法性要求。对于立法工作而言，合法性指标一方面具有终极意义，如果法规违背了合法性指标要求，就会在效力上存在致命的缺陷。另一方面，该指标又是一项具象化指标，只要地方立法工作者严格依照上位法，在上位法允许的范围内进行立法活动，不同上位法相违背，就能满足指标要求。总结而言，合法性指标对于地方立法活动而言是一条"明显的红线"：立法工作者都能清楚地认识到触及红线的严重后果，但红线又是如此明显，以至于地方立法工作者只要认真、细致、负责，基本上就能避免踏入禁区。另外，技术性指标虽然对法规效力没有决定意义，但同时也具有具象化的特征。本次评估所参考的《立法技术规范（试行）》就是专门对立法工作技术性问题进行说明指引的范本，虽然技术规范是针对法律层面而言的，但地方性法规作为我国法律体系的重要组成部分，也必然要遵守这些技术性要求。所以，对于地方立法工作者而言，技术性指标的几类要求也是能够具体把握并实现的。

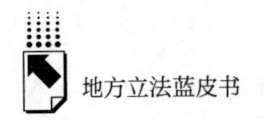

综上，从具体操作层面上看，对于地方立法工作而言，合法性指标、技术性指标所提出的要求因具有统一性、明确参照性而较容易实现。但是，得分情况较差的合理性指标和可操作性指标就相对复杂。合理性指标主要考查权力、职责、权利、义务、救济、裁量、地方特色等内容在法规中的设置是否科学合理；可操作性指标则主要从行为指引、责任承担、相关配套、程序设置、法规关联等方面，考查纸面上的法规能否顺利被应用于实践当中，起到其应有的作用。从中我们可以发现，合理性和可操作性指标对法规提出了更高的要求：这两项指标并不存在具象化的参照标准或者立法模式，能否满足指标要求更多地需要依赖于地方立法工作者对立法项目的理解透彻程度，依赖于地方立法工作者对当地实际情况的掌握程度，依赖于地方立法工作者对本地区法规、规章、规范性文件体系的熟悉程度，等等。换言之，合理性、可操作性两项指标因其难以把握而对地方立法能力提出了更高的要求，地方性法规在此两项指标上表现堪忧，恰恰说明了地方立法能力的欠缺。这种欠缺在各地的表现形式可能是多种多样的，可能表现为对社情民意的了解不足，可能表现为立法理念仍旧落后，可能表现为跟风立法、重复立法、抄袭立法，更可能表现为对法律、法规体系的不熟悉，等等。总之，这些层出不穷的法规文本问题，从不同指标角度反映出地方立法能力的欠缺。

（二）具体层面上的突出问题

1. 重复立法

法规内容重复问题在本次评估中依旧突出，无论是内容的显性重复还是隐形重复，都极大地影响了法规的可操作性，造成了地方立法成本的浪费。经分析发现，设区的市在该问题上尤其突出，主要原因在于新增设区的市在取得立法权后，均匆忙制定地方立法条例类法规，而恰恰是这些立法条例类法规，出现了80%~90%的文本重复。我们认为，已经出台的各设区的市地方立法条例中出现了如此大范围、高比例的重复立法现象，意味着设区的市的地方立法活动与国家和省级的立法活动存在共性，即便设区的市没有制定其地方立法条例，也能够通过参照适用立法法或省级人大制定的地方立法条例开展地方立法工作。实际上，从目前各个新获立法权的设区的市的立法概况中可以发现一个事实，即制定了实体性地方性法规的三亚、镇江、宿州、佛山、运城、嘉兴这六个设区的市，并没有制定地方立法条例。温州虽然既制定了地方立法条例，也制定了实体性地方性法规，但实体性的《温州市市容和环境卫生管理条例》却先于《温州市制定地方性法规条例》制定。实际上，立法规程的本质决定了各层级、各区域间的共性远大于个性；而实体法领域，尤其是立法法明确规定的城乡建设与管理、环境保护、历史文化保护三个方面才是最可能突出地方特色的法律规制领域，各新获地方立法权的设区的市在行使地方立法权的时候，应该将其主要精力集中在这些上位法难以进行具体调整且需要突出地方特色的重点领域。

除此之外，评估组认为地方立法重复问题突出也是具有历史遗留性质的。"上位法优于下位法"原则是在《中华人民共和国立法法》中正式确立的，在此之前，多地的立法人员都持有这样一种落后看法，即如果在地方立法中没有重复上位法的内容，那上位法在本地就可能处于无效的境地。这种看法在《立法法》通过后也盛行了很长一段时间，因此某些人大工作人员对立法重复现象习以为常，反而认为对上位法的重复说明了当地立法活动对法制统一的遵从。

另外，地方立法权限、体系、结构还未明朗，很多地方立法工作人员（尤其是省级立法工作人员）认为，本地的法规群体也需要仿照中央模式，形成一套完备的法规体系。这种观点不能说完全错误，毕竟很多中央法律确实需要地方作出细化规定，却使地方形成了一种错误的立法观念：中央有什么立法地方也要有什么立法，如果地方没有进行对应立法，似乎就是对"上级精神"的一种不尊重。我们认为，许多地方都想在短期内追求"立法GDP"，这反映出当下广泛存在一种"立法政绩观"，使得地方立法对文本的质量并不在乎，在立法实践中，更看重法规在形式上是否依循了上位法，是否达到了条文内容技术要求，对于法规内容的实质方面是否合理、是否可操作，都不甚在意。

"上位法优于下位法""无下位法直接适用上位法"的观念直到2015年

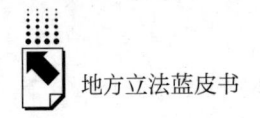

《立法法》修改时才彻底树立,新《立法法》第73条第4款明文规定,"制定地方性法规,对上位法已经明确规定的内容,一般不作重复性规定"。但依然存在两点不足:其一,该条款只涉及地方性法规,未涉及数量更为庞大的地方政府规章;其二,是否有必要对之前的法规内容进行清理整合,此处更未提及,各地人大也未有此类计划。因此大量的"重复"性规定在相当长的一段时间内仍将是我国地方立法文本中的明显"污点"。

2. 用语抽象

本次评估我们依照《立法技术规范(试行)》要求,对法规文本进行了一些技术性评价,得出了技术性指标基本符合要求的结论,但需要注意的是,毕竟《立法技术规范(试行)》是针对法律(狭义)文本而制定的操作规范,地方性法规虽可被纳入法律(广义)范畴,但同狭义的法律毕竟不同。我们参照该技术规范对地方性法规文本语言技术问题做评估,其实是用更高的文本语言条件去评判地方性法规文本质量。经过评估,我们的确在技术性层面得出了地方性法规基本合格的结论,这点的确需要对法规质量进行肯定。不过,近三年地方性法规的用语规范性虽然表现合格,却将地方性法规带入一个过于抽象化的尴尬境地。试想,地方性法规文本内容本身就已经同上位法存在高度重复,意味着大部分法条已经承袭了上位法的抽象性特质,加之法规条文的术语、概念、语言、表述又同上位法模式高度相似,这势必意味着地方性法规条文内容之抽象性比之上位法不惶多让。但是,地方立法活动存在的一个重要意义即在于,它能够为上位法提供一部细化的地方操作规范。现今很多地方性法规名义上是针对上位法进行的实施性立法,但实际上其规定的内容不是同上位法别无二致,就是规定得比上位法还抽象,远远达不到细化上位法之规定的要求,更遑论体现地方特色性了。

另外,我们在研究时发现,地方立法成果群体十分庞大。在地方立法权未被下放至所有设区的市之前,我国现存有效的地方性法规已达8000余部,地方政府规章的数目更加惊人。可是,这些法规当中大部分都是对调整事项作出的大而化之的概述性规定。不过,这种抽象性规定并不等同于原则性、宣誓性规定。我们发现,评估中八成条文基本做到了对行为模式进行明确规定，但是在相关的救济、裁量、配套方面效果并不好，这意味着法规条文抽象性、孤立性较强，规定大而化之，使得在有限的法规文本空间中，有实际操作价值的条文并不多，从而从整体上影响了法规文本质量。并且，评估组人员均具备较好的法律知识，对于一些法规文本中存在的微小毛病并未一一指出。例如，有的法规在个别条文中会使用简化性语言、政策性语言，这对于评估人员而言是不具有理解障碍的，可是，这些语言对于普通公众而言却具有一定的模糊性与抽象性。

正如有的学者提出的，地方性法规也向上位法学习，总是喜欢"不把话说透"。但是，地方立法的存在意义就在于，它同中央立法相比，是具有不同的定位与现实价值的。需要向上位法尤其是中央立法学习的立法经验当然可以借鉴，但是立法内容抽象的确不应该是地方立法极力模仿的行为。立法抽象使得法规在现实操作时，极易在不同主体之间产生适用歧义。并且，实践中地方立法工作的主要精力都在立法、改法方面，对于法规的抽象性并没有较好的解决手段。地方性法律解释虽然在理论上有存在的可能，但在现实中还未出现，这就造成抽象性法规文本在适用时，只能依托各个主体自行理解，一旦各个主体对法规理解出现偏差，就极易造成法规的适用争议。即便像很多研究曾指出的那样，地方性法规的实际适用情况较少，但立法抽象对于人们的守法行为也会产生不良影响，毕竟守法也要以规定清晰为前提。

3. 缺乏特色

何为"地方特色"，目前还未有统一权威的论断。在本次评估中，我们对地方特色和地方性事务两个概念进行了区分。因此，评估组经过指标征询与试评估阶段，最终决定在评估中对地方特色进行严格限定。首先，明确地方特色同地方性事务有区别，不能混为一谈；其次，对地方特色的判断以条文为最小单位，也即考查每个具体条文是否体现地方特色，而非从法规名称或法规整体进行考查；最后，不将先行性立法纳入地方特色的范围，考虑到现今各地立法积极性高、立法项目更新快、地方立法抄袭事件频发，如果笼统地将先行性立法等同于地方特色，那么随着时间的推移，这种"地方特

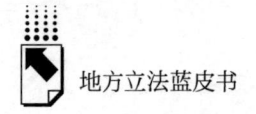

色"属性迟早会被抹杀①。评估发现,在较为严格的评估标准指引下,仅有为数不多的条文能够满足要求。

一般而言,在不与上位法相抵触的前提下,地方立法的可操作程度是和地方特色明显程度成正相关的,而实用性越强的法规就越能对社会关系进行有效调节,就能具备更好的法规实效,地方立法整体质量也就越好。但实际上,在地方立法工作中"敢为天下先"的地方总是沿海几处,其余地方多秉持"不求有功,但求无过"的态度,在立法时总要"一看中央、二看沿海",立法积极性虽高创新性却不足,这就意味着很多真正有地方特色价值的立法项目并未被发掘,很多具有地方特色的创新型文本内容也自然不会被制定出来。并且,地方特色缺乏这一问题其实也是立法重复、立法抽象所引发的必然结果,试想,大规模重复上位法的法条与规定并不具体和符合实际的法条,基本上已经压缩了特色性条款存在的空间,自然使得地方立法难以体现地方特色。

除此之外,我们认为,立法能力不足也是地方特色缺乏的原因之一。立法质量的高低同立法活动的实效密切相关,而立法活动并非机械运作的,其实效优劣最终还是要由相关工作人员落实,在提出立法动议、拟定法规草案、法规调研论证、法规内容审议等环环相扣的立法运作过程中,无论哪一环节都需要由具备专业知识的立法人员担纲。理想的地方立法过程应该是由合格的立法专门人员,在进行充分社情民意调查的基础上,提出初步法规草案,并接纳政府、社会的合理意见,最终对一系列权利义务/权力职责关系进行分配与阐释的完整程序。但现实中,无论是在地方人大还是在政府部门,相关的专业立法人才均较少,立法、经济、管理类的复合型人才更是稀缺,在立法人员配置上地方已经存在短板,一些经济发达的沿海地区因其物质优势与政策优势,能够吸引大量人才聚集,但广大的中西部地区却始终面临人才引进难、留下难的问题。并且,地方立法特色最能在充分的社情民意调查、接纳政府与社会合理意见环节得到吸纳与展现,但当下地方立法对于

---

① 当然,先行性立法当中如果出现了具有特色的条文,依旧可以将其认定为具备地方特色。

社情民意的调研总是显得仓促和不足。虽然《立法法》第36条明确规定了中央层面立法需要通过多种形式进行论证、研讨、征求意见，各地的立法条例也纷纷效仿，要求在地方立法中加强相关调研论证工作，但实际制度均未能在地方得到有效建立，除了沿海地区一些实践经验外，各地还未有有效方案推行。这些因素都影响了地方立法中特色因素的发掘与展现。

4. 立法偏好

本次评估凸显出另一个较少讨论的问题：地方立法其实是存在立法偏好的。这种偏好体现在三方面：从法规性质上看，偏好进行实施性立法而非创制性立法，体现为实施性立法数量远多于创制性立法数量；从法规种类上看，偏好进行管理类立法，民生、民权类的立法成果较少；从法规内容上看，法规条文中关于公民权利利益分配方面的较少，大多是在对公权力机关的职责职务事项范围作出解释。一般而言，实施性立法的难度远小于创制性立法，并且在地方立法权限不十分明晰的情况下，对于地方而言，进行创制性立法不仅缺乏上位法参照，更具有较大的越权风险，这种畏难或者说逃避的心理，造成了立法偏好的存在。另外，地方立法背后隐含的是权力运行与利益分配，虽然地方人大才是有权进行立法的主体，但实际上地方法规草案的起草多由政府部门担纲，地方人大在重要的起草环节就已经被政府部门架空了。如此一来，地方所立法规的类别、内容其实在很大程度上是对地方政府部门要求的反映，而非对当地社情民意的切实考量。也即，如果说立法在法规性质上的偏好是由地方立法能力不足、地方立法权限不明晰而造成的，那么立法在法规类型和文本内容上的偏好，在很大程度上就是由部门立法这一现象所造成的。

立法偏好问题若不能得以有效解决，地方立法就可能会走入"选择性立法"困境。评估组认为，"选择性"立法的主要表现为：地方立法权享有者从自身利益出发，对不同的法律采取不同的态度和策略。对于不影响刚性稳定、有利于经济增长或能够带来经济收益、强化政权合法性的相关法律，采取包容的态度和积极配合的策略；对于威胁其绝对垄断权力、影响现有权力分配格局、对其苛以义务或责任的相关法律，则采取消极的态度和拖延的

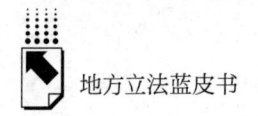

策略。简而言之,即"对我有利就从快立法,对我不利则从慢立法乃至选择性忽略"。选择性立法主要有两种表现:地方立法者对于可收益法规(内容)格外青睐,对损益法规(内容)则忽视和懈怠。前者的典型代表即各地的路政管理类法规。我国2004年修订的公路法第49条规定:"在公路上行驶的车辆的轴载质量应当符合公路工程技术标准要求。"却并未对相关标准和要求作出进一步说明,但就在法律修订同年,各个省区的相关条例便争相出台,针对该条款制定了明确的可执行的标准。由于各地区规定的公路工程技术标准不一样,货车司机就成为待宰的羔羊,同一辆货车在甲省可能没有问题,但到了乙省就要负担新增的通行证、监护费等开销。为此不少货车司机苦不堪言,超限、超载成为运输途中各地区各部门收费的正当理由,当守法只能带来亏损的时候,不少司机就选择以违法超载方式来弥补亏损,自此又催生了更多的执法者需求,这种违法怪圈看似症结在于"执法的产业化",但进一步分析则能发现,"选择性"立法的存在才是该类问题的源头所在。后者则集中体现在资源环境类法规中,以大气污染方面的立法为例,《中华人民共和国大气污染防治法》中曾笼统地规定:"地方各级人民政府对本辖区的大气环境质量负责、制定规划,采取措施,使本辖区的大气环境质量达到规定的标准。"虽然对如何负责、如何处理未达标等并没有作出明确规定,但各地区随后出台(修改)的相关配套规定多是针对企业进行的责任归责,对于政府相关的环保责任却语焉不详。其实解决当下环境问题的最大责任主体已经不再是企业,而是各地政府。因此,政府责任的强调就成为环保问题的题中之义,可现实却是"选择性"立法又一次打破了权责平衡。

五 提升地方立法质量建议

鉴于评估取得的结果,评估组针对地方立法质量的提升提出了一些可行性建议。总体来看,建议尽快明晰地方立法体系内部权限分配,转变地方立法存在的不当理念;在立法过程中立足实际,强化地方立法社情调研工作,扩宽公众参与途径，提升地方立法能力；做好立法相关的清理工作，建立地方立法评估长效机制。

（一）转变现有地方立法不当理念，立法也需责任监督

通过评估，我们发现地方立法中存在大量的景观式立法、管理式立法，这些现象背后隐含的是地方立法的不当理念：一是将立法成果当作政绩砝码，且"不求有功但求无过"的"立法政绩观"，二是将立法活动等同于授予管理权力，忽视公民权利的"立法权力观"。这两种不当的立法理念影响了地方立法的各个环节、各个方面，造成了地方性法规合理性、可操作性不强，整体立法质量不高的困局。因此，评估组建议首要任务是扭转地方立法中存在的不当理念，为立法活动适当设置相应的立法责任形式，加强对地方立法的约束与监督。

首先，地方立法工作者需要在行使权力时，把准法治与改革的大局，准确理解地方立法的特质，读懂立法权下放初衷，意识到赋予地方立法权是为了使地方改革始终走在法治轨道上，通过依法改革有效克减改革风险。随着地方立法权的全面下放，一些人更抓住机会将其误读为地方立法将赋予地方更大的权力。地方立法机关必须在扭转以往错误立法观念的基础上，明确此次地方立法权的调整，其实是为了更好地限制地方权力，引导地方在上位法规定不明晰的情况下，进行具体细致切实有效的立法活动，从而帮助地方政府更好地在法治轨道上行事。地方立法机关必须时刻牢记这一初衷，在立法环节中遏制和杜绝消极立法、部门立法、浪费立法资源的现象，助力地方立法质量的提升。

其次，强调地方人大在立法中的主导作用，对地方立法进行有效的监督和制约。作为公权力之一的立法权如果不能得到有效监督，也会陷入被滥用的境地。地方立法原本就存在多种问题，现今地方立法权下放，各地摩拳擦掌投入了极大的立法热情，更容易造成地方立法权被利益所驱使、操纵，因此完善的立法监督机制亟须建立。地方人大需要发挥主导作用，对地方立法进行有效的监督和制约，强化对地方立法的审查，确保权力得到良性运行。

另外，还需要重视立法前论证调研制度、立法听证制度、立法后评估制度的建立，引入社会力量对地方立法的程序、内容进行监督。

最后，建议探索设立地方立法责任机制。我们认为，地方立法质量不高，其实是种相对的立法不作为，相较绝对的立法不作为之直接违背立法义务，未实施成文法律的制定、修改、废除而言，以立法抽象、立法重复、立法缺失特色等为表征的地方立法问题说明，某些地方立法机关虽然开展了相应的立法活动，却未能发挥细化补充上位法，发挥立法试验田的价值功能，理应承担立法不作为的责任。当然，如何定位这种不作为性质还有待进一步讨论，评估组提出如下建议。其一，地方立法责任应兼具法律责任和政治责任特性。立法责任如果仅仅是法律责任，就有了立法者为自己设置责任的嫌疑，建议汲取政治责任和法律责任两类特性。其二，地方立法责任应区分多种责任情形。初步建议区分立法侵权情形、立法违法情形、立法不作为情形。立法侵权对应地方立法侵犯公民权利，对公民造成实际损害；立法违法对应地方立法违背应有权限、破坏法制统一、不符合立法程序要求；立法不作为对应立法抄袭、高度重复、过于抽象等形式性大于实质性的立法活动。其三，地方立法责任应具有多种责任形式。同多种责任情形相对应，初步建议立法侵权责任需对公民进行赔偿、补偿，立法违法责任需对违法内容进行撤销，同时，立法违法和不作为两种情形还需相关人员承担个人责任。

（二）明晰地方立法体系内部权限，立法必须有理有节

首先，在地方立法权格局调整之初，尽快厘定地方立法内部权限。无论对于中央抑或地方，地方立法权格局调整都是一项实验意义极大的政策，"摸着石头过河"是对现下状态的最佳概括。必须承认的是，在实验主义氛围下，想要立马厘定地方立法权限范围是不现实的，有限开放地方立法权本就是一种革新式的勇敢尝试，在改革初期就将地方立法权圈定过死，并不利于我们发掘地方活力。我们认为，一方面，制度设计者需要尽快明晰地方立法体系结构。地方立法格局的调整在横向层面上表现为主体扩张、权力受

限,在纵向层面上则形成了中央、省级、市级三主体相互影响与制约的结构体系。面对体系内新形成的市级主体层次,如何对这一角色进行界定,从而明确中央、省级、市级之间的立法权限划分,也应该成为制度设计者必须考虑的问题。目前立法法对于横向层面上的权限划分有了清单式规定,但对于纵向层面上的权限划分并不清晰,尤其是对于省级、市级两大地方立法主体之间的内部角色定位问题,还未有涉及。必须认识到解决不同层级立法主体之间,尤其是省级、市级之间立法权限交叉重叠问题的重要意义,从而明确地方立法主体的行权边界,避免越权立法和重复立法等浪费立法资源的事件发生。

其次,要求地方立法机关在决定某项立法项目时,必须进行科学论证。第一,将立项论证打造为立法前置必备环节,交由地方人大主导。为了避免仓促、盲目立法,建议给立项论证工作留足时间,将通过立项论证的项目纳入下一年度立法规划,确保论证机制的独立性与前置性。并且,由地方人大主导组成联合协调论证小组,吸纳人大工作人员、政府工作人员、专家学者进行共同讨论,判断是否有立项必要。第二,立项论证内容务必翔实。建议论证报告至少回答以下问题:立项合法,即项目是否符合地方立法权限,是否违反不抵触原则;立项必要,即是否有必要通过地方性法规形式调整,项目所反映立法需求的缓急程度;地方特色,项目是否具有地方特色,是否有助于地方具体现实问题的解决;立项协调,项目是否同地方已有立法成果存在交叉、重合、冲突。第三,明确立项论证结果效力。建议对论证翔实且确有必要的立法项目,作出准予立项的决定,随后方可开展立项调研活动;对于有立法必要但论证不够充分的,需根据意见进行补充论证,同时暂缓立项;经论证发现立法必要性不足的,则明确不予立项。

最后,正视地方立法体系庞杂这一事实,在今后的地方立法工作中,适当强调节制立法。对于中央立法与地方立法存在共性的领域,地方立法应当予以节制,将更多立法资源放置在地方个性化问题中,力求立法真实解决本行政区域的实际问题,有针对性地立法。哪些方面需要规定就规定哪些方面,不要贪图所谓体系完整,也不要构筑体系,对法律、行政法规做不必要的重复规定。在的确存在众多有价值的立法项目时，可以结合地方实际情况，根据立法需求状况进行项目排序。具体排序标准的确定就需要发挥地方人大的主动性，毕竟各地社会情况与立法能力差异巨大，我们无法提供一个具有普遍意义的排序标准，可以依照"影响最小、受损补偿、急需靠前、成熟先立、特色突出"①的要求进行排序。在具体操作方面，需要地方人大发挥主导作用，在立法前期对待考察的立法项目进行充分调研与论证工作，对立法的必要性、迫切性、特色性、合法性进行完善的分析讨论，为立法草案进入正式立法程序打下坚实基础。

（三）扩宽地方立法公众参与途径，立法需要贴近民意、扎根现实

一项法规的出台，往往伴随着希望解决某项社会问题的美好愿景，并且受其影响最为直接、深远的当属该地区民众。因此，民意也是影响法规质量，尤其是法规的合理性、可操作性的重要因素。立法本身就是对社会中不同利益关系的平衡与公正，质量不合格的地方立法成果其实就是地方利益与民众利益失衡的重要表现，因此，提升地方立法合理性与可操作性也亟须扩大公众的立法参与程度，使得地方立法不再成为地方政府的权力代言，而是成为民众自身的权利保障。

首先，强化地方立法社情调研工作。其一，调研主体、形式均需多元化。形式上，结合采用书面调研、实地调研，书面调研以公众问卷、意见征集、课题研究等手段开展，实地调研以本地实地调查、其他地方经验学习等手段进行。对于调研主体，建议由人大统筹主导调研工作，书面调研交由政府、高校、科研机构实施，实地调研交由人大、政府实施，但相关调研均须出具科学调研报告。其二，调研内容务必专业翔实。立法调研专业性、全面性要求更高，建议至少囊括以下内容：立法重点，分析立法亟须解决的问题，剖析立法重点内容；立法影响，立法预期达到效果以及法规实施后可能

---

① 对于这种排序方式的解释可以参照谢崇科《立法需求的利益识别与平衡》，《人大研究》2016年第3期。

产生的各方影响；立法特色，兄弟省市同类型立法经验的分析，以及本地应如何体现地方特色；法规建议，提炼各方合理建议，尤其对民众意见进行分析论证。其三，调研结果必须得到有效利用。调研必须形成专业调研报告，调研报告内容在法规草案稿中必须有所反馈：报告中提出的有价值意见是否被吸纳，如何在草案中体现；报告中指明的风险影响是否得到了重视，如何在草案中规避。

其次，强化人大在地方立法中的主导权。其一，由人大主导法规起草工作。建议改变政府部门起草法规现状，改为由地方人大常委会、专门委员会或法制机构主导法规起草工作，建立常委会抓总负责机制，破解部门立法困局。其二，参与起草主体需多元化。对于较为复杂的社会事务管理类法规，建议由地方人大组织起草；对于在特定领域专业性较强的法规，建议必须有一定数量的相关领域专家参与起草；对于民生、民权类项目，建议在起草阶段即开始公开征求民众意见，实现立法为民；对于调整范围较窄的法规项目，确实需要政府有关部门参与时，建议人大和政府进行协同起草。其三，改变封闭起草模式。建议地方人大加强沟通机制建构。在具体的起草过程中，必须吸纳合理的调研意见、公众意见、学者意见以及相关部门意见。针对意见较多、分歧较大的项目，探索多头起草模式，委托多个主体进行起草活动，最终择优选用。

（四）加快推进地方立法能力建设，立法需要精细实效

评估时，有专家曾质疑，一部地方性法规很难在程序保障、自由裁量、配套措施方面有所建树，因为法规也是广义的法律，具有抽象性是必然的，并且，同法规广度相关的配套问题和同法规深度相关的细化问题，并不应由地方性法规承担。评估组认为，这种观点恰恰是对地方立法工作的误读。地方立法的确会具备一定程度的抽象性，但是，由于其本身就是对地方性事务作出的特色性规定、操作性规定，如果将体现操作性的诸多特质从地方立法中排除，无疑是同地方立法工作本意相矛盾的。并且，虽然地方性法规还有地方政府规章、规范性文件进行配合，但是这种有意将问题层层下放的处理

方式，不仅不利于社会问题的解决，更不利于法治体系的形成。我们发现，地方性法规中仍旧存在一定程度的授权行为：对于法规中未能明说的事项，授权某级政府或部门制定具体的办法或标准。这种做法看似是为了提升法规的可操作性，但其实使得法规的可期待性大打折扣，一方面，我们需要等待被授权主体制定细化方案，另一方面，现实中被授权者多是某部门，这就为部门利益的滋生提供了温床。因此，我们建议，在地方立法活动中，地方立法机关应当着重建设立法能力，对地方立法内容和立法措辞进行深度研究，尝试对地方性法规文本进行具体化处理，建立适应地方立法自身特色的话语体系，恰如有学者期盼的："什么时候我们的地方立法中出现更多的针对某一具体问题做寥寥数语的具体规范的条款法案，什么时候我们的地方立法才算真正找到了自己的定位。"

为了帮助地方立法完成从"粗放"到"精细"的逐步转型，地方立法能力的提升势在必行且刻不容缓。我们建议从立法人才和法规操作两方面着手。

一方面，立法能力提升任务最终仍旧要落实在"立法者"这一角色本身，地方需要重视立法专业人才与复合型人才的引进培养。立法本身的技术要求极高，科学严谨的立法结果不仅需要借助法律专业技术、语言表达技术、规范构造技术，更需要具备平衡价值冲突能力、严谨逻辑构造能力以及对法律体系整体的理解与领悟能力。面对当下地方立法机关人员整体专业水平不高、能力不足的现状，最直接、最快的改善方式就是引进高素质的立法人才。近几年法学专业的硕士、博士毕业生越来越多，高校和研究机构里面的此类人才也有不少，从不同地方引进获得硕士、博士学位并具有丰富实践经验的人员是最快的方法。与此同时，地方立法机关要经常组织立法工作人员参加法律知识培训、加强业务学习，使他们加快吸收最新的法律知识，了解立法领域的理论发展情况，还要鼓励现职人员以多种形式进修、学习，进入大学和研究机构进行系统训练。这样培养出来的人才既是业务专家，也是实践专家。这种将理论和实践结合起来的立法工作者才可胜任立法机关的工作。

另一方面，激励地方在立法体例、立法语言上进行创新，走出盲目跟从中央立法模式、结构、语言的误区，明确地方立法必须言之有物，帮助地方立法实现从"粗放立法"到"精细立法"的转型。其一，结构上不必片面追求宏大，在适当项目上推行简易体例。对于意在补充、细化上位法规定的法规，建议采用简易体例，仅对细化、补充性质的关键条文进行规定即可；对于地方创制性立法，建议仍旧以整全式体例为主，但仍旧需要突出实施性条文而非原则性条文。其二，语言上要明确、翔实、细致。立法语言需要质朴易懂，减少政治性语言的使用。法条语言表述需言之有物，除了必要的原则性条款，尽量不做宽泛模糊表述，控制宣誓性语言的运用。其三，体系上不必强求面面俱到。各地需针对调研论证结果，只对的确有立法需求、立法意义的项目进行立法，切忌跟风立法、盲目立法、热衷于地方立法体系建设。

（五）积极推动地方立法信息公开，立法需要阳光考验

在评估过程中，我们并未对制定时间久远的法规进行考查，一方面是考虑到，距今较远的法规难以反映当下地方立法活动的客观情况，从中发现的问题并不能对现今实践带来较多的参考价值。另一方面则是受制于无奈的现实情况：作为一个中立客观的评估组织，评估信息的收集情况将严重影响我们的评估结果，但可惜的是，地方立法的公开情况并不乐观。我们很难通过人大网站等权威公开渠道，获得真正有价值的立法信息，特别是很多具有立法权的设区的市，它们在地方性法规的公开方面均未进行有效建设，我们也只能从近三年的法规入手进行评估。经过本次评估，我们发现，省级人大在立法信息公开方面较优于设区的市人大，但仍旧有一些省级人大网站的地方性法规公开栏目形同虚设，设区的市人大网站中大部分都未能做到最基本的地方性法规文本公开，更遑论立法相关信息公开了。这种尴尬情况不仅为我们的评估工作带来了极大困难，也为地方性法规质量问题埋下了隐患。

立法法第79条规定："地方性法规、自治区的自治条例和单行条例公布后，及时在本级人民代表大会常务委员会公报和中国人大网、本地方人民代表大会网站以及在本行政区域范围内发行的报纸上刊载。"但是，现实中地方人大网站的公开情况并不理想。地方立法成果公开程度不够，会导致民众难以了解当地法规的基本情况，也就无法发挥法规在当地的指引作用。试想，对于一部地方性法规，尤其是同民众日常生活关联紧密的社会事务管理、文化教育等领域法规，如果我们难以通过有效途径获取其相关信息，还何谈进一步了解法规相关规定，并以法规条文约束自身行为、保卫自身合法权益？换言之，不公开的法规难以发挥其实际效用，更不可能具有较高的可操作性。并且，地方性法规在制定过程中有着严格的程序规定，层层环节之后隐藏的是海量的立法相关信息。诚然，其中或许有些内容是不宜立即公开的，可是对法规立项、法规调研、法规听证、法规征求意见、法规审议意见、草案修改情况等重要性信息进行公开是十分必要的。反观当下，仅有少数省级人大进行了立法信息阳光化处理，设区的市人大在立法信息公开方面效果较差，民众基本无法获取到有价值的立法信息。这种封闭式的立法模式，使得一些地区的地方立法从程序到结果都是不透明的。

评估中发现的合理性不足、可操作性不高等问题，同立法状况不公开有着密切的联系。鉴于此，评估组认为地方立法需要更高的透明度，建议积极推动地方立法信息公开。理想状态下的立法信息公开，需要做到以下几方面要求。

首先，立法过程公开。立法过程公开是当下多地的立法公开短板，在地方立法中要求立法过程公开，意指制定法规时对主要环节的立法信息进行公开，以便公众知悉、监督。以立法听证制度为例，建议地方立法机关在以下几方面强化立法过程公开：在进一步明确立法听证范围的基础上，逐步扩大适用立法听证的事项范围，并且对其进行硬性的"应当"听证规定，而非模糊的"可以"听证规定；立法听证的过程，除了涉及国家秘密的，均必须公开进行，包括参与人员的选取标准、原因等也要经得起质询；听证的结果也需要制度化、公开化，为保证听证过程具备实效，必须建立听证结果回应机制，对于需要采纳的听证意见均须采纳，对于不能采纳的意见则必须说明理由向公众作出合理解释。

其次，立法成果公开。立法成果公开，就是指及时将地方立法机关制定的法规文本向社会公开，以帮助人们了解并遵守该法规。其实，立法成果的及时广泛公开，是一种成本最为低廉、收效却较好的普法手段。建议地方在现有的基础上，重视法规的公开制度建设。地方可以尝试建立法规公告制度，探索制定专门的法规公开实施办法，引领立法成果公开走上制度化轨道；地方加快网站相关建设，完善人大网站中法规数据库建设，强化法规数据库的检索功能；建议地方固定法规公布的权威报纸，必要情况下，可以专设报纸、专设栏目只用于法规成果等信息公开；在合理控制成本的基础上，加强对法规文本的免费公开宣传工作，例如，法规公开文本专设报纸是否可以定时向公民免费提供，或者在图书馆等公共资源提供处，设置免费的地方性法规文本汇编，并及时更新。

最后，立法相关信息公开。除了具体的立法过程、立法成果以外，在地方立法的过程中会产生多种多样的立法信息，但是除了极个别的地区以外，基本上很少有地方有勇气对立法相关信息作出透明化处理。在这方面，上海市一直走在全国前列，法规立项规划、法规草案审议意见、法规草案修改意见、征求意见情况等，基本上均能在当地人大的网站上查询到。基于这些有益经验，我们建议各地人大发挥好法治试验田的作用，在各地探索建立法规文档公开制度，诸如立法原因、立项调研资料，法规草案、征求意见稿，法规草案审议情况、修改情况，法规草案审议报告、修改报告，以及其他与法规制定相关的文件、记录等，都应当公开，以便公众了解立法的基本情况，使公民能够在理解认同的基础上自觉守法，并且为法规提供一个便于接受质询的机会。

（六）建立长效地方立法评估制度，立法需要与时俱进

法规的出台并不意味着立法活动的终结，一部法规的综合质量毕竟还需要交给实践去检验，交由人民对其作出评判。并且，法规制定的再完善，也需要面对事态变迁这一客观问题，地方立法评估长效制度的建立，也是为了及时对法规进行清理、修正，以便于保持地方立法的与时俱进。我们认为，

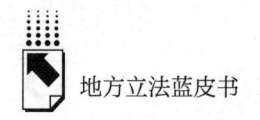

虽然当下的评估多是立法后评估，但是长效立法评估制度的确立并不会仅仅囊括立法后评估这一个面相。我们建议，从时间上，在立法前、立法中、立法后均引入相应的评估制度，从内容上，将法规清理、法规实效、法规程序等纳入法规评估体系，为地方立法质量的提升保驾护航。

首先，建立地方立法评估制度，使地方立法评估常态化、制度化和法律化。地方立法评估制度主要是对地方性法规、政府规章，以及其他规范性文件进行定期性和常态性评估。其中，对地方性法规、政府规章的评估，包括立法前评估和立法后评估。立法前评估既要评估地方各种规范的制定过程是否符合正当程序，还要对规范的合法性、合理性、适应性和可操作性等进行评估。立法后评估主要评估地方立法实施的社会效果，为地方立法的立、改、废奠定基础和提供依据。关于地方立法评估的主体，应以第三方机构为主导。中央不对地方立法进行具体评估，只做宏观指导和监督，但可在国家层面以制定《地方立法评估法》或推动地方制定地方立法评估条例等方式，促进地方建立科学合理的评估制度，提升地方立法质量。

其次，建立地方性法规的定期清理机制。经验证明，定期清理是确保地方立法内在统一性、协调性、科学性和权威性的有效手段。我国早在古代就有"三年一小修，五年一大修"的定期修律机制，这一机制在今天仍具有重要的意义。各地需要考虑建立地方立法的定期清理机制，具体清理工作可委托第三方机构独立进行，也可以由立法机关指派专门团队进行清理，还可以采用两种方式同时进行，从对清理报告的分析比对中寻找差距、发现不足，为地方立法提供经验和教训。

最后，建立对上位法立、改、并、废的跟踪机制。为确保地方立法的合法性，可考虑在人大内部建立对上位法立、改、并、废的跟踪机制，每月或者每一季度发布一次最新立法动态，以便及时掌握上位法的修改情况，为地方立法的及时修改提出建议和意见。在资源可得的情况下，可以考虑将跟踪的范围扩大到其他地方，为相关领域的地方立法提供系统、全面的经验借鉴和参考。

六 关于评估的补充说明与展望

（一）对本次评估的补充说明

判断法规具体条文文本是否能够满足指标体系的要求，是一种客观情况的判断，而非主观评价法规本身优劣以及有可能达到优或劣的主观估计。并且，由于各个指标考查的内容并不具有交叉性，我们也无法苛求法规中的每个条文均能满足所有的指标要求，尤其是在合理性指标下，不可能会有一个法条同时满足所有指标要求，虽然评估体系的满分是100分，但现实中不会出现满分的法规。因此，法规的具体得分并不能机械地完全等同于法规质量的高低，但我们能够从现有立法成果上直观地看出法规条文是否达到了指标体系的具体要求。对于评估结果来说，法规的排序意义大于其具体的得分意义，法规的层级、类型、地域的排序意义尤其重要。

在此需要重申的是，由于评估得出的法规得分，更多的是参照意义。评估组希望借由客观录入的方式，发现理论界、实务界认可的评估指标在现实法规本文中的展现情况，因此，每部法规的具体得分意义，仅代表该部法规参照指标体系后得出的情况反馈，并且从指标在8000余个条文中的反映情况，发现地方性法规文本中存在的共性问题。因此，具体的指标情况分析，还需要在指标分报告中进行展现，而具体的每部法规文本存在的典型问题，则需要在法规分报告中进行揭露。评估组希望借由这种方式走出当下流行的看重打分成绩的评估怪圈，避免将地方立法相关评估引导进唯分数论的境地。

（二）未来评估安排展望

本次评估具有客观、科学、中立、广泛的优势，但毕竟本次评估的主题是地方立法的文本质量，文本质量对于地方立法的重要意义不需赘述，但影响地方立法整体水平的因素还有很多，地方立法程序、地方立法实效、地方

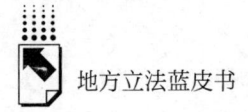

立法参与程度、地方立法公开程度等，都会对未来地方立法精细化发展产生深远影响。因此，评估组完成的地方立法文本质量的评估仅是推动地方立法质量提升的一小步，却希望能够为未来相关评估活动提供有益参照与借鉴。对于评估组自身而言，本次创新性尝试的意义也是深远的，已经通过本次评估发现的问题将作为后续课题持续推进，我们希望通过此次有益的实践，未来能够在研究院内部建立起长效化、体系化、专业化、科学化的评估模式，从而最大限度地助力地方立法整体水平的提升。

B.3
我国地方环境立法的现状与未来

西南政法大学地方立法研究院课题组　西南政法大学西部生态法研究中心

摘　要： 地方环境立法质量的高低，直接决定着我国环保法律制度的实效。通过对全国地方环境立法文本进行考察分析，可以看出，目前地方环境立法在制度创新和有效解决地方环境问题方面积累了一定经验，值得肯定。但在立法体例、制度创新、条款设置、地方特色、调整手段等方面仍存在不同程度的问题，难以将中央环境立法与地方环境实际有效衔接，以实现对上位立法的补充与执行功能。介于此，应正确认识地方环境立法的功能，针对不同情形选择恰当的立法体例；正确处理"不抵触"与"地方特色"之间的关系；进一步明确地方环境立法未来的立法重点，加强对创新性地方环境立法例的分析，增强地方环境立法质量与有效性，以真正实现地方环境立法之目的与功能。

关键词： 地方环境立法　文本分析　立法质量　制度创新

一　地方环境立法的现状与经验

（一）地方环境立法的类型

根据《中华人民共和国立法法》第73、82条的规定，地方立法可以划分为实施性立法、自主性立法和创新性立法。自主性立法针对的是地方性事务，表现为地方性法规、地方政府规章等多种形式，能够充分体现地方文化、风俗以及社会和经济结构，如《湘西土家族苗族自治州凤凰历史文化名城保护条例》（2011修订）、《重庆市长江三峡水库库区及流域水污染防治条例》（2011修订）。创新性立法，是指除法律专属事项规定的事项外，对于国家尚未制定法律或者行政法规的事项，地方根据自身的具体情况和实际需要，先制定的地方性法规，如《湖南省湿地保护条例》（2005）、《河北省水权确权登记办法》（2014）等。实施性立法则是地方根据自己的实际情况，对中央法律、行政法规已经规定的事项做具体规定的地方性法规、规章的立法活动，如《重庆市环境保护条例》（2010年修订）、《贵阳市大气污染防治办法》（2005）等。其中，地方环境实施性立法，因其细化、补充中央环境立法的特殊功能，在地方环境立法中占据着重要地位。

（二）环境保护地方立法实践情况

截至2015年11月1日，全国颁布的环境保护地方立法共计1729部。地方性法规[①]共计940部。其中，省、自治区、直辖市人大及其常委会制定494部，占比为52.55%；较大的市人大及其常委会制定332部，占比为35.32%；自治州人大制定与环境保护相关的自治条例、单行条例64部，占比为6.81%；自治县人大制定与环境保护相关的自治条例、单行条例共计50部，占比为5.32%（见图1）。环境保护地方政府规章789部。其中，省、自治区、直辖市政府规章363部，占全国环境保护地方政府规章的45.88%；较大的市政府规章426部，占全国环境保护地方政府规章的54.12%（见图2）。

全国环境保护立法的内容体系与中央环境立法的内容体系基本一致，因此可以根据中央环境立法的内容体系对环境保护地方立法进行相应的分类整理，具体可分为综合环境保护类、污染防治类、河流流域及湖泊环境管理类、海洋环境管理类、清洁生产循环经济类、环境监管类、环境经济政策类、生态保护类、

---

① 根据修订前《立法法》第63条的规定，地方性法规仅仅包括省、自治区、直辖市人大及其常委会以及较大的市人大及其常委会制定的地方性法规。但在实践中为了应对地方环境问题，自治州人大以及自治县人大通过制定自治条例、单行条例的方式，制定了一系列与环境保护相关的自治条例、单行条例，故而在统计地方性法规数量的过程中，将上述类型的立法均列入地方性法规的统计之中，特此说明。

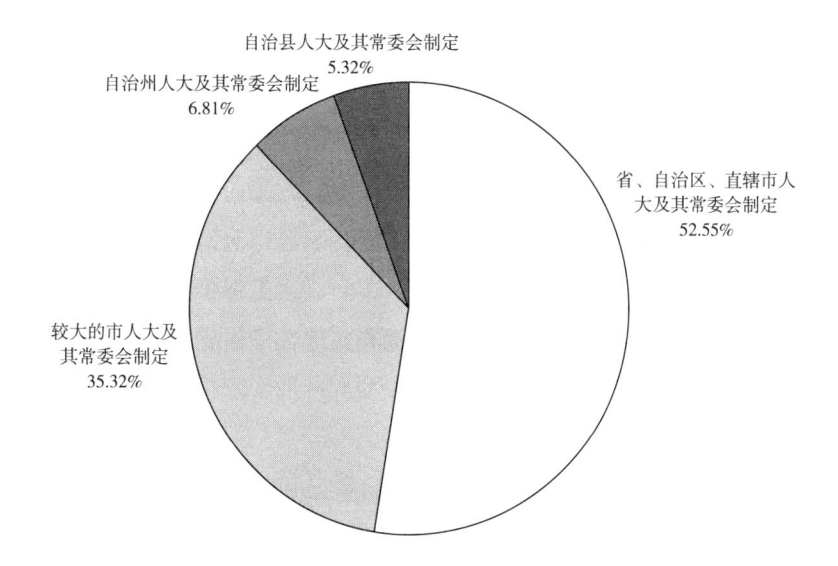

图1　各类主体制定地方性法规比例

资料来源：本文图表中涉及的地方立法统计数据，皆来自北大法宝数据库，以下不再一一注明。

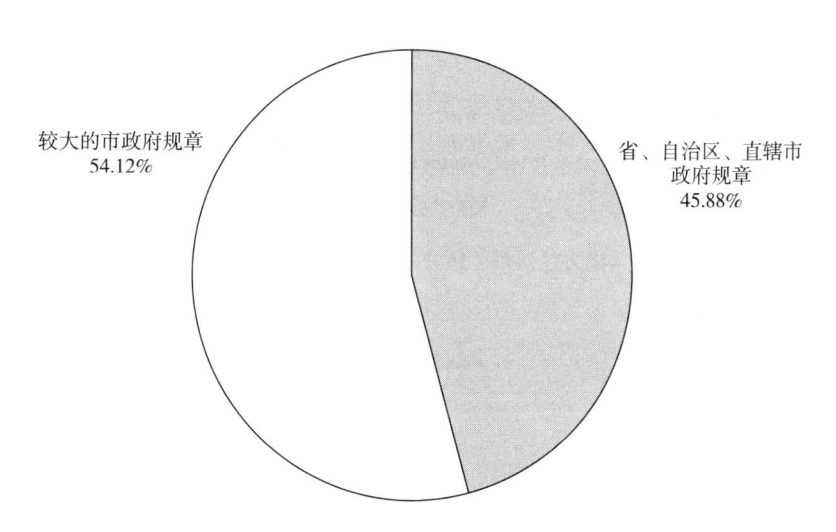

图2　各类主体制定地方政府规章比例

能源利用与保护类、自然资源保护类以及其他环境保护类，共计11类。

地方性法规包括：综合环境保护类49部、污染防治类191部、河流流

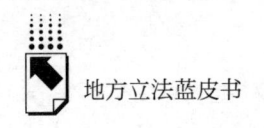

域及湖泊环境管理类89部、海洋环境管理类10部、清洁生产循环经济类4部、环境监管类22部、环境经济政策类5类、生态保护类255部、能源利用与保护类47部、自然资源保护类155部和其他环境保护类113部。

地方政府规章包括：综合环境保护类4部、污染防治类274部、河流流域及湖泊环境管理类25部、海洋环境管理类3部、清洁生产循环经济类8部、环境监管类86部、环境经济政策类52类、生态保护类112部、能源利用与保护类47部、自然资源保护类52部和其他环境保护类126部。

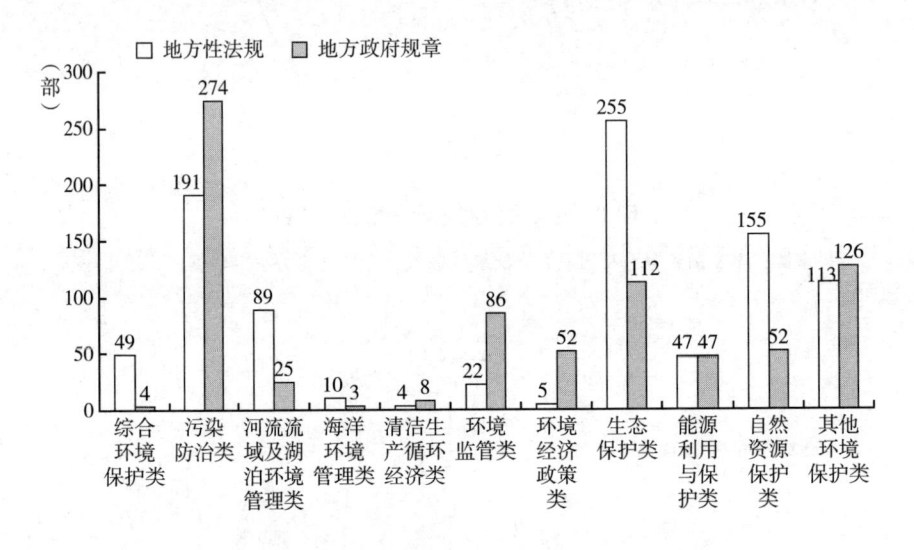

图3 地方性法规、地方政府规章内容分类对比统计

（三）地方环境立法对环境法律制度创新和有效解决环境问题的积极贡献

1. 地方综合性创制立法为国家层面综合性地解决某一类环境问题积累经验

以1729部环境保护地方性法规和规章为梳理文本，全国地方立法主体在其立法权限范围内主要对综合环境保护、污染防治、河流流域及湖泊环境管理、海洋环境管理、清洁生产循环经济、环境监管、环境经济政策、生态保护、能源利用与保护、自然资源保护和其他环境保护等十一大类进行积极有益的探索。其中地方先于

中央进行创设性的环境要素或领域立法探索包含两大类：一类属于部分地方先行试点，中央进行立法确认与推行；另一类则属于部分地方先行先试，中央尚未立法。

（1）地方先行试点、中央进行确认的立法例

①循环经济地方立法

表1 循环经济专门性立法情况

中央立法前地方先行立法	中央立法	中央立法后地方施行立法
《贵阳市建设循环经济生态城市条例》（2004年11月）《重庆市人民政府关于发展循环经济的决定》（2005年3月）《厦门市人民代表大会常务委员会关于发展循环经济的决定》（2005年10月）《深圳经济特区循环经济促进条例》（2006年3月）	《循环经济促进法》（2008年8月）	《大连市循环经济促进条例》（2010年6月）《陕西省循环经济促进条例》（2011年7月）《甘肃省循环经济促进条例》（2012年3月）《山西省循环经济促进条例》（2012年5月）《广东省实施〈中华人民共和国循环经济促进法〉办法》（2013年1月）《武汉市实施〈中华人民共和国循环经济促进法〉办法》（2013年7月）《江苏省循环经济促进条例》（2015年9月）《天津子牙循环经济产业区管理办法》（2013年4月）

循环经济之路，是后发地区摆脱"先污染、后治理"的老路，保护生态环境的必由之路。循环经济作为一种新的发展理念，对传统的经济发展理念、资源利用模式和环境治理方式进行了重大变革，其以生态学理论、系统理论和协调理论为指导，以资源的高效利用和循环利用为核心，以"减量化、再利用、资源化"为原则，以低消耗、低排放、高效率为基本特征，通过循环经济把清洁生产、生态工业、生态环境保护等措施整合起来，实现"资源—产品—再生资源"的闭环式经济流程，具有提高资源和能源利用效率，最大限度地减少废物排放、保护生态环境等优势，这些优势决定了发展循环经济能够帮助资源型城市摆脱发展的困境。发展循环经济可从根本上消除资源型城市长期以来经济与环境之间的尖锐冲突，推动传统经济向适应可持续发展要求的环保型经济转变，具有重大的现实意义和战略意义。[①] 为

---

① 李冬梅：《资源型城市地方性循环经济立法研究——以山西省为例》，《生态经济》2010年第12期。

此，我国地方环境立法先于中央立法进行了积极有益探索。以贵阳市为例，该市循环经济立法在全国占有非常重要的地位，可以说开创了全国循环经济立法的先河。贵阳市结合自身多年来建设循环经济的探索和努力，于2004年11月1日制定了《贵阳市建设循环经济生态城市条例》，系全国最早的循环经济地方立法。《贵阳市建设循环经济生态城市条例》分为总则、规划、实施、法律责任共四章33条，对各级政府在循环经济建设中的职责，循环经济生态城市建设总体规划的编制原则、内容、程序，各级政府实施规划的职责，垃圾分类处理、绿色消费、绿色采购等进行了原则性规定，在国家的循环经济立法中写下了浓墨重彩的一页。后来国家出台《循环经济促进法》和其他地区的循环经济地方立法如《厦门市人民代表大会常务委员会关于发展循环经济的决定》《深圳经济特区循环经济促进条例》等，无不受该条例的影响。①

通过对表1的分析可知，在中央进行循环经济专门性立法前，地方环境立法已出现了4部创设性立法。从法律位阶上看，其中3部均是由地方人大及其常委会审议通过，属于地方性法规，仅重庆市立法是由地方政府审议通过，属于地方政府规章。从立法主体上看，4部均为较大的市地方立法。在中央专门性循环经济立法后，地方实施性立法共计8部，均属地方性法规，其中5部为省级法规，3部为市级法规。

②清洁生产地方立法

表2　清洁生产地方立法情况

中央立法前地方先行立法	中央立法	中央立法后地方施行立法
《太原市清洁生产条例》（1999年10月29日）	《清洁生产促进法》（2002年6月29日制定，2012年2月29日修订）	《云南省清洁生产促进条例》（2006年5月25日） 《南京市促进清洁生产实施办法》（2006年8月28日） 《杭州市强制性清洁生产实施办法》（2007年12月10日） 《天津市清洁生产促进条例》（2008年9月10日） 《湖南省实施〈中华人民共和国清洁生产促进法〉办法》（2009年9月27日） 《山东省清洁生产促进条例》（2010年7月30日）

---

① 臧兴东：《地方环保立法存在的问题及对策——以贵阳市地方环保立法实践为例》，《人民论坛》2011年第3期。

清洁生产是指不断采取改进设计、使用清洁的能源和原料、采用先进的工艺技术与设备、改善管理、综合利用等措施，从源头削减污染，提高资源利用效率，减少或者避免生产、服务和产品使用过程中污染物的产生和排放，以减轻或者消除对人类健康和环境的危害。作为推进产业结构调整、转变经济增长方式的重要手段，清洁生产对于太原加快率先转型跨越发展，实现经济社会与资源环境协调健康发展具有重要意义。清洁生产是污染防治的最佳模式，倡导从源头做起、预防为主、全过程控制，最终目的是节能降耗、减污增效，实现经济、环境和社会效益的统一。1998年，太原市被联合国环境规划署和中国环境与发展国际合作委员会确定为我国第一个清洁生产示范城市，同时被国家经贸委和国家环保总局确定为第一个清洁生产试点城市。以此为契机，太原市于1999年在全国率先颁布实施了我国第一部清洁生产地方性法规——《太原市清洁生产条例》，建立起推行清洁生产的组织机构和技术队伍，制定了有利于清洁生产发展的政策法规，并先期在冶金、煤炭、焦化、建材、化工、电力等重点行业及产业园区开展清洁生产试点工作，积极探索清洁生产有效发展模式。[①] 2002年6月29日全国人大常委会通过了《清洁生产促进法》，此后云南、南京、杭州、天津、湖南、山东六个省市进行了清洁生产促进地方立法。

通过对表2的分析可知，在2002年全国人大常委会进行清洁生产专门性立法前，地方环境立法已出现了创设性立法，但仅有太原市1个较大的市进行地方性法规立法。2002年中央《清洁生产促进法》施行后，施行性地方立法随即展开，其中4部均是由地方人大及其常委会审议通过，属于地方性法规，另外2部是由地方政府审议通过，属于地方政府规章。

[①] 武非平：《太原清洁生产发展现状、问题及对策》，《价值工程》2015年第5期。

③机动车排污地方立法

表3 机动车排污地方立法情况

省份	地方立法	效力等级
山西	《太原市机动车排气污染防治办法》(1999年8月26日制定,2008年12月17日修订)	地方法规
	《大同市机动车排气污染防治条例》(2013年2月22日)	地方法规
湖北	《武汉市机动车安全技术和环保检验监督管理办法》(2013年11月4日)	地方规章
	《武汉市机动车排气污染防治条例》(2014年9月17日)	地方法规
黑龙江	《齐齐哈尔市机动车排气污染监督管理办法》(2000年8月2日)	地方规章
	《哈尔滨市机动车排气污染防治条例》(2010年5月21日)	地方法规
云南	《昆明市机动车排气污染防治条例》(2013年10月31日)	地方法规
西藏	《拉萨市机动车污染物排放监督办法》(2010年6月11日)	地方规章
江苏	《徐州市机动车排气污染管理办法》(1998年9月22日)	地方规章
	《江苏省机动车排气污染防治条例》(2001年10月26日制定,2013年11月29日修订)	地方法规
浙江	《杭州市机动车排气污染防治条例》(2010年4月21日)	地方法规
	《浙江省机动车排气污染防治条例》(2013年11月22日)	地方法规
	《宁波市机动车排气污染防治管理办法》(2010年11月15日)	地方规章
山东	《淄博市机动车排气污染防治监督管理办法》(2000年4月7日)	地方规章
	《青岛市机动车排气污染防治管理办法》(2004年6月30日)	地方规章
	《山东省机动车排气污染防治规定》(2013年10月8日)	地方规章
	《青岛市机动车排气污染防治条例》(2007年10月19日)	地方法规
	《济南市机动车排气污染防治条例》(2009年7月21日)	地方法规
广东	《广州市机动车排气污染防治规定》(1997年9月26日制定,2007年3月29日修订)	地方法规
	《深圳经济特区机动车排气污染防治条例》(2004年4月16日制定,2012年6月28日修订)	地方法规
	《广东省机动车排气污染防治条例》(2000年5月26日制定,2010年6月2日修订)	地方法规
天津	《天津市机动车排放污染物管理办法》(1990年2月1日制定,1998年1月7日修订)	地方规章
	《天津市机动车排气污染防治管理办法》(2012年1月30日)	地方规章

续表

省份	地方立法	效力等级
四川	《成都市非机动车管理条例》（2014年6月26日）	地方法规
	《四川省机动车排气污染防治办法》（2012年12月4日）	地方规章
安徽	《安徽省机动车排气污染防治办法》（2014年7月9日）	地方规章
	《淮南市机动车排气污染防治办法》（2011年12月12日）	地方规章
	《合肥市机动车排气污染防治办法》（2013年11月29日）	地方规章
宁夏	《银川市机动车排气污染防治条例》（2011年5月25日）	地方法规
福建	《厦门经济特区机动车排气污染防治条例》（2011年10月26日）	地方法规
	《厦门市防治机动车辆噪声污染规定》（1996年9月24日制定，2007年9月30日修订）	地方规章
江西	《江西省机动车排气污染防治条例》（2013年7月27日）	地方法规
	《南昌市机动车交通噪声污染防治办法》（1998年8月17日制定，2009年3月21日修订）	地方法规
辽宁	《抚顺市机动车排气污染防治条例》（2011年3月1日）	地方法规
	《辽宁省机动车污染防治条例》（2013年9月27日）	地方法规
	《大连市机动车排气污染防治条例》（2013年10月25日）	地方法规
	《大连市机动车辆尾气污染综合防治的有关规定》（1996年10月5日）	地方规章
	《大连市机动车排气污染防治管理办法》（2004年10月8日）	地方规章
	《沈阳市机动车排气污染防治管理办法》（2008年6月2日）	地方规章
云南	《昆明市机动车排气污染防治条例》（2013年10月31日）	地方法规
湖南	《长沙市机动车辆尾气污染防治管理办法》（2000年3月13日）	地方规章
	《湖南省机动车排气污染防治办法》（2001年2月12日制定，2004年6月23日修订）	地方法规
	《长沙市机动车排气污染防治条例》（2009年8月28日）	地方法规
青海	《西宁市机动车排气污染防治管理办法》（2009年10月20日）	地方规章
内蒙古	《内蒙古自治区机动车排气污染防治办法》（2003年7月14日）	地方规章
广西	《南宁市机动车排气污染监督管理暂行规定》（1998年12月30日制定，2005年5月23日修订）	地方规章
	《广西壮族自治区机动车排气污染防治办法》（2013年4月28日）	地方规章
吉林	《吉林省城市机动车排气污染防治条例》（2002年5月31日）	地方法规
	《长春市机动车排气污染防治管理办法》（2010年10月29日）	地方规章
海南	《海口市机动车排气污染防治办法》（2003年4月23日）	地方法规
河南	《郑州市机动车排气污染防治管理办法》（2012年8月27日）	地方规章
	《洛阳市机动车排气污染防治办法》（2012年9月12日）	地方规章

续表

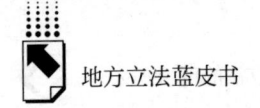

省份	地方立法	效力等级
河北	《河北省机动车排气污染防治办法》(2012年11月22日)	地方规章
	《邯郸市机动车排气污染防治条例》(2009年8月25日)	地方法规
甘肃	《兰州市机动车排气污染防治管理暂行办法》(2013年1月4日)	地方规章
新疆	《乌鲁木齐市机动车排气污染防治管理办法》(2006年12月4日)	地方规章
贵州	《贵阳市机动车排气污染防治管理办法》(2010年2月8日)	地方规章
重庆	《重庆市机动车排气污染防治办法》(2010年3月1日)	地方规章

截至2014年年底，我国机动车保有量达2.64亿辆，其中汽车1.54亿辆。全国有35个城市的汽车保有量超百万辆，北京、成都、深圳、天津、上海、苏州、重庆、广州、杭州、郑州10个城市超过200万辆。机动车保有量的大幅增长，意味着机动车排气所造成的污染问题将更加严重。在某些城市，机动车尾气排放成为最主要的空气污染源，尾气造成的污染及其危害性受到社会各界普遍关注。因此，控制机动车排气污染已成为我国城市大气污染防治的重点工作。在中央立法层面，除唯一一部中央部门规章——《汽车排气污染监督管理办法》（2010年12月22日修订）外，无任何机动车排污立法，且将立法规制对象限为汽车，实质上中央仍未有一部专门性机动车立法。而据笔者统计，从地方性立法数量来看，有关机动车的地方性环境法规和规章共计58部。其中，地方性法规26部，地方政府规章32部（见表3）。从全国省市立法模式看，一是制定专门性的机动车排放污染监督管理地方法规或规章。由于国家现有法律法规对机动车尾气污染防治的规定过于原则化、笼统化，相对应的环境执法面临操作不便的问题。于是，江苏省、辽宁省、广州市等30个省市纷纷采用地方立法的方式，将国家层面的原则性规定具体化，使其具有可操作性。二是通过综合性大气污染防治立法细化机动车环境立法。《中华人民共和国大气污染防治法实施细则》对如何规制尾气排放做了详尽且具有可操作性的规定，因此，即便北京、上海、甘肃、陕西四省市没有专门为规制尾气排放立法，相应的环境执法工作也并没有遭遇不便。

(2) 地方先行试点、中央尚未立法的立法例
①生态文明建设地方立法

表4　生态文明建设地方立法情况

省份	地方立法	效力等级
贵州	《贵阳市促进生态文明建设条例》(2009年10月16日)	地方法规
	《贵州省生态文明建设促进条例》(2014年5月17日)	地方法规
福建	《福建省人民代表大会常务委员会关于促进生态文明建设的决定》(2010年5月27日)	地方法规
	《厦门经济特区生态文明建设条例》(2014年10月31日)	地方法规
广东	《珠海经济特区生态文明建设促进条例》(2013年12月26日)	地方法规
青海	《青海省生态文明建设促进条例》(2015年1月13日)	地方法规

党的十八届三中全会强调"建设生态文明，必须建立系统完整的生态文明制度体系，用制度保护生态环境"。在理论实务界，有关生态文明建设的探讨已经从对必要性的论证转向对具体实施方案的规划。就生态文明法制化建设而言，最重要的工作在于发挥法律的激励作用，引导教育政府、企业及个人作出合目的性的生态化行为选择。目前，中央层级的生态文明建设专门性立法尚未出台，贵州、福建、广东、青海四省已进行了地方专门性立法，充分发挥了地方立法的能动性。《贵阳市促进生态文明建设条例》是全国第一部促进生态文明建设的地方性法规。贵阳市通过"综合性地方生态法规+各环境要素法规"的方式，形成了贵阳市特有的生态城市法规体系。20世纪90年代以后，贵阳市逐步针对水、大气、森林、绿地、噪声等环境要素制定了相应的地方法规，并力促制定统揽性的生态法规。2009年10月，贵阳市人大常委会通过了《贵阳市促进生态文明建设条例》这一综合性的生态保护法，将各个单行的生态和环境保护法律"串联"起来。该条例如同生态文明法规体系的"主骨架"，以尊重和维护自然为前提，以现有的法规体系为基础，不仅明确生态文明的发展目标、保障机制、责任追究等制度和措施，更确立起统一监管、整体保护管理的法律规定，加上已有的十余部生态法规，形成贵阳市特有的生态文明法规体系雏形。该条例对人民法院设立环境保护法庭以及

审判、检察机关办理环境资源案件中应当适时向行政机关或者有关单位提出司法、检察建议作出了规定。该条例第24、25条还规定了环境公益诉讼,是全国首个规定环境公益诉讼的立法性文件。从上述地方立法统计(见表4)可知,虽然生态文明是近年来党中央文件政策的提倡重点,但是地方先行性立法数量却极少,共计6部,且均属于地方性法规。从促进生态文明建设的立法内容看,所涉领域包括了污染防治、自然资源、生态保护等综合性领域。

②应对气候变化地方立法

表5 应对气候变化地方立法情况

省份	地方立法	效力等级
青海	《青海省应对气候变化办法》(2010年7月23日)	地方规章
山西	《山西省应对气候变化办法》(2011年7月12日)	地方规章

全球气候变化深刻影响着人类的生存和发展,是全人类共同面临的重大挑战。几十年来,世界各国不断加深认知、不断凝聚共识,在《联合国气候变化框架公约》及《京都议定书》等国际公约框架下,积极开展应对气候变化领域的制度建设和政策创新。特别是近年来,立法保障逐步成为应对气候变化的重要举措,且相关制度建设的工作重心逐步从国际谈判、国家政策落实到地方行动。地方层面受气候变化影响的差异性较大,应对基础能力不一,可掌控调控手段不如国家层面丰富,立法条件千差万别,但地方减缓和适应气候变化的需求性和迫切性更强烈,与各地发展阶段、产业结构、生活方式、人口规模、自然条件和资源禀赋等因素密切相关。开展地方应对气候变化立法的时效性和针对性更强,可为当地生态文明建设提供系统化制度保障,以促进发展转型,提升能源资源效率,增强绿色竞争力,实现清洁低碳增长。[①] 2008年,我国启动省级应对气候变化方案项目,旨在通过地方战略和行动来贯彻落实国家方案,这也标志着气候变化正式进入地方实践层面。对

---

① 赖力、徐建荣、顾艿、曹明德:《地方应对气候变化立法现状和关键问题初探》,《江苏大学学报》(社会科学版)2013年第5期。

此，各地均加强了全局性工作部署，成立应对气候变化工作领导小组，制定省级应对气候变化方案，完善相关管理体制和工作机制。在这一工作背景下，部分省市开创了以法律手段来规范和保障应对气候变化的先河：2010年10月，青海省人民政府颁布了中国第一部应对气候变化的地方政府规章《青海省应对气候变化办法》；2011年7月，山西省人民政府正式印发了由山西省发展改革委、山西省气象局制定的《山西省应对气候变化办法》（见表5）。同时，江苏、湖北等地也着手开展了前期研究。从我国现已颁布的地方性法律法规来看，其一，中西部立法多，东部立法少。基于国家进一步推动地方应对气候变化立法的统筹考虑，我国需要将地方性立法试点工作从中西部地区拓展到沿海地区，从生态敏感区（青海）和能源主产区（山西）发展到制造业发达区。其二，上述省份的立法都是在"十一五"制定省级应对气候变化方案的工作背景下实施的，处于地方应对气候变化工作刚起步、地方控制温室气体排放任务还未下达时期，相关法律系统性和目标导向性均不足，难以适应低碳发展前沿形势，与国家控制温室气体排放和适应气候变化的最新战略导向也难以匹配。[①] 2014年9月17日，国务院通过了《国家应对气候变化规划（2014-2020年）》，并就该规划作出了相关指导意见。故而，应对气候变化应是未来地方立法的领域之一。

③城市垃圾管理地方立法

表6 城市垃圾管理地方立法情况

省份	地方立法	效力等级
北京	《北京市人民政府关于加强垃圾渣土管理的规定》（2007年11月23日）	地方规章
	《北京市生活垃圾管理条例》（2011年11月18日）	地方法规
福建	《厦门市城市生活垃圾管理办法》（2004年11月12日）	地方规章
广东	《城市垃圾管理条例》（2001年9月28日）	地方法规
	《广州港港区船舶垃圾接收处理管理规定》（1999年2月4日）	地方规章
	《广州市城市生活垃圾分类管理暂行规定》（2011年1月14日）	地方规章
	《深圳市餐厨垃圾管理办法》（2012年6月13日）	地方规章

---

① 赖力、徐建荣、顾芗、曹明德：《地方应对气候变化立法现状和关键问题初探》，《江苏大学学报》（社会科学版）2013年第5期。

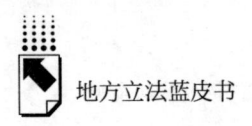

续表

省份	地方立法	效力等级
广西	《南宁市城市建筑垃圾管理办法(2012)》(2012年2月23日)	地方规章
海南	《海南省城镇生活垃圾处理费征收使用管理办法》(2009年9月21日)	地方规章
	《海口市建筑垃圾管理暂行规定》(1993年6月3日)	地方规章
河北	《邯郸市建筑垃圾处置条例》(2012年5月22日)	地方法规
	《石家庄市餐厨垃圾处理管理办法》(2006年12月14日)	地方规章
河南	《洛阳市餐厨垃圾管理办法》(2013年1月11日)	地方规章
	《洛阳市城市建筑垃圾管理若干规定》(2011年10月21日)	地方规章
黑龙江	《哈尔滨市城市建筑垃圾管理办法(2010)》(2010年8月27日)	地方规章
湖北	《武汉市建筑垃圾管理暂行办法》(2011年4月25日)	地方规章
湖南	《长沙市餐厨垃圾管理办法》(2010年12月8日)	地方规章
	《长沙市城市垃圾管理办法》(1994年6月13日制定,1998年2月17日修正)	地方规章
吉林	《吉林市城市建筑垃圾管理办法》(2010年12月16日)	地方规章
	《长春市城市建筑垃圾管理办法》(2011年7月19日)	地方规章
江苏	《南京市城市生活垃圾处理费征收管理办法》(2008年6月24日)	地方规章
	《南京市城市生活垃圾袋装管理暂行规定》(1995年1月1日)	地方规章
	《南京市生活垃圾分类管理办法》(2013年4月1日)	地方规章
	《苏州市餐厨垃圾管理办法》(2009年4月7日)	地方规章
	《苏州市城市建筑垃圾管理办法》(2005年11月23日)	地方规章
	《徐州市城市建筑垃圾和工程渣土管理办法》(2003年6月6日)	地方规章
	《徐州市市区生活垃圾袋装管理办法》(1998年8月18日)	地方规章
江西	《南昌市城市建筑垃圾管理条例》(2014年10月31日)	地方法规
	《南昌市餐厨垃圾管理办法》(2014年4月29日)	地方规章
	《南昌市城市生活垃圾管理办法》(1995年9月2日制定,1997年12月28日修正)	地方规章
辽宁	《大连市餐厨垃圾管理办法》(2013年12月4日)	地方规章
	《沈阳市城市袋装生活垃圾管理规定》(1994年8月19日)	地方规章
内蒙古	《呼和浩特市餐厨垃圾无害化处置管理办法》(2011年5月4日)	地方规章
宁夏	《银川市餐厨垃圾管理条例》(2011年8月3日)	地方法规
	《银川市建筑垃圾管理条例》(2013年7月31日)	地方法规
青海	《西宁市餐厨垃圾管理条例》(2009年4月24日制定,2015年2月27日修订)	地方法规
	《西宁市城市建筑垃圾管理办法》(2012年8月21日)	地方规章
	《西宁市垃圾管理规定》(1994年1月20日)	地方规章
山东	《青岛市城市建筑垃圾管理办法》(2002年12月2日)	地方规章
山西	《大同市城市建筑垃圾管理办法》(2005年10月10日修订)	地方规章
上海	《上海市城市生活垃圾收运处置管理办法》(2010年12月6日修正)	地方规章
	《上海市促进生活垃圾分类减量办法》(2014年2月11日)	地方规章
	《上海市建筑垃圾和工程渣土处置管理规定》(2010年10月25日)	地方规章
四川	《〈成都市建筑垃圾处置管理条例〉实施办法》(2013年8月30日)	地方法规
	《成都市餐厨垃圾管理办法》(2012年5月25日)	地方规章
	《成都市城市生活垃圾袋装管理办法》(1998年8月20日)	地方规章

续表

省份	地方立法	效力等级
天津	《天津市城镇生活垃圾袋装管理办法》(2010年11月8日)	地方规章
	《天津市建筑垃圾工程渣土管理规定》(1993年5月10日)	地方规章
新疆	《乌鲁木齐市城市建筑垃圾管理办法》(2002年8月14日)	地方规章
	《乌鲁木齐市餐厨垃圾处理管理办法》(2010年3月1日修订)	地方规章
	《乌鲁木齐市城市生活垃圾处理费征收管理办法》(2006年12月4日)	地方规章
浙江	《杭州市城市生活垃圾管理办法》(2012年9月14日)	地方法规
	《宁波市建筑垃圾管理办法》(2011年5月19日)	地方规章
	《宁波市城市生活垃圾袋装收运管理规定》(1996年9月13日)	地方规章
陕西	《西安市建筑垃圾管理条例》(2012年6月27日)	地方法规
重庆	《重庆市餐厨垃圾管理办法》(2009年7月13日)	地方规章
	《重庆市城市生活垃圾处置费征收管理办法》(2011年7月18日)	地方规章
	《重庆市城市水域垃圾管理规定》(2003年6月2日)	地方规章

城市垃圾是指城市居民日常生活丢弃的家庭生活垃圾（包括有机、无机和危险品，如干电池、突光灯管等），与人们吃喝有关的厨房有机垃圾及公共场所垃圾，环卫部门道路清扫物（包括绿色植物残骸，如草坪除草、树木剪枝、落叶、纸品、塑料制品和尘土等），以及部分建筑垃圾的总称。目前我国正处于飞速的发展过程中，在经济发展和城市化水平提高的同时，城市垃圾的不断增多也逐渐成为困扰广大城市居民与影响环境的一大难题。城市垃圾呈现出数量急剧增多、种类复杂、分布不均匀、分类回收率低等特征。一般城市垃圾产量与城市工业发展水平、城市规模、人口增长速度成正相关。[①] 正因如此，中央与地方就城市垃圾管理问题进行了积极的立法探索。据笔者统计，地方有关城市垃圾的专门性立法共计58部，其中地方法规10部，其余均为地方政府规章。而在2007年4月28日建设部颁布的专门性立法《城市生活垃圾管理办法》之前，部分地方已进行创设性地方环境立法，如重庆、广东、海南、河北、福建等省市对水域垃圾、生活垃圾、餐厨垃圾、建筑垃圾、港区船舶垃圾等先于中央进行创设性立法，为中央立法积累经验并奠定立法基础。而后，多数地方省市都进行了上述5个类别的垃圾专门性立法，共计36部。概言之，从地方立法数量来看，在58部专门性立法中，创设性立法22部，占现有地方立法的38%左右；从具体垃圾分类立法

---

① 张宝杰：《城市生态与环境保护》，哈尔滨工业大学出版社，2002，第218页。

看,所涉类型包括了水域垃圾、生活垃圾、餐厨垃圾、建筑垃圾、港区船舶垃圾等,其中水域垃圾、港区船舶垃圾立法分别为重庆市与广州港区所特设,具有鲜明的地方特色;从制定主体上看,58部地方法规和规章中仅有10部是地方人大及其常委会制定的法规,其余48部均为地方政府规章,法律位阶较低;从制定省市来看,该地方法涵盖了全国26个省市,立法覆盖面大。

2. 地方制度性创新立法为国家层面的制度创新积累经验

地方生态环境和社会经济发展的非均衡性,导致了综合性立法下环境保护的多样性需求。由此,地方致力于制度创新立法有利于解决地方非均衡性与现实需求的矛盾。通过对1729部地方环境制度创设性立法类型进行划分,创设性环境制度地方立法包含两大类:一类属于部分地方先行进行环境制度创新,在各方面条件成熟后,中央环境立法对其加以确认与推行;另一类则还属于地方先行先试阶段,尚未上升至中央层面立法,还有待经验的积累及其他条件的具备。

(1) 地方先行试点、中央加以确认的制度性创制立法例

①生态保护红线制度地方立法

表7 生态保护红线制度地方立法情况

中央立法前地方先行立法	中央立法	中央立法后地方施行立法
《江苏省生态红线区域保护规划》(2013年8月)《天津市生态用地保护红线划定方案》(2014年2月)《南京市生态红线区域保护规划》(2014年2月)	《环境保护法》(2014年4月修订新增)第29条第1款规定:"国家在重点生态功能区、生态环境敏感区和脆弱区等区域划定生态保护红线,实行严格保护。"	《南京市生态红线区域保护监督管理和考核暂行规定》(2014年11月)《沈阳市生态保护红线管理办法》(2014年12月)

自2011年《国务院关于加强环境保护重点工作的意见》提出划定生态红线任务后,环境保护部于2012年3月召开了全国生态红线划定技术研讨推进会,2014年4月新环保法新增生态保护红线制度的原则性规定。但生态保护红线制度纳入国家法律层面进行强制性推进为时尚短,在很多省份和城市仍处于刚刚起步阶段或研究落实阶段,还没有进入实质性生态保护红线规划编制或规范性制度建设阶段。在中央立法推行前,部分地方立法已有一定进展,如江苏省在

2009年编制《江苏省重要生态功能保护区区域规划》的基础上，于2013年8月发布了《江苏省生态红线区域保护规划》，其后南京市、南通市等江苏大部分省辖市，已经以政府文件的形式颁布了市级层面的生态红线保护规划，并努力实现与市级层面其他相关规划的融合，江苏省该项工作走在了全国的前列。[①] 但在划定和实施生态保护红线过程中，由表7笔者粗略统计可知，第一，生态保护红线制度相关法律、法规和规定等重要基础性文件尚少。除江苏省、天津市率先在中央立法前进行制度探索，南京市、沈阳市在中央原则性立法指引下作出立法回应外，其他省份及较大的市均未对此制度作出任何地方立法。第二，省市两层面在制度探索中困难诸多。省级层面只能更多依据环保法第29条原则性规定、环保部文件《国家生态保护红线——生态功能基线划定技术指南（试行）》；而在市级层面，不同城市各有特性，且重在生态红线保护制度的真正实施与协同融合，在红线划定、规范管理、资金补偿等实践过程中还存在一些问题。[②]

②生态补偿制度地方立法

表8　生态补偿制度地方立法情况

中央立法前地方先行立法	中央立法	中央立法后地方施行立法
《贵阳市生态公益林补偿办法》（2007年8月）	《环境保护法》（2014年4月修订）第31条规定："国家建立、健全生态保护补偿制度。国家加大对生态保护地区的财政转移支付力度。有关地方人民政府应当落实生态保护补偿资金，确保其用于生态保护补偿。国家指导受益地区和生态保护地区人民政府通过协商或者按照市场规则进行生态保护补偿。" 《水污染防治法》（2008年2月28日）第7条规定："国家通过财政转移支付等方式，建立健全对位于饮用水水源保护区域和江河、湖泊、水库上游地区的水环境生态保护补偿机制。" 《民族区域自治法》（2001年2月28日修订）第66条规定："民族自治地方为国家的生态平衡、环境保护作出贡献的，国家给予一定的利益补偿。"	《苏州市生态补偿条例》（2014年5月） 《苏州市生态补偿条例实施细则》（2015年8月）

---

① 闫志利：《生态文明视域下河北沿海地区湿地农业发展转型研究》，《中国环境管理干部学院学报》2013年第2期。
② 李文青等：《城市层面推进生态保护红线管理机制对策分析》，《中国环境管理干部学院学报》2015年第1期。

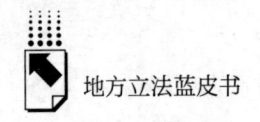

生态补偿领域既包括已经制度化的森林、草原、自然保护区和重点生态功能区、海域以及矿山等领域，也包括正在通过实践探索生态补偿制度建设的湿地、水资源和水土保持、区域、流域等领域。就目前所统计的生态补偿地方创设性环境立法探索中，唯有贵州省贵阳市于2007年对该制度在森林领域进行了地方立法探索（见表8）。2014年修订通过的《环境保护法》第一次明确生态补偿制度，以此为背景，江苏省苏州市陆续出台了《苏州市生态补偿条例》《苏州市生态补偿条例实施细则》两部地方立法，应该是对中央立法中生态补偿制度的积极响应。总的来看，尽管我国有若干省市制定了有关生态补偿的地方性立法，但在各地方，立法主体多元，立法内容没有实现统一衔接，从而对地方开展生态补偿活动造成了一定影响。同时，由于各省市的差异性，其生态补偿具体内容所涉的标准、方式也各不相同，配套制度、管理体制间的协调等问题均需结合当地特色进行立法探索。仅有国家层面的立法作为依据而开展地方生态补偿实践活动，实难完全适应地方生态保护和社会经济发展的需要。

③环境保护教育地方立法

表9　环境保护教育地方立法情况

中央立法前地方先行立法	中央立法	中央立法后地方施行立法
《宁夏回族自治区环境教育条例》（2011年12月） 《天津市环境教育条例》（2012年9月）	《环境保护法》（2014年4月修订）第9条第2款规定："教育行政部门、学校应当将环境保护知识纳入学校教育内容，培养学生的环境保护意识。"	《洛阳市环境保护教育条例》（2014年10月） 《哈尔滨市环境教育办法》（2015年3月）

据统计，已有4个省市进行了地方环境教育立法，它们为其他省市环境教育立法提供了借鉴，也为国家层面的环境教育立法奠定了基础。宁夏回族自治区于2011年12月1日制定的《宁夏回族自治区环境教育条例》是我国首部创设性环境教育地方立法，它对环境教育体制、教育对象以及教育经费等问题作出了全面且详细的规定。2012年9月天津市人大常委会审议通过《天津市环境教育条例》。中央立法则于2014年4月在新修订的《环境保护

法》中对该制度进行原则性规定,将其上升至国家立法层面。洛阳市、哈尔滨市在地方与中央的原则性指导下,分别制定各自市级环境教育制度地方立法。环境教育制度形成了地方立法先行—全国立法—推行全国(或部分)地方立法的专门性立法模式。

(2)地方先行试点、中央尚未立法的制度性创制立法例

①排污权有偿使用和交易制度地方立法

表10 排污权有偿使用和交易制度地方立法情况

省份	地方立法
江 西	《太原市二氧化硫排污交易管理办法》(2002年9月制定,2008年修订)
贵 州	《贵阳市大气污染防治办法》(2005年6月)
浙 江	《浙江省水污染防治条例》(2008年)
江 苏	《无锡市水环境保护条例》(2008年) 《南京市主要污染物排污权有偿使用和交易管理办法(试行)》(2015年1月)
黑龙江	《哈尔滨市二氧化硫排污交易暂行办法》(2011年10月)
四 川	《成都市排污权交易管理规定》(2012年5月)
湖 北	《湖北省主要污染物排污权交易办法》(2012年8月)
湖 南	《湖南省主要污染物排污权有偿使用和交易管理办法》(2014年1月)
河 南	《河南省主要污染物排污权有偿使用和交易管理暂行办法》(2014年7月)

排污权交易制度作为一种利用市场进行环境规制的手段,正受到越来越多的关注。该项制度对我国加强对环境的保护具有积极的意义。首先,该制度的确立有利于更好地协调经济发展与环境保护的矛盾,从而为人类最终解决环境问题创造条件。其次,该制度的确立为实现环境立法理念由"末端治理"走向"源头及全程控制"奠定了基础。再次,该制度的确立为我国民法实现生态化积蓄了立法资源。最后,该制度的确立对民事权利体系的完善具有重要意义。① 目前,由于排污权交易活动的相关立法缺失,大部分地方开展排污权交易试点工作只能依据一般的行政规范性文件。截至2015年,

---

① 邓海峰:《排污权——一种基于私法语境下的解读》,北京大学出版社,2008,第100~103页。

排污权有偿使用和交易的相关地方立法共计10部，其中3部是以综合性立法确立排污权交易制度，其余7部则以专门性地方立法加以确立（见表10）。其他地方的排污权交易制度则以一般规范性文件非正式立法的形式进行试点，如江苏、上海等地区。我国已进行排污权交易试点十多年，但是制度的运行及立法进程十分缓慢。例如，江苏省在二氧化硫排污权交易政策研究与实践中一直走在全国前列，但近几年少有成功的交易发生。水污染物的排污权交易在国内做得比较早也比较好的应该是上海黄浦江流域水污染物COD的排污权交易，但据了解，COD排污权交易在黄浦江流域近几年也已经停止了。[①] 从我国地方环境立法及地方实践情况可知：其一，我国排污权交易制度在地方立法层面存在综合性立法与专门性立法两种模式，且存在地方立法数量少、实施效果差等问题；其二，在制度构建方面，存在环境监测体制、排污交易市场尚不健全，排污交易价格确定方式不明确等障碍。

②政策环境影响评价制度地方立法

表11 政策环境影响评价制度地方立法情况

省份	地方立法
广东	《深圳经济特区环境保护条例》(2009年7月修订)第11条规定："实行政策环境影响评价制度。法规、规章和规范性文件实施后可能对环境产生重大影响的，起草单位在起草时应当组织进行环境影响评价，并形成政策环境影响评价说明书。环保部门负责召集由有关政府代表和专家组成的审查小组，对政策环境影响评价说明书进行审查，并出具书面审查意见。政策环境影响评价说明书和审查小组的书面审查意见应当作为制定政策的重要依据。对应当报送而未报送政策环境影响评价说明书及其书面审查意见的政策，不予审议、审查。对本条所列由政府起草的法规、规章和规范性文件进行环境影响评价的具体办法由市政府另行制定。"

政策战略环境影响评价（简称"政策环评"）是战略环境影响评价在政策层面上的应用，或者说是以政策为对象的战略环境影响评价。政策环境评价制度的确立有利于满足我国可持续发展的迫切需要，弥补项目环境影响评

[①] 吴卫星：《排污权交易制度的困境及立法建议》，《环境保护》2010年第12期。

价的缺陷以及保障政府科学决策、民主决策的实施。该制度目前在中央与地方立法层面均未有专门性立法规定,中央 2014 年修订的《环境保护法》对该制度未作出明确的规定,2009 年《深圳经济特区环境保护条例》先于中央立法确立了政策环境影响评价制度(见表 11),为我国修订《环境保护法》《环境影响评价法》提供了可资借鉴或参考的经验。此后,政策环评的地方立法缺乏前进动力,对于该制度的地方立法未有进展,需进一步制定地方创设性立法以适应和推动环境保护事业。

③门前三包责任制度地方立法

表 12 门前三包责任制度地方立法情况

省份	地方立法
辽宁	《本溪市"门前三包"责任规定》(1994 年 9 月)
广东	《深圳市辖区三包管理责任制实施办法》(1996 年 8 月)
北京	《北京市"门前三包"责任制管理办法》(1999 年 3 月)
江西	《南昌市人民政府关于市容环境卫生门前三包责任制实施办法》(2005 年 5 月)
内蒙古	《呼和浩特市市容环境卫生"门前三包"责任制管理办法》(2006 年 3 月)
青海	《西宁市市容环境卫生"门前三包"责任制管理办法》(2007 年 12 月)
福建	《福州市"门前三包"责任制管理办法(试行)》(2010 年 8 月)
湖北	《武汉市"门前三包"责任制管理办法》(2013 年 4 月)
宁夏	《银川市门前"三包"责任制管理办法》(2014 年 6 月)

"门前三包"是指临路(街)所有的单位、门店、住户将担负起一定范围的市容环境责任,承担一定的城市管理任务。门前三包制度以其不可替代的优越性,在我国现今相当一部分城市中得到了广泛的推广和应用。从纵向立法来看,我国中央立法层面未对该制度作出原则性或专门性规定,地方立法层面则对该制度进行了专门性立法。从横向立法来看,门前三包责任制度的专门性立法均属于地方政府规章,省级法规未有涉及。从立法数量来看,享有地方立法权的较大的市从过去的 49 个扩大至全部 282 个,而目前门前三包责任制度仅有 9 个城市进行创设性地方立法(见表 12),所占比例低,立法数量少。

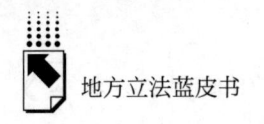

3. 地方自主性立法有效应对国家环境立法不能有效应对的地方特殊生态环境问题

我国各地的自然环境差异很大，特定的自然资源、地理位置、社会经济条件等因素构成了独特的区域生态系统。具有可操作性和地方特色的立法是地方环境立法追求的价值目标和生命力，各地纷纷结合本地实际情况立法，进行了有益的自主性地方环境立法尝试，所立之法基本都体现了浓厚的地方特色。例如，作为全国闻名的"森林之城""避暑之都"的贵州，拥有得天独厚的大规模环城林带，其对"森林、树木、水资源"保护的立法数量就很多，在环境立法中占据了相当大的比例。我国34个省份的自主性地方环境立法多围绕着本地方特有的自然资源、特殊区域等要素进行。所谓自然资源，是自然界形成的可供人类利用的一切物质和能量的总称。综观我国现行自然资源法律体系，自然资源保护主要包括土地资源、水资源、矿产资源、森林资源、草原资源、野生动物资源、海洋资源、大气（气候）资源等方面。

特殊区域是指在科学、历史、文化、教育、美学、旅游、保健等方面具有特殊价值，并受到国家法律特殊保护的各种天然的和经过改造的自然因素的总称。[①] 按照我国现行环境法律体系规定，特殊区域主要包括自然资源保护区、风景名胜区、森林公园、自然遗迹地、人文遗迹地、地质公园、湿地、海洋（海域、水域、流域）特别保护区、禁猎区、禁渔区等。表13为笔者对全国31个省份进行的自然资源、特殊区域及其他资源保护的梳理。

表13 自然资源、特殊区域及其他资源保护地方立法情况

省份	自然资源保护	特殊区域保护	其他资源保护
安徽	《安徽省城镇生活饮用水水源环境保护条例》 《合肥市水环境保护条例》 《安徽省古树名木保护条例》 《安徽省气候资源开发利用和保护条例》	《淮南市淮河水域保护条例》 《黄山风景名胜区管理条例》 《淮南市舜耕山风景区管理条例》 《合肥市大蜀山风景名胜区管理办法》	

---

① 吕忠梅主编《环境资源法》，中国政法大学出版社，1999，第222页。

续表

省份	自然资源保护	特殊区域保护	其他资源保护
北京	《北京市水资源管理条例》 《北京市城市自来水厂地下水源保护管理办法》 《北京市官厅水系水源保护管理办法》	《北京市城市河湖保护管理条例》 《北京市湿地保护条例》 《北京市人民政府关于百花山和松山自然保护区管理暂行规定》	
福建	《福州市城市古树名木保护管理办法》 《厦门市海洋环境保护若干规定》	《福州市闽江河口湿地自然保护区管理办法》 《福建省九龙江流域水污染防治与生态保护办法》 《福建省"中国丹霞"自然遗产保护办法》 《福建省武夷山国家级自然保护区管理办法》 《厦门市文昌鱼自然保护区管理办法》	
甘肃	《甘肃省林业生态环境保护条例》 《甘肃省临夏回族自治州生活饮用水源保护管理条例》 《兰州市煤炭经营使用监督管理条例》	《甘肃省连城国家级自然保护区条例》 《甘肃省麦积山风景名胜区保护管理条例》 《甘肃省祁连山国家级自然保护区管理条例》 《甘肃省兴隆山国家级自然保护区管理条例》 《甘肃省临夏回族自治州刘家峡库区生态环境保护建设条例》 《甘肃省石羊河流域水资源管理条例》 《兰州市黄河风情线管理办法》 《兰州市南北两山绿化管理条例》 《甘肃省森林公园管理条例》	
广东	《深圳经济特区饮用水源保护条例》 《广东省东江流域新丰江枫树坝白盆珠水库库区水资源保护办法》 《广东省东江西江北江韩江流域水资源管理条例》 《广州市野生动物保护管理若干规定》	《广州市流溪河流域保护条例》 《广东省丹霞山保护管理规定》 《广东省惠东海龟国家级自然保护区管理办法》	《广东省大鹏半岛保护与发展管理规定》

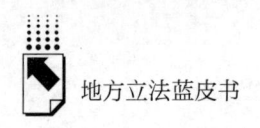

续表

省份	自然资源保护	特殊区域保护	其他资源保护
广西	《广西壮族自治区海洋环境保护条例》 《南宁市水资源管理条例》 《南宁市饮用水水源保护条例》 《南宁市公益林条例》 《广西壮族自治区农林植物检疫实施办法》 《广西壮族自治区药用野生植物资源保护办法》 《广西壮族自治区气候资源开发利用和保护管理办法》	《广西壮族自治区巴马盘阳河流域生态环境保护条例》 《广西壮族自治区漓江流域生态环境保护条例》 《广西壮族自治区南宁青秀山保护条例》 《广西壮族自治区湿地保护条例》 《广西壮族自治区地质环境保护条例》 《广西壮族自治区森林和野生动物类型自然保护区管理条例》	《广西壮族自治区水能资源开发利用管理条例》
贵州	《贵州省气候资源开发利用和保护条例》	《威宁彝族回族苗族自治县草海保护条例》 《务川仡佬族苗族自治县洪渡河生态环境保护条例》 《沿河土家族自治县乌江沿岸生态环境保护条例》 《贵阳市红枫湖百花湖游泳垂钓管理规定》 《贵阳市花溪国家城市湿地公园管理规定》 《贵阳市花溪景观保护和管理规定》 《贵阳市小车河城市湿地公园管理暂行办法》	
海南	《海南省海洋环境保护规定》 《海南省实施〈中华人民共和国水土保持法〉办法》 《海南省饮用水水源保护条例》 《海口市龙塘饮用水源环境保护管理规定》 《白沙黎族自治县水资源保护管理条例》 《海南省红树林保护规定》 《海南省沿海防护林建设与保护规定》	《海南省南渡江生态环境保护规定》 《海南省万泉河流域生态环境保护规定》 《海口市万绿园保护管理规定》 《海南省松涛水库生态环境保护规定》	《海南省珊瑚礁保护规定》

续表

省份	自然资源保护	特殊区域保护	其他资源保护
河北	《邯郸市水土保持管理条例》 《石家庄市水土保持条例》 《石家庄市水资源管理条例》 《河北省海洋环境保护管理规定》 《河北省古树名木保护办法》 《石家庄市古树名木保护管理办法》	《河北省湿地保护规定》	
河南	《郑州市城市饮用水源保护和污染防治条例》 《洛阳市陆浑水库饮用水水源保护条例》 《河南省河道采砂管理办法》 《河南省森林资源流转管理办法》 《郑州市古树名木保护管理办法》	《郑州市龙湖水域保护管理办法》 《郑州黄河湿地自然保护区管理办法》 《郑州商代遗址保护管理规定》 《洛阳市大运河遗产保护管理办法》 《郑州市黄河风景名胜区管理办法》 《郑州市嵩山古建筑群保护管理规定》 《郑州市生态廊道建设管理办法》 《郑州市封山育林管理办法》	
黑龙江	《齐齐哈尔市水土保持条例》 《齐齐哈尔市水资源管理条例》 《哈尔滨市磨盘山水库饮用水水源保护条例》 《哈尔滨市西泉眼水库饮用水水源保护条例》 《黑龙江省兴凯湖国家级自然保护区渔政管理规定》 《齐齐哈尔市林木保护管理办法》 《齐齐哈尔市基本农田保护条例》 《黑龙江省兴凯湖国家级自然保护区野生鸟类保护管理规定》 《黑龙江省气候资源探测和保护条例》	《黑龙江省兴凯湖国家级自然保护区生态环境保护规定》 《哈尔滨市生态功能保护区管理办法》 《黑龙江省兴凯湖国家级自然保护区水环境保护规定》 《黑龙江省兴凯湖国家级自然保护区兴凯松保护管理规定》 《黑龙江省兴凯湖国家级自然保护区湿地管理规定》 《哈尔滨市地质环境管理办法》 《哈尔滨市滩涂保护条例》	
湖南	《长沙市株树桥水库饮用水水源保护条例》 《湖南省东江湖水环境保护条例》 《湖南省湘江保护条例》 《湖南省森林资源流转办法》 《湖南省保护森林发展林业暂行条例》 《湖南省野生动植物资源保护条例》 《湖南省植物保护条例》 《长沙市古树名木保护管理办法》	《湖南省武陵源世界自然遗产保护条例》 《湖南省岳麓山风景名胜区管理办法》 《湖南省紫鹊界梯田梅山龙宫风景名胜区保护条例》 《湘西土家族苗族自治州猛洞河风景名胜区保护条例》	

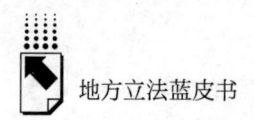

续表

省份	自然资源保护	特殊区域保护	其他资源保护
湖南	《湘西土家族苗族自治州国土资源开发保护条例》 《长沙市灰汤地热资源保护条例》	《湖南省湿地保护条例》 《湘西土家族苗族自治州小溪国家级自然保护区条例》	
湖北	《武汉市湖泊保护条例》 《湖北省神农架自然资源保护条例》 《恩施土家族苗族自治州水土保持条例》 《武汉市水资源保护条例》 《武汉市湖泊保护条例实施细则》 《武汉市湖泊整治管理办法》 《湖北省农业自然资源综合管理条例》 《湖北省资源综合利用条例》 《湖北省植物保护条例》 《湖北省农村可再生能源条例》 《武汉市山体保护办法》	《威宁彝族回族苗族自治县草海保护条例》 《长阳土家族自治县清江库区管理条例》 《武汉市东湖水域保护管理办法》 《恩施土家族苗族自治州星斗山国家级自然保护区管理条例》 《武汉市湿地自然保护区条例》 《湖北省森林和野生动物类型自然保护区管理办法》	
吉林	《吉林省城镇饮用水水源保护条例》 《吉林省水土保持条例》 《吉林省饮用天然矿泉水资源开发保护条例》 《长春市水土保持条例》 《长春市水土保持工作管理办法》 《延边朝鲜族自治州城市饮用水水源环境保护条例》 《吉林省耕地质量保护条例》 《吉林省林地保护条例》 《吉林省森林管理条例》 《吉林省野生动植物保护管理暂行条例》 《长春市陆生野生动物保护条例》	《吉林向海国家级自然保护区管理条例》 《吉林伊通火山群国家级自然保护区管理条例》 《吉林长白山国家级自然保护区管理条例》 《吉林省松花江三湖保护区管理条例》 《长春市波罗湖湿地保护若干规定》 《吉林市松花湖风景名胜区管理办法》 《吉林市左家自然保护区管理办法》 《延边朝鲜族自治州长白松省级自然保护区管理条例》 《吉林省湿地保护条例》 《吉林省自然保护区条例》	
江苏	《江苏省海洋环境保护条例》 《江苏省湖泊保护条例》 《苏州市金鸡湖保护管理办法》 《南京市水环境保护条例》 《无锡市水环境保护条例》 《南京市地下水资源保护管理办法》 《江苏省耕地质量管理条例》 《江苏省气候资源保护和开发利用条例》	《江苏省地质环境保护条例》 《南京市老山景区保护条例》	

续表

省份	自然资源保护	特殊区域保护	其他资源保护
江西	《南昌市城市湖泊保护条例》 《南昌市军山湖保护条例》	《江西省鄱阳湖生态经济区环境保护条例》 《江西省湿地保护条例》	
辽宁	《辽宁省海洋环境保护办法》 《辽宁省地下水资源保护条例》 《辽宁省辽河保护区条例》 《辽宁省凌河保护区条例》 《辽宁省水土保持条例》 《辽宁省取水许可和水资源费征收管理实施办法》 《大连市饮用水水源保护区污染防治办法》 《辽宁省矿产资源管理条例》 《辽宁省青山保护条例》 《辽宁省石油勘探开发环境保护办法》 《辽宁省生态公益林管理办法》 《沈阳市采砂管理办法》 《辽宁省农业植物保护办法》 《大连市野生动物保护管理办法》	《辽宁省地质环境保护条例》 《抚顺市矿山地质环境保护条例》 《大连市沿海水域环境保护管理规定》 《抚顺市矿山地质环境保护条例》 《辽宁蛇岛老铁山国家级自然保护区管理办法》(2009年修正) 《大连斑海豹国家级自然保护区管理办法》	《本溪市城市地下空间开发利用管理规定》 《沈阳市城市地下空间开发建设管理办法》
内蒙古	《内蒙古自治区地方煤矿管理条例》 《内蒙古自治区基本草原保护条例》 《内蒙古自治区珍稀林木保护条例》 《包头市赛汗塔拉城中草原保护条例》 《内蒙古自治区地下水管理办法》 《内蒙古自治区水功能区管理办法》 《内蒙古自治区矿产资源有偿使用管理办法(试行)》 《内蒙古自治区森林草原防火工作责任追究办法》 《内蒙古自治区退耕还林管理办法》 《内蒙古自治区地热资源管理条例》 《内蒙古自治区气象条例》 《内蒙古自治区气候资源开发利用和保护办法》	《内蒙古自治区大青山国家级自然保护区条例》 《内蒙古自治区湿地保护条例》 《内蒙古自治区锡林郭勒草原国家级自然保护区管理条例》 《包头市南海子湿地自然保护区条例》 《内蒙古自治区矿山地质环境治理办法》 《内蒙古自治区森林公园管理办法》 《内蒙古自治区地质环境保护条例》	《内蒙古自治区风能资源开发利用管理办法》

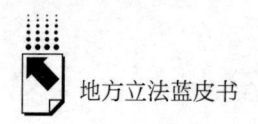

续表

省份	自然资源保护	特殊区域保护	其他资源保护
宁夏		《宁夏回族自治区湿地保护条例》 《银川市西夏陵保护条例》	
青海		《青海省青海湖流域生态环境保护条例》	
山东	《山东省湖泊保护条例》 《山东省森林和野生动物类型自然保护区管理办法》	《山东省地质环境保护条例》 《山东省小清河流域水污染防治条例》 《山东省湿地保护办法》	《济南市城市地下空间开发利用管理办法》
山西	《山西省水资源管理条例》 《大同市饮用水水源保护条例》 《太原市晋祠泉域水资源保护条例》 《太原市兰村泉域水资源保护条例》 《太原市水土保持条例》 《太原市水资源管理办法》 《大同市煤炭资源保护办法》 《太原市古树名木保护条例》 《太原市东西山林地林木认养办法》 《太原市天然林保护条例》 《山西省气候资源开发利用和保护条例》	《山西省汾河中上游流域水资源管理和水环境保护条例》 《山西省森林公园条例》 《山西省五台山风景区名胜区环境保护条例》 《山西省封山禁牧办法》	
陕西	《陕西省古树名木保护条例》 《西安市古树名木保护条例》 《陕西省煤炭石油天然气开发环境保护条例》 《陕西省水土保持条例》 《陕西省水文管理条例》	《陕西省秦岭生态环境保护条例》 《陕西省矿山地质环境治理恢复保证金管理办法》 《陕西省实施〈中华人民共和国自然保护区条例〉办法》 《陕西省渭河流域生态环境保护办法》	《陕西省实施〈中华人民共和国抗旱条例〉细则》

续表

省份	自然资源保护	特殊区域保护	其他资源保护
上海	《上海市古树名木和古树后续资源保护条例》 《上海市河道管理条例》 《上海市饮用水水源保护条例》	《上海市黄浦江上游水源保护条例》 《上海市崇明东滩鸟类自然保护区管理办法》 《上海市金山三岛海洋生态自然保护区管理办法》 《上海市九段沙湿地自然保护区管理办法》 《上海市长江口中华鲟自然保护区管理办法》 《上海市历史文化风貌区和优秀历史建筑保护条例》 《上海市滩涂管理条例》	《上海市地下空间安全使用管理办法》
四川	《成都市古树名木保护管理规定》 《凉山彝族自治州矿产资源管理条例》 《凉山彝族自治州渔业管理条例》 《阿坝藏族羌族自治州水资源管理条例》 《凉山彝族自治州水资源管理条例》 《四川省气候资源开发利用和保护办法》	《成都市环城生态区保护条例》 《阿坝藏族羌族自治州湿地保护条例》	
天津	《天津市畜牧条例》 《天津市海洋环境保护条例》 《天津市海域使用管理条例》 《天津市矿产资源管理条例》 《天津市野生动物保护条例》 《天津市植物保护条例》 《天津市气象条例》	《天津古海岸与湿地国家级自然保护区管理办法》 《天津市基本农田保护条例》 《天津市引黄济津保水护水管理办法》 《天津中新天津生态城管理规定》	
西藏	《拉萨市水资源条例》 《西藏自治区矿产资源勘查开发监督管理办法》 《拉萨市古树名木保护办法》 《拉萨市林地管理办法》	《拉萨市拉鲁湿地自然保护区管理条例》	

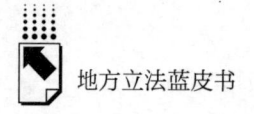

续表

省份	自然资源保护	特殊区域保护	其他资源保护
西藏	《拉萨市闲置土地处置办法》 《拉萨市野生鱼类保护办法》 《西藏自治区气候资源条例》	《拉萨市湿地保护管理办法》	
新疆	《新疆维吾尔自治区石油勘探开发环境管理办法》 《和布克赛尔蒙古自治县草原生态保护条例》 《克孜勒苏柯尔克孜自治州草原管理保护条例》 《新疆乌鲁木齐河河道管理条例》 《新疆维吾尔自治区野生植物保护条例》 《新疆维吾尔自治区水生动物防疫检疫办法》 《新疆维吾尔自治区塔里木河流域水资源管理条例》 《巴音郭楞蒙古自治州博斯腾湖流域水环境保护及污染防治条例》 《巴音郭楞蒙古自治州农田防护林建设管理条例》	《开都河源头暨巴音布鲁克草原生态保护条例》 《新疆维吾尔自治区天山自然遗产地保护条例》 《新疆维吾尔自治区自然保护区管理条例》 《巴音郭楞蒙古自治州塔里木胡杨国家级自然保护区管理条例》 《博尔塔拉蒙古自治州温泉新疆北鲵自然保护区管理条例》 《克孜勒苏柯尔克孜自治州喀拉库勒湖风景区保护管理条例》 《新疆维吾尔自治区实施〈风景名胜区条例〉办法》	
云南	《云南省牛栏江保护条例》 《云南省抚仙湖保护条例》 《云南省德宏傣族景颇族自治州饮用水水源保护条例》 《云南省红河哈尼族彝族自治州水资源管理条例》 《昆明市清水海保护条例》 《云南省程海保护条例》 《云南省阳宗海保护条例》 《云南省杞麓湖管理条例》 《云南省耿马傣族佤族自治县森林保护和管理条例》 《云南省金平苗族瑶族傣族自治县那兰水库保护管理条例》 《云南省景东彝族自治县水资源条例》 《云南省墨江哈尼族自治县水资源保护管理条例》 《云南省双江拉祜族佤族布朗族傣族自治县古茶树保护管理条例》	《云南省和顺古镇保护条例》 《云南省龙陵黄龙玉资源管理条例》 《云南省三江并流世界自然遗产地保护条例》 《云南省湿地保护条例》 《云南省云龙水库保护条例》 《云南省昭通大山包黑颈鹤国家级自然保护区条例》 《云南省自然保护区管理条例》 《云南省宁蒗彝族自治县泸沽湖风景区保护管理条例》 《云南省双江拉祜族佤族布朗族傣族自治县南勐河流域保护管理条例》 《云南省玉龙纳西族自治县拉市海高原湿地保护管理条例》	

续表

省份	自然资源保护	特殊区域保护	其他资源保护
云南	《云南省维西傈僳族自治县水资源管理条例》 《云南省新平彝族傣族自治县矿产资源开发利用和矿山地质环境保护条例》 《云南省玉龙纳西族自治县矿产资源保护管理条例》 《云南省玉龙纳西族自治县林业管理条例》 《云南省镇沅彝族哈尼族拉祜族自治县水资源条例》 《云南省澜沧拉祜族自治县古茶树保护条例》 《云南省文山壮族苗族自治州水资源条例》 《云南省楚雄彝族自治州龙川江保护管理条例》 《云南省迪庆藏族自治州草原管理条例》 《云南省红河哈尼族彝族自治州矿产资源管理条例》 《云南省红河哈尼族彝族自治州林业条例》《云南省文山壮族苗族自治州矿产资源管理条例》 《云南省文山壮族苗族自治州水资源条例》 《云南省水土保持条例》 《云南省渔业条例》 《云南省森林条例》 《云南省林地管理条例》 《昆明市森林防火条例》 《云南省玉龙纳西族自治县玉龙雪山保护管理条例》 《云南省大理白族自治州苍山保护管理条例》 《云南省文山壮族苗族自治州文山老君山保护区管理条例》 《云南省陆生野生动物保护条例》 《云南省西双版纳傣族自治州野生动物保护条例》 《云南省怒江傈僳族自治州特色畜禽资源保护与利用条例》 《云南省地热水资源管理条例》	《云南大理白族自治州风景名胜区管理条例》 《云南大理白族自治州鸡足山管理区条例》 《云南省大理白族自治州洱海海西保护条例》 《云南省大理白族自治州湿地保护条例》 《云南省迪庆藏族自治州白马雪山国家级自然保护区管理条例》 《云南省迪庆藏族自治州香格里拉普达措国家公园保护管理条例》 《云南省红河哈尼族彝族自治州历史风貌街区和风貌建筑保护条例》 《云南省红河哈尼族彝族自治州异龙湖管理条例》《云南省西双版纳傣族自治州澜沧江流域保护条例(修订)》 《云南省西双版纳傣族自治州自然保护区管理条例》 《云南省红河哈尼族彝族自治州个旧金湖管理条例》 《云南省红河哈尼族彝族自治州哈尼梯田保护管理条例》 《云南省文山壮族苗族自治州森林和野生动物类型自然保护区管理条例》 《云南省金平苗族瑶族傣族自治县马鞍底蝴蝶谷保护管理条例》	

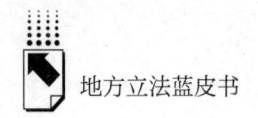

续表

省份	自然资源保护	特殊区域保护	其他资源保护
浙江	《浙江省矿产资源管理条例》 《浙江省森林管理条例》 《浙江省林地管理办法》 《浙江省林木采伐管理办法》 《杭州市生态公益林管理办法》 《浙江省钱塘江管理条例》 《浙江省水土保持条例》 《浙江省滩涂围垦管理条例》 《杭州市渔业资源保护管理规定》 《宁波市象山港海洋环境和渔业资源保护条例》 《景宁畲族自治县水资源管理条例》 《杭州市城市地下水管理规定》	《浙江省曹娥江流域水环境保护条例》 《宁波市东钱湖水域管理办法》 《浙江省湿地保护条例》 《杭州西湖风景名胜区管理条例》 《杭州西溪国家湿地公园保护管理条例》 《宁波东钱湖旅游度假区条例》 《浙江省普陀山风景名胜区条例》 《浙江省温州生态园保护管理条例》 《浙江省自然保护区管理办法》 《宁波市海塘管理办法》 《宁波市渔山列岛国家级海洋生态特别保护区管理办法》 《杭州市西湖龙井茶基地保护条例》	
重庆	《重庆市矿产资源管理条例》 《彭水苗族土家族自治县矿产资源管理条例》 《秀山土家族苗族自治县锰矿资源管理条例》 《酉阳土家族苗族自治县饮用水水源保护条例》 《重庆市天然气管理条例》 《重庆市取水许可和水资源费征收管理办法》 《重庆市水文条例》 《重庆市水资源管理条例》 《重庆市气象灾害防御条例》 《重庆市地热资源管理办法》	《重庆市长江三峡水库库区及流域水污染防治条例》 《重庆市大足石刻保护管理办法》 《重庆市非物质文化遗产专家评审办法》 《重庆市三峡水库消落区管理暂行办法》 《石柱土家族自治县西沱国家历史文化名镇保护条例》	

疆域广阔，人口众多，各省份的地理环境、生态环境和自然资源分布状况极不一致，经济文化发展水平也极不平衡，这是我国当前最大的地方实际，也是地方立法呈现出多样性、差异性与复杂性的根本原因。首先，我国疆域辽阔、生态复杂、气候多样、资源丰富导致中央立法不能对其作出全面的规定，而地方立法则成为应对复杂多样的自然地理环境与自然资源状况的最优选择。在

1729部地方环境立法中,所涉自然资源保护、特殊区域保护及其他资源保护共计400多部,占地方环境立法总比例的25%左右。可以说,自主性地方环境立法实质上是为了弥补国家立法在某些方面的不足,及时解决地方生态保护、自然资源等问题而制定的具有地方特色的立法。比如贵阳市针对"两湖一库"、花溪、环城林带等重要的生态保护区,分别制定了《贵阳市红枫湖百花湖阿哈水库行政处罚委托暂行规定》《贵阳市阿哈水库水资源环境保护条例》《贵阳环城林带建设保护办法》《贵阳市花溪景观保护和管理规定》等地方性法规和规章。[①] 其次,多样化的客观情况使得各地事务表现出较大的差异性,这对地方环境立法具有直接导向作用。如云南省的地理位置、历史文化、自然资源保、民族众多等地方特色,导致其在自然资源保护、特殊区域保护及其他资源保护方面的地方立法数量多且丰富,该地的自主性地方环境立法均围绕本地的自然特色而展开。最后,在特殊资源的立法方面,各省份地方立法表现出立法态度的差异性。如针对气候资源进行地方环境立法的省份仅有安徽(《安徽省气候资源开发利用和保护条例》)、内蒙古(《内蒙古自治区气候资源开发利用和保护办法》)、贵州(《贵州省气候资源开发利用和保护条例》)、山西(《山西省气候资源开发利用和保护条例》)、西藏(《西藏自治区气候资源条例》)、四川(《四川气候资源开发利用和保护办法》)、广西(《广西壮族自治区气候资源开发利用和保护管理办法》)、江苏(《江苏省气候资源保护和开发利用条例》)8个,其他省份并未对此作出任何规定,对气候资源的地方立法态度较为保守。

二 我国地方环境立法存在的问题

长期以来,我国地方环境实施性立法存在一个问题,即过分注重其完整性、结构性以及与上位法的对应性。这种过于追求与上位法的对应性不仅导致了地方环境立法的趋同性,而且造成地方立法质量不高、立法特色不显以及立法成本浪费等问题。

---

① 文永辉、曾璟:《贵阳市地方环保立法的特色与完善》,《凯里学院学报》2011年第2期。

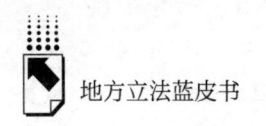

（一）在立法体例方面存在的问题

1. 过分注重体系与结构的对应性

以河北省、山西省、甘肃省、江苏省、湖北省、湖南省、云南省、海南省、贵州省、吉林省、山东省、广东省、四川省13省的《环境保护条例》为例。前9个省的《环境保护条例》基本沿袭了《环境保护法》的体系与结构，而未根据本省的具体情况作出相应改变；吉林省、山东省对其立法体系与结构做了少许改动。相较而言，广东省、四川省则根据本省的具体情况，对《环境保护条例》的体系与结构作出较大的改动，《广东省环境保护条例》根据本省的实际情况，将第五章调整为"环境保护经济政策"，这在地方环境立法中是鲜有的，充分体现了广东省相关管理部门在应对环境保护方面的技巧与特色；《四川省环境保护条例》也根据本省特殊的地质地貌环境等，设置"保障生态环境安全和应对突发环境事件"章节，并将"信息公开与公众参与"部分单独成章进行规定。

类似趋同现象还出现在各地区的其他单行立法中，如《大气污染防治条例》《水污染防治条例》等。此外，地方环境立法除了纵向层面的趋同性之外，在横向层面，也存在缺乏基本的"本土"立法调研，重复其他省份的体系与结构来制定本辖区地方环境立法的现象。

表14　国家与地方环境立法的体系与结构对比

法律、法规名称	第一章	第二章	第三章	第四章	第五章	第六章	第七章	第八章	第九章
《环境保护法》(1989年)	总则	环境监督管理	保护和改善环境	防治环境污染和其他公害	法律责任	附则			
《河北省环境保护条例》(2016年修订)	总则	环境监督管理	环境保护和改善	环境污染防治	法律责任	附则			
《山西省环境保护条例》(2016年修订)	总则	监督管理	防治污染和其他公害	生态环境保护	法律责任	附则			

续表

法律、法规名称	第一章	第二章	第三章	第四章	第五章	第六章	第七章	第八章	第九章
《贵州省环境保护条例》（2009年）	总则	环境监督管理	保护生态和生活环境	防治环境污染	法律责任	附则			
《甘肃省环境保护条例》（2004年修正）	总则	管理职责	环境监督管理	保护和改善生态环境	防治环境污染和其他公害	法律责任	附则		
《江苏省环境保护条例》（1997年修正）	总则	环境监督管理	保护和改善环境	防治环境污染和其他公害	法律责任	附则			
《山东省环境保护条例》（2001年修正）	总则	保护和改善环境	管理与监督	污染物排放总量控制	防止新污染	污染的治理	法律责任	附则	
《吉林省环境保护条例》（2004年修订）	总则	机构与职责	环境监督管理	保护和改善环境	防治大气污染	防治水污染	防治其他污染	法律责任	附则
《广东省环境保护条例》（2015年修订）	总则	监督管理	防治污染和其他公害	保护和改善环境	环境保护经济政策	法律责任	附则		
《四川省环境保护条例》（2017年修订）	总则	监督管理	保障生态环境安全和应对突发环境事件	防治环境污染	信息公开与公众参与	法律责任	附则		

2. 清洁生产、循环经济及环境经济政策等方面的立法较少

当前在我国地方环境实施性立法实践中，成绩最为突出的是污染防治、生态保护、自然资源保护方面，在清洁生产、循环经济及环境经济政策方面的立法稍显不足。在清洁生产方面，目前只有云南省、天津市等少数省份出台了《清洁生产促进条例》，山西省太原市出台了《绿色转型促进条例》；在循环经济方面，仅贵州省贵阳市出台了《建设循环经济生态

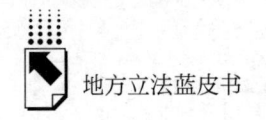

城市条例》；在环境经济政策方面，目前地方立法涉及较多的是排污收费、节能减排，而在基金、生态补偿、绿色贸易与采购、污染责任保险等方面鲜有涉及。此外，在农村环境保护（农村养殖业污染、生活污染基础设施建设、环境监测）、第三产业环境管理、跨区域污染处理、电子垃圾、有毒化学品的控制与管理、生物安全、野生植物保护等方面的立法也有待加强。

（二）地方环境立法制度创新不足

地方环境立法制度设计应建立在对本地社会、经济、自然资源等的实际情况及整个时代背景的把握基础之上。基于"地方立法要体现时代精神、地方特色及地方立法先行性"，地方在立法中应将"创新"作为制度设计的关键，通过创新制度设计确定制度优势，再通过固化制度优势确定地方特色。但是，从笔者梳理的地方立法例中可知，我国地方环境立法存在制度创新不足之问题，主要体现在三个方面。第一，从地方环境立法创新性制度的数量来看，制度性地方环境立法占地方环境立法的总量比重极小。只有极少数享有地方立法权的省市对创新性制度进行地方立法，其他省市多数偏向"保守立法"即进行实施性地方环境立法。例如上文中所提及的生态保护红线制度的地方立法，除江苏省、天津市率先在中央立法前进行制度探索，南京市、沈阳市在中央原则性立法指引下作出立法回应外，其他省份及较大的市均未对此制度作出任何地方立法。又如环境保护教育制度的地方立法，截至2015年底，对于该制度进行制度性地方立法的仅有宁夏回族自治区、天津市、河南省洛阳市、黑龙江省哈尔滨市等4个省市。第二，从地方环境立法项目来看，制度性地方立法缺乏创新性立法项目。环境与资源问题已成为当代社会的重大课题，党的十八大提出生态文明建设以来，作为环境法领域基础法的《环境保护法》回应了环境与发展关系的一些根本性、综合性的问题，如确立了新的发展理念，重新定位环境治理体系等。在这种时代背景下，地方环境制度性立法项目并未与时俱进，制度性立法项目的选择与绿色发展模式、多元共治理念等新时代要求相脱节，缺乏相应的创新性与适应性。如多元共治理念要求对过往以政府为主导的治理理念进行革新，并相应地创新符合多元共治理念的制度。但目前地方环境立法对此理念的创新性制度的构建仍是空白状态。第三，从地方环境立法制度内容来看，制度性地方环境立法的内容设计因缺乏创新性，导致实施效果差，可执行性低。既结合本地区实际情况又掌控社会发展方向进行探索性立法，是地方环境立法制度创新的重要体现。但据统计，我国地方环境立法制度内容存在设计缺乏领先性、差异性等问题。如在排污权交易制度中，虽有11部专门性立法，但是在制度构建方面大同小异，导致制度设计时均存在环境监测体制、排污交易市场尚不健全，排污交易价格确定方式不明确等障碍。

（三）法律条款重复上位法，操作性弱

鉴于我国各地自然环境条件与社会经济发展水平的差异，中央层面的立法采取了"宜粗不宜细"原则，只对一些最基本的、最普遍的环境问题作出规定。相应的地方性法规旨在落实中央立法的规定，因而在内容上不能过于笼统，应当具有较强的可操作性，并且尽量起到对国家环境立法的执行和补充作用。如在《环境保护法》《环境影响评价法》等综合性环境保护法律和各单项污染环境防治法中，确定了公众参与，征求专家和公众意见，对环境监督管理人员违法失职行为的监督、检举和控告等法律制度，但都是一些原则性的规定，这些都是地方环境立法的空间。但在实践中，地方环境立法还存在诸多不足，具体化与可操作性目标的实现仍然任重道远。

由于法规众多，本文仅以部分省市的《水污染防治条例》《环境保护条例》相关立法条文为例，做样本分析。

第一，以北京市、河北省、浙江省、山东省、河南省、湖北省六省市的《水污染防治条例》相关法条为例。

《水污染防治法》第9条规定："县级以上人民政府环境保护主管部门

对水污染防治实施统一监督管理。交通主管部门的海事管理机构对船舶污染水域的防治实施监督管理。县级以上人民政府水行政、国土资源、卫生、建设、农业、渔业等部门以及重要江河、湖泊的流域水资源保护机构,在各自的职责范围内,对有关水污染防治实施监督管理。"这其实是条抽象性规定。原因在于,各个地区的部门设置与分工会有些许的差别,因此,该条并没有对"各自的职责"内涵进行清晰界定,而是交由地方环境立法根据本地区的实际情况予以明确。换言之,这一条规定实为模糊规定,在实践中难以得到贯彻执行,需要各地在立法时明确各主体的职责范围,便于实际操作和相应的责任承担。然而,通过对各省市的《水污染防治条例》相关法条进行分析可以看出,许多省市的环境立法并没有做到这一点。北京市、河北省、浙江省、山东省、河南省五省市的《水污染防治条例》(第5条、第3条、第5条、第4条、第6条)事实上只是重复了《水污染防治法》的立法内容,基本没有作任何改动,致使这一条仍是原则性规定。仅2014年刚修订过的《湖北省水污染防治条例》注意到该问题,并通过细致的立法区分了县级以上人民政府环境主管部门、水行政主管部门、农业主管部门、城乡建设相关主管部门、卫生主管部门、国土资源主管部门、交通主管部门、林业主管部门各自的职责范围,避免了用"各自职责范围"来笼统确立政府职责。

表15 国家与地方立法中的水污染防治监督管理条款比较

法律、法规名称	具体条文
《水污染防治法》	第9条:"县级以上人民政府环境保护主管部门对水污染防治实施统一监督管理。交通主管部门的海事管理机构对船舶污染水域的防治实施监督管理。县级以上人民政府水行政、国土资源、卫生、建设、农业、渔业等部门以及重要江河、湖泊的流域水资源保护机构,在各自的职责范围内,对有关水污染防治实施监督管理。"
《北京市水污染防治条例》	第5条:"市和区、县环境保护行政主管部门对本行政区域内的水污染防治实施统一监督管理。市和区、县水行政主管部门对本行政区域内的水资源保护和再生水利用进行管理,负责污水处理和河道综合整治等方面工作。发展和改革、规划、农业、市政市容、国土资源、卫生、住房和城乡建设、园林绿化、工商、旅游等行政主管部门按照各自的职责,依法做好有关水污染防治工作。"

续表

法律、法规名称	具体条文
《河北省水污染防治条例》	第3条:"县级以上人民政府环境保护行政主管部门对本行政区域内的水污染防治实施统一监督管理。县级以上人民政府有关行政主管部门,按照各自的职责,协助同级环境保护行政主管部门对水污染防治实施监督管理。"
《浙江省水污染防治条例》	第5条:"县级以上人民政府环境保护主管部门对本行政区域水污染防治实施统一监督管理。海事管理机构对船舶污染水域的防治实施监督管理。县级以上人民政府水行政、国土资源、卫生、建设、农业、渔业等有关主管部门在各自职责范围内,对有关水污染防治实施监督管理。"
《山东省水污染防治条例》	第4条:"县级以上人民政府环境保护行政主管部门(以下简称环境保护部门)对本行政区域内的水污染防治实施统一监督管理。县级以上人民政府交通部门的航政机关,对船舶污染实施监督管理。县级以上人民政府水利、卫生、国土资源、建设、农业行政管理部门及主要河流、湖泊的水资源保护机构,应当根据各自的职责协同环境保护部门对水污染防治实施监督管理。"
《河南省水污染防治条例》	第6条:"县级以上人民政府环境保护主管部门对本行政区域的水污染防治实施统一监督管理。县级以上人民政府发展和改革、工业和信息化、国土资源、住房和城乡建设、交通运输、水行政、农业、林业、卫生、旅游、能源、畜牧等有关主管部门在各自职责范围内,对有关水污染防治实施监督管理。"
《湖北省水污染防治条例》	第10条:"县级以上人民政府环境保护主管部门对水污染防治实施统一监督管理,具体履行下列职责: (一)贯彻实施有关水污染防治的法律法规、政策措施; (二)会同有关部门编制水污染防治规划; (三)依法拟定水环境功能区划和地方水污染物排放标准; (四)会同有关部门编制饮用水水源保护区的划定方案; (五)建立水环境监测网络,统一监测和定期发布水环境质量信息; (六)编制水污染突发事件应急预案,调查处理水污染事件; (七)依法开展水环境保护监察执法; (八)法律法规规定的其他职责。" 第11条:"县级以上人民政府对水污染防治负有监督管理职责的有关部门,依照规定履行下列职责: (一)水行政主管部门负责编制与调整水资源保护规划和水功能区划,提出水体限制排污总量意见,审批新建、改建、扩建进入地表水体的排污口的设置,监测、分析水功能区的水质状况; (二)农业主管部门依法管理农药、化肥等农业投入品的使用,指导畜禽、水产养殖的水污染防治,推广测土配方施肥,发展生态农业,防治农业面源污染; (三)城乡建设相关主管部门依法做好城乡规划,负责城乡垃圾处理,城镇污水集中处理设施及配套管网规划、建设和运营管理;

续表

法律、法规名称	具体条文
《湖北省水污染防治条例》	(四)卫生主管部门负责饮用水安全卫生的监督管理,监督医疗机构废水无害化处理,参与饮用水水源保护区的划定和饮用水水源污染突发事故的预防及应急处置; (五)国土资源主管部门负责勘探、采矿、开采地下水等过程中的水污染防治监督管理; (六)交通主管部门对船舶污染水域的防治实施监督管理; (七)林业主管部门负责湿地、水源涵养林、防护林的建设管理以及生态修复; (八)发展改革、工业和信息化、公安、监察、旅游、安全生产监督等其他主管部门根据各自职责对水污染防治实施监督管理。"

第二,以吉林省、湖北省、贵州省、河北省、安徽省、广东省等省市《环境保护条例》相关法条为例。

《环境保护法》(1989)第12条规定:"县级以上人民政府环境保护行政主管部门,应当会同有关部门对管辖范围内的环境状况进行调查和评价,拟订环境保护规划。"2014年新修订的《环境保护法》第13条规定:"县级以上地方人民政府环境保护主管部门会同有关部门,根据国家环境保护规划的要求,编制本行政区域的环境保护规划,报同级人民政府批准并公布实施。环境保护规划的内容应当包括生态保护和污染防治的目标、任务、保障措施等,并与主体功能区规划、土地利用总体规划和城乡规划等相衔接。"新、旧法条的表述均较为原则性,需要地方法律予以细化。但综观全国各省市的环境保护条例,大部分只是在简单重复上位法,并没有对环境保护规划的制定主体、内容、形式、制定程序、公众参与、执行监督、环境影响评价等问题予以细化。如《吉林省环境保护条例》第18条规定:"各级环境保护行政主管部门应会同有关部门对本辖区的环境状况进行调查和评价,拟订环境保护规划。"这样的规定与上位法一样,只是原则性规定,在实践中难以得到贯彻执行,地方环境实施性立法并没有达到应有的目的。湖北省、贵州省、广西壮族自治区、新疆维吾尔自治区的相关规定的内容也基本与上位法无异,没有起到实施性立法的目的。除此之外，甘肃省、山西省、四川省、云南省以及天津市的《环境保护条例》采用的立法形式为将"环境保护规划"作为环境保护主管部门的一项职责进行规定，而未单独设置条文规范"环境保护规划"。

相比之下，只有少部分地区的立法对上述事项进行了部分明确，如河北省、安徽省、广东省等地区的环境立法。《河北省环境保护条例》（2016）强调，"环境保护规划应当突出重点区域、流域的污染防治，加大资金投入……环境保护规划的制定或者修订，应当采取论证会、听证会等形式，广泛征询社会各界意见"。《安徽省环境保护条例》（2010）明确了环境保护规划制定、修改的程序，并要求"采取论证会、听证会、公开征求意见等形式征求有关单位、专家和公众意见。环境保护规划报审批机关批准时，应当附具对有关单位、专家和公众的意见采纳或者不采纳的说明"。《广东省环境保护条例》（2004）细致规定了"环境保护规划"的内容、制定与修编、经费、性质、监督检查等问题（第11条至第16条）。2015年广东省人大常委会对《广东省环境保护条例》进行了修订，修订后的《环境保护条例》第8条至第10条规定了"环境保护规划"的编制、修改程序、形式，并要求"上报审批的环境保护规划应当附有公众意见以及对公众意见采纳和不采纳情况的说明"。这些具体化的立法在一定程度上增强了地方环境立法的操作性。

除此之外，《广东省环境保护条例》（2015）因地制宜，实行环境质量领导责任制和环境保护目标责任制，推行自然资源资产离任审计和生态环境损害责任终身追究制（第6条）；建立与行政区划适当分离的环境资源案件管辖制度，设立跨行政区划环境资源审判机构，审理跨行政区划环境污染案件（第19条）；实行生态激励型财政机制，环境污染责任保险制度，建立企业环境信用制度等环境保护经济政策（第57条至第62条）；增加对未经批准擅自拆除、闲置防治污染设施等四种按日连续处罚行为的种类（第79条）。这些新规定都紧跟新《环境保护法》的诸项规定，具有相当强的可操作性，值得全国各地立法借鉴。

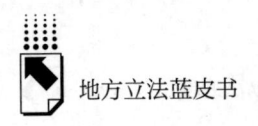

表16 国家与地方立法中的环境保护规划条款比较

法律、法规名称	具体条文
《环境保护法》	1989年版第12条规定:"县级以上人民政府环境保护行政主管部门,应当会同有关部门对管辖范围内的环境状况进行调查和评价,拟订环境保护规划。" 2014年版第13条规定:"县级以上地方人民政府环境保护主管部门会同有关部门,根据国家环境保护规划的要求,编制本行政区域的环境保护规划,报同级人民政府批准并公布实施。环境保护规划的内容应当包括生态保护和污染防治的目标、任务、保障措施等,并与主体功能区规划、土地利用总体规划和城乡规划等相衔接。"
《吉林省环境保护条例》	第18条:"各级环境保护行政主管部门应会同有关部门对本辖区的环境状况进行调查和评价,拟订环境保护规划,经同级计划部门综合平衡后,报同级人民政府批准实施。"
《湖北省环境保护条例》	第30条:"县以上人民政府对本行政区域内的自然生态环境状况进行综合调查和评价,编制自然生态环境保护计划,确定自然生态环境保护的目标和任务。自然生态环境保护实行定量考核制度。"
《贵州省环境保护条例》	第11条:"县级以上人民政府环境保护行政主管部门应当会同发展和改革、建设、水利、卫生、国土资源、林业、农业等有关行政主管部门,制定本行政区域的环境保护规划并报本级人民政府批准后实施。环境保护规划、城乡规划、土地利用总体规划等应当相互协调。"
《广西壮族自治区环境保护条例》	第9条:"县级以上人民政府环境保护行政主管部门应当会同同级发展和改革、经济、城建、水利、卫生、国土资源、林业、农业、水产畜牧、海洋等有关行政主管部门,制定本辖区的环境保护规划,报同级人民政府批准后实施。"
《新疆维吾尔自治区环境保护条例》	第11条:"县级以上人民政府环境保护行政主管部门应当会同有关部门,编制本行政区域环境保护规划,报本级人民政府批准后公布实施,并报上一级人民政府环境保护行政主管部门备案。环境保护规划、城乡规划、土地利用总体规划等应当相协调。"
《甘肃省环境保护条例》	第11条第2款:"县级以上人民政府环境保护行政主管部门的主要职责是:(二)制订本行政区域环境保护规划和计划、环境保护产业发展规划。管理环境统计和环境信息工作。" [类似的立法模式:《山西省环境保护条例》(第8条第2款)、《四川省环境保护条例》(第11条第2款)、《天津市环境保护条例》(第14条第2款)、《云南省环境保护条例》(第12条第4款、第13条第3款)]

续表

法律、法规名称	具体条文
《河北省环境保护条例》	第6条:"县级以上人民政府应当将环境保护规划纳入国民经济和社会发展中、长期规划及年度计划。环境保护规划应当突出重点区域、流域的污染防治,加大资金投入,加强环境保护基础设施建设和科学技术的研究、应用。环境保护规划的制定或者修订,应当采取论证会、听证会等形式,广泛征询社会各界意见。"
《安徽省环境保护条例》	第12条:"省人民政府环境保护行政主管部门应当会同有关部门,组织编制省环境保护规划,报省人民政府批准后公布实施。市、县人民政府环境保护行政主管部门应当根据上一级人民政府批准的环境保护规划和本行政区域的环境状况,会同有关部门编制本行政区域环境保护规划,报本级人民政府批准后公布实施,并报上一级人民政府环境保护行政主管部门备案。" 第13条:"环境功能区划和环境保护规划不得擅自修改。确需修改的,应当报经原批准机关批准。环境保护规划修改的内容,不得违反上一级环境保护规划的要求。" 第14条:"制定或者修改环境功能区划和环境保护规划,应当采取论证会、听证会、公开征求意见等形式征求有关单位、专家和公众意见。环境功能区划和环境保护规划报审批机关批准时,应当附具对有关单位、专家和公众的意见采纳或者不采纳的说明。"
《广东省环境保护条例》	第8条:"环境保护规划是生态环境保护和污染控制的基本依据,各种开发和建设活动应当符合环境保护规划的要求。省人民政府环境保护主管部门应当根据国家环境保护规划与本省国民经济和社会发展规划,会同有关部门编制省或者区域环境保护规划,报省人民政府批准并公布实施。地级以上市、县级人民政府环境保护主管部门应当根据上级人民政府批准的环境保护规划和本行政区域的环境状况,会同有关部门编制本行政区域的环境保护规划和小区域环境保护规划,经上一级人民政府环境保护主管部门审查后,报同级人民政府批准并公布实施。环境保护规划、主体功能区规划、城乡规划和土地利用总体规划等应当相互衔接。" 第9条:"环境保护规划应当严格执行。因保护和改善环境而确有必要修改或者调整的,县级以上人民政府环境保护主管部门应当按照本条例规定的环境保护规划编制程序报请原批准机关予以批准,并向社会公布。修改或者调整的内容不得低于上级人民政府批准的环境保护规划的要求。" 第10条:"环境保护规划的编制和修改,应当采取论证会、听证会、公开征求意见等形式广泛征询公众意见并向社会公开。上报审批的环境保护规划应当附有公众意见以及对公众意见采纳和不采纳情况的说明。"

地方性环境立法最突出的问题就在于立法内容多与上位法重复,没有真正对上位法进行细化,达到实施性立法的目的。这个问题广泛存在于环境立法的各个领域,《大气污染防治法》《固体废物污染环境防治法》中也不例

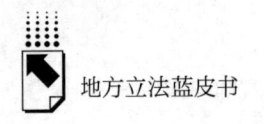

外，鉴于此类问题的相似性，仅对上述两类法律、法规作出分析对比，以期引起地方环境立法机构的重视。

（四）地方特色不明显，针对性不足

"时空有宜"规律是地方环境实施性立法的生态学基础，我国幅员辽阔，自然环境复杂多样，区域生态差异明显，这就决定了我国的地方环境实施性立法需要立足于本地实际情况，充分考虑地域特点以进行有针对性的地方特色立法。

如前所述，当前我国地方环境实施性立法实践中，还存在诸多事项不恰当的偏废状况，在农村环境保护（农村养殖业污染、生活污染基础设施建设、环境监测）、第三产业环境管理、跨区域污染处理、电子垃圾、有毒化学品的控制与管理、生物安全、野生植物保护等方面的立法较为不足。不仅如此，某些地方所谓特色性立法也"名过其实"。我国各地区的江河、湖泊、森林、自然人文遗迹等地区差异明显，各地本应充分考察本地区自然生态环境的特性，进而采取有针对性的具体保护措施，但目前各地区的相关法条中，并未体现出地区的生态差异性，仅笼统规定将对生态保护有重要作用的区域划为生态保护区或风景保护区。表17选取了12个省、自治区、地级市的《环境保护条例》中的相关法条，可以看出，纵向对比，与《环境保护法》第29条"高度雷同"；横向对比，各地区法条"整齐划一"，这种既无操作性更无特性的立法条文，实难称得上是有针对性的"特色立法"，却有立法浪费之嫌疑。

表17 国家与地方立法中的生态功能保护区条款比较

法律、法规名称	具体条文
《环境保护法》	1989年旧版第17条："各级人民政府对具有代表性的各种类型的自然生态系统区域，珍稀、濒危的野生动植物自然分布区域，重要的水源涵养区域，具有重大科学文化价值的地质构造、著名溶洞和化石分布区、冰川、火山、温泉等自然遗迹，以及人文遗迹、古树名木，应当采取措施加以保护，严禁破坏。" 2014年新版第29条："各级人民政府对具有代表性的各种类型的自然生态系统区域，珍稀、濒危的野生动植物自然分布区域，重要的水源涵养区域，具有重大科学文化价值的地质构造、著名溶洞和化石分布区、冰川、火山、温泉等自然遗迹，以及人文遗迹、古树名木，应当采取措施予以保护，严禁破坏。"

续表

法律、法规名称	具体条文
《海南省环境保护条例》	第27条："省人民政府环境保护行政主管部门应当会同有关部门,将涵养水源、保持水土、调蓄洪水、维系生物多样性等对生态环境保护有重要作用的区域划定为生态功能保护区,报省人民政府批准后公布实施。"
《贵州省环境保护条例》	第23条："省、市、州人民政府和地区行政公署应当在本行政区域的江河源头区、重要水源涵养区、水土保持重点预防保护区和重点监督区、生物多样性丰富区以及重要生态功能区建立生态功能保护区。"
《山东省环境保护条例》	第10条："各级人民政府应当加强对自然生态区域、珍稀濒危的野生动植物自然分布区域、水源涵养区域、河流调蓄区域、防风固沙区域、重要渔业水域以及人文遗迹、具有重大科学文化价值的地质构造、著名溶洞、化石分布区、温泉等自然遗迹和古树名木的保护。"
《黑龙江省环境保护条例》	第30条："县级以上人民政府,对当地各种类型的自然生态系统区域,珍稀、濒危的野生动植物自然分布区域,重要的水源涵养区域和地质构造区域,有利用价值的矿泉及自然遗迹、人文遗迹等,按照国家有关规定,组织有关部门,分工合作进行保护。"
《云南省环境保护条例》	第32条："县级以上人民政府对珍贵稀有野生动物、野生植物的集中分布区域,重要的水源涵养区域,具有重大科学文化价值的地质构造、著名溶洞、重要化石产地和冰川、火山、温泉等自然遗迹,人文遗迹,古树名木,应划定为自然保护区或者自然保护点,采取措施加以保护。"
《四川省环境保护条例》	第18条："各级人民政府对当地具有代表性的各种类型的自然生态系统区域,珍稀、濒危的野生动植物自然分布区域,重要的水源涵养区,具有重大科学文化价值的地质构造、著名溶洞和化石分布区、冰川、温泉等自然遗迹,以及人文遗迹、古树名木,应当采取措施加以保护,严禁破坏。对其周围的污染源,应当采取措施消除危害。"
《吉林省环境保护条例》	第35条："各级人民政府对具有代表性的各种类型的自然生态系统区域,珍稀、濒危的野生动物植物自然分布区域、重要的水源涵养区域,具有重大科学文化价值的地质构造、著名溶洞和化石分布区、火山、温泉等自然遗迹以及人文遗迹、古树名木,应采取措施加以保护,严禁破坏。"
《河北省环境保护条例》	第18条："县级以上人民政府应当依照法律、行政法规的规定,划定本行政区域内的生态功能区,对江河源头区、水源涵养区、水土保持的预防保护区和监督区、江河洪水调蓄区、防风固沙区和渔业水域等生态功能区,采取保护措施,防止生态环境的恶化和生态功能的退化。"

续表

法律、法规名称	具体条文
《安徽省环境保护条例》	第30条:"省人民政府环境保护行政主管部门应当会同有关部门根据省生态功能区划,在涵养水源、保持水土、调蓄洪水、维系生物多样性等方面具有重要作用的区域划定省级生态功能保护区,报省人民政府批准后公布实施。"
《广西壮族自治区环境保护条例》	第17条:"自治区、设区的市人民政府应当在本辖区内的江河源头区、重要水源涵养区、水土保持重点预防保护区和重点监督区、重要渔业水域以及生物多样性丰富区等重要生态功能区域建立生态功能保护区。"
《内蒙古自治区环境保护条例》	第16条:"各级人民政府应当在具有代表性的各种类型的自然生态系统区域,珍稀、濒危的野生动植物自然分布区域,重要的水源涵养区域,具有重大科学文化价值的地质构造和化石、火山、温泉等分布区域,建立自然保护区。对人文遗迹、古树、名木采取其他措施加以保护,严禁破坏。"
《大连市环境保护条例》	第55条:"本市根据自然区域具备的特殊自然生态系统,珍稀野生动、植物分布,具有特殊保护价值的地形、地貌、地质构造、自然遗迹等特点,依法建立各类自然保护区。"

除此之外,通常被认为很有本地特色的关于特殊区域环境保护的有关规定,往往也是仅将本辖区内重要区域的名称列出,而未作实质性的特殊性规定。如《湖南省环境保护条例》第16条规定:"按水域功能区划保护湘江、资江、沅江、澧水和洞庭湖及其他水域,使水质符合规定用途的水质标准。"这样普遍缺乏针对性的具体保护措施,很难说有什么地方特色和可操作性,其他省份的《环境保护条例》相关条文基本上也只是改变特殊区域地名,鲜有针对特殊地域环境的具体化规定(见表18)。

表18 国家与地方立法中的特殊区域环境保护条款比较

法规名称	具体条文
《湖南省环境保护条例》	第16条:"按水域功能区划保护湘江、资江、沅江、澧水和洞庭湖及其他水域,使水质符合规定用途的水质标准。"
《云南省环境保护条例》	第28条:"切实保护一切水体不受污染和破坏,保持和恢复水质的良好状态,保护的重点是滇池、洱海、泸沽湖、抚仙湖、星云湖、杞麓湖、异龙湖、阳宗海、程海和南盘江、金沙江水系。"

续表

法规名称	具体条文
《江苏省环境保护条例》	第23条:"重点保护长江江苏段、太湖、洪泽湖、鬲(音同隔)、阳澄湖等水域的水环境,综合整治运河江苏段、太湖、淮沂水系和里下河等水系的污染。"
《海南省环境保护条例》	第31条:"各级人民政府应当加强科学规划,保护、恢复和发展森林资源。严禁采伐尖峰岭、霸王岭、吊罗山、黎母山、五指山、鹦哥岭、阿陀岭、七仙岭和其他区域的热带天然林。严禁采伐水源林、沿海防护林。" 第36条:"合理开发利用水资源,合理开采地下水。保护和改善南渡江、万泉河、昌化江、陵水河、宁远河、太阳河、珠碧江等江河和松涛水库等大中型水库的生态环境,维持江河、水库的合理水位,维护水体的自然净化能力和水质,防治水污染,保护水资源。"

而目前在风景名胜区立法上则体现出"一山一法""一河一法"的立法模式,尽管与以往立法相比,这种立法模式确实在国务院《风景名胜区条例》的基础上对地方风景名胜区作出了更为详细的规定,但从具体的环境保护措施规定来看,特色并不突出,缺乏对地方地理与人文特性的充分论证,也存在立法文件之间的简单比较与立法重复。以湖南省为例,这种情形广泛存在于《湖南省南岳衡山风景名胜区保护条例》《湖南省良山风景名胜区保护条例》《湖南省武陵源世界自然遗产保护条例》《湘西土家族苗族自治州凤凰历史文化名城保护条例》《湘西土家族苗族自治州小溪国家级自然保护区条例》《湘西土家族苗族自治州猛洞河风景名胜区保护条例》的相关条文中。① 因此建议地方立法机关在选取这种立法模式时,尽量对本区域的特殊情形做充分的调研与论证,以使这些专门性的立法能够"名副其实"。

(五)地方环境实施性立法调整手段较为单一,缺乏多样性

这一点主要体现在多运用行政手段,且重行政命令等强力手段而轻行政协议、行政指导等非强力手段;忽视市场机制与经济手段,经济刺激手段运用不够充分。

---

① 肖爱、唐江河:《"两型社会"建设中的地方环境立法转型——以湖南省地方环境立法为例》,《吉首大学学报》2012年第3期。

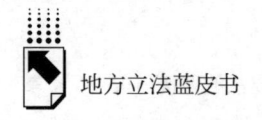

第一，实施机制多运用行政手段，且行政手段中重行政命令等强力手段而轻行政协议、行政指导等非强力手段。这一点从地方环境法规、规章名称中含有"管理"二字的立法的数量中可见一斑：在列入本文研究范围的940部地方环境法规中，大部分法规名称中含有"管理"二字，规章中亦是如此，足见地方环境立法中行政气息之浓厚。具体到法律条文，则主要表现在立法中所规定的环境保护制度和措施，大都以行政管理制度和措施为主，立法中所规定的实施机制与执法手段，也多为行政命令等强力手段，鲜有行政协议、行政指导、行政服务等非强力手段的运用。

以环境行政协议为例，目前地方环境立法中运用得较多的环境行政协议类型是上级政府和下级政府之间、政府与政府各部门之间、政府有关部门和企业之间广泛签订的环境保护责任书，如《贵州省环境保护条例》（第3条）、《河北省环境保护条例》（第11条）中均有规定。实践中也存在诸多环境行政协议试点工作，如2003年在国家发改委和美国能源基金会的支持下，山东省开展了节能自愿协议试点工作；2005年南京环保局与中国石化扬子石化股份有限公司、宝钢集团、上海梅山钢铁有限公司等6家企业签署了开展自愿协议环境管理示范合作备忘录，采用自愿协议环境管理模式以调动企业的自觉性和主动性，积极履行环境责任，降低环境成本。尽管环境行政协议广泛应用到环境管理当中，但环境行政协议的相关概念、类型、具体内容、订立程序等在地方环境立法中却没有明确规定，使众多环境行政协议的存在缺乏法律依据，而无法对其进行依法管理，这种立法上的滞后极大地限制了环境行政协议的具体运用。

第二，经济刺激手段运用不够充分。经济刺激手段立足于市场机制，能够协调并满足多元经济主体的需求，较之于行政命令手段，更能适应当下的社会经济环境，降低环境行政的成本。环境管理的经济刺激手段很多，包括税收、排污收费、财政、补贴、信贷等经济政策，排污交易、环境保护基金、环境保险、环境标志等环境管理制度。环境管理的经济刺激手段不仅在降低环境成本方面存在优势，更能促进污染防治技术的进步与更新，在管理和执行上也更具灵活性。① 当前地方环境立法在环境经济手段上做了许多有益的探索与试点工作，但还不够完善，特别是完整的环境经济政策体系尚未成型，经济刺激手段的功能优势无法获得充分发挥。

就当前的地方环境立法而言，部分地区的环境立法在运用经济刺激手段方面较为突出。以《重庆市节约能源条例》（2007）、《贵州省生态文明建设促进条例》（2014）、《广东省环境保护条例》（2015）为例，这三项地方环境立法均对运用经济刺激手段进行环境管理作出了相应规定。《重庆市节约能源条例》（2007）规定，列入国家或本市节能产品（技术）推广目录的产品，享受国家和本市规定的税费优惠政策（第22条）；从事节能培训、节能产品（技术）开发与推广、节能技术工程设计和咨询、节能技术服务的单位和个人，享受国家规定的税费优惠政策和金融扶持优惠政策（第23条）；与节能相关的科研、技改建设项目享受国家规定的税费优惠政策（第24条）。《贵州省生态文明建设促进条例》（2014）规定，"省人民政府应当建立健全自然资源资产产权制度和用途管制制度，编制自然资源资产负债表；制定有利于生态文明建设的资源有偿使用、绿色信贷、绿色税收、环境污染责任保险、生态补偿、环境损害赔偿以及碳排放权、排污权、节能量、水权交易等环境经济政策。逐步划定自然资源资产产权，并进行确权登记"（第48条第1款）。《广东省环境保护条例》（2015）第五章专章规定了"环境保护经济政策"，要求各级人民政府应当加大环境保护财政投入，建立政府、企业、社会多元化的环境保护投融资机制，并对生态优化区域实行以鼓励生态发展为基本导向的生态激励型财政机制（第57条、第58条）；建立健全市场化的节能减排机制，逐步推行居民阶梯式电价、水价制度，对符合规定条件的重大节能减排工程项目和重大节能减排技术开发、示范项目给予补助或者贷款贴息等支持（第59条）；逐步建立和完善排污权有偿使用和交易制度，逐步实行排污指标的有偿取得和有偿转让（第60条）；建立和

---

① 周小光：《环境保护经济刺激手段的缺失与重构》，《环境法治与建设和谐社会——2007年全国环境资源法学研讨会（年会）论文集》（第四册），2007，第1390页。

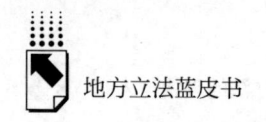

实施环境污染责任保险制度（第61条）。这些运用经济刺激手段进行地方环境立法的典型值得其他地方环境立法的借鉴。

值得注意的是，鼓励运用经济刺激手段，并非否认行政手段的功效，更不是主张废弃行政手段。此二者功能各有优势，应在具体的环境管理事项中各有侧重，且根据经济刺激手段本身所存在的污染权分配以及其不确定性问题，对其运用有所节制。① 因此，必须正确协调此二者的关系，只有加强环境行政管理与环境经济手段的综合运用，才能共同促进环境资源保护目标的实现。

（六）地方环境法律责任设置有偏失

地方环境法律责任设置的偏失可以从两个方面来理解：一是对行政相对人法律责任的设置过分倚重财产罚，相对忽略非财产罚在提高环境违法成本中的重要作用；二是过多强调行政相对人的法律责任，忽视管理部门及其负责人的法律责任。

第一，目前我国地方环境立法在责任设置方面，仍以罚款等财产罚为主。以《重庆市环境保护条例》为例，在该条例针对行政相对人的16个法律责任条款中，每一条均设置了对不同违法程度的违法行为的罚款数额，而对于申诫罚、行为罚的规定则相对较少。尽管财产罚在提高环境违法成本方面确有成效，但其局限性也相当明显，如财产罚功能的发挥与受罚人财产水平直接相关，同样的罚款数额对不同财产水平的受罚人的预防和威慑功能是不同的；财产罚具有直接和短期的处罚效应，对行为人的行为和能力没有直接的限制，其是否能够长期有效地引导行为人积极守法还面临许多不确定的因素。而实践中往往还存在立法所确定的罚款数额低于违法行为人违法收益的现象，导致其法律效果大打折扣。故在肯定财产罚地位的同时，不应忽略其局限性，而应充分发挥申诫罚、行为罚等非财产罚在提高环境违法成本中

---

① 周小光：《环境保护经济刺激手段的缺失与重构》，《环境法治与建设和谐社会——2007年全国环境资源法学研讨会（年会）论文集》（第四册），2007，第1391页。

的重要作用。具体而言,首先,不可忽视申诫罚的重要功能。"警告"这一行政处罚类型,虽然单独使用在提高违法的主体的环境违法成本方面的功能有限,但如果和违法信息公开、环境信用评价结合在一起,其在提高违法成本方面的功能也不可小视,如可将违法行为人的警告处罚进行公开,对其声誉形成压力以制约其行为,同时还可将其所受的警告处罚计入其社会诚信档案,并通过立法使社会诚信档案与其营业、贷款等事项相关联,从而促使其严格自身行为。目前,各地区正逐步建立对各类企业,特别是重点污染企业的信息公开制度、环境信用评价制度,广东省、重庆市、浙江省等地区相继颁布了有关环境影响评价机构信用等级的管理办法,① 这对于申诫罚的运用将大有裨益。其次,行为罚通过直接限制或剥夺违法主体某一方面的行为能力和资格,在提高违法主体的违法成本方面的功能更是行政罚款所不能替代的。目前,我国环境法律法规规定的行为罚的种类包括:责令停产整顿,责令停产、停业、关闭,暂扣、吊销许可证或者其他具有许可性质的证件。然而,行为罚的种类还有必要进一步扩展,比如,企业违反相关的环境法律义务,将受到业务范围缩小、商业机会剥夺等行政惩罚,而这些行政惩罚所具有的长期负面经济效应,在提高企业的环境违法成本、预防环境违法行为方面,具有直接的财产罚无法比拟的优越性,会超过直接的经济处罚的效应。

第二,过多强调行政相对人的法律责任,忽视管理部门及其负责人的法律责任。首先,就目前的地方环境立法而言,尽管越来越多的地方环境立法强调管理部门及其负责人的法律责任,但更多的法律责任仍是指向行政相对人。如《河北省大气污染防治条例》关于法律责任的九条规定,唯有第33条是约束环境保护监督管理人员的,且只针对滥用职权、玩忽职守、徇私舞弊等行为,这样的责任设置方式在地方环境法规和规章中并不鲜见,2014年新修订的《环境保护法》第68条详细列举了环境保护管理部门及其负责人承担法律责任的具体类型,建议地方环境立法能及时根据上位法对相应的

---

① 广东省环境保护厅《广东省环境影响评价机构信用信息公开管理办法(试行)》(2012);重庆市环境保护局《重庆市环境影响评价机构信用评价管理办法(试行)》(2013);浙江省环境保护厅《浙江省环境影响评价机构信用等级管理办法(试行)》(2014)。

法规和规章进行修订。其次，对于实践中大量存在的环境行政不作为行为的法律规制，地方环境立法也少有涉及。在实践中，某些环境污染案件和自然资源破坏案件实与环境行政部门不依法履行职责即环境行政不作为有关，为了应对这一现象，国家监察部与环保总局于2006年共同颁布了《环境保护违法违纪行为处罚暂行规定》，以针对国家行政机关及其工作人员的环境行政不作为进行法律规制。遗憾的是，地方环境立法鲜有对该暂行规定中关于环境行政不作为的条款进行细化的，仅有少部分地方环境立法对环境行政不作为行为的法律责任作出了规定，如《重庆市环境保护条例》（第114条）、《广东省环境保护条例》（第63条）。新《环境保护法》第68条明确规定了行政主体"依法应当作出责令停业、关闭的决定而未作出的；应当依法公开环境信息而未公开"等环境行政不作为行为的法律责任，进一步表明对环境行政不作为进行法律规制的必要性。因此，也建议各地方环境立法部门在今后的制定与修编过程中，能及时对该方面法律问题作出回应。

（七）地方环境立法成本效益分析重视不够

部分地方在进行地方性环境立法时，直接"仿效"上位法的规定，没有对立法可能导致的经济影响进行充分的论证和调研。比如，1992年广州市颁布了《广州市销售燃放烟花、爆竹管理规定》，这一首创性的地方法规在当年取得了良好的实施效果，此后深圳、青岛等地区也颁布了类似的禁放规定，却并未取得同样的实施效果，之后禁放规定在许多城市里遇到极大的执法阻力，随后几年里，以沈阳、安阳为代表的许多城市又全部或部分取消了禁放规定。这种情况在地方环境立法中并非个例，因此，地方环境立法必须重视对立法成本效益的分析。

成本效益分析是经济学上的重要概念。立法成本效益分析，是指对立法过程进行成本和收益比较，以判定立法支出所耗费的资源与其收益的对比关系，从而决定对立法应否配置或配置多少资源。① 具体到地方环境立法，就是指地方

---

① 此处的"成本效益分析"更多是指立法前的成本分析。

各级政府对其环境立法建议项目的必要性、可行性、立法成本（程序成本、监督成本、实施成本、经济成本和社会成本等）、立法效益（时间效益、经济效益、社会效益等）进行事前调研和跟踪调查，以决定是否立法，如何立法。在市场经济条件下，注重提高立法效益是地方环境立法的必然选择。立法成本效益分析最早实行于美国并为西方国家广为采用，2004年我国国务院颁布的《全面推进依法行政实施纲要》也明确指出："积极探索对政府立法项目尤其是经济立法项目的成本效益分析制度。"实践中，已有一些地方环境立法开始试行立法成本效益分析，并取得了很好的效果。如2009年实施的《四川省雷电灾害防御管理规定》就是一部先经过立法成本效益分析再实施的地方政府规章，其评估结论表明，这部"防雷规章"实施后产生的经济、社会效益将十分明显，立法、执法、守法成本都很低。这种注重立法成本效益分析与评估的立法方式提高了法规和规章的经济性与实效性，值得各地方环境立法学习。

三　地方环境立法未来的立法重点

（一）环境法律、法规中需要地方制定实施性法规、规章情形的数据统计

本部分，将从不同的角度选取适当的地方环境实施性立法作为样本，并对这些立法样本进行分析。

1.环境法律、法规中，明确要求地方人大或政府制定或可以制定实施性法规、规章的情形统计

表19　法律、行政法规中明确要求制定地方性立法的情形

法律、法规名称	具体条文
《环境保护法》	第59条第3款规定："地方性法规可以根据环境保护的实际需要，增加第一款规定的按日连续处罚的违法行为的种类。"
《海洋环境保护法》	第5条第5款规定："沿海县级以上地方人民政府行使海洋环境监督管理权的部门的职责，由省、自治区、直辖市人民政府根据本法及国务院有关规定确定。"

续表

法律、法规名称	具体条文
《城乡规划法》	第3条第1款规定:"城市和镇应当依照本法制定城市规划和镇规划。城市、镇规划区内的建设活动应当符合规划要求。"
《环境影响评价法》	第36条规定:"省、自治区、直辖市人民政府可以根据本地的实际情况,要求对本辖区的县级人民政府编制的规划进行环境影响评价。具体办法由省、自治区、直辖市参照本法第二章的规定制定。"
《固体污染防治法》	第49条规定:"农村生活垃圾污染环境防治的具体办法,由地方性法规规定。"
《大气污染防治法》	第4条第1款:"省、自治区、直辖市人民政府制定考核办法,对本行政区域内地方大气环境质量改善目标、大气污染防治重点任务完成情况实施考核。"
《土地管理法》	第5条第2款:"县级以上地方人民政府土地行政主管部门的设置及其职责,由省、自治区、直辖市人民政府根据国务院有关规定确定。"
《水法》	第55条规定:"使用水工程供应的水,应当按照国家规定向供水单位缴纳水费。供水价格应当按照补偿成本、合理收益、优质优价、公平负担的原则确定。具体办法由省级以上人民政府价格主管部门会同同级水行政主管部门或者其他供水行政主管部门依据职权制定。"
《草原法》	第48条规定:"国家支持依法实行退耕还草和禁牧、休牧。具体办法由国务院或者省、自治区、直辖市人民政府制定。"
《渔业法》	第23条规定:"其他作业的捕捞许可证,由县级以上地方人民政府渔业行政主管部门批准发放;但是,批准发放海洋作业的捕捞许可证不得超过国家下达的船网工具控制指标,具体办法由省、自治区、直辖市人民政府规定。"
《煤炭法》	第27条规定:"省、自治区、直辖市人民代表大会常务委员会可以根据本法和国务院的规定制定本地区煤炭生产许可证管理办法。"
《矿产资源法》	第16条:"开采第一款、第二款和第三款规定以外的矿产资源的管理办法,由省、自治区、直辖市人民代表大会常务委员会依法制定。"
《野生动物保护法》	第14条规定:"因保护国家和地方重点保护野生动物,造成农作物或者其他损失的,由当地政府给予补偿。补偿办法由省、自治区、直辖市政府制定。" 第30条规定:"地方重点保护野生动物和其他非国家重点保护野生动物的管理办法,由省、自治区、直辖市人民代表大会常务委员会制定。" 第41条规定:"国务院野生动物行政主管部门根据本法制定实施条例,报国务院批准施行。省、自治区、直辖市人民代表大会常务委员会可以根据本法制定实施办法。"
《野生植物保护条例》	第22条规定:"地方重点保护野生植物的管理办法,由省、自治区、直辖市人民政府制定。"
《水土保持法》	第23条第2款规定:"在禁止开垦坡度以下、五度以上的荒坡地开垦种植农作物,应当采取水土保持措施。具体办法由省、自治区、直辖市根据本行政区域的实际情况规定。"

续表

法律、法规名称	具体条文
《自然保护区条例》	第11条第3款规定："地方级自然保护区可以分级管理,具体办法由国务院有关自然保护区行政主管部门或者省、自治区、直辖市人民政府根据实际情况规定,报国务院环境保护行政主管部门备案。" 第43条规定："各省、自治区、直辖市人民政府可以根据本条例,制定实施办法。"

从表19中我们可以看出,中央环境法律、法规中有关地方制定环境实施性立法的规定分为两类。一类是授权性质的,规定地方"可以"定实施办法或管理办法。如《环境保护法》第59条、《煤炭法》第27条。授权性的规定,属于地方自主选择内容,是否需要制定相应的实施性规定可以根据地方的实际需要来确定,若上位法可以满足地方环境问题对立法的需求,则可不必再制定实施性立法;若上位法多为原则性规定,不能满足地方环境实践对立法的需求,则可制定地方环境实施性法规、规章。另一类是职责性质的,即要求地方人大或政府制定相应的实施性法规或具体办法来保障法律、法规的贯彻实施。如《草原法》第48条、《野生植物保护条例》第22条。职责性的规定,表明地方人大或政府应当严格按照法律、行政法规的明确要求和范围,制定相应配套的实施性法规、规章,以保证法律、行政法规得到遵守和执行。

2. 环境法律、法规中,未明确要求地方人大或政府制定实施性立法,仅原则性规定地方人大或政府的职责,需要地方进行实施性立法予以细化的情形统计

表20 法律、行政法规对制定地方性立法仅作原则性规定的情形

法律、法规名称	具体条文
《环境保护法》	第18条："省级以上人民政府应当组织有关部门或者委托专业机构,对环境状况进行调查、评价,建立环境资源承载能力监测预警机制。" 第26条："国家实行环境保护目标责任制和考核评价制度。县级以上人民政府应当将环境保护目标完成情况纳入对本级人民政府负有环境保护监督管理职责的部门及其负责人和下级人民政府及其负责人的考核内容,作为对其考核评价的重要依据。考核结果应当向社会公开。" 第30条："开发利用自然资源,应当合理开发,保护生物多样性,保障生态安全,依法制定有关生态保护和恢复治理方案并予以实施。"

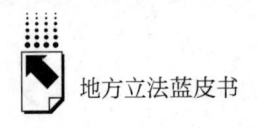

续表

法律、法规名称	具体条文
《环境保护法》	第31条:"国家加大对生态保护地区的财政转移支付力度。有关地方人民政府应当落实生态保护补偿资金,确保其用于生态保护补偿。" 第37条:"地方各级人民政府应当采取措施,组织对生活废弃物的分类处置、回收利用。" 第47条:"各级人民政府及其有关部门和企业事业单位,应当依照《中华人民共和国突发事件应对法》的规定,做好突发环境事件的风险控制、应急准备、应急处置和事后恢复等工作。" 第49条:"县级人民政府负责组织农村生活废弃物的处置工作。" 第53条:"各级人民政府环境保护主管部门和其他负有环境保护监督管理职责的部门,应当依法公开环境信息、完善公众参与程序,为公民、法人和其他组织参与和监督环境保护提供便利。"
《大气污染防治法》	第5条:"县级以上人民政府其他有关部门在各自职责范围内对大气污染防治实施监督管理。" 第23条:"县级以上地方人民政府环境保护主管部门负责组织建设与管理本行政区域大气环境质量和大气污染源监测网,开展大气环境质量和大气污染源监测,统一发布本行政区域大气环境质量状况信息。" 第32条:"国务院有关部门和地方各级人民政府应当采取措施,调整能源结构,推广清洁能源的生产和使用;优化煤炭使用方式,推广煤炭清洁高效利用。" 第73条:"地方各级人民政府应当推动转变农业生产方式,发展农业循环经济,加大对废弃物综合处理的支持力度,加强对农业生产经营活动排放大气污染物的控制。" 第86条第3款:"省、自治区、直辖市可以参照第一款规定划定本行政区域的大气污染防治重点区域。" 第93条:"省、自治区、直辖市、设区的市人民政府环境保护主管部门会同气象主管机构等有关部门建立本行政区域重污染天气监测预警机制。"
《水污染防治法》	第8条:"县级以上人民政府环境保护主管部门对水污染防治实施统一监督管理。县级以上人民政府水行政、国土资源、卫生、建设、农业、渔业等部门以及重要江河、湖泊的流域水资源保护机构,在各自的职责范围内,对有关水污染防治实施监督管理。" 第44条:"县级以上地方人民政府应当通过财政预算和其他渠道筹集资金,统筹安排建设城镇污水集中处理设施及配套管网,提高本行政区域城镇污水的收集率和处理率。" 第48条:"县级以上地方人民政府农业主管部门和其他有关部门,应当采取措施,指导农业生产者科学、合理地施用化肥和农药,控制化肥和农药的过量使用,防止造成水污染。" 第61条:"县级以上地方人民政府应当根据保护饮用水水源的实际需要,在准保护区内采取工程措施或者建造湿地、水源涵养林等生态保护措施,防止水污染物直接排入饮用水水体,确保饮用水安全。" 第64条:"县级以上人民政府可以对风景名胜区水体、重要渔业水体和其他具有特殊经济文化价值的水体划定保护区,并采取措施,保证保护区的水质符合规定用途的水环境质量标准。"

续表

法律、法规名称	具体条文
《水法》	第8条："各级人民政府应当采取措施,加强对节约用水的管理,建立节约用水技术开发推广体系,培育和发展节约用水产业。" 第16条："县级以上人民政府应当加强水文、水资源信息系统建设。县级以上人民政府水行政主管部门和流域管理机构应当加强对水资源的动态监测。" 第23条："地方各级人民政府应当结合本地区水资源的实际情况,按照地表水与地下水统一调度开发、开源与节流相结合、节流优先和污水处理再利用的原则,合理组织开发、综合利用水资源。" 第25条："地方各级人民政府应当加强对灌溉、排涝、水土保持工作的领导,促进农业生产发展;在容易发生盐碱化和渍害的地区,应当采取措施,控制和降低地下水的水位。" 第33条："省、自治区、直辖市人民政府应当划定饮用水水源保护区,并采取措施,防止水源枯竭和水体污染,保证城乡居民饮用水安全。" 第36条："在地下水超采地区,县级以上地方人民政府应当采取措施,严格控制开采地下水。在地下水严重超采地区,经省、自治区、直辖市人民政府批准,可以划定地下水禁止开采或者限制开采区。" 第42条："县级以上地方人民政府应当采取措施,保障本行政区域内水工程,特别是水坝和堤防的安全,限期消除险情。水行政主管部门应当加强对水工程安全的监督管理。" 第50条："各级人民政府应当推行节水灌溉方式和节水技术,对农业蓄水、输水工程采取必要的防渗漏措施,提高农业用水效率。"
《海洋环境保护法》	第6条："沿海地方各级人民政府应当根据全国和地方海洋功能区划,科学合理地使用海域。" 第20条："国务院和沿海地方各级人民政府应当采取有效措施,保护红树林、珊瑚礁……重要渔业水域等具有重要渔业水域典型性、代表性的海洋生态系统,珍稀、濒危海洋生物的天然集中分布区,具有重要经济价值的海洋生物生存区域及有重大科学文化价值的海洋自然历史遗迹和自然景观。" 第21条："国务院有关部门和沿海省级人民政府应当根据保护海洋生态的需要,选划、建立海洋自然保护区。" 第27条："沿海地方各级人民政府应当结合当地自然环境的特点,建设海岸防护设施、沿海防护林、沿海城镇园林和绿地,对海岸侵蚀和海水入侵地区进行综合治理。"

中央立法层面的环境法律、法规,大多为原则性规定,仅规定地方政府应当在哪些方面管理行政,需要地方人大或政府根据地方实际情况进行细致立法,以更好地施行法律、法规。由于在中央环境立法层面这样的抽象立法过多,因此,表20仅选取部分环境法律、法规中的部分条文进行分析。

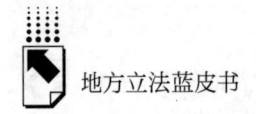

以 2014 年新修订的《环境保护法》为例。新《环境保护法》增加了许多法律制度与条款，需要地方人大或政府及时进行环境实施性立法，以对上位法作出回应。如第 18 条："省级以上人民政府应当组织有关部门或者委托专业机构，对环境状况进行调查、评价，建立环境资源承载能力监测预警机制。"因此，地方立法机构应当明确"有关部门"与"专业机构"的资质条件，进行"调查、评价"所应遵循的标准、程序、步骤，并以立法的形式确定适合本地区的"环境资源承载能力监测预警机制"。第 26 条规定："国家实行环境保护目标责任制和考核评价制度。县级以上人民政府应当将环境保护目标完成情况纳入对本级人民政府负有环境保护监督管理职责的部门及其负责人和下级人民政府及其负责人的考核内容，作为对其考核评价的重要依据。考核结果应当向社会公开。"因而，地方立法机构应根据本地区情况，确定环境质量指标和生态环境建设保护等责任内容，增强责任书内容拟定的科学性、有效性；明确实施过程中的操作方法及法律责任形式；建立环保问责、监督自查等制约机制；通过建立相应的信息公开保障机制来进一步增强考核的社会性与透明度，促进公众主动参与到环境保护中。第 30 条规定："开发利用自然资源，应当合理开发，保护生物多样性，保障生态安全，依法制定有关生态保护和恢复治理方案并予以实施。"因而，地方环境立法应依据当地自然环境与生态状况，及时就生物物种、生态系统、遗传基因多样性问题，各有关管理机构生态安全保障权限、职责与灾害、自然灾害应急机制及其后果的消除等问题进行立法，并根据当地环境破坏程度与生态特性对生态恢复治理的主体、手段、程序、公众参与方式以及相应配套机制等作出规定。

（二）地方环境立法需要重点实施的制度

2015 年 1 月 1 日正式施行的《环境保护法》与以往相较，在制度方面有了新的突破与发展，见表 21。

我国地方环境立法的现状与未来

表21 《环境保护法》修改情况

新增制度或领域	《环境保护法》的相关规定
地方环境保护职责的具体化和落实	《环境保护法》第6条第2款规定:"地方各级人民政府应当对本行政区域的环境质量负责。"各级地方政府的责任,主要包括改善辖区环境质量,加大对环境保护的财政投入,负责环保宣传和普及环保知识,分类处置生活废弃物,推广清洁能源使用,建立突发事件应急机制,统筹城乡环境保护等
环境保护教育制度	《环境保护法》第9条第2款规定:"教育行政部门、学校应当将环境保护知识纳入学校教育内容,培养学生的环境保护意识。"
政策环评制度雏形	《环境保护法》第14条规定:"国务院有关部门和省、自治区、直辖市人民政府组织制定经济、技术政策,应当充分考虑对环境的影响,听取有关方面和专家的意见。"
环境资源承载能力检测预警机制	《环境保护法》第18条规定:"省级以上人民政府应当组织有关部门或者委托专业机构,对环境状况进行调查、评价,建立环境资源承载能力监测预警机制。"
跨行政区域污染和生态破坏联合防治制度	《环境保护法》第20条规定:"国家建立跨行政区域的重点区域、流域环境污染和生态破坏联合防治协调机制,实行统一规划、统一标准、统一监测、统一的防治措施。前款规定以外的跨行政区域的环境污染和生态破坏的防治,由上级人民政府协调解决,或者由有关地方人民政府协商解决。"
环境规划制度、环境规划与主体功能区、土地规划等规划的协调	《环境保护法》第13条规定:"县级以上人民政府应当将环境保护工作纳入国民经济和社会发展规划。国务院环境保护主管部门会同有关部门,根据国民经济和社会发展规划编制国家环境保护规划,报国务院批准并公布实施。县级以上地方人民政府环境保护主管部门会同有关部门,根据国家环境保护规划的要求,编制本行政区域的环境保护规划,报同级人民政府批准并公布实施。环境保护规划的内容应当包括生态保护和污染防治的目标、任务、保障措施等,并与主体功能区规划、土地利用总体规划和城乡规划等相衔接。"
环境经济政策	《环境保护法》第22条规定:"企业事业单位和其他生产经营者,在污染物排放符合法定要求的基础上,进一步减少污染物排放的,人民政府应当依法采取财政、税收、价格、政府采购等方面的政策和措施予以支持。"
环保产业发展促进制度	《环境保护法》第21条规定:"国家采取财政、税收、价格、政府采购等方面的政策和措施,鼓励和支持环境保护技术装备、资源综合利用和环境服务等环境保护产业的发展。"
环境目标责任制和考核评价制度	《环境保护法》第26条规定:"国家实行环境保护目标责任制和考核评价制度。县级以上人民政府应当将环境保护目标完成情况纳入对本级人民政府负有环境保护监督管理职责的部门及其负责人和下级人民政府及其负责人的考核内容,作为对其考核评价的重要依据。考核结果应当向社会公开。"

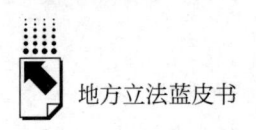

续表

新增制度或领域	《环境保护法》的相关规定
生态保护红线	《环境保护法》第29条规定："国家在重点生态功能区、生态环境敏感区和脆弱区等区域划定生态保护红线，实行严格保护。各级人民政府对具有代表性的各种类型的自然生态系统区域，珍稀、濒危的野生动植物自然分布区域，重要的水源涵养区域，具有重大科学文化价值的地质构造、著名溶洞和化石分布区、冰川、火山、温泉等自然遗迹，以及人文遗迹、古树名木，应当采取措施予以保护，严禁破坏。"
生态保护补偿制度	《环境保护法》第31条规定："国家建立、健全生态保护补偿制度。国家加大对生态保护地区的财政转移支付力度。有关地方人民政府应当落实生态保护补偿资金，确保其用于生态保护补偿。国家指导受益地区和生态保护地区人民政府通过协商或者按照市场规则进行生态保护补偿。"
生态修复制度	《环境保护法》第30条规定："开发利用自然资源，应当合理开发，保护生物多样性，保障生态安全，依法制定有关生态保护和恢复治理方案并予以实施。引进外来物种以及研究、开发和利用生物技术，应当采取措施，防止对生物多样性的破坏。"第32条规定："国家加强对大气、水、土壤等的保护，建立和完善相应的调查、监测、评估和修复制度。"
农村环境保护	《环境保护法》第33条规定："各级人民政府应当加强对农业环境的保护，促进农业环境保护新技术的使用，加强对农业污染源的监测预警，统筹有关部门采取措施，防治土壤污染和土地沙化、盐渍化、贫瘠化、石漠化地面沉降和防治植被破坏、水土流失、水体富营养化、水源枯竭、种源灭绝以及防止其他生态失调现象，推广植物病虫害的综合防治。县级、乡级人民政府应当提高农村环境保护公共服务水平，推动农村环境综合整治。" 第49条规定："各级人民政府及其农业等有关部门和机构应当指导农业生产者科学种植和养殖，科学合理施用农药、化肥等农业投入品，科学处置农用薄膜、农作物秸秆等农业废弃物，防止农业面源污染。禁止将不符合农用标准和环境保护标准的固体废物、废水施入农田。施用农药、化肥等农业投入品及进行灌溉，应当采取措施，防止重金属和其他有毒有害物质污染环境。畜禽养殖场、养殖小区、定点屠宰企业等的选址、建设和管理应当符合有关法律法规规定。从事畜禽养殖和屠宰的单位和个人应当采取措施，对畜禽粪便、尸体和污水等废弃物进行科学处置，防止污染环境。县级人民政府负责组织农村生活废弃物的处置工作。" 第50条规定："各级人民政府应当在财政预算中安排资金，支持农村饮用水水源地保护、生活污水和其他废弃物处理、畜禽养殖和屠宰污染防治、土壤污染防治和农村工矿污染治理等环境保护工作。"
清洁生产	《环境保护法》第40条规定："国家促进清洁生产和资源循环利用。国务院有关部门和地方各级人民政府应当采取措施，推广清洁能源的生产和使用。企业应当优先使用清洁能源，采用资源利用率高、污染物排放量少的工艺、设备以及废弃物综合利用技术和污染物无害化处理技术，减少污染物的产生。"

续表

新增制度或领域	《环境保护法》的相关规定
湿地、光辐射	《环境保护法》第 2 条将"湿地"纳入环境的要素中,第 42 条将"光辐射"纳入污染防治中
重点污染物排放总量控制制度	《环境保护法》第 44 条规定:"国家实行重点污染物排放总量控制制度。重点污染物排放总量控制指标由国务院下达,省、自治区、直辖市人民政府分解落实。企业事业单位在执行国家和地方污染物排放标准的同时,应当遵守分解落实到本单位的重点污染物排放总量控制指标。对超过国家重点污染物排放总量控制指标或者未完成国家确定的环境质量目标的地区,省级以上人民政府环境保护主管部门应当暂停审批其新增重点污染物排放总量的建设项目环境影响评价文件。"
环境污染责任保险	《环境保护法》第 52 条规定:"国家鼓励投保环境污染责任保险。"
公民环境义务	《环境保护法》第 6 条第 3 款:"公民应当增强环境保护意识,采取低碳、节俭的生活方式,自觉履行环境保护义务。"
公众环境参与	《环境保护法》第 5 章相关条文

(三)地方环境立法未来创新的重点制度

任何公共政策均是以解决公共社会问题为指向的,环境问题作为众多的公共社会问题的一种,被纳入公共政策关注的视野,便形成了环境政策。在我国当下的环境法领域中,政策占据着重要且显著的地位,甚至发挥着主导的作用。政策与法律之间的关系为政策指导法律的制定与实施,政策需要法律贯彻实施[1],政策可以通过某种制度路径转化为法律[2]。因此,从国家和地方发展的重要环境政策导向中寻求立法契机,把重要政策法规化,通过立法贯彻落实促进环境保护的政策,也是地方立法机构进行立法立项的重要考量因素。重要环境政策的演进与更新对于地方环境立法具有直接的推动与指引作用。一项政策需多项法律法规才能达成目标。为此,地方环境立法机构一要找准政策的切入点,即采取何种制度路径实现政策法律化,二要研究通

---

[1] 段钢:《论政策与法律的关系》,《云南行政学院学报》2000 年第 5 期。
[2] 方世荣:《论政策转化为法律的基础和条件》,《湖北行政学院学报》2006 年第 4 期。

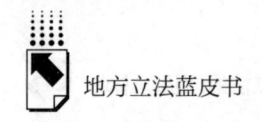

过哪些立法达成政策目的。① 为全面落实贯彻党的十八大和十八届二中、三中、四中、五中全会精神，建立全面系统的生态文明制度，地方环境立法显然在生态文明制度地方部署上应该有所作为，将生态文明建设提出的事前、事中、事后的过程控制以及环境保护监管体制改革的相关制度加以落实。

1. 自然资源负债表编制制度

源头控制基本制度是指在可能影响环境的人类活动进行前，法律赋予管理者某种权力，使其可依法进行必要的管理以使该活动不致危害环境的法律制度。一般而言，源头控制制度是对影响环境的行为的抽象性、预防性管理，其作用是把可能影响环境状况和质量的行为事先纳入国家环境管理的过程，以便进行有效的监督和指导，也可以使行为人在事前了解自己的行为可能造成的环境影响，以及时采取有效的预防措施，使行为更加理性。② 目前我国已建立了环境规划制度、环境标准制度、环境影响评价制度、环境资源承载力监测预警制度、环境目标责任制度等源头控制制度。十八届三中全会通过的《中共中央关于全面深化改革若干重大问题的决定》指出："探索编制自然资源资产负债表，对领导干部实行自然资源资产离任审计。建立生态环境损害责任终身追究制。"已有的研究认为，自然资源资产负债表首先要核算并记录自然资源资产的存量状况及其变动情况，全面记录一定时期内（期末—期初）各个经济主体对自然资源资产的占有、使用、消耗、恢复和增值保值状况，在此基础上，评估这一时期内自然资源资产实物量和价值量的变化及经济活动对生态环境的破坏或修复程度。③ 这项旨在"用制度保护生态环境"的政策设计，将自然资源的利用状况与对生态环境的破坏或修复程度纳入领导干部考核机制中，改变了传统以 GDP 为基准的政绩考核制，建立了以责任制为核心，责任、权利、义务有机结合，从而在源头上形成政

---

① 周祖成：《地方立法重点和方向》，中国立法学研究会编《地方立法的理论与实践》，法律出版社，2013，第 21 页。
② 吕忠梅：《环境法导论》（第三版），北京大学出版社，2015，第 99 页。
③ 封志明、杨艳昭、李鹏：《从自然资源核算到自然资源资产负债表编制》，《生态系统服务与评价》2014 年第 4 期。

府及其负责人对自然资源的合理利用、生态环境有效保护的倒逼机制。在全面深化改革的新形势下，自然资源资产负债表编制这一新概念的提出，需要地方立法的不断探索与实验，形成可复制、可推广的编表制度，从而建立健全自然资源资产负债表制度。

地方对该制度的创设性立法具有重要的理论与现实意义。首先，这是地方贯彻落实中央建设生态文明、走可持续发展道路的客观要求。党的十八届三中全会通过的《中共中央关于全面深化改革若干重大问题的决定》指出："建设生态文明，必须建立系统完整的生态文明制度体系，实行最严格的源头保护制度、损害赔偿制度、责任追究制度，完善环境治理和生态修复制度，用制度保护生态环境。"作为源头控制制度的自然资源资产负债表编制制度，旨在将资源消耗、环境损害、生态效益纳入国家自然资源管理的整体部署中，建立体现生态文明要求的考核办法，是对生态文明建设的积极实践与创新。同时，可持续发展是以自然资源的可持续利用和良好的生态环境为基础，以经济可持续发展为前提，谋求社会的全面进步，要求人类的经济活动和经济发展要与资源、环境的承载能力相适应，保证资源与环境的可持续性。[1] 因此，对自然资源资产负债表编制制度进行创设性地方立法是地方对中央建设生态文明、走可持续发展道路的积极贯彻与落实。其次，这是创新地方管理制度，使自然资源资产由"管理"向"治理"转变的必然要求。我国自然资源涉及面广、地理范围大，中央政府统筹兼顾，协调各地政府对资源环境进行管理，同时自然资源又涉及许多的利益主体，在 GDP 的驱动下，利益主体之间进行着利益博弈，单靠政府管理很难解决环境问题。[2] 地方通过将自然资源资产负债表法规化，以立法形式把政绩与生态保护挂钩，有利于促进资源环境向治理转变。

此外，国务院办公厅于 2015 年 11 月 8 日发布《编制自然资源资产负债表试点方案》（国办发〔2015〕82 号），对该制度在地方试行提供

---

[1] 刘英明：《关于自然资源资产负债表编制的思考》，《特区经济》2015 年第 8 期。
[2] 陈红蕊、黄卫果：《编制自然资源资产负债表的意义及探索》，《环境与可持续发展》2014 年第 1 期。

指导意见。该方案对编制自然资源资产负债表的总体要求、试点内容、基本方法、试点地区、时间安排等作出了较翔实的规定，对于地方进行自然资源资产负债表编制制度的立法具有指导性意义。未来我国地方创设性立法应以此为着力点，并结合该试点方案，将自然资源资产负债表编制制度政策法律化，实行地方探索性立法，实现中央政策文件落地开花。

2. 排污权有偿使用和交易制度

在激励市场主体节能减排方面，党的十八大报告中明确指出"积极开展节能量、碳排放权、排污权、水权交易试点"。我国正在进行排污权有偿使用和交易试点，通过该制度，实现运用市场机制激励企业减少排污、节约资源的目标。笔者在上文已对该制度的立法进行了梳理，全国已有9个省份进行了排污权交易试点，所涉领域包括了大气和水两要素。排污权交易作为一种利用市场保护环境的制度，在环境保护中具有积极的作用，我国有必要确立和发展该制度。在此前提下，仍需要注意以下两个问题。首先，要正确认识而不能夸大排污权交易制度的作用。一般认为，环境管制的手段包括基于命令与控制的直接管制、利用市场或者创建市场的经济刺激手段和基于环境信息公开的公众参与。排污权交易制度只是经济刺激手段的一种，是对于传统的直接管制手段的补充，其作用是有限的。在美国，尽管政治家们近年来对基于市场的政策工具兴趣日增，同时也取得了一些进展，但市场导向的政策工具仍未成为美国环境政策的主体，大部分还处于管制政策的边缘。因此，笔者认为，我国还是应该把主要精力放在加强和改善环境保护的直接管制手段方面，不能片面地强调以排污权交易为代表的经济刺激制度而忽视更为根本的、更为重要的直接管制制度。其次，我国排污权交易制度试点十多年，已经积累了一些经验，但是运行效果不如人意。地方环境立法未来必须在可操作性、特色性上下功夫。对于该制度，要结合当地经济发展实际情况、污染物情况进行立法，同时辅之以一系列的配套措施或者制度，如完备的总量控制制度、排污许可制度、环境监测制度。具体而言，在部分地方性法规和规章确认排污交易制度的基础上，应当在修改《环境保护法》

《大气污染防治法》等法律时或者国务院在制定、修改相关行政法规时将排污权交易确立为我国环境保护的一项基本制度，并由环境保护部制定具体的部门规章《排污权交易暂行办法》，如此才能使该制度合法、有序、深入地推进。①

3. 环境保护金融和投资制度

《生态文明体制改革总体方案》提出要建立绿色金融体系："推广绿色信贷，研究采取财政贴息等方式加大扶持力度，鼓励各类金融机构加大绿色信贷的发放力度，明确贷款人的尽职免责要求和环境保护法律责任。加强资本市场相关制度建设，研究设立绿色股票指数和发展相关投资产品，研究银行和企业发行绿色债券，鼓励对绿色信贷资产实行证券化。支持设立各类绿色发展基金，实行市场化运作。建立上市公司环保信息强制性披露机制。完善对节能低碳、生态环保项目的各类担保机制，加大风险补偿力度。在环境高风险领域建立环境污染强制责任保险制度。建立绿色评级体系以及公益性的环境成本核算和影响评估体系。积极推动绿色金融领域各类国际合作。"

国家环境经济政策主要是以筹集资金为主，兼顾行为激励，并因环境保护公益之特性，政府需在财政预算、投资渠道和信贷市场方面给予扶持。②环境投资基金制度即一种可以有效地筹措、实施环境投资的重要制度，并已为多国所设立并推广。环境投资基金是指筹集专项资金，对有利于促进环境保护的环境产业提供投资资金援助的机构。它的适用范围广泛，包括污染治理、自然保护、环境技术等领域，以克服过渡时期的机构与市场失灵问题。环境投资基金对环境经济政策起到了有益的补充作用，也是解决资本市场暂时失灵的一个好手段。③其一，拓宽了企业

---

① 吴卫星：《排污权交易制度的困境及立法建议》，《环境保护》2010年第12期。
② 万军、胡平：《在中国环境投资体制现状下推行环境基金的构想》，《重庆环境科学》2003年第1期。
③ 万军、胡平：《在中国环境投资体制现状下推行环境基金的构想》，《重庆环境科学》2003年第1期。

尤其是环保企业融资渠道，使得污染防治技术的更新换代得以及时推广。其二，促进我国环境制度的施行。环境政策执行不力在一定程度上反映了现行环境管理手段的乏力，投资基金等环境激励机制的建立与执行，能够更好地调控环境与企业生产间的失衡。其三，有效运用资本市场促进环境投资体制的发展，在助力环境政策的实施与推广的同时，亦有助于整个国家的产业方向与环境政策保持协同一致。实践中，我国早在1988年就开始试行地方型环境投资基金，成功的试点如沈阳环保投资公司，该机构属于独立的法人实体，资金来源主要是排污收费和污染物治理基金。① 因此，未来我国地方型投资基金制度构建可进行立法探索，在立法层面予以规范化与细化。

4. 第三方治理制度

十八届三中全会通过的《中共中央关于全面深化改革若干重大问题的决定》中明确要求建立吸引社会资本投入生态环境保护的市场化机制，推进环境污染第三方治理。国务院《2014－2015年节能减排低碳发展行动方案》和国家发展改革委《关于2014年深化经济体制改革重点任务的意见》都提到要"推进环境污染第三方治理"。国家政策文件对环境污染第三方治理的大力倡导，标志着我国环境治理机制的根本性转变。环境治理实现从"谁污染、谁治理"到"谁污染、谁付费、第三方治理"的理念转变，是环境管理制度的一大创新之举。

所谓环境污染第三方治理，是指污染排放者以直接或间接付费的方式将产生的污染有偿委托给专业化环保企业按照环境标准进行治理，并（或与环保监管部门共同）监督治理结果的环境污染治理模式。② 环境污染第三方治理的全面开展具有其独特的正面效应。③ 首先，将会使污染治理的集约化程度得到很大提升，专业化的环境服务企业会同时承担多个项目，相

---

① Klaus T. Pfer：《联合国环境署、全球环境基金和私有化社论》，《产业与环境》1998年第4期。
② 任维彤、王一：《日本环境污染第三方治理的经验与启示》，《环境保护》2014年第20期。
③ 刘畅：《环境污染第三方治理的现实障碍及其化解机制探析》，《河北法学》2016年第3期。

应资源可以在这些项目间实现共享,且相关设备、材料的批量采购价格无疑也会比单独购买低很多,从而将使得治污成本大大降低。其次,专业环境服务企业的介入,治污协议的督促、治污绩效的考核都会促使作为治污责任主体的环境服务企业努力提升环境污染的治理效果。再次,有助于降低环保执法成本,进而提高环保执法效能。最后,将有效拉动环保产业的市场需求,吸引更多的社会资本进入环境污染治理领域,促进环境服务企业实现由单纯设备制造、工程建设到设计、投资、建设、运营和管理等集于一体的综合环境服务转型,①最终推动环保产业的快速发展。地方在环境污染第三方治理实践中已开始进行摸索。例如上海市委、市政府将推进环境污染第三方治理列入全市深化改革重点工作,2014 年 7 月召开的市委十届六次全会上将改革环境治理机制作为深化改革破瓶颈的关键点之一,要求坚持不懈地大力推动。与此同时,上海市政府印发了《关于加快推进本市环境污染第三方治理工作的指导意见》,加快推进落实相关制度配套和试点推广工作,以此推动污染治理、环保产业和管理转型的"三赢"。②

概言之,无论是国家政策层面还是地方实践层面,国家与地方都大力推行环境污染第三方治理制度,同时该制度的实行也与环境投资基金制度具有良性互动关系。为更好地贯彻落实改革决策中的环境污染第三方治理制度,应通过地方立法予以保障。一方面,将地方立法与环境污染第三方治理制度紧密结合,为制度推行提供保障和服务;另一方面,制度的不断深化要通过立法推动,将成功经验及时用立法形式予以确定与肯定,从而保证政策改革顺利有序地进行。就立法现状而言,虽然环境污染第三方治理理念为国家政策、地方试点及学界所推崇,但是在我国既有的污染治理立法设计中,第三方治理的立法支撑的缺乏,无意间挤压了第三方治理模式的生存与发展空间,也就制约了专门治理公司的勃兴,把市场激励机制

---

① 李彬:《环境污染第三方治理开启千亿市场》,《人民政协报》2015 年 1 月 27 日,第 6 版。
② 张全:《以第三方治理为方向加快推进环境治理机制改革》,《环境保护》2014 年第 20 期。

排除在污染治理之外。①

需注意的是，在对环境污染第三方治理进行创设性地方立法的同时，对于该制度的关联性法律政策需予以重新调整。为此，首先应协调环境污染第三方治理制度立法及相关法律政策之间的衔接关系，保证立法的协调性与统一性。一方面，完善环境污染第三方治理制度与金融、财税等相关立法之间的制度衔接，确保排污企业选择第三方治污时，其成本投入能够获得在既有金融、财税立法下与自我污染治理投入时的同等甚至更优惠的待遇，以激发排污企业选择第三方治理的内生动力。另一方面，既有的环境责任立法，针对污染企业通过服务合同的方式将治污责任转移到专门性治污企业后的法律后果作出明确的界定，确保未来治污实践中出现问题时可以依据不同情形针对排污企业、治污企业所应承担的责任依法作出公平与合理的处理。②

5. 地方环境监管体制

《生态文明体制改革总体方案》第40条规定："建立和完善严格监管所有污染物排放的环境保护管理制度，将分散在各部门的环境保护职责调整到一个部门，逐步实行城乡环境保护工作由一个部门进行统一监管和行政执法的体制。有序整合不同领域、不同部门、不同层次的监管力量，建立权威统一的环境执法体制，充实执法队伍，赋予环境执法强制执行的必要条件和手段。"环境保护监督管理体制的改革，应当结合地方具体情况，在地方层面建立有效的环境监管体制。地方层面的环境监管体制主要包括横向和纵向两个方面。目前存在的问题有：在横向上，环保监管职能分散，权力与责任不对等，统一监管不足，环境与发展综合决策体系不健全；在纵向上，上下级的环境保护监督乏力，地方政府缺乏严格监管的动力。因此，未来地方环境监管体制改革在横向上，应当更为清晰地进行权责划分和建立强大的跨部门合作机制，这需要理顺各部委的权力和责任，达到权责统一，实现能力与任

---

① 范战平：《论我国环境污染第三方治理机制构建的困境及对策》，《郑州大学学报》（哲学社会科学版）2015年第2期。
② 范战平：《论我国环境污染第三方治理机制构建的困境及对策》，《郑州大学学报》（哲学社会科学版）2015年第2期。

务的最佳匹配，并在此基础上通过有效的协作机制，统一地方政府各部门的发展目标和理念，避免地方政府各部门在环境保护上目标的不统一。在纵向上，十八届五中全会明确提出实行省以下环保机构监测监察执法垂直管理制度，在省级以下的环保监管的体制要进行制度改革，垂直监管的具体模式，垂直监管和非垂直监管如何整合，都需要地方环境立法进行制度创新和尝试。

6.公私环境合作制度

截至目前，我国还没有专门的规范的有关公私合作方面的法律法规，相关的规定也仅仅散见于《中华人民共和国政府采购法》《中华人民共和国招标投标法》这种类似的部门规定当中。因此，由地方层面对公私环境合作制度进行立法探究，制定专门性的法律规范，有利于我国环境治理由"政府治理"到"社会共治"转变。具体而言，公私合作进行环境保护可以在两个领域展开，一是环境基础设施建设、运营和环境治理领域，二是生态保护领域。公私合作的具体形式很多，如何推动公私环境合作，有效而不打折扣地实现环境治理和生态保护的目标，需要在地方立法方面进行制度创新。

7.用能权和碳排放权交易制度

《中共中央关于制定国民经济和社会发展第十三个五年规划的建议》提出："建立健全用能权、用水权、排污权、碳排放权初始分配制度，创新有偿使用、预算管理、投融资机制，培育和发展交易市场。推行合同能源管理和合同节水管理。"《生态文明体制改革总体方案》第42条提出："推行用能权和碳排放权交易制度。结合重点用能单位节能行动和新建项目能评审查，开展项目节能量交易，并逐步改为基于能源消费总量管理下的用能权交易。建立用能权交易系统、测量与核准体系。推广合同能源管理。"应该说，用能权和碳排放权交易制度是生态文明建设方面的一项重大改革，是用市场化机制激励节能减排的一项基础制度。所谓用能权，是指在能源消费总量控制管理的背景下，用能单位包括个人经核定或交易取得的、允许其使用和投入生产的年度能源消费总量指标。用能权不仅是碳排放权，更是使用定量或超额能源的权利，定量用能权无偿由国家分配，超额用能权则通过交易平台有偿获得，每个单位或个人都可以通过交易平台转让用能额度。① 到目前为止，真正实行过用能权指标交易的省份寥寥无几。浙江省是全国用能权交易方面走在前列的省份。2015年5月28日，浙江省经信委印发《关于推进我省用能权有偿使用和交易试点工作的指导意见》，明确在海宁试点经验的基础上，进一步推进包括杭州萧山区在内的24个县（市、区）开展资源要素市场化配置综合配套改革。但是，由于用能权交易存在标准设定、交易方式不明确等问题，以浙江省为首的试点仍在探索中，其他省份的制度探索仍障碍重重，缺乏前进动力。因此，未来地方对该制度立法应该有所作为，结合重点用能单位节能行动和新建项目能评审查，开展项目节能量交易，并逐步改为基于能源消费总量控制管理下的用能权交易。要建立用能权交易系统、测量与核准体系，推广合同能源管理。同时，碳排放权交易已实行多年，但是成效不显著，因此应深化碳排放权交易试点，逐步建立全国碳排放权交易市场，研究制定全国碳排放权交易总量设定与配额分配方案。完善碳交易注册登记系统，建立碳排放权交易市场监管体系。

8. 耕地草原河湖休养生息制度

《生态文明体制改革总体方案》中提出要建立耕地草原河湖休养生息制度，编制耕地、草原、河湖休养生息规划，调整严重污染和地下水严重超采地区的耕地用途，逐步将25度以上不适宜耕种且有损生态的陡坡地退出基本农田。建立巩固退耕还林还草、退牧还草成果长效机制。开展退田还湖还湿试点，推进长株潭地区土壤重金属污染修复试点、华北地区地下水超采综合治理试点。休养生息制度需要"尊重自然规律，充分发挥耕地草原、水生态系统的自我修复能力，逐步改变环境恶化状况；综合运用工程的、技术的、生态的方法，加大治理耕地草原水环境的力度，促进生态系统尽快步入良性循环的轨道"。② 耕地草原河湖休养生息制度的建立，需要地方立法进行探索性试点。

---

① 杨枝煌、易昌良：《中国能源新常态新格局的建构研究》，《中国市场》2015年第48期。
② 孔繁德、谭海霞、王连龙、赵忠宝：《建设生态文明的重要举措——〈让不堪重负的江河休养生息〉述评》，《中国环境管理干部学院学报》2007年第4期。

9. 国家公园制度

《生态文明体制改革总体方案》中提出要建立国家公园体制，具体内容包括："加强对重要生态系统的保护和永续利用，改革各部门分头设置自然保护区、风景名胜区、文化自然遗产、地质公园、森林公园等的体制，对上述保护地进行功能重组，合理界定国家公园范围。国家公园实行更严格保护，除不损害生态系统的原住民生活生产设施改造和自然观光科研教育旅游外，禁止其他开发建设，保护自然生态和自然文化遗产原真性、完整性。加强对国家公园试点的指导，在试点基础上研究制定建立国家公园体制总体方案。构建保护珍稀野生动植物的长效机制。"国家公园制度的建立，需要地方立法因地制宜，进行试点。

10. 新型污染物管制制度

经过长期的努力，对主要的急性污染物，如水中的有机物、重金属、废气中二氧化硫、氮氧化物等的治理，已经建立了全国性的管制体系，并且取得了阶段性的成果。然而，像挥发性有机物等可能产生长期影响的污染物尚未得到充分关注，地方立法可以将国家层面尚未进行管制的污染物进行管制，给未来国家层面的管制积累经验。通过地方立法试行，不断充实、更新污染物的种类，逐步建立起全面、完整、系统的全国性污染物管制制度。

B.4 我国行政类地方立法后评估

杨尚东 雷震*

摘 要： "依法行政"的改革目标是否能实现，关键在于能否抓住真问题，即能否找出造成政府权能臃肿、政府职权行使不顺畅的主要原因。对行政类地方立法进行评估的主要任务就是评价与揭示"依法行政"的施行现状及其存在问题，从而为今后各级政府实现"依法行政"的目的提供可资参考的数据资料。通过评估发现，我国行政许可类和行政处罚类地方性法规的文本质量总体合格，但也存在若干问题。问题主要集中在合理性、可操作性和技术性方面：其一，救济途径不畅；其二，自由裁量范围过大；其三，公民实体性权利并没有完备的程序保障；其四，法规名称不符合技术规范；等等。

关键词： 地方立法评估 合法性 合理性

一 引言

（一）评估背景

习近平总书记讲"一分部署，九分落实"，李克强总理在国务院常务会

---

* 杨尚东，法学博士，西南政法大学行政法学院讲师；雷振，法学博士，西南政法大学行政法学院讲师。

议上多次讲到我们政策得落地,真正在实际中发挥效果。我们认为,"依法行政"的改革目标是否能实现,其关键在于能否抓住真问题,即能否找出造成政府权能臃肿、政府职权行使不顺畅的主要原因。为此,西南政法大学地方立法研究员成立了专门的课题组研究涉及依法行政评估的指标体系,而其主要任务就是评价与揭示"依法行政"的施行现状及其存在问题,从而为今后各级政府实现"依法行政"的目的提供可资参考的数据资料。详言之,其意义可归纳为如下四点。

第一,全面推进依法治国是政府开展"依法行政"的宏观政治背景。法律是治国之重器,良法是善治之前提。党的十八届四中全会通过的《中共中央关于全面推进依法治国若干重大问题的决定》提出,建设中国特色社会主义法治体系,必须坚持立法先行,发挥立法的引领和推动作用,抓住提高立法质量这个关键。地方立法是政府活动的基础,我国的地方立法已经跨越了大量立法、粗放立法的数量型发展阶段,走向科学立法、精细立法的质量型发展阶段。全面推进依法治国必然要求提高地方立法质量,而地方立法评估则是改善地方立法质量的必经之路。

第二,"依法行政"的改革目标要求保持法律体系的统一性,而这也是开展这类地方立法评估的制度背景。建设和谐统一的法律体系,保持地方立法与中央立法的统一性,是我国社会主义法治建设的内在要求。为此,必须有切实的制度化手段,这就需要对地方立法进行有效评估。中国特色社会主义法律体系的形成标志着地方立法进入新阶段,这要求我们从注重立新法向法的内在一体化转变,必须把法律创制与法律完善的关系处理得更好,必须把已有立法的评估工作摆上重要位置,提高法律体系的统一性、协调性、适应性。在这一进程中,地方立法作为我国立法工作的基础,其评估工作的重要性不言而喻。

第三,"依法行政"的改革目标要求保证地方立法与社会需求相适应,而这也是开展这类地方立法评估的社会背景。随着我国政治、经济、社会、文化的发展,以及民众参与意识的增强,地方立法的主要矛盾已经不是补白式立法的问题,而是如何提高现有法规规章质量,使之符合地方客观情况、

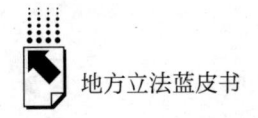

具有现实合理性的问题;也就是说,地方立法的重心从建章立制走向立改废并举,而评估则是立改废的一种前提条件。不难看到,近年来,地方立法已经开始走出闭门造车的藩篱,注重实证研究,响应群众呼声,而评估则是这一潮流中的重要抓手。它能为中国地方立法的发展提供一个新的突破口,不仅能为地方立法质量的提升提供理论依托,更能进一步丰富中国特色社会主义法治理论体系,为科学立法提供方法论指南。

第四,促进"依法行政"改革目标的实现是开展这类地方立法评估的直接动因。实现"减政放权"改革目标最主要的抓手就是规范整个法律体系。为此,必须对行政类立法进行评估以提高行政法的质量,就地方而言,则是对行政类地方立法进行评估。从行政法的视角来看,简政放权不仅涉及政府、公民、企业等多个参与主体,以及行政立法与执法、政策制定与实施、公民守法与用法等多个程序步骤,同时还涉及行政许可法、行政组织法与行政程序法等多个行政法的核心领域。因此在评估体系的建立之初,总体上应当认知"简政放权"是个非常庞杂的学术问题,任何评估体系的建立都不是全面而毫无遗漏的。但即便如此,"依法行政"评估体系的内容仍应尽量涵盖上述行政法的核心领域,并且指标的设计应满足客观性、普遍性、可评估性、精准性与全面性等要求,不能模棱两可,充满争议和分歧的概念,否则评估体系的建立将失去其被制定的意义,不具有说服力。同时各级指标的设置应尽量避免内涵的相互重叠,对于评估指标的总体设置更不应追求相互间的简单叠加。指标体系的整体设计都应采用"相关论"而非"因果论"的方式展开,即每一个具体指标的设立都与"依法行政"相关,而非单个或所有评估指标都能决定"依法行政"的实现。

(二)评估目的

本评估报告有三个主要目的。

第一个目的是反映行政类地方立法的文本质量水平并促进其提升。这是本评估报告的首要任务。具体来说就是统计分析不同地方的行政类地方性法规的法律文本,提炼这类地方立法在文本方面的主要特点、经验和问题。行政类地方立法是地方立法的重中之重，在数量上占地方立法的主要部分，因此，我们认为，详细地描述进而深入地分析行政类地方立法文本的质量，是观察和提升地方立法质量的重要路径。地方立法的评估旨在使我们的立法更有科学性，更能适应社会的需求，但并不是说要衡量所有与立法相关的事情。地方立法评估从评估对象上来说可以分为地方立法程序评估、地方立法文本评估、地方立法实效评估等。本评估报告落脚于文本，这种评估不同于其他种类，其优势在于比较客观、清晰、准确，也比较容易形成共识。现在的地方立法评估实践往往集中于实效评估，后者容易受到评估主体的价值偏好和调查分析能力的影响，在信度、效度、深度方面难以尽如人意。而且，这类评估还忽视了地方立法应当"怎么做"这类技术性问题。总之，文本的科学性是本评估报告的主题，期望借此促进地方立法的合理性。

第二个目的是为建构地方立法文本质量评估的指标体系提供参考。"评估"首先需要有一系列科学的指标体系。不论评价者从何角度出发对立法进行评价，都应处理好这一关键问题，即指标体系的确定。指标体系必须是从大量文本中抽象出来的共性的特征。地方立法文本的共性特征可从不同角度进行归纳，而这些不同角度的归纳其使用价值也是不同的，例如从文学角度和从法学角度进行归纳将得到不同的指标体系。就此而言，本评估报告将努力从法学角度进行归纳。所谓法学角度的评估，意味着我们将运用法学所擅长、所独有的解释论方法来评价地方立法文本的质量。为此，我们将聚焦几个主要的法学意义上的文本问题，如合法性、合理性、可操作性。当然，我们对于指标的选择和指标体系的架构不可避免地带有主观片面性，但我们选取的这些指标基本能够覆盖评估需求，期能借此为后来者提供借鉴。

第三个目的是努力满足科学立法的现实需求。我们的评估对象在选择上覆盖面较广，在全国范围内每一个省或自治区都随机选取了样本。这样形成的评估结果能够在较大程度上反映出全国地方立法的科学水平，找出目前存在的问题，从而为地方立法的科学化提供有益参考。

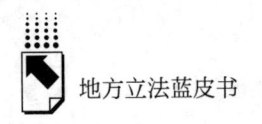

（三）指标体系

1. 建立评估指标体系的指导原则

评估指标体系是地方立法评估工作的依据，同时也能科学地反映立法的基本要求和客观规律。本评估指标体系根据如下指导原则形成的。

第一，体现科学立法的基本要求。科学立法对于立法文本的要求包括内容的合法性、合理性、可操作性以及技术上的合规性。

第二，主观性与客观性相统一的原则。立法评估作为客观见之于主观的活动，应当同时兼顾主观价值判断与客观事实判断的统一。也就是说，既要坚持正确的价值导向，又要努力探寻客观的事实真相。我们设计的指标体系既有反映立法文本客观状况的评估指标，比如合法性、技术性，也有需要结合主观价值判断予以评判的评估指标，如合理性、可操作性。

第三，可行性原则。我们在建立指标体系时力求做到指标内涵明确、表述清楚、重点突出。

2. 评估指标体系的内容

表1　评估指标体系的内容

一级指标	二级指标	三级指标（观测点）	赋值与分档
合法性	（一）立法权限	是否符合地方立法权限	符合:1 不符合:0
	（二）法制统一	是否同上位法精神、原则、内容相抵触	
合理性	（一）权责匹配	是否存在过度授权情况 公权力各部门之间是否权责分明 执法权限授权是否明确、设置合理、权责分明	
	（二）权义匹配	是否做到并未不当干预公民自由及日常生活 是否做到没有为公民创设义务	
	（三）救济途径	执法程序是否明确适当 公民权利是否有充分的程序保障 公民权利救济渠道是否充分有效	
	（四）利益分配	公民、法人及其他社会组织之间权利、利益分配是否合理	

续表

一级指标	二级指标	三级指标(观测点)	赋值与分档
	(五)自由裁量	执法自由裁量范围是否适当	
可操作性	(一)行为模式	法规关于人们如何采取行为的规定是否具体明确	符合:1 不符合:0
	(二)法律责任	法规中禁止性规定的法律责任承担方式是否明确、适当	
	(三)程序保障	公民实体性权力是否具备完善的程序保障	
	(四)配套措施	该法规是否出台相关配套的措施,以提升其可操作性	
	(五)法规重复	该法规在本地区是否存在重复立法 该法规同上位法重复情况是否严重	
技术性	(一)法规名称	参照人大法工委发布的《立法技术规范(试行)(一)》《立法技术规范(试行)(二)》,其中对法规名称、概念术语表述、标点数字、体例等有严格明确规定	

3. 对指标体系的说明

(1) 体系架构

本体系围绕立法文本的内容进行建构,共分合法性、合理性、可操作性、技术性四个部分(一级指标),各部分之下分为若干二级指标,每一个二级指标之下又分为若干三级指标。以下简要说明。

第一,合法性。合法性包括立法权限和法制统一两个二级指标。立法权限主要反映地方立法的形式合法性。法制统一主要反映地方立法的实质合法性。

第二,合理性。合理性主要包括权责匹配、权义匹配、救济途径、利益分配、自由裁量五个二级指标。权责匹配、权义匹配和利益分配主要反映地方立法文本的实质合理性,救济途径主要反映地方立法文本的形式合理性。

第三,可操作性。可操作性包括行为模式、法律责任、程序保障、配套措施、法规重复五个二级指标。行为模式主要考察地方立法文本的指引功能,也即对人们行为的规定是否具体明确。法律责任主要考察地方立法文本的保障功能,也即对行为模式的设定能否落到实处。配套措施主要考察地方立法文本的实现可能性。法规重复主要考察地方立法文本存在的必要性。

第四,技术性。技术性主要考察法规名称是否合乎全国人大法工委发布的立法技术规范。

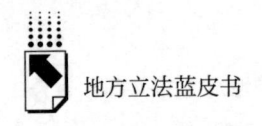

本评估报告选择的指标大都是便于从外部进行观察的客观性指标，可以尽量避免评估主体将自己的主观偏见带进评估结果。

(2) 赋值分档

每个三级指标为赋值点，每点设两档分值，符合三级指标要求的为1分，不符合的为0分。之所以仅设两档分值，是出于将定性问题定量化的考虑。首先，合法性问题仅有两种可能性，要么合法要么不合法，因此其本质就应当定量化。其次，合理性、可操作性、技术性这三类指标中的部分指标本质上只有符合或者不符合两个答案，本质上也是应当定量化的。再次，合理性、可操作性、技术性这三类指标中的部分指标的答案虽然可以多样化，也可以人为分为若干档，但分档过多将使统计分析的复杂程度指数化提高，不利于直观地反映客观现实，因此有必要予以简化为两档分值。

(3) 得分率

为便于统计，本报告对得分率采用百分数标记，值取整数。

（四）评估方法

本评估报告对于不同评估对象采取了不同的评估方法。具体来说，包括如下方面。

1. 合法性问题：法律解释方法

对合法性问题，我们采取了法律解释方法。合法性问题属于规范分析的范畴，必须运用法律解释的方法。在此，我们的评估步骤是，首先确定地方立法文本的内容意义、适用范围、构成要件、法律效果等，然后将地方立法文本与上位法进行比较，最后得出合法或者不合法的结论。无论是确定地方立法文本的含义，还是比较上位法与下位法之间的异同，都需要运用法律解释方法。这些方法包括四方面。一是文义解释，是指按照法律文本的通常含义对法律文本进行解释。法律文本是由文字词句写成的，要了解法律文本的文义就要对文字词句进行文义解释。二是逻辑解释，是指采用形式逻辑的方法分析法律文本，以求得对法律文本的正确理解。三是体系解释，根据法律文本的结构以及所属条文的关联以确定它的意义、内容、适用范围、构成要件和法律效果。四是目的解释,是指从制定法律文本的目的来解释法律。

2. 合理性问题:综合运用价值权衡、法律解释、社会学解释等方法

我们所设定的合理性指标是一种综合化的合理性,既包括价值意义上的合理性,如权力与责任是否匹配、权利与义务是否匹配,也包括程序意义上的合理性,如执法程序是否明确适当、公民权利是否有充分的程序保障、公民权利救济渠道是否充分有效,还包括社会学意义上的合理性,如公民、法人及其他社会组织之间权利、利益分配是否合理。对此,我们运用了不同的评估方法:第一,对价值意义上的合理性问题,我们运用了价值权衡方法;第二,对程序意义上的合理性问题,我们运用了法律解释的方法;第三,对社会学意义上的合理性问题,我们运用了社会学解释的方法。

3. 可操作性问题:综合运用法律解释、情境模拟方法

可操作性涉及的问题也比较广泛,需要综合运用各类评估方法。具体而言:第一,对行为模式、法律责任、法规重复、配套措施等问题,如关于人们如何采取行为的规定是否具体明确、禁止性规定的法律责任承担方式是否明确和适当等,我们运用了法律解释的方法;第二,对程序保障问题,如公民实体性权利是否具备完善的程序保障,我们综合运用了法律解释方法和情境模拟方法。

4. 技术性问题:语义分析方法

本评估报告中所要评估的所谓技术性问题,是指将地方立法文本与人大法工委的立法技术规范相比较,得出符合或者不符合的结论。这种比较活动是纯粹文字性的,因而我们运用了语义分析的方法。

(五)评估对象

1. 概述

本评估报告的评估对象(样本)为随机选择的、以地级市为制定主体的、包含行政许可规范或行政处罚规范的50个地方性法规(参见表2、表3)。

表2 行政许可类地方立法文本

城市	法规名称
邯郸	邯郸市城市市容和环境卫生条例
石家庄	石家庄市出租汽车管理条例
太原	太原市客运出租汽车服务管理条例
大同	大同市酒类商品监督管理条例
长春	长春市水土保持条例
吉林	吉林市行政审批公开条例
呼和浩特	呼和浩特市水土保持条例
包头	包头市老年人权益保障条例
鞍山	鞍山市水土保持条例
大连	大连市城市市容管理条例
抚顺	抚顺市客运出租汽车管理条例
本溪	本溪市就业促进条例
哈尔滨	哈尔滨市城乡规划条例
齐齐哈尔	齐齐哈尔市防震减灾条例
苏州	苏州市轨道交通条例
南京	南京市城市治理条例
徐州	徐州市城市重点绿地保护条例
无锡	无锡市公共交通条例
宿州	宿州市城镇绿化条例
杭州	杭州市生态文明建设促进条例
温州	温州市市容和环境卫生管理条例
台州	台州市制定地方性法规条例
金华	金华市制定地方性法规条例
嘉兴	嘉兴市秸秆露天禁烧和综合利用条例
宁波	宁波市燃气管理条例
合肥	合肥市劳动用工条例
淮南	淮南市消防条例
福州	福州市行政服务条例
莆田	莆田市人民代表大会及其常务委员会立法条例
济南	济南市市政设施管理条例

续表

城市	法规名称
淄博	淄博市企业民主管理条例
青岛	青岛市城市绿化条例
郑州	郑州市轨道交通条例
洛阳	洛阳市森林公园管理条例
广州	广州市城乡规划条例
中山	珠海市大型群众性活动安全管理条例
汕头	汕头市城市市容环境卫生管理条例
珠海	珠海市大型群众性活动安全管理条例
长沙	长沙市水资源管理条例
南宁	南宁市展会管理条例
成都	成都市职业教育促进条例
贵阳	贵阳市城市市容和环境卫生管理办法
昆明	昆明市就业促进条例
西安	西安市扬尘污染防治条例
兰州	兰州市城镇燃气管理条例
西宁	西宁市餐厨垃圾管理条例
银川	银川市燃气管理条例
石嘴山	石嘴山市人民代表大会及其常务委员会立法程序规定
乌鲁木齐	乌鲁木齐市投资环境保障条例
海口	海口市房屋安全管理条例

数据来源：北大法宝数据库。

表3 行政处罚类地方立法文本

城市	法规名称
齐齐哈尔	齐齐哈尔市防震减灾条例
哈尔滨	哈尔滨市城乡规划条例
长春	长春市水土保持条例
吉林	吉林市行政审批公开条例
鞍山	鞍山市水土保持条例

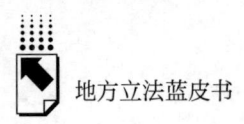

续表

城市	法规名称
本溪	本溪市就业促进条例
抚顺	抚顺市客运出租汽车管理条例
大连	大连市城市市容管理条例
石家庄	石家庄市出租汽车管理条例
太原	太原市客运出租汽车服务管理条例
大同	大同市酒类商品监督管理条例
邯郸	邯郸市城市市容和环境卫生条例
包头	包头市老年人权益保障条例
呼和浩特	呼和浩特市水土保持条例
济南	济南市市政设施管理条例
青岛	青岛市城市绿化条例
徐州	徐州市城市重点绿地保护条例
南京	南京市城市治理条例
合肥	合肥市劳动用工条例
无锡	无锡市公共交通条例
苏州	苏州市轨道交通条例
淮南	淮南市消防条例
莆田	莆田市人民代表大会及其常务委员会立法条例
淄博	淄博市企业民主管理条例
杭州	杭州市生态文明建设促进条例
宿州	宿州市城镇绿化条例
宁波	宁波市燃气管理条例
嘉兴	嘉兴市秸秆露天禁烧和综合利用条例
金华	金华市制定地方性法规条例
台州	台州市制定地方性法规条例
温州	温州市市容和环境卫生管理条例
西安	西安市扬尘污染防治条例
石嘴山	石嘴山市人民代表大会及其常务委员会立法程序规定
兰州	兰州市城镇燃气管理条例
银川	银川市燃气管理条例
西宁	西宁市餐厨垃圾管理条例
乌鲁木齐	乌鲁木齐市投资环境保障条例
郑州	郑州市轨道交通条例
洛阳	洛阳市森林公园管理条例

续表

城市	法规名称
长沙	长沙市水资源管理条例
南宁	南宁市展会管理条例
广州	广州市城乡规划条例
珠海	珠海市大型群众性活动安全管理条例
中山	珠海市大型群众性活动安全管理条例
福州	福州市行政服务条例
海口	海口市房屋安全管理条例
汕头	汕头市城市市容环境卫生管理条例
昆明	昆明市就业促进条例
成都	成都市职业教育促进条例
贵阳	贵阳市城市市容和环境卫生管理办法

数据来源：北大法宝数据库。

这些样本有如下特征。

（1）类型特征。尽管地方立法包括地方性法规和地方政府规章，但本评估报告将评估对象限定于地方人大及其常委会的立法。故本评估报告所选样本均为地方性法规，不包括地方政府规章。

（2）主体特征。尽管地方性法规的制定主体包括地级市的人大及其常委会和省级人大及其常委会，但本评估报告将评估对象限定于地级市的人大及其常委会的立法。换言之，本评估报告所选样本不包括省级人大及其常委会制定的地方性法规。

（3）内容特征。本评估报告的目的是评估我国行政类地方立法文本的质量，也就是行政法方面的地方性法规。由于行政法的外延非常广泛，为了突出重点、加深深度，我们所选的样本均为含有行政许可规范或行政处罚规范的地方性法规，旨在对许可类和处罚类的地方性立法进行深入评估，并借此反映行政类地方立法文本质量的整体概况。

2. 选择范围

除了港澳台地区和四个直辖市外，覆盖了所有的省和自治区。每一个省或自治区随机抽取1~3个样本。

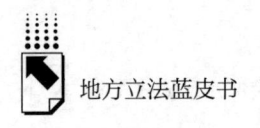

3. 选择标准

第一，随机性。用抽签法随机择取样本，避免主观偏见。

第二，广泛性。所选样本广泛分布于各个省或自治区，以充分全面地反映现实状况。

第三，均衡性。每个省或自治区抽取的样本均为1~3个，以避免某些省或自治区样本过多而其他省或自治区样本过少的不均衡状况。

（六）内容结构

本评估报告共分四个大的部分：引言、行政许可类地方性法规评估子报告、行政处罚类地方性法规评估子报告和结论。引言部分介绍评估背景、评估目的、指标体系、评估方法、评估对象、内容结构。行政许可类地方性法规评估子报告和行政处罚类地方性法规评估子报告是本评估报告的主体部分。每一个子报告又分为总体分析、区域分析、问题分析与对策建议三个部分。结论部分总结两个子报告所发现的经验和问题，形成最终的评估结论。

二 行政许可类地方性法规评估子报告

（一）总体分析

行政许可，是指在法律一般禁止的情况下，行政主体根据行政相对方的申请，经依法审查，通过颁发许可证、执照等形式，赋予或确认行政相对方从事某种活动的法律资格或法律权利的一种具体行政行为。本部分选取的样本是一些地级市的人大及其常委会制定的行政许可类地方性法规。

1. 宏观分析：以一级指标得分率为对象

通过对一级指标得分率的统计（见图1），可得出如下结论。

第一，行政许可类地方性法规的合法性得分率为93%。这说明各地立法机关在制定此类地方性法规时，比较注重合法性问题。不过，合法性指标可能遮蔽了一些问题，因为我们设定的这方面指标仅涉及两个问题：一是是

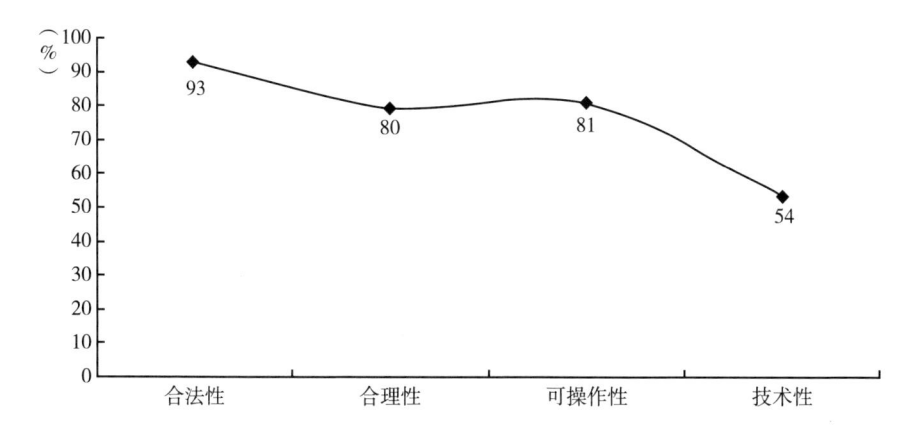

```
(%) 100
     90  93
     80      80    81
     70
     60
     50              54
     40
     30
     20
     10
      0
         合法性  合理性  可操作性  技术性
```

图 1　行政许可类地方性法规一级指标得分率

否符合地方立法权限，二是是否同上位法精神、原则、内容相抵触。这样的指标显然仅仅定位于一种非常宏观的考察，一般是对地方性法规样本的总则部分进行分析，所以，这一得分率仅具有宏观意义上的参考价值，并不能充分说明全部规则的合法性。

第二，行政许可类地方性法规的合理性和可操作性存在问题，但尚不严重，处于可接受的范围。通过这两个指标，可以认为：一方面，行政许可类地方性法规的合理性问题虽然还没到不及格的程度，但已经到了足以令人警醒的程度（得分率为80%），应当引起立法机关的注意；另一方面，由于行政许可类地方性法规与执法息息相关，因此地方立法机关往往比较重视其可操作性问题，在该项指标上得分率为81%，不能说优秀，但接近良好的水平。

第三，行政许可类地方性法规的技术性问题最为严重，没有达到及格线（得分率为54%），亟须改进。我国有重实体轻程序的法律传统，反映到立法中就是重内容轻形式。技术性问题的得分如此之低是出乎我们意料的，反映了我国地方立法还处于比较初级和粗糙的水平阶段。

宏观分析给了我们一个大致的观感和总体的印象，但问题到底出在哪个环节，需要进一步的剖析。因此，下文将继续从中观（二级指标）和微观（三级指标）两个层次去揭示。

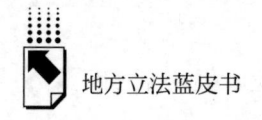

2. 中观分析：以二级指标得分率为对象

根据上文对一级指标得分率的分析，可以发现问题主要集中在合理性、可操作性和技术性三个一级指标上，那么，在这三个一级指标内部，到底是哪些二级指标拖了后腿呢？通过数据分析（见图2），可以发现如下问题。

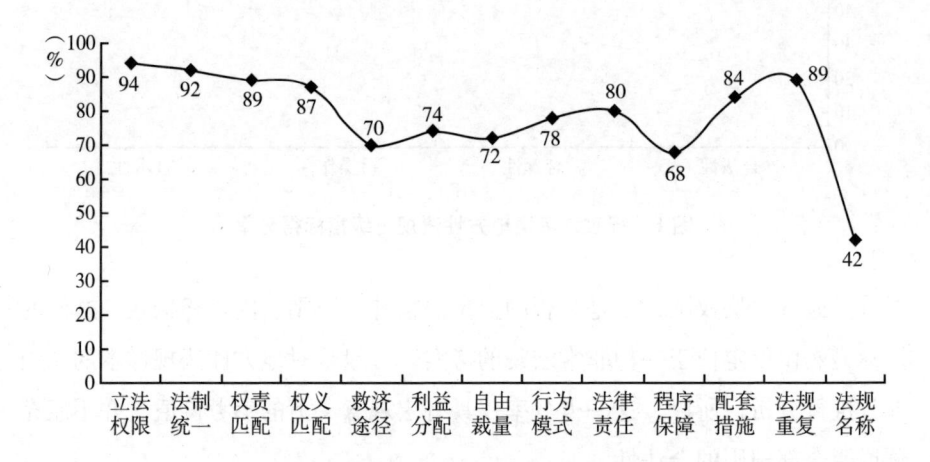

图 2　行政许可类地方性法规二级指标得分率

第一，合理性方面，比较突出的问题是：救济途径不畅（得分率为70%）；自由裁量范围过大（得分率为72%）；利益分配不均衡（得分率为74%）。

第二，可操作性方面，比较突出的问题是程序保障不够有力（得分率为68%）。

第三，技术性方面，比较突出的问题是法规名称不符合技术规范（得分率为42%）。

3. 微观分析：以三级指标得分率为对象

就上文（中观分析）中发现的问题，我们通过三级指标得分率（见图3）得出如下结论。

第一，救济途径不畅的主要原因是：公民权利没有充分的程序保障（得分率为64%）；公民权利救济渠道不够充分有效（得分率为62%）。

第二，自由裁量范围过大的主要原因是：执法自由裁量范围不够适当（得分率为72%）；权利、利益分配不够合理（得分率为74%）。

我国行政类地方立法后评估

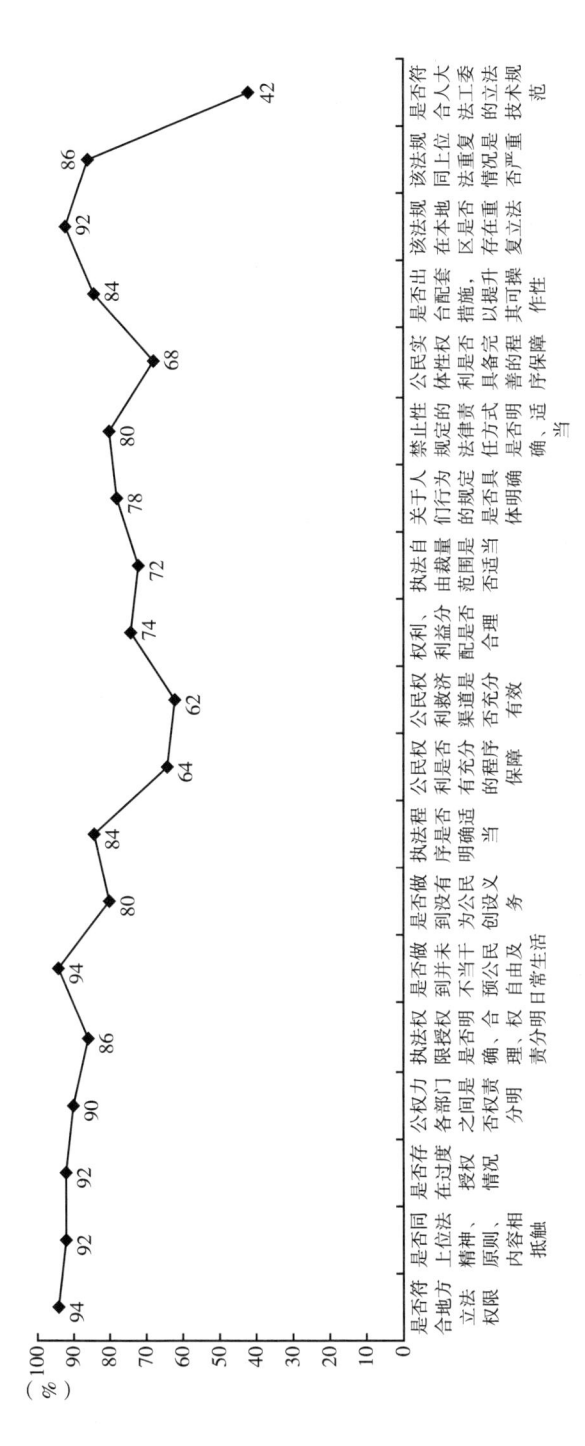

图3 行政许可类地方性法规三级指标得分率

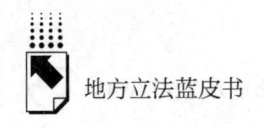

第三，配套措施不全的主要原因是公民实体性权利并没有完备的程序保障（得分率为68%）。

第四，法规名称不符合技术规范的主要原因是不符合全国人大法工委的立法技术规范（得分率为42%）。例如，地方立法名称不规范，概念不准确，词语搭配前后矛盾，随意简化概念，使用日常用语、文件用语等代替法言法语，概念重叠使用等问题。

4. 小结

从总体上看，我国行政许可类地方性法规的文本质量总体合格，但也存在若干问题，这些问题集中在合理性、可操作性和技术性方面。

（二）区域分析

鉴于我国不同地区在立法水平上的不平衡状况，除了总体性的观察外，我们还统计了行政处罚类地方性法规的区域合格率。我们将样本按照来源地划分为东北、华北、华东、西北、中南、华南、西南七个区域，然后分别加总统计，形成区域得分率统计表（见图4）。基于该图，可以发现我国不同区域的行政许可类地方性法规的文本质量参差不齐，很不平衡，按得分高低可分为两个档次：（1）得分率介于及格线与优良线之间（60%~80%）的有东北（辽吉黑）、西北（陕甘宁新）、华南（粤桂闽琼）、中南（湘鄂豫）和华北（晋冀蒙）；（2）得分率超过优良线（80%）的有华东（鲁苏皖赣浙）和西南（川滇黔藏）。

这种局面与哪些因素有相关性呢？我们认为，这和我国地方经济状况有一定对应关系，得分率超过优良线的地区大都是经济发展不错的东部地区，而得分相对较低的东北、西北和中南在经济发展水平上也比较低。简而言之，地方立法水平和地方经济水平存在正相关的关系。这反过来也可能说明地方立法水平影响地方经济水平，即立法水平较低的地方，其经济发展水平也较低。当然值得注意的是，经济水平整体上并不突出的西南地区在这一方面做得非常好。

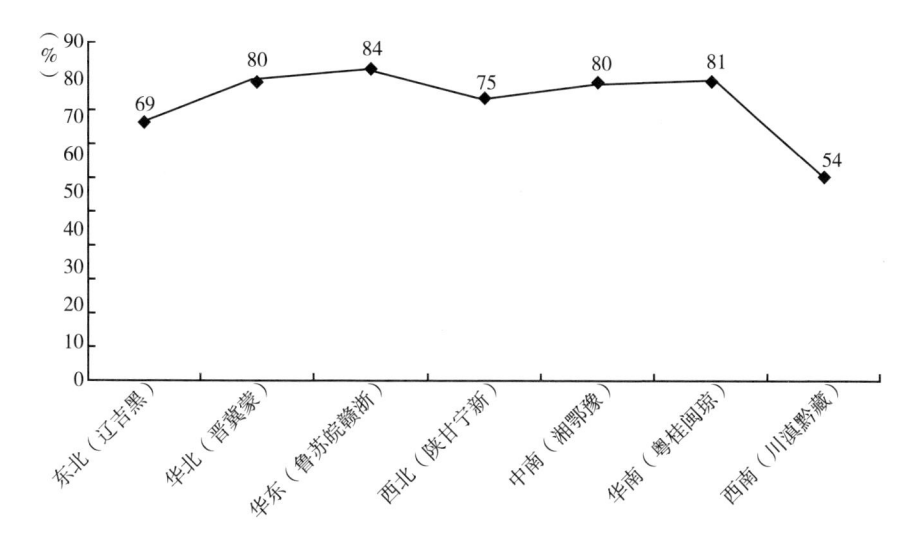

图4 行政许可类地方性法规区域得分率

（三）问题分析与对策建议

1. 合理性

第一，加强地方行政程序法制建设，完善行政许可活动中公民权利的救济途径。以行政行为的效果是否有利于行政相对人作为标准，可以把行政行为分为授益行政行为和损益行政行为，损益行政行为又称为不利行政行为、侵益性行政行为、负担性行政行为。行政许可是一种典型的授益行政行为，《最高人民法院关于规范行政案件案由的通知》也正式确认了这一点。行政许可中的公民权利救济是个难处理的问题。从数据分析来看，我国行政许可类地方性法规还存在公民权利没有充分的程序保障（得分率为64%）和公民权利救济渠道不够充分有效（得分率为62%）的文本缺陷。行政程序的重要内容之一是公民权利救济问题，现实中公民权利救济的不足说明我国行政程序法制建设任重道远。

显然，对于这些问题，必须加强行政程序法制建设。综观人类法治发展史，无论中西，一方面，法治的实现必须依赖于完善的行政权力体系建立；另一方面，行政权力的强大又威胁到公民权利的保障。因此，世界各国普遍建立起规范行政权力的制度体系。其中，以程序规范为典型。由于权力具有天然扩张的自然属性，若不受限制便会肆无忌惮地发展，形成灾祸。追根究底，失去法定程序的行政权力，如同游离于缰绳之外而桀骜不驯的野马。正如孟德斯鸠所言，"一切有权力的人都容易滥用权力，这是万古不易的一条经验"①，有权力的人使用权力一直到有界限的地方才休止，权力的失控必然导致权力的异化，最终与法律设立权力的目的相悖。"行政程序法为行政权力的行使设定了严格的规则，行政权力的行使被限定在公正合理的程序进行，从而防止行政权力被行政机关的任意行使。近代以来，行政权力的扩张突出表现为行政机关自由裁量权的行使。享有自由裁量权固然可以使行政机关根据具体情况作出最合适的决定，但也容易导致权力的滥用和腐败的滋生。"② 行政主体在滥用自由裁量权时，往往表现出处理问题的随意性、反复性、非常态性。由此，相对人与行政机关之间的信任关系逐渐减弱，甚至出现两者之间的裂痕，直至行政违法事件增多。一般来说，行政程序法是遏制行政权滥用的最有效制度工具。程序公开使行政活动处于公众监督之下，可以规范行政机关的自由裁量。通过公众参与，行政机关可以查明事实真相，并对行政机关适用的法律、政策做进一步解释和说明，从而避免主观随意性。通过公众参与，公众可以对事实问题、法律问题发表意见。但是，由于种种历史与现实的原因，统一的行政程序法尚未出台，因此现实中各地往往先制定地方行政程序条例，形成行政程序的地方法制格局。

第二，规范行政许可自由裁量的空间。从上述数据分析来看，我国行政许可自由裁量的范围不够适当（得分率为72%）已经成为比较严重的问题。行政裁量存在的合理性源于对个案正义的追求。而由于行政权的高权性、执行性、干涉性，行政裁量可以说是行政法领域中一个不可避免的现象，也是行政法治建设中不容回避的课题。由于行政裁量难以

---

① 〔法〕孟德斯鸠：《论法的精神》（上册），张雁深译，商务印书馆，1961，第154页。
② 应松年主编《行政程序法立法研究》，中国法制出版社，2010，第3页。

避免地存在主观性，因此，防止行政裁量的恣意滥用就成为重要问题。在我国这种行政法治尚不够健全的国家，对行政自由裁量权的控制尤其重要。由于行政执法机关有宽泛的裁量权，同时又没有有效的程序法律制约，行政执法裁量权的行使容易处于失序状态。"选择性许可"现象屡见报端。认识选择性许可的现象，必须认识到选择性许可兼具积极意义和规范意义。一方面，在行政许可中允许自由裁量权的存在，是现代行政许可制度的必然要求。立法具有滞后性，不能穷尽所有情况和现象，在行政许可中允许一定数量的自由裁量权存在，有利于行政机关进一步发挥主观能动性，更加灵活地处理社会事务、提高行政效能；有利于行政许可的法价值和法目的之实现，促进相对人合法权益的保障。在我国，行政许可中存在自由裁量权，具有规范性基础。首先，根据我国行政许可法，在行政许可实施过程中行政机关可以根据相关法律规范进一步细化具体实施，在此过程中，行政机关对行政许可法将进行取舍，由此便产生行政许可中的自由裁量权。其次，在实施行政许可过程中，关于认定事实、判断性质、处理冲突、作出决定、适用规则等，也将不可避免地有所选择。第三，大多数法律规范对行政许可只是做原则性规定，由此给行政机关在行政许可中进行自由裁量留下很大空间。第四，执法人员的素质参差不齐，对行政许可的理解不一，受到非理性因素的影响，行政许可的过程、结果往往存在差异，直接体现为行政自由裁量权过分运用。

那么，如何规范行政许可的裁量空间呢？首先就是要加强立法，然后通过立法指引和规范执法予以实现。为此，在中央立法层面，应当确立行政许可的裁量原则。在地方立法层面，则应当逐层建立起行政许可的裁量标准体系，行政执法机关也应尽量具体化裁量标准。同时，健全防范制度。通过信息公开制度、利益回避制度、说明理由制度和听证制度等，增强行政许可公众参与程度、信息公开程度，进一步扩大公众知情权，而且针对行政许可自由裁量权的表现形式，区别对待不同情况，在国家法基础上，制定不同的更加细化、更具操作性的规范，压缩行政许可中自由裁量的运用空间。对于执

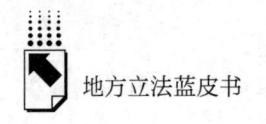

法人员素质，要通过教育培训，提高行政许可人员的综合素质，为防范自由裁量权滥用提供组织保障。

2. 可操作性

由前文数据分析可知，可操作性方面的主要问题是配套措施不全，而配套措施不全的主要原因是程序保障不够有力（得分率为68%）。从本次调查的这些样本来看，这方面还显得比较薄弱。这可能导致什么样的后果呢？可以认为，行政执法机关由于缺乏足够的程序规范，可能产生"乱许可"问题。要解决这一类问题，就必须将健全配套措施作为提高此类地方性法规可操作性的切入点、关键点和着重点。为此，我们建议从如下方面补充加强配套措施。

第一，尽快统一行政许可的具体程序。行政许可的制度设计首先要解决的一个问题就是程序问题，也就是公民、法人或者其他组织想要获得某类许可证，其具体的申请程序是怎样的。由于行政许可机关缺乏自我设权的正当性，要解决这一问题，必须追溯到许可权的来源（许可程序），由立法来规定如何申请。要做到这一点，地方立法机关就应当清理行政许可类的地方性法规，赋予执法机关和执法人员与执法任务相匹配的执法程序。在这一过程中，也应重视行政相对人的参与，听取他们的意见。

第二，设置合理的许可程序。即在尊重行政机关的裁量权的前提下，要对其进行规范。由于行政许可问题的专业性与复杂性，行政机关应当享有一定的判断余地（对手段的裁量权），拥有多样化的手段配置。在行政许可的具体申请过程中，若行政机关的判断余地不被尊重，则执法机关可能陷入"该许可的确许可不了"的困境，行政所代表的公共利益就可能得不到很好的保护。因此，一方面，地方立法机关对行政许可应设置怎样的前提性条件需考虑到行政机关的判断余地，赋予其手段上的裁量权，另一方面，为了尊重和保障行政相对人的合法权益，又要规范这种手段裁量。具体来说，许可的程序设置应当注意：（1）执法机关的手段裁量必须基于全面的事实因素；（2）执法机关的手段裁量必须遵守程序规定和正当程序原则；（3）执法机关的手段裁量必须遵循比例原则，采取对相对人最有利的行为方式，并且必须在许可时说明原因;(4)许可必须仅考虑相关因素,不得考虑不相关因素。

第三,立法机关应当努力提高规范构成要件的明确性。法律规范的明确性是法治的一个重要原则,也是判断立法水平的重要标尺,更是保障公民的自由和安全的重要屏障。在行政法中,行政许可作为与普通老百姓利益紧密相连的一类政府行为,也应遵从这一原则。事实上,通过上述数据分析,我们已经可以感知到,我国行政许可类地方立法的一大问题就是规范不够明确,如许可的前提性条件不够明确,关于申请人行为的规定不够具体明确,等等。规范的明确性其实是构成要件的明确性问题。如果构成要件的含义模糊不清、模棱两可,就会剥夺行政相对人的可预见性,就会赋予行政执法机关宽松的裁量空间。立法是创制规范的活动,是法治的逻辑起点。对于行政处罚来说,明确性的要求固然是为了防止许可范围的不确定性与过度的广泛性。这虽然是对执法机关的要求,但首先是对立法机关的要求。基于法治主义的立场,我们认为,明确性要求立法机关所制定的许可规范要符合三个方面的要求:一是行政执法机关据此可以判断是否可以作出许可,二是法官据此可以判断许可行为是否合法,三是行政相对人据此可以预测什么样的行为是被行政许可规范所禁止的。为了实现明确性,立法机关首先应当确立繁简得当、疏密有致的指导思想,防止烦琐主义。其次,在技术上,一是要改进构成要件的表述方式,尽可能多用叙述性要件,少用简单要件和空白要件,二是使用具有明确性特质的立法语言,既要准确、清晰,又要简洁、通俗。

3. 技术性

由前文数据分析可知,技术性方面的主要问题是法规名称不符合全国人大法工委的立法技术规范(得分率为54%)。应该说这个数字是令人震惊的。那么,是什么原因造成这种局面?我们应当如何去改进呢?

首先应当明白什么是技术规范。通俗地说,技术规范就是法律法规文字表达的规则和技巧,体现法律规范的形式要件,是在文字和文本形式上保证立法质量的重要环节。立法是一件专业性强,需要多方群体协同进行的复杂劳动和集体行为，作为立法成果的法律规范都是集体智慧的结晶。因此，立法活动需要有各方共同遵循的文本格式和行文规范，这样才能保证立法质量。在长期的立法实践中，立法机关和立法人员非常重视立法技术的运用和经验总结。2009年10月和2011年2月，全国人大常委会法工委将《立法技术规范（试行）（一）》和《立法技术规范（试行）（二）》分别印发省级人大"供工作参考"。但从这次调查来看，这些技术规范并未得到严格遵守。

我们认为，目前存在的主要问题有以下几个方面。

一是立法名称不规范。规范严谨的立法名称既便于人们识别，也有利于立法者正确设定立法条款，然而目前的地方法律文件的名称仍然较不规范，其主要表现为：（1）立法名称混乱交错。根据有关法规的规定和实践，目前地方性法规的名称可称"条例"、"实施办法"、"规定"、"办法"、"决定"、"规则"、"细则"等；地方政府规章的名称可称"规定"、"办法"，但不得称"条例"。但同时各地方政府制定的规范性文件，其名称也可称"规定"、"办法"、"决定"、"细则"、"规则"等。可见，法规、规章与规范性文件在名称上是交错的，给我们通过文件名称判定其性质和效力带来了困难，也不利于对各种法规、规章等地方立法文件进行监督。（2）立法名称不严肃。目前，地方立法文件的名称中使用"暂行"、"试行"，作为限定，其原因可能是想表明该立法还不成熟，有待进一步完善，但"暂行"、"试行"的使用容易给人一种不稳定的感觉。更何况有的地方立法"暂行"、"试行"，长达十几年。事实上，任何立法都存在对其进行修改和补充的必要，因此，"暂行"、"试行"之类限定语的使用根本没有必要。

二是立法抄袭现象严重。突出地方特色是地方立法的基本要求之一，因此，地方立法的具体条款必须针对性地解决地方的具体问题。然而地方立法中的抄袭现象明显违背了上述要求。地方立法抄袭是指地方立法中完全不作改动或仅作非实质性的改动，不必要地将其他法律文件中的内容和形式直接套用到本地的立法中的现象。目前，我国地方立法抄袭现象较为普遍。依据这次评估的结果，地方立法重复中央立法者，约占地方立法的 70%～90%。我们可以将这些立法抄袭现象概括为三种情形，即直接照抄、简单拼凑其他立法条款、套用其他法律文件的结构形式。而地方立法抄袭上位地方立法、抄袭其他地方立法的现象更为突出和严重。

三是立法体例的内部结构贪大求全。一般来说，国家法律、行政法规的规定通常涵盖不了各地的特殊情况，因此需要地方结合当地实际，制定实施性地方性法规、规章，对国家法律法规加以补充、延伸和具体化。这就要求地方立法应根据实施需要，能搞几条就搞几条，能制定"办法"的就不必制定"条例"，能搞"规定"的就不搞"办法"。但有的地方为构筑本地区的法规体系，制定法规搞"大而全"、"小而全"，动辄章、节、条、款、项一应俱全，总则、分则、附则齐备。

四是立法中法律规范的逻辑结构不严密。法律规范是立法文本的最重要组成部分，它由条件、行为模式和法律后果等要素组成，各要素必须明确、齐备且符合固有的搭配要求。但我国的地方立法在设置法律规范时还存在许多问题：一是要素不明确具体。条件设定不明确，授权性和处罚性条款过于原则。如不少法规中规定"按有关法律规定追究责任"、"对情节严重的严肃处理"。这些条款并未明确按"什么法律"追究"何种责任"，什么是"情节严重"，如何"严肃处理"等问题。二是行为模式与法律后果的配置失衡。地方立法中，义务轻而责任重，义务重而责任轻，权力大而责任小的情况并不少见。三是要素不完整。在地方立法中，只有义务、权力，没有法律责任的情况较为突出。比如《××市高新技术产业开发区条例》规定了高新区管委会的所属部门及其工作人员的权力，但整个立法文本缺乏"责任和惩罚"的相关规定。

那么，如何改善这种现状，解决此类问题呢？我们建议：

第一，坚持科学立法，以科学态度对待地方立法。立法是一门科学，立法技术是立法经验的积累和总结。因此，科学有效的地方立法等必须辅之以科学的立法技术。马克思曾说："立法者应该把自己看成一个自然科学家。他不是在制造法律，不是在发明法律．而仅仅是在表述法律，他把精神关系的内在规律表现在有意识的现行法律之中。"① 在立法过程中，立法技术的运用起到十分重要的作用。只有依靠立法技术，社会实践中的规律性事务才能得到精细化、科学化的记载。法国思想家孟德斯鸠说过："那些有足够的天才，可以为自己的国家或他人的国家制定法律的人，应该对制定法律的方式予以一定的注意。"② 因此，重视立法技术是社会对立法者提出的基本要求。在地方立法过程中，必须以科学、严肃的态度对待立法技术。首先，高度重视地方立法技术的研究工作，总结古今中外立法实践做法，并结合现代社会发展的实际需要，形成科学的现代立法技术规范。其次，我国地方立法机关及立法人员，深化对立法技术重要性的认识，加强对立法技术的培训和学习，在立法工作中自觉运用和不断完善立法技术。

第二，优化地方立法机关的人员结构。地方性法规、自治条例和单行条例由各地人大或其常委会审议通过，立法质量如何将取决于立法机关组成人员是否拥有胜任立法工作的能力。因此，人大代表、常委会委员的组成，应当从重视界别、民族、性别逐渐转到重视能力和素质上。另外，应优化人大各专门委员会特别是法制委员会组成人员结构，努力保证专委会成员中较大比例的法律专家和法律实践工作者（如律师、法官或检察官等），而且应根据其专业领域进行科学配置。比如，法制委员会应以法学专家和法律实践工作者为主，而其他委员会应以相应领域的专家学者或实践工作者为主。地方政府法制机构在行政立法工作中有举足轻重的作用，因此，政府法制机构中专门负责立法（主要是法案起草或组织起草及法案审查工作）工作的人员，必须具备一定的法学理论素养、熟悉法律内容，在考录这些工作人员时，设定相应专业资格，再进行择优选用。

第三，健全立法程序和立法技术。立法技术与立法程序密切相关，

---

① 孔祥利、林乐昌编《马克思经典著作选读》，陕西师范大学出版社，2009，第105页。
② 〔法〕孟德斯鸠：《论法的精神》（下册），张雁深译，商务印书馆，1963，第296页。

提高立法质量，完善立法技术，应当从以下方面开展工作。（1）完善立法起草程序，在立法起草阶段有意识提升立法草案质量。首先，规范立法起草程序的各环节和丰富立法各环节的主要内容。其次，确立立法起草主体遵循的原则，比如利益回避原则、公众参与原则、专家论证原则等。最后，处理好法案起草组织或人员与委托机构的关系。充分保证起草组织及其人员的立法独立性，同时加强委托机构与起草组织或人员的及时沟通，加强对起草组织或人员的保障工作。（2）加强审议程序制度化。在审议程序方面，加强以下方面的制度完善。一是建立立法草案提前送达审议人制度。审议人员应当在审议前对法规草案进行深入、细致的研究，因此必须建立法规草案提前送达审议人员的制度。二是完善立法公开制度。不仅要规定所有立法草案均应及时公布，而且应把重要的立法审议环节如大会审议、审议辩论等完全对社会公开。三是完善统一审查程序。明确统一审查的具体程序和方式，以保证统一审查机构能及时集中和比较各种意见，对草案进行恰当的修改完善。（3）加强行政立法审查程序建设。相对于地方权力机关立法程序而言，地方行政机关立法程序封闭，不利于地方立法技术水平的提高。从一定意义上说，政府法制机构是地方政府立法中进行立法技术把关的最重要的环节。因此，加强政府法制机构的审查程序建设尤为重要。为此，在审查方式上，应把个人审查和集体审查结合起来。在审查环节上，特别关注争议解决程序的科学设置。

第四，科学立法必须注意发挥专家学者的作用。现代立法是一门极具专业性、技术性的科学活动，"几乎没有任何脑力工作像立法工作那样，需要不仅是有经验和受过训练，而且通过长期而辛勤的研究训练有素的人去做"。[①] 因此，专家特别是法律专家参与立法，更有利于提升地方立法水平。目前，专家学者参与地方立法的具体方式多样，比如参与立法论证、立法规划、立法起草，提出立法意见或建议等。专家学者利用专业知识对立法的可

[①] 孔祥利、林乐昌编《马克思经典著作选读》，陕西师范大学出版社，2009，第207页。

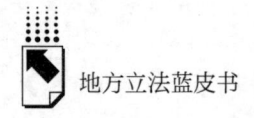

行性、针对性等方面进行分析，对法律文本的内容和结构进行建构，对法律语言进行规范，最终提升立法技术水平。在我国地方立法实践中，专家学者参与立法的模式有两种：第一种是"紧密型"，即成立专门的地方立法研究机构，如专家咨询委员会等，并以此为载体组织专家学者参与地方立法的研究、论证、决策和法案起草工作；第二种是"松散型"，即专家学者以个人身份独立地参与地方立法活动，这种参与具有偶发性和随机性。未来，可以在借鉴西方国家立法助理制度的基础上，进一步完善我国的"紧密型"专家参与立法制度。

三 行政处罚类地方性法规评估子报告

（一）总体分析

行政处罚，是指享有行政处罚权的特定的行政主体，对违反行政管理秩序尚未触犯刑律而又依法应当受到处罚的公民、法人和其他组织所给予的一种法律制裁。行政处罚是运用最广泛的、最富力度的一种行政执法行为。本部分选取的样本是一些地级市的人大及其常委会制定的行政处罚类地方性法规。

1. 宏观分析：以一级指标得分率为对象

通过对一级指标得分率的统计，可得出如下结论（见图5）。

第一，行政处罚类地方性法规的合法性得分率为100%。这说明各地立法机关在制定此类地方性法规时，注重合法性问题。不过，合法性指标上的满分现象与行政许可类存在类似的情形，即我们设定的这方面指标仅涉及两个问题：一是是否符合地方立法权限；二是是否同上位法精神、原则、内容相抵触。这样的指标显然仅仅定位于一种非常宏观的考察，一般是对地方性法规样本的总则部分进行分析，而一些具体的问题并没有被涉及。所以，这一得分率并不能充分说明全部规则的合法性，仅具有宏观意义上的参考价值。

第二，行政处罚类地方性法规的合理性和可操作性存在问题，但尚不严

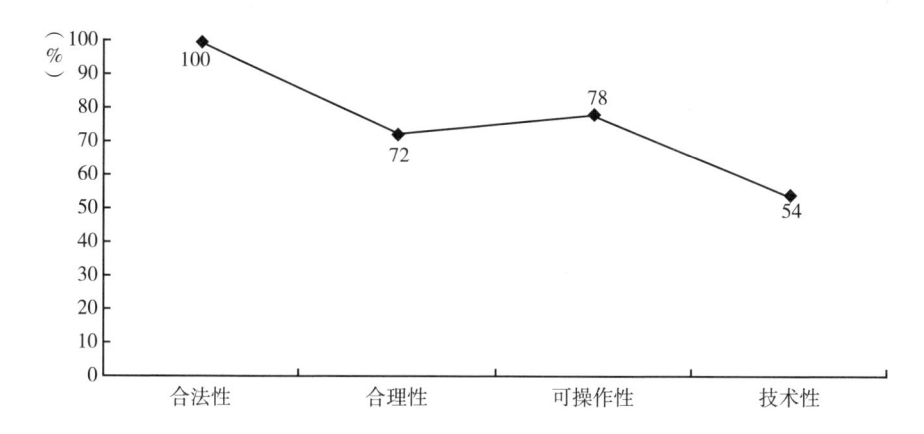

图5 行政处罚类地方性法规一级指标得分率

重,处于可接受的范围。通过这两个指标,可以认为:(1)行政处罚类地方性法规的合理性问题虽然还没到不及格的程度,但足以令人警醒(得分率为72%),应当引起立法机关的注意。(2)由于行政处罚类地方性法规与执法息息相关,因此地方立法机关往往比较重视其可操作性问题,在该项指标上得分率为78%,不能说优秀,但接近良好的水平。

第三,行政处罚类地方性法规的技术性问题最为严重,没有达到及格线(得分率为54%),亟须改进。我国有重实体轻程序的法律传统,反映到立法中就是重内容轻形式。技术性问题的得分如此之低是出乎我们意料的,反映了我国地方立法还处于比较初级和粗糙的水平阶段。

宏观分析给了我们一个大致的观感和总体的印象,但到底问题出在哪个环节,需要进一步的剖析。因此,下文将继续从中观(二级指标)和微观(三级指标)两个层次去揭示。

2. 中观分析:以二级指标得分率为对象

根据上文对一级指标得分率的分析,可以发现问题主要集中在合理性、可操作性和技术性三个一级指标上,那么,在这三个一级指标内部,到底是哪些二级指标拖了后腿呢?通过数据分析,可以发现如下问题(见图6):

第一,合理性方面,比较突出的问题是:救济途径不畅(得分率为51%);自由裁量范围过大(得分率为50%)。

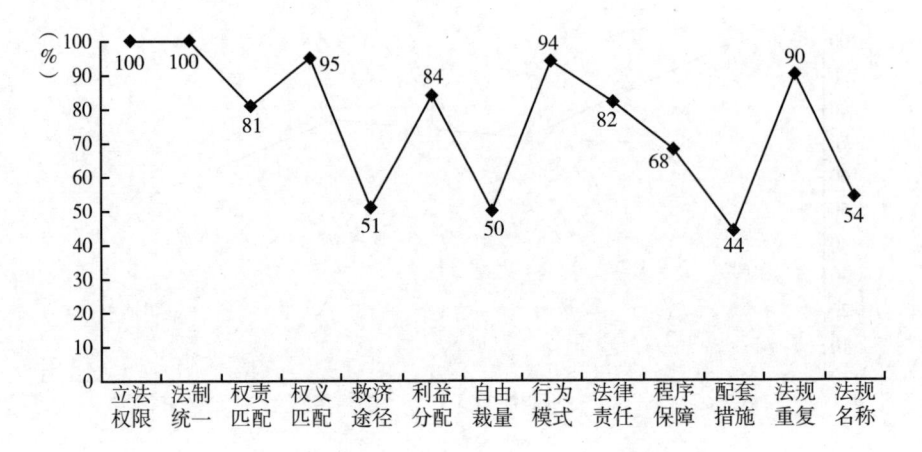

图6 行政处罚类地方性法规二级指标得分率

（横轴标签：立法权限、法制统一、权责匹配、权义匹配、救济途径、利益分配、自由裁量、行为模式、法律责任、程序保障、配套措施、法规重复、法规名称；对应数值：100、100、81、95、51、84、50、94、82、68、44、90、54）

第二，可操作性方面，比较突出的问题是配套措施不全（得分率为44%）。

第三，技术性方面，比较突出的问题是法规名称不符合技术规范（得分率为54%）。

3. 微观分析：以三级指标得分率为对象

就上文（中观分析）中发现的问题，我们通过三级指标得分率得出如下结论（见图7）。

第一，救济途径不畅的主要原因是：公民权利没有充分的程序保障（得分率为44%）；公民权利救济渠道不够充分有效（得分率为28%）。

第二，自由裁量范围过大的主要原因是执法自由裁量范围不够适当（得分率为50%）。

第三，配套措施不全的主要原因是地方立法机关没有出台足够的配套措施，以提升其可操作性（得分率为44%）。

第四，法规名称不符合技术规范的主要原因是不符合全国人大法工委的立法技术规范（得分率为54%）。例如，地方立法名称不规范，概念不准确，词语搭配前后矛盾，随意简化概念，使用日常用语、文件用语等代替法言法语，概念重叠使用等问题。

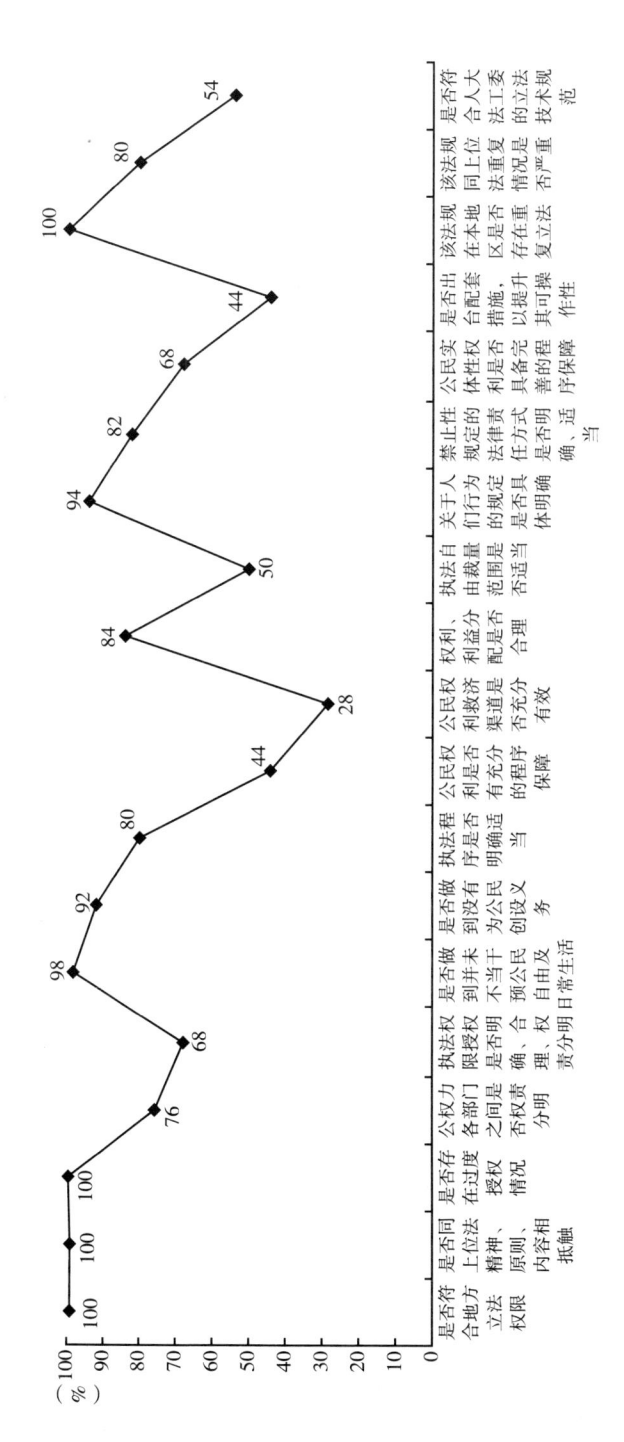

图 7 行政处罚类地方性法规三级指标得分率

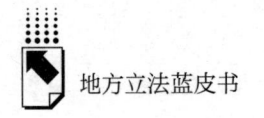

4. 小结

从总体上看，我国行政处罚类地方性法规的文本质量总体合格，但也存在若干问题，这些问题集中在合理性、可操作性和技术性方面。

（二）区域分析

鉴于我国不同地区在立法水平上的不平衡状况，除了总体性的观察外，我们还统计了行政处罚类地方性法规的区域合格率。我们将样本按照来源地划分为东北、华北、华东、西北、中南、华南、西南七个区域，然后分别加总统计，形成区域得分率统计表（见图8）。基于该表，可以发现我国不同区域的行政处罚类地方性法规的文本质量参差不齐，很不平衡，按得分高低可分为三个档次：（1）得分率没有达到及格线（60%）的是西南地区（川滇黔藏）；（2）得分率介于及格线与优良线之间（60%-80%）的有东北（辽吉黑）和西北（陕甘宁新）；（3）得分率超过优良线（80%）的有华北（晋冀蒙）、华东（鲁苏皖赣浙）、中南（湘鄂豫）和华南（粤桂闽琼）。

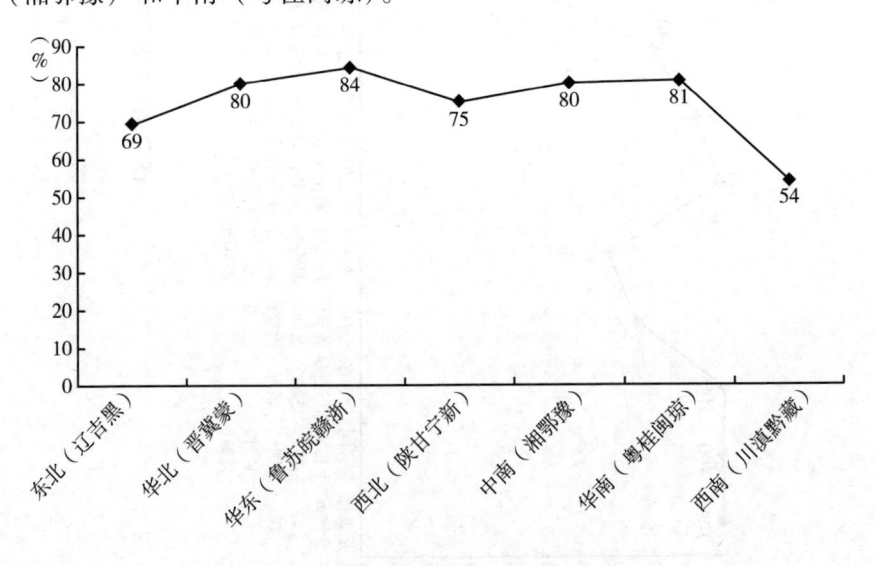

图8 行政处罚类地方性法规区域得分率

区域	得分率(%)
东北（辽吉黑）	69
华北（晋冀蒙）	80
华东（鲁苏皖赣浙）	84
西北（陕甘宁新）	75
中南（湘鄂豫）	80
华南（粤桂闽琼）	81
西南（川滇黔藏）	54

这种局面与哪些因素有相关性呢？我们认为，这和我国地方经济状况有一定对应关系，得分率超过优良线的地区大都是经济发展不错的中东部地区，而得分相对较低的东北、西北和西南在经济发展水平上也比较低。简而言之，地方立法水平和地方经济水平存在正相关关系。这反过来也可能说明地方立法水平影响地方经济水平，即立法水平较低的地方，其经济发展水平也较低。

（三）问题分析与对策建议

1. 合理性

第一，加强地方行政程序法制建设，畅通行政处罚活动中公民权利的救济途径。以行政行为的效果是否有利于行政相对人作为标准，可以把行政行为分为授益行政行为和损益行政行为，损益行政行为又称为不利行政行为、侵益性行政行为、负担性行政行为。行政处罚是一种典型的损益行政行为，《最高人民法院关于规范行政案件案由的通知》也正式确认了这一点。行政处罚中的公民权利救济是个老大难问题。从数据分析来看，我国行政处罚类地方性法规还存在公民权利没有充分的程序保障（得分率为44%）和公民权利救济渠道不够充分有效（得分率为28%）的文本缺陷。由于公民权利救济是行政程序法制的重要内容，这些缺陷说明了我国行政程序法制建设的不足。

显然，对于这些问题，必须加强行政程序法制建设。首先，行政程序法是依法治国、依法行政，建设法治政府、法治国家、法治社会的必由之路。行政法的归宿和宗旨是保障公民权利，维护公共利益，建设法治政府进而建设法治国家。但没有行政程序法，很难实现上述目的。因为行政程序法是规范和约束行政权力，将其制度化、理性化、合理化，防止行政权被滥用的制度装置。其次，没有行政程序法，很难更好地保护公民、法人和其他组织的合法权益免受行政权侵害。从制度功能来说，行政程序法有其独特价值，行政复议、行政诉讼乃至行政赔偿实际上只是在公民的合法权益受到侵害以后才能提供有限的、可能已经于事无补的救济。相似地，对公务员的行政处分、刑事处罚只能在其滥用行政权力，给国家和公民合法权益造成损失之后才能开展追究。而行政程序法则是力图在事前和事中就把权力控制住，使其不能或者不易被滥用，尽量阻止损害发生的模式。换句话说，法治政府、法治国家当然应该有行政复议、行政诉讼、行政赔偿，也应该有行政处分和刑事处罚，但是更应该有行政程序法。再次，行政程序法是我国行政法律体系的薄弱环节，其滞后性已经严重影响到了依法行政乃至依法治国的大局。众所周知，我国法律传统历来存在着重实体轻程序的问题，这也是我国行政法律体系的现状。正当法律程序原则尚未以正式法律的形式得到确认，这掣肘了行政法治的整体推进，已经成为我国行政法律体系的短板。因此，行政法学界已经基本达成了大力加强行政程序法制建设的共识。

但是，由于种种历史与现实的原因，中央层面的行政程序立法一时难以出台，因此，比较可行的是首先在地方层面加强行政程序法制建设。为此，最好是在省级层面进行本地行政程序的集中化立法，将行政程序的基本原则确定为本地行政活动的准则。若能如此，则可以缓和目前存在的这些问题。

第二，规范行政裁量基准，遏制行政处罚自由裁量范围过大的问题。从上述数据分析来看，我国行政处罚自由裁量的范围不够适当（该问题上得分率为50%）已经成为比较严重的问题。行政裁量存在的合理性源于对个案正义的追求。而由于行政权的高权性、执行性、干涉性，行政裁量可以说是行政法领域中一个不可避免的现象，也是行政法治建设中不容回避的课题。由于行政裁量难以避免地存在主观性，因此，防止行政裁量的恣意滥用就成为重要问题。在我国这种行政法治尚不够健全的国家，对行政自由裁量权的控制尤其重要。由于行政执法机关有宽泛的裁量权，同时又没有有效的程序法律制约，行政执法裁量权的行使容易处于失序状态。"同案异罚""处罚不公""选择性执法"等现象屡见报端。行政裁量与行政处罚相伴而行。据不完全统计，我国现有800多部法律、行政法规以及约13000件地方性法规、部门规章和地方性规章，其中涉及行政处罚条款的占85%以上，行政机关享有处罚裁量权的条款占90%以上。为此，为缓解行政处罚中的裁量恣意问题，人们提出了许多方案，而比较重要的一种方案就是设立并细化行政裁量基准。也就是说，要将行政处罚规范中的裁量范围予以明确化、具体化，为处罚的个案裁量提供更有正当性的指引。

2004年国务院在《全面推进依法行政实施纲要》（国发〔2004〕10号）中明确提出"行政机关行使自由裁量权的，应当在行政决定中说明理由"。2008年《国务院关于加强市县政府依法行政的决定》（国发〔2008〕17号）则明确要求，"要抓紧组织行政执法机关对法律、法规、规章规定的有裁量幅度的行政处罚、行政许可条款进行梳理，根据当地经济社会发展实际，对行政裁量权予以细化，能够量化的予以量化，并将细化、量化的行政裁量标准予以公布、执行"。2010年《国务院关于加强法治政府建设的意见》（国发〔2010〕33号）则明确要求，"建立行政裁量权基准制度，科学合理细化、量化行政裁量权，完善适用规则，严格规范裁量权行使，避免执法的随意性"。从中可见，行政裁量基准已经正式成为我国政府认可的法律概念并被作为规范执法的重要制度工具。

那么，如何规范行政处罚的裁量基准呢？首先就是要加强立法，然后通过立法指引和规范执法予以实现。为此，在中央立法层面，应当确立行政处罚的裁量原则。在地方立法层面，则应当逐层建立起行政处罚的裁量标准体系。行政执法机关也应尽量具体化裁量标准。同时，地方立法机关和行政执法机关还应注意吸收一线执法人员和行政相对人的意见。一方面，应当注意吸收基层执法人员的执法经验和执法教训，总结执法实践中的裁量规则，与抽象的裁量原则相结合，形成类型化的裁量基准。另一方面，应当注重发挥行政相对人的作用，鼓励其参与到行政处罚裁量基准完善的过程之中。

2. 可操作性

由前文数据分析可知，可操作性方面的主要问题是配套措施不全，而配套措施不全的主要原因是地方立法机关没有出台足够的配套措施，以提升其可操作性（该问题上得分率为44%）。从本次调查的这些样本来看，这方面还显得比较薄弱。这可能导致什么样的后果呢？可以认为，行政执法机关由于缺乏足够的法律手段，可能产生懒政怠政问题。要解决这一类问题，就必须将健全配套措施作为提高此类地方性法规可操作性的切入点、关键点和着重点。为此，我们建议从如下方面补充加强配套措施。

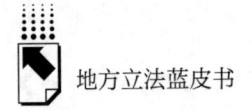

第一，清理和修订相关的地方性法规，细化对执法机关和执法人员的授权。行政处罚的制度设计首先要解决一个授权问题，也就是除了规定行政执法机关和执法人员的处罚权限之外，还应规定他们如何去行使这些权力。须知，"如何处罚"正是所谓配套措施不全的实质，解决这一问题，行政执法机关缺乏自我设权的正当性，必须追溯到处罚权的来源——立法——之上去，由立法来规定如何处罚。要做到这一点，地方立法机关就应当清理行政处罚类的地方性法规，赋予执法机关和执法人员与执法任务相匹配的执法手段，使其具备足够的执法能力。在这一过程中，也应重视行政相对人的参与，听取他们的意见。法的清理又称法的整理，是指有权机关在职权范围内，按照一定的程序，对一定范围的法律、法规、规章和其他规范性文件进行梳理和研究，对存在不适应、不一致、不协调等问题的规范性文件作出相应处理的综合性立法活动。法的清理是一项综合性立法活动，清理目的是对规范性文件作出修改或者予以废止等，只有制定该规范性文件的机关具有这个权力。

第二，设置合理的执法手段，既尊重行政机关的裁量权，又要规范这种裁量权。由于行政处罚问题的专业性与复杂性，行政机关应当享有一定的判断余地（对手段的裁量权），拥有多样化的手段配置。在行政处罚的执法过程中，若行政机关的判断余地不被尊重，则执法机关可能陷入"该罚的罚不了"的困境，行政所代表的公共利益就可能得不到很好的保护。因此，一方面，地方立法机关对行政手段的配置应当考虑到行政机关的判断余地，赋予其手段上的裁量权，另一方面，为了尊重和保障行政相对人的合法权益，又要规范这种手段裁量。具体来说，执法手段的配置应当注意：（1）执法机关的手段裁量必须基于全面的事实因素；（2）执法机关的手段裁量必须遵守程序规定和正当程序原则；（3）执法机关的手段裁量必须遵循比例原则，不能用大炮打蚊子，必须在处罚时说明执法手段和执法目的之间的关联性；（4）执法机关的手段裁量必须仅考虑相关因素，不得考虑不相关因素。

第三，立法机关应当努力提高规范构成要件的明确性。法律规范的明确性是法治的一个重要原则，也是判断立法水平的重要标尺，更是保障公民的自由和安全的重要屏障。在刑法中，明确性被视为罪刑法定主义的重要内容和实质侧面，要求立法者不得制定构成要件不明确、行为犯罪化的边界不清晰、法定刑幅度不确定的刑法规范。在行政法中，行政处罚法作为与刑法最具有相似性的法律，也应遵从这一原则。事实上，通过上述数据分析，我们已经可以感知到，我国行政处罚类地方立法的一大问题就是规范不够明确，如禁止性规定的法律责任方式不够明确，关于人们行为的规定不够具体明确，等等。规范的明确性其实是构成要件的明确性问题。如果构成要件的含义模糊不清、模棱两可，就会剥夺行政相对人的可预见性，就会赋予行政执法机关宽松的裁量空间。立法是创制规范的活动，是法治的逻辑起点。对于行政处罚来说，明确性的要求固然是为了防止处罚范围的不确定性与过度的广泛性。这虽是对执法机关的要求，但首先是对立法机关的要求。基于法治主义的立场，我们认为，明确性要求立法机关所制定的处罚规范要符合三个方面的要求：一是行政执法机关据此可以判断是否可以作出处罚的程度，二是法官据此可以判断处罚行为是否合法的程度，三是行政相对人据此可以预测什么样的行为是被行政处罚规范所禁止的。为了实现明确性，立法机关首先应当确立繁简得当、疏密有致的指导思想，防止烦琐主义。其次，在技术上，一是要改进构成要件的表述方式，尽可能多用叙述性要件，少用简单要件和空白要件，二是使用具有明确性特质的立法语言，既要准确、清晰，又要简洁、通俗。

3. 技术性

由前文数据分析可知，技术性方面的主要问题是法规名称不符合全国人大法工委的立法技术规范（得分率为54%）。应该说这个数字是令人震惊的。那么，是什么原因造成这种局面？我们应当如何去改进呢？

所谓立法技术规范，通俗地说就是法律法规文字表达的规则和技巧，体现法律规范的形式要件，是在文字和文本形式上保证立法质量的重要环节。立法是一件专业性强，需要多方群体协同进行的复杂劳动和集体行为，作为立法成果的法律规范都是集体智慧的结晶。因此，立法活动需要有各方共同遵循的文本格式和行文规范，才能保证立法质量。在长期的立法实践中，立法机关和立法人员非常重视立法技术的运用和经验总结。2009年10月和2011年2月，全国人大常委会法工委将《立法技术规范试行（一）》和（二）分别印发省级人大"供工作参考"。但从这次调查来看，这些技术规范并未得到严格遵守。

我们认为，造成这种局面的因素很多，主要有以下方面：

一是立法人员的素质不高。法律、法规、规章的制定、清理、修改、废止要求立法工作人员不仅要有立法为民的负责态度，还要有丰富的法律知识和较高的立法技术，以及良好的法律素养。立法质量说到底与立法者的素质密切相关。立法是一门科学，没有立法知识和技术的人员不可能制定出高质量的法律。从历史上看，地级市这一级的立法机关除了较大的市以外，大多是在《立法法》修改后才开始立法工作，缺乏必要的人力资源储备，导致立法质量普遍不高。

二是立法机制有问题。由于立法机关在专业知识上不足，不少涉及行政处罚的地方性法规乃至法律草案都是由相应的行政管理部门起草，然后提交本级人大及其常委会审议。这虽然有助于弥补立法工作人员的知识不足，有利于提高行政管理效率，但其弊端也颇多。例如，这种立法机制为部门扩权提供了机会，可能导致部门利益合法化。一些部门起草的草案将注意力放到监管权限的扩充和行政资源的获得上，其注重的是为本机关配置行政处罚权（以及扩编、扩大预算等），但这些行政处罚规定往往有可能超出立法目的所必要的范围。从立法的科学性上说，由于立法并非行政机关的工作人员的本职工作，他们缺乏立法工作的必要训练，所以部门立法往往导致立法文本不符合技术规范，从而影响立法水平的提高。

三是立法体制有问题。从逻辑上来说，行为规范必须有责任规范的配合才可能产生实效。全国人大常委会制定的立法技术规范缺乏足够有力的实现机制，这就纵容了地方立法机关在立法中的不合规行为。从目前来看，地方立法的技术违规难以纠正受制于两个体制因素：（1）上级与下级人大及其常委会之间没有领导关系，所以上级人大及其常委会难以及时纠正下级人大及其常委会的立法。(2)我国对规章以上的地方立法的司法审查较弱,因此难以通过个案发现此类问题。而从国外法治经验可知,个案是发现此类问题的重要渠道。

四是技术性违规的法律定性比较模糊。立法文本的技术性违规是不是一个合法性问题还没有引起立法机关的关注,事实上也没有定论。如果将其理解为一种轻微的瑕疵,则难以通过司法渠道纠正。如果将其理解为一种违法行为,则似乎又有点过于严厉,因为这种瑕疵一般来说并不会影响其实施。

那么,如何改善这种现状,解决此类问题呢?我们建议:

第一,地方立法机关应大力提高立法工作人员的素质。一方面,最直接、最快的方式是引进高素质的立法人才。近几年宪法学和行政法学的博士、硕士毕业生越来越多,高校和研究机构里面的此类人才也有不少,从不同地方引进获得博士、硕士学位并具有丰富实践经验的人员是最快的方法。另一方面,地方立法机关要经常组织立法工作人员参加法律知识培训、加强业务学习,使他们加快吸收最新的法律知识,了解立法领域的理论发展情况,还要鼓励现职人员以多种形式进修、学习,进入大学和研究机构进行系统训练。这样培养出来的人才既是业务专家,也是实践专家。这种理论和实践结合起来的立法工作者才可胜任立法机关的工作。

第二,立法应当去部门化。首先必须要强化人大在地方立法中的主导权,地方人大从一开始就应当将起草工作交由常委会负责,建立由常委会抓总负责的机制,打破部门立法的狭隘界限。常委会的起草工作要从全社会利益出发,最大限度反映人民群众的意志和利益。其次,在立法过程中,要推进民主立法、开门立法的方式,邀请专家学者参与立法过程,广泛征求社会各界和人民群众的意见,认真总结和思考,并将起草好的草案向社会公布,听取各界的评论和修改意见。再次,对于有必要听取相关部门意见的立法工作,地方立法机关可以在立法过程中通过专项调研、征求意见、座谈等方式,积极邀请相关部门发表意见。如有必要,也可以将这些部门意见交给公众讨论,但不能完全交给部门去完成。

第三,改进立法监督体制,加强对技术性违规的责任追究。一方面,上

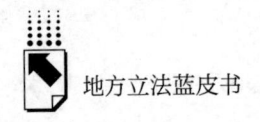

级人大及其常委会应当积极探索建立备案、解释、废除等立法监督体制。另一方面，要探索对规章以上的地方立法的司法审查机制，努力扩大司法机关对地方立法的监督力度、层次和范围。

第四，明确技术性违规的法律定性。我们认为，立法文本的技术性违规本质上是一个合法性问题而不是合理性问题。因为，文本的瑕疵可能导致法律体系的不统一，是不容忽视的大问题。所以，有必要将其纳入合法性监督中。

4. 地域不均衡性

地区发展的不均衡往往导致立法水平和观念的不均衡，这从上述数据分析中可见一斑。而这种立法水平上的不均衡性又具有潜在的危害性。例如，一些在经济发达地区受限制、没有办法生存的污染产业转移到环境良好、环保准入门槛较低的地区，导致环境污染的转移，这里面就有行政处罚类地方立法的水平差异。在近年来的产业转移过程中，这已经成为比较严重的问题。从数据统计中我们看到，西南的地方立法水平是最低的，东北和西北稍好一点，而这些地区大都是近年来产业转移的接受地，可能会再出现先污染后治理的现象。因此，立法水平的地域不均衡是一个可能影响到国家治理大局的问题，不容我们忽视。

这种不均衡性的原因是什么？我们认为主要有以下几个方面：

一是立法能力的差异性。立法能力的一个重要影响因素就是立法人员的水平。由于中东部的经济发展水平较高，因此，各类人才都往这些地方集中，形成所谓的"孔雀东南飞"现象，立法人才自然也不例外。这就造成西部地区在立法能力上的先天不足。

二是中央立法的水平不高。在中央立法和地方立法的关系上，中央立法是地方立法的上位法，对地方立法具有指引和约束作用。地方立法只能在中央立法划定的范围内去出台具体实施细则。如果中央立法具有较高的水平，那么地方立法即便出错也不会错到哪里去。但是，在不少部门行政法领域，却存在中央立法过于原则性，地方立法空间过于宽大的问题。例如，广东、江苏等经济发达省份在很多环保标准上在全国处于领先地位，但这些高标准却没有被中央立法所吸收，也就难以在其他地方推广。

三是审查监督机制效率不高。现存对地方立法的监督从逻辑上说比较严密，但实践中往往流于形式。例如，我们主要通过上下级立法机关之间的备案审查机制来规范立法，但现实操作中却大多停留于备案环节，鲜有审查，更不用说审查之后的废除等。总之，现有的监督机制难以起到应有的作用。另外，司法审查的路径也走不通。行政诉讼无法审查规章以上的立法，导致地方立法即便存在问题，也可以在缺乏监督制约的背景下任意施行。

四是地方保护主义。从《立法法》出台至今，我国立法主体大大扩容，省级人大和政府、较大的市人大和政府都获得了立法权，而在《立法法》于2015年修订之后，地级市也获得了立法权，立法主体进一步扩容。这种立法主体的多元化已经产生了地方保护主义问题。有的地方以立法的方式将一些地方保护政策予以合法化，以实现一些特定的政策目标——主要是经济发展目标。例如，为了引进外来投资，有的地方不惜降低环保标准、劳动保护标准、纳税标准等等。显然，经济相对落后的地区最可能有这种动机。简言之，地方保护主义是导致地方立法水平差异的重要主观因素。

那么，如何遏制这种现象，解决此类问题？我们建议：

第一，通过知识更新，提高落后区域的立法能力。知识更新的方式可以多种多样，一是可以通过更新立法人员队伍来实现知识更新，二是可以通过培训在职立法人员、送其进修的方式来实现知识更新，三是可以通过人才异地交流的方式来实现知识更新。

第二，提高中央立法的水平。全国人大及其常委会应当积极检讨修订已有的法律，努力做到与时俱进。例如，环保法关于生态保护、环境保护底线的门槛应当适当上提，避免在落后地区造成环境欠债。

第三，改进对地方立法的审查监督机制。地方立法的不均衡问题实质是部分地方的立法违反上位法的问题。从目前来看，司法机关审查范围过窄是这类问题难以得到纠正的制度病根。因此，全国人大及其常委会应当考虑进一步释放司法审查的潜力，将地方立法纳入司法审查的范围，这是保证国家法律体系的统一性，将不同地方整合进法秩序的重要途径。

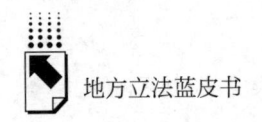

第四，打破地方保护主义。地方主政者应当提高法治观念水平，认识到地方保护主义是阻碍和干扰建立社会主义市场经济体制的重要障碍，有效地打击和清除地方保护主义是推动建立公平、竞争、开放、统一的社会主义大市场的重要内容，也是当前整顿和规范市场经济秩序工作的一项重要任务。

四　结论

本评估在三级指标的选择上精心设计，主旨在于希望设计出的指标能够最大限度地提升数据的可得性和准确性，从而保证行政处罚和行政许可两类地方立法评估结果的区分度、可比性。在理想状态中，考察行政类地方立法，应该既全面覆盖实体性法律和程序性法律的合法性，又能够对立法文本的质量作出测量。但是，现实中对于立法过程的不公开、不透明，使得评估的过程难点不断，很难通过网络检索的方式获得相应数据，虽然被观测对象的上级政府可能掌握相关的数据，但又与评估原本期待获得的效果呈现很大差距，无法满足预期效果。最终，选定四个方面的观测点，虽然这些评估指标也不能全面反映出地方立法机关制定行政类法律的过程全貌，但至少可以借助这些基础性指标实现对法治政府最低限度的要求。换句话说，如果该四项指标涵摄的法治政府建设要求都无法满足，便无法形成完整的法治政府建设的规范体系。

评估结果显示，我国行政许可类和行政处罚类地方性法规的文本质量总体合格，但也存在若干问题。具体而言，这些问题集中在合理性、可操作性和技术性方面：其一，救济途径不畅；其二，自由裁量范围过大；其三，公民实体性权利并没有完备的程序保障；其四，法规名称不符合技术规范；等等。但是，总的说来，经过多年的实践，地方立法机关的立法技术获得长足进步，在党中央的领导下，按照全国人大及其常委会的要求，创新立法工作方式，逐步建立稳定、长效的体制机制，在行政立法和制度建设领域取得了一定的成绩，并彰显地方立法的特色，但是离理想中的地方立法仍然存在较大差距。在评估过程中，不同地方由于政治经济发展状况的不一致，立法人才分布也不一致，由此对地方立法权的行使产生直接影响。与此同时，不同的地方因区域、文化的不同，地方立法过程中所遇到的难点、重点也有所不同。针对上述问题，本评估提出如下建议。

第一，程序之治对于地方立法权的正确行使意义重大。各级地方立法部门应当严格贯彻落实《立法法》等法律的基本要求，对于地方立法的制定程序应当进一步完善，通过引入现代法经济学的相关知识，进行制度成本与制度效益的分析，通过引入第三方评估进行立法的风险评估，确保地方立法的有效性，提升地方立法质量。从制度功能来说，地方立法的程序法具有重要价值，公民的合法权益要从源头得到保护，必须在立法环节进行保护。而立法的程序法则是力图在事前和事中就把立法权控制住，使其不能或者不易被滥用，尽量阻止损害发生的模式。换句话说，法治政府、法治国家当然应该有相关的行政类法律，但是更应该有相关行政类立法的程序法。当前，行政类立法的程序法是我国法律体系的薄弱环节，其滞后性已经严重影响到依法行政乃至依法治国的大局。众所周知，我国法律传统历来存在着重实体轻程序的问题，这也是我国行政法律体系的现状。正当法律程序原则尚未以正式法律的形式得到确认，这掣肘了行政法治的整体推进，已经成为我国法律体系的短板。因此，行政法学界已经基本达成了大力加强程序法制建设的共识。

第二，立法信息应当及时公开。当前的相关立法已经将立法公开写入其中，明确要求立法过程应当包括公众参与、听取意见、及时报备等基本程序，因此，地方人大在官网上专门设置立法征求意见栏，相应地，接受报备的上级机关也应当制定专门的报备法规目录并予以公开。详言之，立法民主是以立法公开为前提的，立法公开是立法民主的应有之义。现代社会里，公民应该享有充分的知情权，有权了解立法机关的所作所为，应当从以下几个方面进一步推进立法公开：公开立法规划和计划；公开法律草案；公开法律草案的审议；公开征求情况；公开立法文件和资料。

第三，改进立法监督体制，加强对技术性违规的责任追究。首先，地方性法规的审查主体应当有专门规定。按照《立法法》相关法律规定，全国

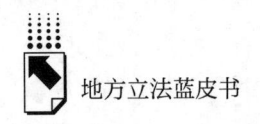

人大有关专门委员会对地方性法规的审查，由法制工作委员会具体负责。这种规定导致权力监督的多元化。为了提高监督立法的效率，必须进一步明确监督主体职权与职责。地方性法规涉及的社会事务属性和范围，应当由全国人大常委会法工委专门负责，特殊情况下，可以与有关专门委员会一起审查。再就地方监督机关而言，《立法法》和省的"立法条例"规定了省级人大改变或撤销常委会制定的不适当地方性法规的权力，但没有规定改变或撤销之前的审查工作应由哪个机构负责进行。当前，在国家立法层面，由全国人大常委会法工委负责审查立法工作，在地方立法层面，由省人大所设的法制委员会负责针对地方性法规开展审查。其次，提高监督程序的可操作性，目的在于限制权力的随意性，程序法规范有助于强化限制立法权力的任性与恣意。因此，必须建立健全省级人大的立法监督。参照全国人大常委会立法监督程序，赋予特定国家机关、社会组织和公民依法向省人大法制委员会提出审查或建议的权利，以启动监督程序。经审查，认为省级人大常委会制定的地方性法规违反宪法、法律、行政法规或本级人大制定的其他地方性法规不适当的，应当向人大全体会议提出改变或撤销某项地方性法规的议案，并由本次人大代表团小组会议或代表团全体会议审议。审议议案时，本级人大常委会法制工作机构的负责人必须到会听取代表的意见，并向大会提供有关资料；经审议认为省级人大常委会制定的地方性法规应予改变或撤销的，应交大会全体会议投票表决等。就后者而言，应当作出具体细致的规定。

第四，明确技术性违规的法律定性。当前，我国的立法技术存在缺陷，尤其表现在对于立法技术的监督方面。如何加强对于立法技术的监督呢？一方面，要强化监督立法过程。在法律文本出台前，对立法过程的监督，应当以立法技术为重点进行解决。通过立法公开，听取公众意见，可以聚民意。目前，法定监督对较大的市制定的地方性法规、自治条例和单行条例的批准，是重要的事前监督，可以及时解决相关问题。另一方面，事后监督的重心在于审查规范性文件的合法性，却无法起到有效作用，应当从立法上完善备案审查和立法清理程序，更好地发挥备案审查和立法清理的作用。目前，我国中央立法和地方立法均缺少统一而操作性强的关于立法技术的法律规范或标准。虽然一些地方已制定立法技术规范，但这些规定存在如下不足。一是由主任会议制定。主任会议通过的文件一般是内部文件，仅对内有约束力，不利于公众知晓和监督。二是适用范围仅限立法机关。这些技术规定一般都明确规定其适用范围为地方性法规、民族自治条例和单行条例及授权立法，迄今尚未有地方行政机关制定立法技术规定的情况。三是各地对立法技术的规定差异较大。各地方立法技术规定在具体内容上有较大差异，不利于地方立法的整体水平提高，也影响了国家法制的统一。因此，目前由地方自行规定立法技术规范的做法只能是权宜之计，在条件成熟时，国家应当及时制定全国统一的、适用于中央和地方各种立法类型的立法技术标准，并对地方立法技术的特殊要求作出专门规定。

专题报告

Special Reports

B.5
新赋予立法权的设区的市立法动向

郭叶 曹琴*

摘 要： 2015年《立法法》修改后，新赋予273个设区的市立法权，在地方立法主体大幅度扩容的同时限制了地方人大的立法事项。截至2017年12月31日，已有273个设区的市确定立法权，并已发布614部地方性法规。本文调研了这273个新赋予立法权的设区的市的确权情况及法规发布情况，展示了地方人大立法成果，同时发现立法过程中存在的诸多问题和困境制约了地方人大立法工作的发展，从而探讨通过完善制度建设、发展信息化等方式促进地方人大更好地行使立法权。

关键词： 地方立法权 设区的市 立法权确权 备案审查工作

---

* 郭叶，北京大学法制信息中心副主任，北大法律信息网副总编；曹琴，"北大法宝"立法运营总监，北京大学法制信息中心研究人员。

随着2015年3月15日《中华人民共和国立法法》修改，我国地方立法主体大幅度扩容。2000年制定的《立法法》赋予49个较大的市立法权，修改后立法主体扩容为322个设区的市，其中273个为新赋予立法权的设区的市。地方立法主体的扩容及权限范围的调整对我国地方立法权发展以及我国备案审查制度有深远影响。本文以273个新赋予立法权的设区的市为研究对象，以"北大法宝"法律法规库中的"设区的市地方性法规"作为数据样本①，介绍地方人大立法权确权概况和特征以及地方人大立法实践状况，进而揭示《立法法》修改后地方人大立法工作以及备案审查工作存在的问题和困境，探讨解决问题的建议和方案，以期为我国地方人大立法实践及备案审查工作提供参考。

一 设区的市地方立法权限发展

（一）立法主体发展

我国《立法法》修改前，49个较大的市享有地方立法权（含27个省、自治区的省会或首府，4个经济特区所在地的市，18个国务院批准的较大的市）。总体数量不多，每个省份含有1~5个较大的市，呈"特例式、散点分布"②。

为了适应地方经济社会发展的需求，完善地方法治，2015年《立法法》修改后，将享有地方立法权的设区的市扩容至322个。在原有49个较大的市基础之上增加了273个设区的市③。全国27个省、自治区都有不同程度

---

① 本文研究的数据时间范围为：2015年3月15日至2017年12月31日。
② 郑磊：《设区的市开始立法的确定与筹备——以〈立法法〉第72条第4款为中心的分析》，《法治文明与法律发展》2016年第7期。
③ 含新获得立法权的235个设区的市和30个自治州，4个"比照适用本决定有关赋予设区的市地方立法权的规定"的不设区的市（广东省东莞市和中山市、甘肃省嘉峪关市、海南省三沙市），4个新设立的设区的市（2015年3月新设立的西藏林芝市和新疆吐鲁番市，2016年1月新设立的西藏山南市和新疆哈密市）。

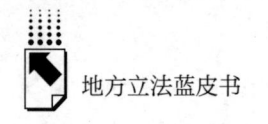

的扩容，有12个省、自治区新增了10个以上设区的市。

从图1可以看出，各省的市级立法主体总量整体呈跨越式增长。其中总量最多的省份是四川和广东，各有21个享有立法权的主体；其次是山东和河南，各有17个立法主体；再次是安徽和云南，各有16个立法主体。

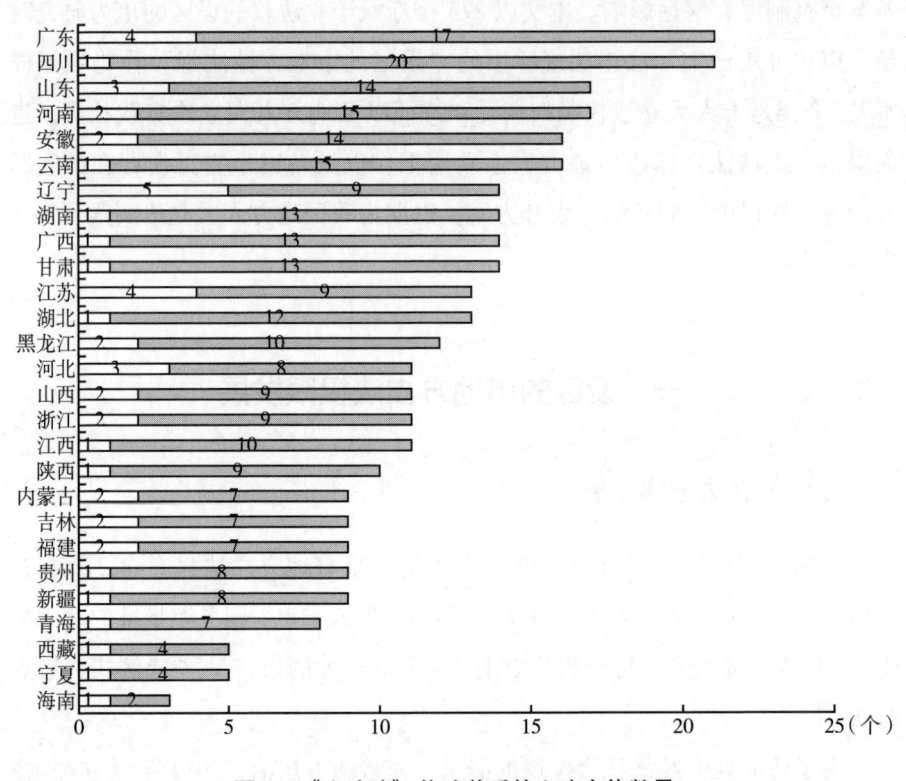

省份	原有	新增
广东	4	17
四川	1	20
山东	3	14
河南	2	15
安徽	2	14
云南	1	15
辽宁	5	9
湖南	1	13
广西	1	13
甘肃	1	13
江苏	4	9
湖北	1	12
黑龙江	2	10
河北	3	8
山西	2	9
浙江	2	9
江西	1	10
陕西	1	9
内蒙古	2	7
吉林	1	7
福建	2	7
贵州	1	8
新疆	1	8
青海	1	7
西藏	1	4
宁夏	1	4
海南	1	2

图1 《立法法》修改前后的立法主体数量

（二）立法范围发展

在地方立法主体大幅扩容的同时，地方立法权限有所调整。2000年《立法法》第63条第2款规定，"较大的市的人民代表大会及其常务委员会根据本市的具体情况和实际需要，在不同宪法、法律、行政法规和本省、自治区的地方性法规相抵触的前提下，可以制定地方性法规，报省、自治区的人民代表大会常务委员会批准后施行"①。

《立法法》修改后明确，新赋权的设区的市"可以对城乡建设与管理、环境保护、历史文化保护等方面的事项制定地方性法规"，立法事项调整为三项："城乡建设与管理、环境保护、历史文化保护等方面"②。

二 设区的市立法权确权状况分析

（一）确权依据

为了给新赋予立法权的设区的市立法准备留出筹备时间，修改后的《立法法》第72条第4款规定，其他设区的市开始制定地方性法规的具体步骤和时间，由省、自治区的人民代表大会常务委员会综合考虑本省、自治区所辖的设区的市的人口数量、地域面积、经济社会发展情况以及立法需求、立法能力等因素确定，并报全国人民代表大会常务委员会和国务院备案③。由此确立了省级人大常委会对新赋予立法权的设区的市开始立法时间的确定权，也因此带来各省对设区的市立法权确权情况的差异性。

（二）确权概况

1. 确权工作于2017年底全部完成

截止到2017年11月30日，随着西藏山南市和新疆哈密市被自治区人大常委会赋予立法权，新获得立法权的273个设区的市已全部完成确权。从2015年3月15日《立法法》修改开始，历经2年零8个月，全国范围内所

---

① 参见《中华人民共和国立法法》，北大法宝法律法规库，http://www.pkulaw.cn/fbm/，【法宝引证码】CLI.1.26942，最后访问日期：2017年10月8日。
② 参见《中华人民共和国立法法（2015修正）》，北大法宝法律法规库，http://www.pkulaw.cn/fbm/，【法宝引证码】CLI.1.245693，最后访问日期：2017年10月8日。
③ 参见《中华人民共和国立法法（2015修正）》，北大法宝法律法规库，http://www.pkulaw.cn/fbm/，【法宝引证码】CLI.1.245693，最后访问日期：2017年10月8日。

有设区的市已全部被赋予立法权，标志着现行《立法法》第72条第4款所规定的赋权工作已顺利完成。

2. 确权时间集中，2015年居多

大部分设区的市在《立法法》修改的当年完成确权，截至2015年底完成确权的数量是208个，占比76%。2016年完成确权的数量是60个，占比22%。2017年底完成最后5个设区的市的确权工作。最早开始确权工作的省份是安徽省和广东省，2015年5月即分别完成6个和9个设区的市确权工作。最早完成全省确权工作的省份是福建、吉林、山东、湖北，2015年7月即一次性完成全省确权工作。最后完成全省确权工作的是西藏和新疆，于2017年11月完成。确权时间集中，赋权速度较快，为设区的市开始立法提供了条件和依据。

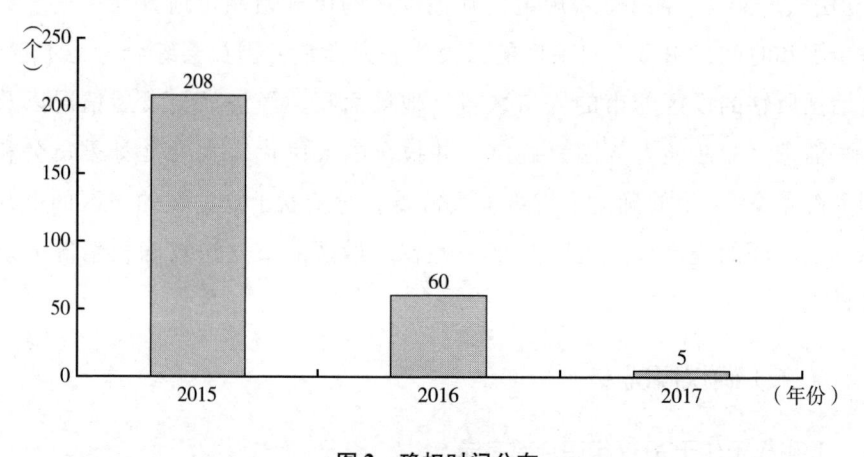

图2 确权时间分布

3. 确权批次各异，以一批次和二批次为主

根据各省、自治区的确权情况，确权批次有4种，即一批次、二批次、三批次和七批次。分一批和二批赋权的省份最多，分别为11个和13个，占比41%和48%，如山西、内蒙古、辽宁、吉林、福建等省、自治区均一次性全部确权；河北、黑龙江、江苏、浙江、江西等省份分两批次确权；广东和安徽分三批次确权。新疆确权批次最多，8个设区的市（自治州）分七批次确权，时间跨度从2016年3月30日至2017年11月30日，历时一年零8个月。

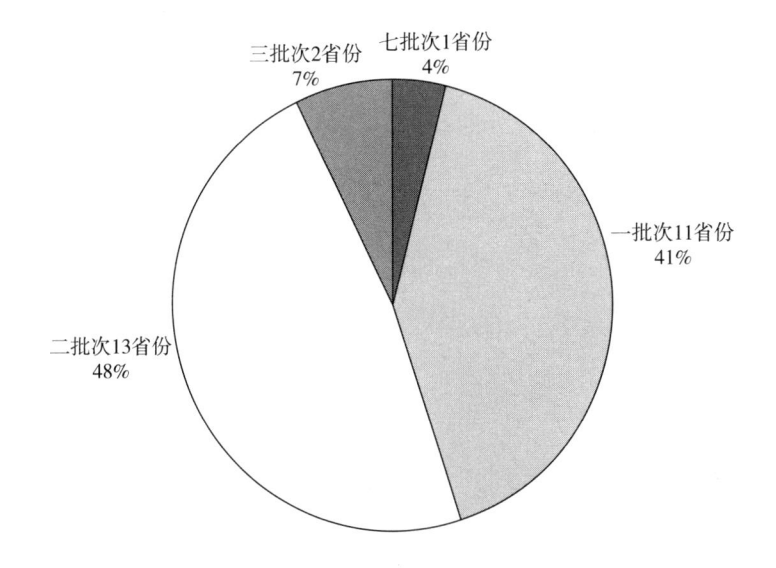

图3 确权批次情况

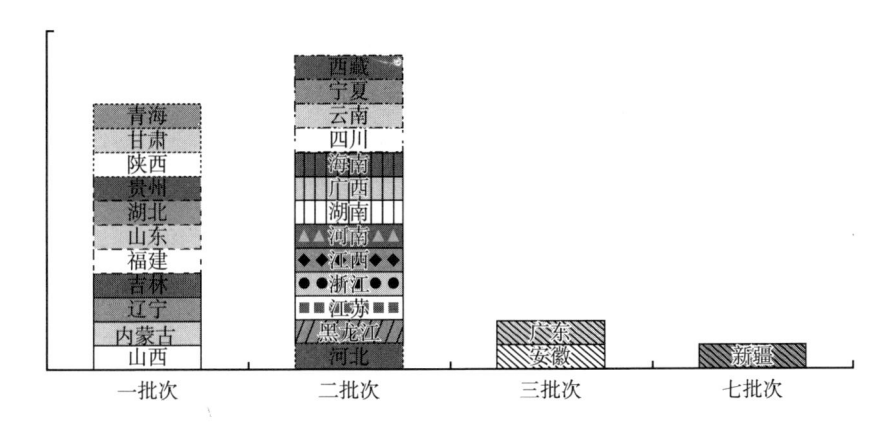

一批次11省份 41%
二批次13省份 48%
三批次2省份 7%
七批次1省份 4%

图4 各批次省份分布情况

一批次：青海、甘肃、陕西、贵州、湖北、山东、福建、吉林、辽宁、内蒙古、山西

二批次：西藏、宁夏、云南、四川、海南、广西、湖南、河南、江西、浙江、江苏、黑龙江、河北

三批次：广东、安徽

七批次：新疆

4. 确权决定多数立即生效，部分附条件生效

确权决定生效时间即设区的市可以立法的时间。188个设区的市确权决定自"自公布之日起施行"，即立即生效，占比69%，如安徽、福建等省的所有设区的市。44个在1个月内生效，占比16%，如海南省2个设区的市在公布后5日内即生效。值得注意的是，有14个设区的市是"附条

203

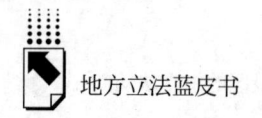

件生效"①，所附条件一种为"产生法制委员会之日"，如山西、河南、云南的部分设区的市；一种为"待省人大常委会评估确定"，如山西的部分设区的市。

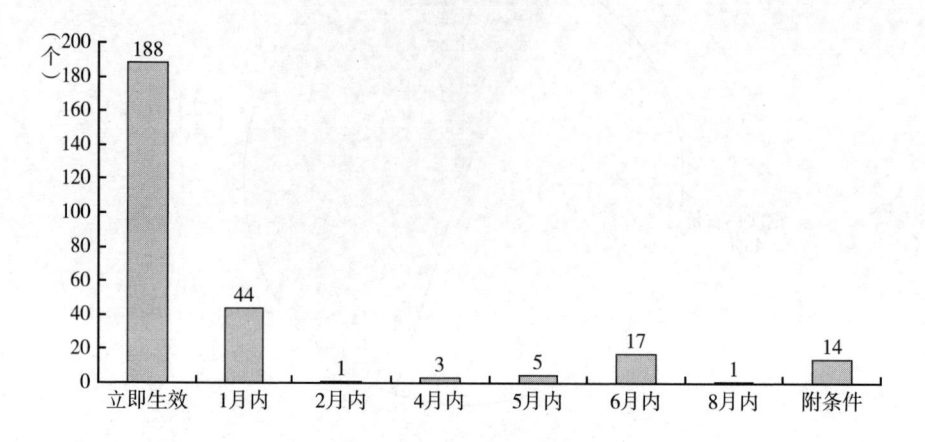

图5 确权决定生效时间

立即生效	1月内	2月内	4月内	5月内	6月内	8月内	附条件
188	44	1	3	5	17	1	14

各个省份之间差异化的确权决定生效时间，体现了《立法法》"综合考虑本省、自治区所辖的设区的市的人口数量、地域面积、经济社会发展情况以及立法需求、立法能力等因素确定"②的精神。

三 立法实践状况分析

（一）立法实践概况

1. 出台法规总量614部，地方立法程序法规占比32%，实体性法规占比68%

《立法法》修改两年多以来，立法工作已全面开展。截至2017年12月31日已出台614部地方性法规，其中197部为地方立法程序法规，占比

---

① 郑磊：《设区的市开始立法的确定与筹备——以〈立法法〉第72条第4款为中心的分析》，《法治文明与法律发展》2016年第7期。
② 参见《中华人民共和国立法法（2015修正）》，北大法宝法律法规库，http://www.pkulaw.cn/fbm/，【法宝引证码】CLI.1.245693，最后访问日期：2017年10月8日。

32%；实体性法规中的环境保护法规 181 部，占比 30%，城乡建设与管理法规 175 部，占比 28%，历史文化保护法规 57 部，占比 9%；此外还有 4 部不属于以上类型的法规。

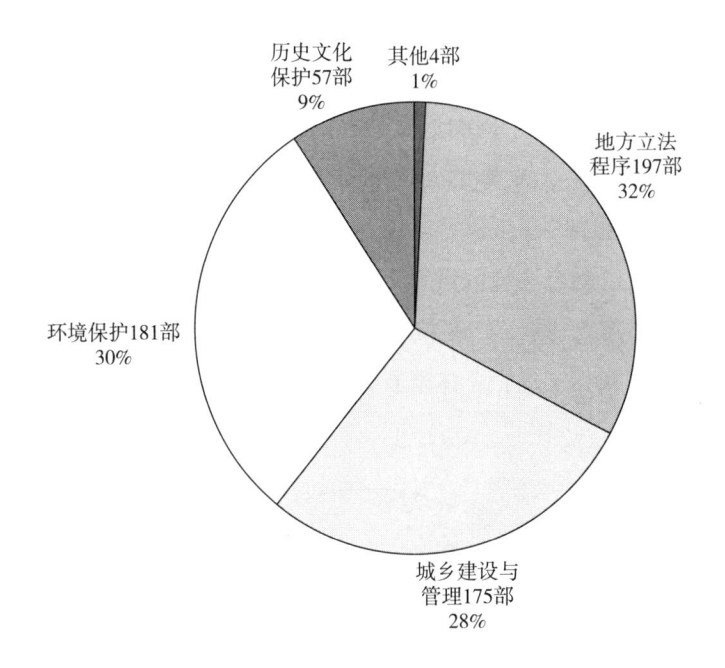

图6 出台法规种类和数量分布情况

由于地方立法程序法规是各个设区的市的立法指导和规范，因此较多设区的市选择先出台立法程序法规，如陕西的《宝鸡市地方立法条例》、江苏的《常州市制定地方性法规条例》。

随着立法进程的不断推进，各个设区的市在早期出台地方立法程序法规的基础之上，逐步推出实体法规。而环境保护在当前社会发展中较容易出现矛盾和问题，出台的法规数量较多，如海南的《三亚市河道生态保护管理条例》、河北的《保定市大气污染防治条例》。城乡建设与管理类法规呈多样化趋势，如青海的《海西蒙古族藏族自治州城镇管理条例》、山东的《东营市城镇容貌和环境卫生管理条例》。历史文化保护法规数量相对较少，如山西的《运城市关圣文化建筑群保护条例》、广西的《河池市非物质文化遗

产保护条例》。

类别为"其他"的 4 部是未能归入上述类别的法规，分别是《泰州市公共信用信息条例》《朔州市人民代表大会议事规则》《朔州市人民代表大会常务委员会议事规则》《日喀则市人民代表大会常务委员会议事规则》。

2. 90%的设区的市已出台地方性法规，出台数量2~53部不等

自《立法法》修改两年多以来，246 个设区的市已制定地方性法规，占设区的市总量的 90%，覆盖 27 个省、自治区。尚有 27 个设区的市未出台地方性法规，占比 10%。

各省、自治区制定法规数量为 2~53 部不等，东部和中部地区制定法规数量较多，如山东 53 部，安徽 48 部；西部省份的设区的市也在逐步出台法规，如青海、西藏、宁夏。总体来看，设区的市法规制定工作有序进行、积极推进。

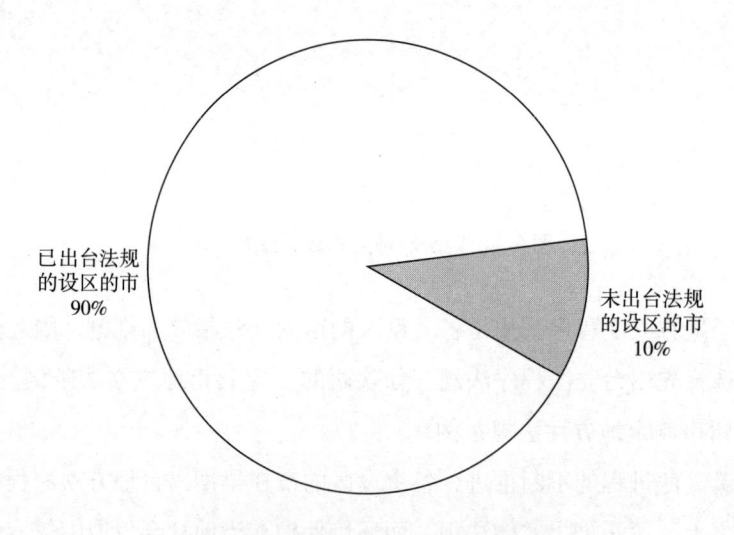

图7 设区的市出台地方性法规比例

3. 近半数设区的市在获得立法权的7~12个月内出台第一部地方性法规

设区的市获得立法权后陆续开始制定地方性法规。通过对设区的市获得立法权和出台第一部地方性法规的时间间隔进行调研，以每 6 个月为单位时间进行统计发现以下规律。设区的市出台地方性法规最多的时间段是获得立

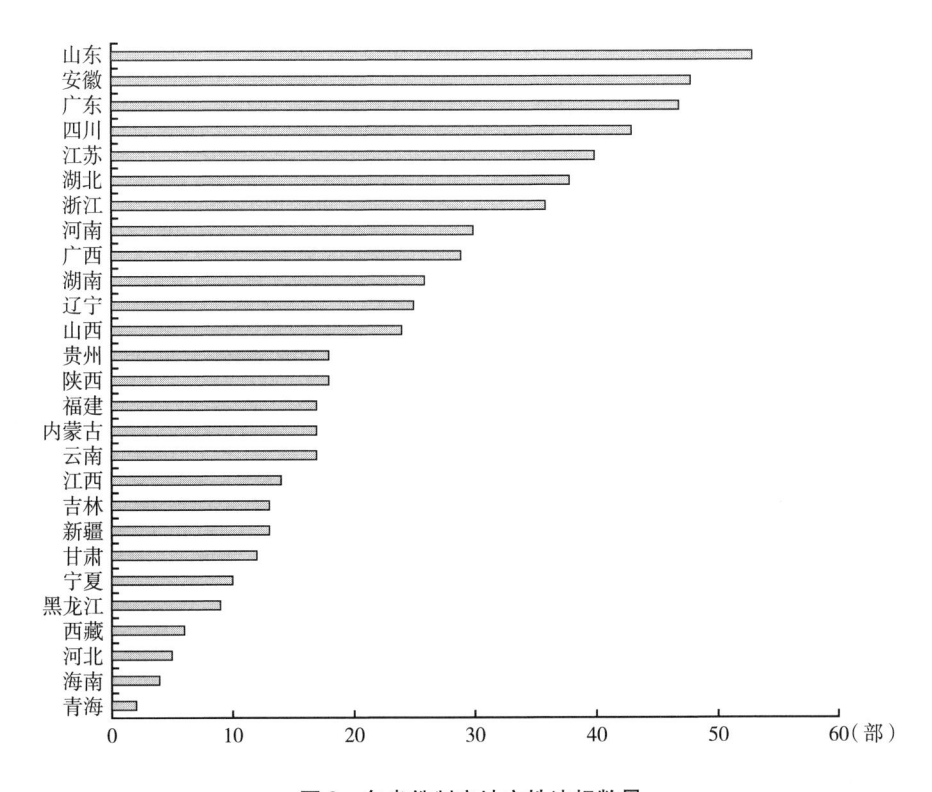

图8 各省份制定地方性法规数量

法权后7~12个月（117个），其余依次为13~18个月（57个）、1~6个月（54个）、19~24个月（17个），分别占比43%、21%、20%、6%。

54个设区的市在获得立法权后6个月内出台第一部法规，占比20%。首部出台的设区的市地方性法规是2015年9月28日发布的《三亚市白鹭公园保护管理规定》，与其2015年6月1日获得立法权相隔不到4个月。第二部出台的是2015年12月4日发布的《镇江市金山焦山北固山南山风景名胜区保护条例》，与其2015年7月31日获得立法权相隔不到5个月。

117个设区的市在获得立法权后的7~12个月出台第一部法规，占比43%，这是设区的市出台第一部法规最多的时间段。如2015年12月18日发布的《宿州市城镇绿化条例》，2016年3月31日发布的《清远市制定地方性法规条例》《蚌埠市人民代表大会及其常务委员会立法程序规定》等。

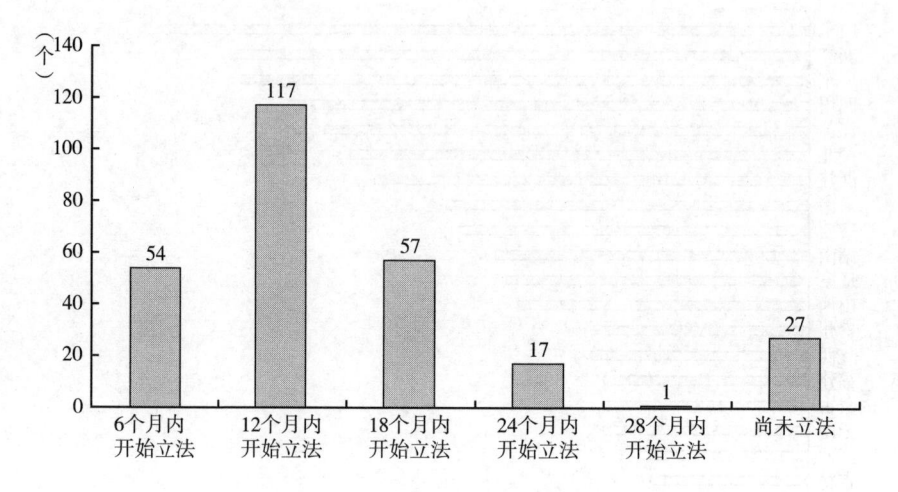

图 9　设区的市获得立法权后出台第一部地方性法规情况

目前出台的首部法规距获得立法权时间相隔最远的为 28 个月，即 2017 年 11 月 7 日发布的《平顶山市城乡规划建设管理条例》。

（二）立法实践特点

1. 地方性法规数量与设区的市数量总体成正相关，与经济发达程度成强相关

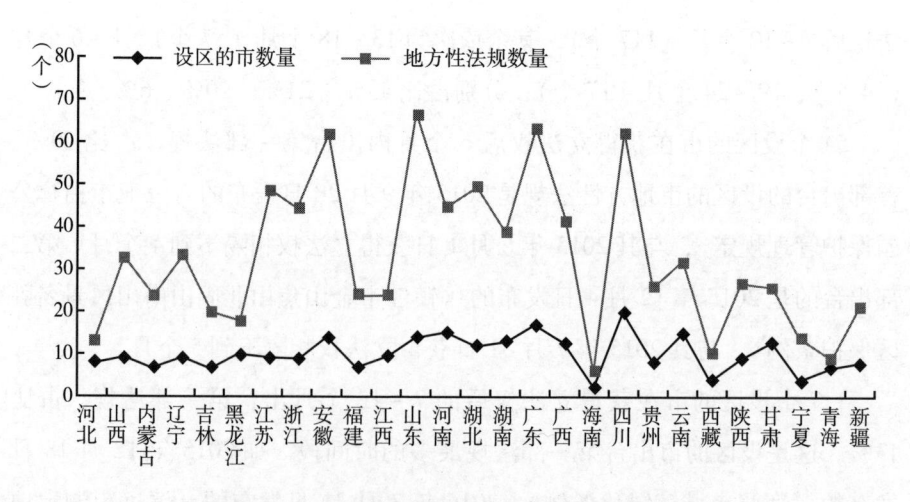

图 10　地方性法规数量与设区的市数量对比情况

各省、自治区出台的地方性法规数量为2~53部不等，这与各省的设区的市数量总体成正相关。从图10可以看出，广东、山东、四川、安徽等省份的设区的市数量较多，其制定的地方性法规数量较其他省份多。海南、西藏、宁夏等省份设区的市数量较少，制定的地方性法规也相对较少。

在此基础上，法规出台数量还与各省份经济、文化发达程度成强相关。如江苏、浙江的设区的市各有9个，两者占设区的市总数的比例不到7%，而两省制定的地方性法规共计76部，占法规总量的12%多。这与江苏、浙江的经济文化较活跃有较大关系。

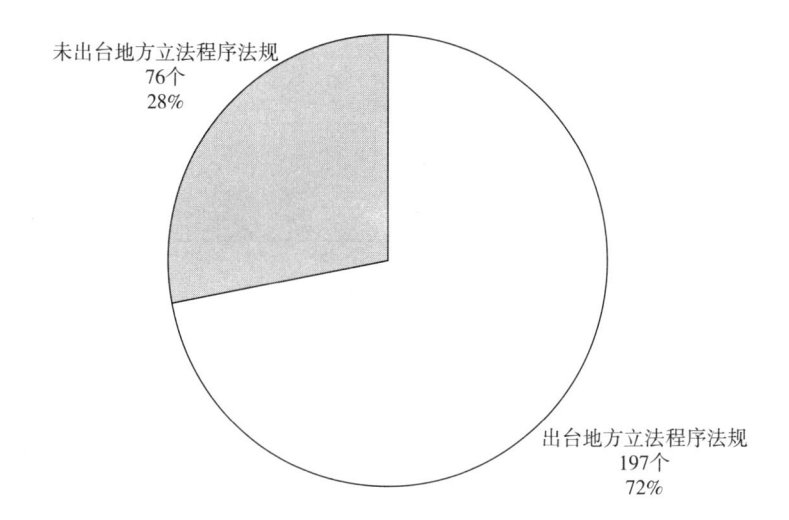

图11 出台地方立法程序法规的设区的市数量及比例

2. 已出台地方立法程序法规的设区的市数量多、占比高

《立法法》第77条规定，地方性法规案的提出、审议和表决程序，由本级人民代表大会规定[①]。目前各省份立法程序的基本制度建设已较为完备，地方立法程序法规出台数量多、占比高。197个设区的市出台地方立法程序法规，占设区的市总量的72%。如黑龙江的设区的市目前出台

---

① 参见《中华人民共和国立法法（2015修正）》，北大法宝法律法规库，http://www.pkulaw.cn/fbm/，【法宝引证码】CLI.1.245693，最后访问日期：2017年10月8日。

的9部地方性法规中有7部为立法程序法规；江西的设区的市出台的14部地方法规中有8部为立法程序法规，甘肃的设区的市出台的12部地方性法规中有9部为立法程序法规。也有个别省份尚无地方立法程序法规出台。

3. 出台的首部法规多为地方立法程序法规，少数为环境保护等实体性法规

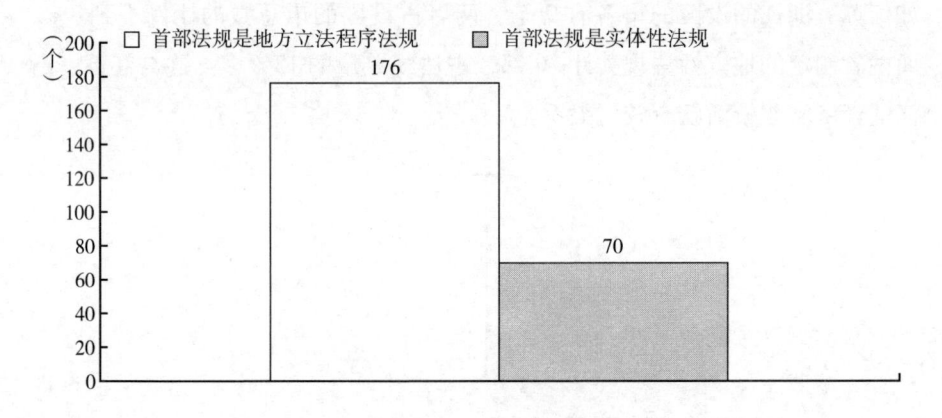

图12 首部法规发布情况

各个设区的市获得立法权以后，即开始了制定地方性法规的筹备工作。已出台地方性法规的246个设区的市中，第一部是地方立法程序法规的有176个，第一部是环境保护等实体性法规的有70个。

辽宁、陕西、广西、贵州等省份的新赋权设区的市均首先出台地方立法程序法规，河南等省份则首先出台环境保护等实体性法规。

4. 实体性法规中环境保护类最多，历史文化保护类较少

《立法法》规定，设区的市"可以对城乡建设与管理、环境保护、历史文化保护等方面的事项制定地方性法规"。三类法规中，出台最多的是环境保护类法规，共计181部，占比43%。城乡建设与管理类有175部，占比42%。历史文化保护类有57部，占比14%。其他类法规4部。出台城乡建设与管理类法规最多的省份为山东，有23部，环境保护类法规最多的是广东和安徽，各有16部，历史文化保护类最多的是安徽，有7部。

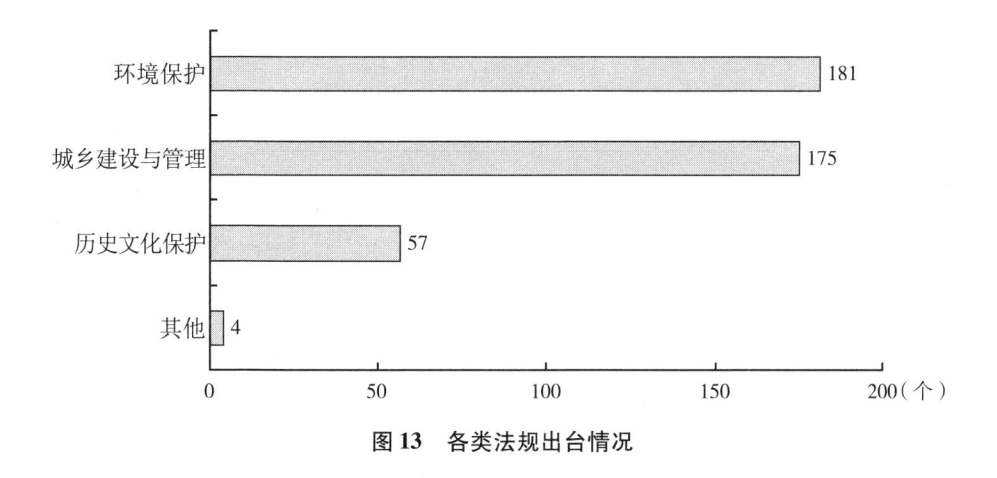

```
环境保护         ████████████████████ 181
城乡建设与管理    ███████████████████ 175
历史文化保护      ██████ 57
其他             | 4
            0    50    100    150   200(个)
```

图13　各类法规出台情况

四　存在的问题和面临的困境

根据调研情况，通过对我国地方人大在立法权确权状况和立法实践状况的分析可以看出，设区的市获得立法权之后，立法工作稳步推进，成果丰硕。但在立法实践的过程中也存在一些问题、面临一些困境，制约和影响我国地方人大立法工作，需要加以注意和解决。

（一）地方人大立法主体猛增，机构和人员配备尚需完善

《立法法》修改后，我国地方人大新增273个立法主体，且大部分在《立法法》修改的当年即完成确权工作，获得立法权。然而相应的立法机构和人员配备在短时间内难以完全到位，设区的市立法权限同其机构建设尚不完全匹配。"239个设区的市和4个地级市人大过去大多没有法制委、常委会法工委，有的设有法制委、法工委也主要是从事内务司法工作，而从来没有地方立法经验。"[①] 立法主体的猛增没有相应配套的立法机构和立法工作人员的支撑，势必影响地方人大立法工作的开展。

[①] 郭佳法：《地方立法这两年：设区的市行使地方立法权全面推进》，《中国人大》2017年第1期。

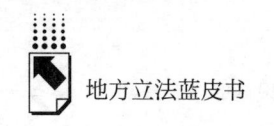

（二）设区的市立法工作任务重，经验和人才需要积累

《立法法》修改以后，各省份都在积极有序地推进地方立法工作，目前已有90%设区的市出台地方性法规，然而尚有10%的设区的市未出台地方性法规。这与各个设区的市立法计划有关，然而不可否认的一个原因是立法经验和立法人才的缺乏，影响了立法的推进。立法工作是专业性极强的工作，需要长期积累的立法经验和专业立法人才做保障，以适应设区的市的立法工作任务。短期内组建的立法队伍难以适应立法工作的发展，可通过引进信息化技术等办法应对当前立法新形势。

（三）省级人大承担法规批准和备案审查工作，合法性审查责任重大

新赋予立法权的设区的市剧增，一方面带来了省人大法规的批准工作，另一方面也增加了规范性文件的备案审查工作。法规批准是《立法法》的明确要求，备案审查工作是党的十八届三中全会、四中全会的明确指示。这两项工作均要求省人大对法规和规范性文件进行合法性审查，这对省级人大的立法能力是一个较大的考验和挑战。合法性审查工作需要查阅大量法规条文和立法资料，以判断是否合宪、合法、适当，传统的完全依靠人工完成的工作形式难以满足该项工作要求。当前智能化技术发展迅速，针对立法领域的信息技术已趋成熟，合法性审查工作应借助信息化实现跨越式发展。

（四）部分设区的市还未出台地方立法程序法规

地方立法程序法规是规定立法的法，对于规范地方立法、提高立法工作质量具有重要意义。调研结果发现，72%的设区的市已出台地方立法程序法规，多以地方立法条例、立法程序规定、立法程序规则等标题形式表述，给地方性法规立法程序提供了立法规范。28%的设区的市还未出台地方立法程序法规，分为两种情况，一种是已出台实体性法规，但未出台立法程序法

规,另一种是尚未出台任何法规,这两种情况均需尽快制定地方立法程序法规,以指导和规范地方立法工作。

(五)立法事项有待完善,地域性和特色性有待加强

调研数据表明,设区的市第一阶段的立法任务主要是地方立法程序法规,下一步的立法重点将转移至实体性法规。《立法法》将设区的市立法权限规定在城乡建设与管理、环境保护、历史文化保护三个方面,可以根据本市的具体情况和实际需要立法。这意味着设区的市立法需要体现地方特色,就本地在经济社会发展中遇到的问题,有针对性地出台法规,"创设性的解决一些国家和省级层面暂时无法解决的问题"[1]。如何基于地方的实际特点和具体情况制定有针对性的法规,是一个立法难题。针对立法领域的大数据分析技术,可以通过智能分析总结出社会热点问题,并结合全国兄弟省市的立法实践,给出立法建议,供立法决策者参考。

五 解决方案

地方立法存在的问题和面临的困境,制约了我国地方人大立法工作的发展,使设区的市行使地方立法权面临挑战,本文试图提出一些解决方案,以资探讨和研究。

(一)加强立法队伍建设,重视立法人才培训

立法工作是一项专业性极强的工作,对立法人才要求较高,不仅要有立法专业知识,还要有立法实践经验。在当前立法人才紧缺的情况下,需要重视立法人才的培训。培训方式可以采取面授培训和网络培训相结合的方式,充分利用信息技术手段,多种培训方式和培训手段结合,帮助立法工作人员尽快提高业务素质。

---

[1] 于群、叶昌艺:《设区的市地方立法中需关注的问题》,《中国人大》2017年第8期。

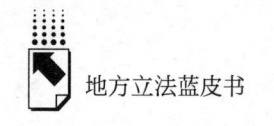

（二）注重立法制度建设，规范立法工作机制

地方立法程序法规是规定立法的法，该法的制定和出台，有利于规范立法工作，提高立法质量和效率。大部分设区的市已建立适合本市实际情况的立法程序规定，未出台立法程序法规的设区的市应尽快建立立法制度规范，完善立法相关工作机制，指导地方人大立法工作。

（三）监督立法工作，加强备案审查力度

设区的市立法全面展开后，立法数量激增，为了维护法制统一，需要强化监督立法功能，完善备案审查制度。由于设区的市政府也有立法权，其规章需向省级人大备案，因此省级人大需强化备案审查职责，加强备案审查工作力度。过去的备案审查工作因人力及辅助工具的限制，多停留在形式审查的层面，而现在更多地要借助技术手段实现针对法规条文本身的合法性审查。

（四）借力信息化，实现跨越式发展

《国家信息化发展战略纲要》《"十三五"国家信息化规划》将信息化工作提高到前所未有的高度，为信息化工作提供了行动指南。法检系统的信息化工作已全面展开，给司法工作带来的帮助有目共睹。人大的信息化工作相对落后，主要还是依靠传统的工作方式立法，利用人工解决工作中的问题。因此，可加大信息化力度，创新工作方式，借助智能技术手段将人工解放出来从事更重要的工作。

北大法制信息中心研发的智能立法支持系统，是依据立法制度和法定立法流程，依托"北大法宝"智能型数据库研发的立法辅助系统，为立法工作人员提供的辅助功能贯穿立法全流程，包含立法过程中的立法调研、审议、公开发布，立法后的法定流程备案、审查、清理，以及立法研究的立法后评估、大数据分析等。该系统应用智能检索和大数据分析等信息技术，促进立法工作信息化，推动立法技术实现跨越式发展。该套系统中的备案审查信息平台、法规公开系统、法规清理系统已应用于多省份的人大工作中。

六　结语

《立法法》的修改使地方立法主体扩容，为我国的立法制度和立法工作带来深远影响，新赋予立法权的设区的市行使立法权既是挑战也是机遇。国家信息化战略规划和人工智能发展规划为立法工作发展指明了方向，立法机构要借助现代化技术，创新立法方式，实现立法工作信息化，推动和促进地方立法工作提高立法质量，实现良法善治。

B.6
地方立法创新之网约车立法[*]

莫 林[**]

摘 要： 网约车地方立法关涉立法与改革、创新的复杂关系，触及地方立法的合宪性与合法性、地方保护主义、行业利益和部门利益博弈等种种难题，位于新旧问题的交汇点。对15个城市网约车立法样本进行研究可发现，中央立法被"嫁接"入本身存在合法性缺陷的旧有许可体系；相应地方立法规范层级过低，通过混淆许可之"具体规定"和"构成要件"大量违法增设条件。各地立法围绕平台、驾驶员、车辆和运价展开过度规制，不当干预法人和公民基本权利，其规制逻辑弊病丛生。要优化此领域立法，需重建规范体系、转变规制理念、创新规制模式。

关键词： 网约车 立法规制 许可体系 合法性缺陷 过度规制

一 绪论

（一）问题缘起及选题意义

作为互联网移动终端技术发展的突出产物，网络预约出租车（以下

---

[*] 本文系重庆市地方立法研究协同创新中心2016年度地方立法研究课题（DFLF201620）最终成果；2015年西南政法大学研究生科研创新计划资助项目（XZYJS2015153）、2016年重庆市研究生科研创新项目（CYB16087）、西南政法大学2017年度学生科研创新项目（2017XZXS-005）阶段性成果。

[**] 莫林，西南政法大学行政法学院2015级博士研究生。

简称"网约车")的兴起如江上之新风,已掀起一定的波澜。其跨越共享经济与职业经济双重领域,对交通模式、出行理念和法律框架带来颠覆性影响。这一新兴业态如同"鲇鱼",搅动出租车行业那一潭濒于凝固的"死水",激活改革的生机。这是依凭技术革新倒逼改革的生动案例。

2016年7月27日,交通运输部等七部门联合发布《网络预约出租汽车经营服务管理暂行办法》(以下简称《暂行办法》),为长期游走于法律空白地带的网约车提供了初步合法性基础。次日,国务院办公厅发布《关于深化改革推进出租汽车行业健康发展的指导意见》(以下简称《指导意见》),提出要"坚持属地管理",城市人民政府作为"出租汽车管理的责任主体,要充分发挥自主权和创造性,探索符合本地出租汽车行业发展实际的管理模式"。这明确了出租车包括网约车监管的地方事务属性。随即,2016年10月8日,北京、上海、广州、深圳四市同日发布有关办法或实施细则的征求意见稿,对驾驶员户籍、驾照、驾龄、车牌、车龄、车型、排量和辅助装置等做了较严格限制,引发广泛讨论。其他城市迅速跟进。据新华社报道,截至2016年12月30日,全国共有42个城市正式发布了网约车监管实施细则,140余个城市已启动社会公开征求意见程序。

网约车监管之所以受到广泛关注,在于其在"互联网+"、"创新发展"和国家(地方)治理现代化三重时代背景下,处于几大热点问题——互联网、分享经济、出租车改革、城市管理等——的交汇点。从立法学视野看,网约车监管内含立法与改革、创新,地方立法的合宪性、合法性与合理性,地方立法中的地方保护主义、部门利益和行业利益博弈等若干重要立法问题。对网约车地方立法的密切关注与深入研究,不仅是对这一社会热点的及时回应,更可使我们循此对背后更深层的理论问题予以梳理和解答。可见,网约车监管实为良好的问题切入点和"问题洼地"。

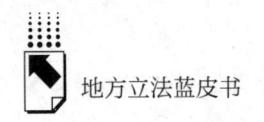

（二）研究现状

由于地方细则出台相对滞后，目前学界对网约车规制的研究，尚聚焦于如下几个方面：其一，对以网约车为代表的共享经济的内外法律结构展开分析，尤其专注于网约车合法化以前平台公司的法律地位和责任承担问题；① 其二，对网约车监管的必要性、监管原则、监管模式与具体措施进行研究，并比较各种规制方案的优劣得失；② 其三，对网约车合法化之必要性、立法规制之紧迫性、立法模式的选择以及此前《暂行办法》征求意见稿的显著问题，从规范分析角度作出合宪性、合法性、合理性评价；③ 其四，立足于交叉学科，从法经济学角度分析私家车接入网约车平台的合法化问题。④ 总体而言，上述研究基本围绕中央立法和一般规制理论展开，对地方规制及其具体措施的及时剖解尚为数不多。⑤ 本文试图以 15 个城市的网约车地方细则为研究对象，从合法性角度对若干复杂问题展开深度剖析，亦对一些学界观点作出澄清。

---

① 唐清利：《"专车"类共享经济的规制路径》，《中国法学》2015 年第 4 期；侯登华：《"四方协议"下网约车的运营模式及其监管路径》，《法学杂志》2016 年第 12 期；侯登华：《共享经济下网络平台的法律地位——以网约车为研究对象》，《政法论坛》2017 年第 1 期。

② 傅蔚冈：《"互联网 +"与政府规制策略选择》，《中国法律评论》2015 年第 2 期；罗清和、潘道远：《"专车"进入后的出租车市场规制策略研究》，《长安大学学报》（社会科学版）2015 年第 4 期；金自宁：《直面我国网络约租车的合法性问题》，《宏观质量研究》2015 年第 4 期；彭岳：《共享经济的法律规制问题——以互联网专车为例》，《行政法学研究》2016 年第 1 期；王静：《中国网约车的监管困境及解决》，《行政法学研究》2016 年第 2 期；高秦伟：《竞争的市场与聪明的监管》，《财经法学》2016 年第 2 期；吴韬：《网络约租车监管的制度逻辑》，《财经法学》2016 年第 2 期；陈越峰：《"互联网 +"的规制结构——以"网约车"规制为例》，《法学家》2017 年第 1 期。

③ 王军：《出租汽车经营行政许可之合宪性分析》，《行政法学研究》2016 年第 2 期；张效羽：《互联网租约车规章立法中若干法律问题分析》，《行政法学研究》2016 年第 2 期；顾大松：《"专车"立法刍议》，《行政法学研究》2016 年第 2 期；傅蔚冈：《专车立法在促进创新吗？》，《财经法学》2016 年第 2 期。

④ 薛志远：《私家车接入网约车平台的法经济学分析——兼评〈网络预约出租汽车经营服务管理暂行办法〉的相关规定》，《时代法学》2017 年第 1 期。

⑤ 目前仅有两篇论文对此有初步涉及，见张效羽《网约车地方立法若干法律问题研究》，《行政与法》2016 年第 10 期；郑毅《中央与地方立法权关系视角下的网约车立法——基于〈立法法〉与〈行政许可法〉的分析》，《当代法学》2017 年第 2 期。

（三）研究对象及研究方法

本文以《全国城镇体系规划（2006－2020年）》《国家新型城镇化规划（2014－2020年）》等文件为依据，择取四大全球职能城市——北京、上海、广州、深圳，以及11个典型城市——天津、南京、杭州、重庆、武汉、成都、青岛、厦门、沈阳、西安、郑州，共15个城市的网约车地方立法作为考察对象，全面收集相关征求意见稿和正式文本、政策解读、说明等立法资料。[①] 基于上述样本，本文将综合采用文本研究、比较研究、实证调研等方法。

二 网约车地方立法的基本内容

《暂行办法》首次以部门规章的形式在国家层面承认了网约车的合法性。据其规定，"直辖市、设区的市级或者县级交通运输主管部门或人民政府指定的其他出租汽车行政主管部门……在本级人民政府领导下，负责具体实施网约车管理"，[②] 各地亦可"根据本办法结合本地实际制定具体实施细则"。[③] 同时发布的《指导意见》将"网络预约"作为出租车服务方式之一，强调应坚持"属地管理"原则。[④] 这将网约车监管定为一项地方性事务。其中，市、县级交通运输主管部门作为监管实施主体，应在上位法授权范围内，在上级主管部门的指导下，通过制定实施细则和具体行政行为，依法履行管理职责。

（一）样本城市立法概览

调研组择取15个城市作为样本，其立法概览如表1所示。

---

① 截至2017年5月8日，尚有西安未出台正式文本。为保持样本完整性，仍将该市的"征求意见稿"纳入分析。
② 《暂行办法》第四条第三款。
③ 《暂行办法》第四十条。
④ 《指导意见》之"基本原则"部分。

表1 样本城市立法概览

名称	公布/施行日期	规范层级	时效期限	备注
《北京市网络预约出租汽车经营服务管理实施细则》	2016年12月21日	地方规范性文件	—	
《上海市网络预约出租汽车经营服务管理若干规定》	2016年12月21日	地方政府规章	—	
《广州市网络预约出租汽车经营服务管理暂行办法》	2016年11月28日	地方政府规章	暂行办法	
《深圳市网络预约出租汽车经营服务管理暂行办法》	2016年12月28日	地方政府规章	暂行办法	
《天津市网络预约出租汽车经营服务管理暂行办法》	2016年12月22日	地方规范性文件	暂行办法,有效期5年	
《南京市网络预约出租汽车管理暂行办法》	2017年1月19日	地方规范性文件	暂行办法	
《杭州市网络预约出租汽车和私人小客车合乘管理实施细则(试行)》	2016年10月29日/2016年11月1日	地方规范性文件	试行,试行期1年	至2017年2月28日为过渡期
《重庆市网络预约出租汽车经营服务管理暂行办法》	2016年12月21日	地方政府规章	暂行办法	
《武汉市网络预约出租汽车经营服务管理暂行实施细则》	2017年3月30日/2017年4月15日	地方政府规章	暂行	
《成都市网络预约出租汽车经营服务管理实施细则(暂行)》	2016年11月5日	地方规范性文件	暂行,有效期5年	
《青岛市网络预约出租汽车经营服务管理暂行办法》	2016年11月1日/2017年1月1日	地方政府规章	暂行办法,有效期5年	
《厦门市网络预约出租汽车经营服务管理实施细则》	2016年11月20日	地方规范性文件	有效期5年	
《沈阳市网络预约出租汽车经营服务管理实施细则(暂行)》	2017年2月12日	地方规范性文件	暂行	至2017年6月30日为过渡期
《西安市网络预约出租汽车经营服务管理暂行办法(征求意见稿)》	(征求意见稿)	地方规范性文件		
《郑州市网络预约出租汽车经营服务管理细则(暂行)》	2017年1月22日	地方规范性文件	暂行	

注：数据截止日期为2017年5月8日。
资料来源：本文图表中涉及的地方立法统计数据,除西安市外,皆来自北大法宝数据库。

从规范层级上看，仅 6 市采用地方政府规章，占比 40%；其余 9 市均以地方规范性文件形式颁布细则。从时效期限上看，11 部文件在名称上明确了"暂行"或"试行"属性，占比 73%；而在这 11 部文件中，仅有 4 部规定了确切的"有效期"或"试用期"，其余 7 部皆为"无限期暂行"。另需一提的是，厦门市的实施细则虽未在名称上宣明"暂行"，但又具体规定了"有效期 5 年"，因而可归入"暂行"类域。此外，杭州和沈阳两市设置了过渡期。

（二）关于平台的立法概况

《暂行办法》对网约车平台申请经营权的条件设定，可归纳为六个方面：(1) 具有企业法人资格；(2) 具备互联网平台和相应的信息数据交互及处理能力；(3) 与银行或非银行支付机构签订提供支付结算服务的协议；(4) 有健全的经营管理制度、安全生产管理制度和服务质量保障制度；(5) 在服务所在地有相应服务机构及服务能力；(6) 其他条件。值得一议的是第 5 项。

"建设统一开放、竞争有序的市场体系，是使市场在资源配置中起决定性作用的基础。"① 在全面深化改革时期，全国统一、公平竞争、规范有序的市场体系的真正形成是改革议程的重要内容。互联网正是推动去地方化、形成全国统一市场的关键要素。互联网经济的一大优势在于利用信息技术打破地域和国别限制，促进资源高效、精准、跨界流通。相较于传统服务业，互联网企业能"立足一点、服务全球"，利用信息平台的广泛辐射力为用户提供服务。若要求互联网企业按行政区划一一设立"服务机构"，不仅与企业的本质属性相悖，亦大大提高交易成本。进言之，上述第 5 项规定反映出监管者尚未真正认识和认同互联网经济的运营模式，依然停留在"服务能力必然靠实体服务机构来证明、支撑和体现"的落后观念上。

按《暂行办法》的规定，网约车平台要在任一城市开展服务，首先须在当地设立"服务机构"，然后按经营区域向主管部门提出申请，并提交相

---

① 《中共中央关于全面深化改革若干重大问题的决定》。

应材料。其中,"投资人、负责人身份、资信证明及其复印件"与"企业法人营业执照"这两种材料每个企业仅有一份,而这一份材料须辗转全国各个市县作为证明。截至 2015 年,我国地级及以上城市已达 295 个,县级市更多,达 361 个。证明材料要在如此众多的城市之间流转,成本何其高昂,不难想见。更麻烦的是,每次申请的审核期限为 20 日,20 日内不能作出决定,还可延长 10 日。① 庞大的空间成本乘以冗长的时间成本,成本何其巨大,一目了然。党的十八大以来,中央政府不断强调简政放权,为企业"减负",《暂行办法》这一规定实与中央精神相悖。

以《暂行办法》为据,部分城市的实施细则进一步提高标准,将"服务机构"升格为"分支机构",② 有些城市还将"具有企业法人资格"作为选择性要求,③ 另有城市要求提供"在本市的经营场所面积材料、土地使用权及产权证明复印件"④。在商事实践中,"服务机构"的形式非常灵活,可以是办事处、联络点,不必赴工商部门申领营业执照。"分支机构"一般指分公司。分公司无须为法人,但需申领营业执照。而"法人资格"的申请成本最高,结果其作为选择性条件,难以得到遵循。这充分反映出部分地方监管者罔顾互联网经济特征、无视经济效率、无谓抬高申请成本,甚至刻意打压网约车平台的规制逻辑。

(三)关于车辆的立法概况

出租车服务涉及公共安全,各国政府均设置若干技术标准,划定最基本的安全底线。但综观我国巡游车规范体系,没有一部部门规章或地方性法规、地方政府规章对技术标准作具体规定。相反,相关表述非常笼统,很难

---

① 《暂行办法》第七条。
② 如《上海市网络预约出租汽车经营服务管理若干规定》第六条第一项;《深圳市网络预约出租汽车经营服务管理暂行办法》第七条第一项;《南京市网络预约出租汽车管理暂行办法》第五条;《武汉市网络预约出租汽车经营服务管理暂行实施细则》第五条第一项。
③ 如《沈阳市网络预约出租汽车经营服务管理实施细则(暂行)》第八条第一款;《杭州市网络预约出租汽车和私人小客车合乘管理实施细则(试行)》第五条;《厦门市网络预约出租汽车经营服务管理实施细则》第七条第一项。
④ 《郑州市网络预约出租汽车经营服务管理细则(暂行)》第六条第四项、《青岛市网络预约出租汽车经营服务管理暂行办法》第十条第四项有类似规定。

说具备清晰的规范意涵。① 这些条款多属于指向性质，大致要求参考公安机关交通管理部门给出的具体标准。因此，巡游车的技术参数目前在法律层面尚为空白。反观网约车，《暂行办法》对车辆初步规定了三项技术指标：7座及以下乘用车；安装具有行驶记录功能的车辆卫星定位装置、应急报警装置；车辆技术性能符合运营安全相关标准要求。三项设定比较简单，第三项更显笼统。此外，第二款进一步规定，"车辆的具体标准和营运要求，由相应的出租汽车行政主管部门，按照高品质服务、差异化经营的发展原则，结合本地实际情况确定"。② 这就将车辆的"具体标准"和"营运要求"的规定权授予各地主管部门。根据样本，各地对车辆具体标准的"细化"主要体现在牌照、车龄、轴距、排量③等几个方面。详目见表2。

表2 样本城市对车辆技术标准的细化规定

城市	牌照	初次登记与申请之间隔时长	轴距/毫米	排量/升	其他指标
北京	本市号牌	—	5座2650、7座3000	5座1.8L、7座2.0L	—
上海	本市注册登记	—	2600	—	—
广州	本市核发行驶证	未满1年	—	1.75L	车身长宽高 4600mm × 1700mm × 1420mm
深圳	本市登记注册	未满2年	2700	1.75L	—
天津	本市登记	—	2650	1.8L	—
南京	本市注册登记	—	2700	—	发动机功率100千瓦以上

---

① 如已失效的《城市出租汽车管理办法》规定车辆应"技术性能、设施完好，车容整洁"（第十八条第一项）；新修订的《巡游出租汽车经营服务管理规定》要求经营者"保证营运车辆性能良好"（第二十一条第二项），然后对车容车貌、设施设备作了简单规定，如"车身外观整洁完好，车厢内整洁、卫生，无异味""车门功能正常，车窗玻璃密闭良好"等五项（第二十二条）；《北京市出租汽车管理条例》规定营运车辆"经公安、公安交通管理机关检验合格"，"符合本市规定的车型……和使用年限"（第十三条）。
② 《暂行办法》第十二条。
③ 为统计方便，且由于新能源或混合动力汽车尚未广泛普及，目前仅归纳普通燃油小客车。

续表

城市	牌照	初次登记与申请之间隔时长	轴距/毫米	排量/升	其他指标
杭州	本市号牌	不超过5年	2700	—	车辆计税价格12万元以上
重庆	本市核发行驶证	不超过2年	2650	增压1.5T、自吸1.8L	车辆计税价格应当高于同期巡游车价格
武汉	本市登记注册	未满3年	2650	—	车辆购置的计税价格在12万元以上；投保营业性交强险、营业性第三者责任险、乘客意外伤害险和承运人责任险
成都	本市号牌	—	—	1.6L或1.4T	
青岛	本市注册登记	未满1年	—	—	车辆购置价格不低于巡游出租汽车礼宾型同期购置价格；轿车车型长宽高4800mm×1800mm×1450mm，发动机功率不小于100千瓦，综合工况油耗不高于8升每百公里
厦门	本市机动车牌照	未满3年	2700	1.95L	车型档次应不低于本市现有主流巡游出租汽车；车身颜色应使用出厂原色，不得定制专有颜色
沈阳	本市核发行驶证	未满3年	2700	1.8L	车辆购置税的计税价格在12万元以上
西安	本市注册登记	未满2年	2700	2.0L或1.8T以上	整车尺寸4850mm×1810mm×1450mm以上
郑州	本市注册登记	不超过2年	2650	—	发动机功率不小于90千瓦；车身颜色不得与巡游出租汽车的外观颜色和车辆标识相同或者相近似

从样本上看，所有城市无一例外要求车辆须注册本市牌照，绝大多数城市明确要求车为新车和平均2675毫米的轴距、1.8升以上排量。部分城市还对价格、车身长宽高、发动机功率等作出限定。

（四）关于驾驶员的立法概况

《暂行办法》对网约车驾驶员的基本要求聚焦于驾驶经验与安全记录两方面：一是"取得相应准驾车型机动车驾驶证并具有3年以上驾驶经历"；二是"无交通肇事犯罪、危险驾驶犯罪记录，无吸毒记录，无饮酒后驾驶记录，最近连续 3 个记分周期内没有记满 12 分记录"；三是"无暴力犯罪记录"。其他条件，交由城市人民政府自行规定。① 循此"授权"，各市对驾驶员增设了诸多硬性条件，包括户籍、驾照核发地、驾驶员证期限、考试、交通违法记录等，详见表3。

表3 样本城市对网约车驾驶员的增设条件

城市	户籍	驾照核发地	网约车驾驶员证有效期	是否考试/考核	交通违法记录
北京	本市户籍	本市	3年	是	申请之日前一年内无5次以上交通违法行为
上海	本市户籍	—	3年	否	申请之日前1年内，无5次以上交通违法行为；截至申请之日，无5起以上交通违法行为逾期尚未处理的情形
广州	本市户籍或居住证	本市	3年	是	—
深圳	本市户籍或居住证	—	—	是	—
天津	本市户籍	本市	3年	是	—
南京	本市户籍或居住证	—	3年	是	—
杭州	本市户籍，或在本市取得浙江省居住证6个月以上或临时居住证12个月以上	—	—	是	—
重庆	—	—	6年	是	—
武汉	本市户籍或居住证	—	3年	是	—
成都	本市户籍或居住证	—	—	是	最近5年内在该市没有被查处从事仿冒巡游车营运及其他非法客运经营的记录
青岛	本市户籍或居住证	—	—	是	—
厦门	本市户籍或居住证，或暂住证满6个月	—	—	是	未列入交通、公安部门不良记录；承诺在同一时间内只在一家网约车平台公司从事网约车服务
沈阳	本市户籍或居住证	—	3年	是	—
西安	本市户籍或居住证	—	—	是	—
郑州	本市常住户籍或居住证	—	—	是	—

---

① 《暂行办法》第十四条。

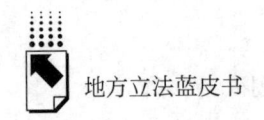

可见，除重庆外，其余城市皆要求驾驶员拥有"本市户籍或居住证"；北京、广州和天津还要求驾照亦由本市核发。除上海外，其余城市要求驾驶员通过考试方能上岗。

三 网约车地方立法的依据难题

（一）许可设定依据的先天缺陷

一个颇为尴尬的事实是，我国网约车立法从一开始便陷入合法性疑难。目前规范网约车的最高层级规范是国务院七部局联合发布的部门规章。尽管《暂行办法》第一条即宣明"根据国家有关法律、行政法规"，但并不容易确定其所"根据"的"法律、行政法规"究竟为何。① 回溯历史，我国直到1988年6月才由当时的建设部、公安部和国家旅游局联合制定了首部《城市出租汽车管理暂行办法》。1997年12月，建设部与公安部又制定《城市出租汽车管理办法》以替代前者。随着2003年《行政许可法》的出台，《城市出租汽车管理办法》因部门规章丧失行政许可设定权而处于违法状态，并于2016年3月被实际废止。为修补《行政许可法》实施后出租车经营许可权于法无据的空白，国务院于2004年6月通过第412号令公布《国务院对确需保留的行政审批项目设定行政许可的决定》（以下简称"第412号令《决定》"），其中第112项将出租汽车经营资格证、车辆运营证和驾驶员客运资格证的核发事宜交由县级以上地方人民政府出租汽车行政主管部门实施。换言之，出租车经营许可由国务院暂时保留，县级以上地方人民政府出租汽车行政主管部门是实施机

---

① 如果其以国务院办公厅同时下发的《指导意见》为"根据"，则显然不对——《指导意见》是规范性文件，不能作为部门规章的"依据"。若按照网约车乃出租汽车之子类型的逻辑，以之前制定并于2016年7月同时修订的《巡游出租汽车经营服务管理规定》为"根据"，也显然不当。因为该规定同为交通部的部门规章，不能作为另一部门规章的制定"依据"。

关。时隔13年，国务院始终未"及时"提请全国人大及其常委会制定法律，或自行制定行政法规。我国巡游车至今依据的许可权渊源仍是这一决定。①

显而易见，这一许可权渊源几乎完全不具备规范性意涵，其仅规定了三类资格证的核发主体，而对核发条件、审查标准、许可期限、许可范围等其他必备要素未置一词。《行政许可法》要求："设定行政许可，应当规定行政许可的实施机关、条件、程序、期限。""应当"表明这是一项强制性规定，不容变通。具体列举的若干要素后并无"等"字，说明这并非开放性条款，设定人不得自行增减要素。换言之，许可设定主体必须在设定之际明确"实施机关、条件、程序、期限"，该四项内容是一项新设行政许可的基本要素。第412号令《决定》仅规定了"实施机关"，其余三项全缺。从严格解释出发，该许可由于缺乏构成要件，理应归于无效。但虑及该令出台的时代背景，本文暂予宽松解读，姑且认为此设定依据依然有效，只是由于相当笼统而不具备操作性。即便如此，一项极其笼统的许可设定使后续的具体规定和实施无法不带有"先天缺陷"，不可避免地带来混乱纷争与自行其是。

（二）"构成要件"与"具体规定"之混淆

首先带来的疑难，是交通运输部等部委制定《巡游出租汽车经营服务管理规定》《出租汽车驾驶员从业资格管理规定》《网络预约出租汽车经营服务管理暂行办法》三部部门规章，在许可依据模糊、上位法阙如的情况下，行使的究竟是许可设定权还是规定权？有学者主张，上述规章其实就是对国务院第412号令《决定》的实施性具体规定，因为"《行政许可法》也并没有要求对许可的具体规定必须在设定许可的同一法规范当中作出"。②

---

① 有学者直言，出租车经营行政许可的法律基础迄今仍具有临时性，在权威性、严肃性上是有欠缺的。参见王军《出租汽车经营行政许可之合宪性分析》，《行政法学研究》2016年第2期。
② 陈越峰：《"互联网+"的规制结构——以"网约车"规制为例》，《法学家》2017年第1期。

这一说法看似有理，实则混淆了设定的"构成要件"与"具体规定"两个不同范畴。"构成要件"是一项行政许可被创制之际必须厘定的基本内容要素，包括实施机关、条件、程序和期限。"具体规定"是在"构成要件"给定的基本范围内作出细化，包括规定具体程序、提升可操作性、加入地方因素等，且必须于设定的逻辑范围内进行。"构成要件"是"具体规定"的前提和根基，后者是前者的细化落实。"构成要件"欠缺，"具体规定"便成为无源之水、无本之木，要么无从施展，要么自行"创造"基础，往往僭越设定权。

"构成要件"的缺陷为患尤甚。实施机关不确定，必然导致相关机构争权诿责、避重就轻、趋利避害，随意委托实施或恣意授权其他组织。部门之间管辖权范围交叉重叠，"令"出多门，权责关系混乱纠缠，多头管理、重复许可现象无法避免。[①] 为获审批，申请人不得不奔走于多个部门，被"踢皮球"成了家常便饭，时间、金钱成本居高不下，致使整个社会成本无谓高企。

行政许可是对一般性禁止领域的有条件准入，准入条件的设计是否科学合法合理，决定着行政管理的预期目的能否有效达成。可以说，条件是行政许可最核心的要素。条件设定不明确，或直接交由实施机关决定，实际上陷入"执法者造法"之境地。实施机关凭借所谓"自由裁量权"，自行拟定审查标准，任意增减取舍，甚至明目加入歧视性条款，令申请人无所适从；而或一地一策、一时一策，人为构筑地方壁垒，割裂统一市场。

程序是规范行政行为的重要手段，依法行政在很大程度上是依程序行政。行政许可权是强大的资源配置权，对社会利益格局产生重大影响，这一权力的运行更应受到严格的程序性控制。许可程序不预定，实施机关随意打乱、增减流程；程序公开不足，难免诱致暗箱操作、权力寻租；听证、答复

---

① 在《城市出租汽车管理办法》时代，在某些地方，巡游车运营曾出现交通与城建两个部门同时监管的现象。出租车在市区运营，需向城建主管部门申领许可证；出了市区，又需要向交通主管部门再申领一个证。

程序被轻忽，申请人的诉求无从表达，更遑论对整个审批流程进行监督。

期限设定亦是行政许可作为资源有限度放开机制之必然特征，包括审核时限与获批后的经营期限。审核时限不明或过长，实施机关可能无故拖延、搁置；过长的审核时间也会加重申请人的负担，甚或令其错失市场机遇。经营期限决定许可目的和经济社会发展目标的实现程度，能否续期亦客观影响着资源的稀缺程度。经营时间过短，重新申请频繁，社会成本升高；经营时间过长，特许人长期独占资源，亦易形成垄断。因此，合理的经营期限设定对资源配置效率有较大影响。

可见，实施机关、条件、程序和期限之基本内容的设定于一项新设许可而言至关重要，是不可或缺的。这不仅是依法行政、预防滥权的要求，更是许可实施有依据、可操作、成本合理并产生良好社会效益的前提。因此，《行政许可法》专辟独立条文（第十八条）规定设定的必备要件，对实施机关冗赘、职权混乱交叠、随意增减条件、罔顾法定程序、审批效率低下、期限设置不当等痼疾预先埋下防线。此强制性要求理应得到严格遵循，并尽量予以具体、清晰地表述。

此故，问题的关键绝非"设定"与"具体规定"是否在同一规范中一并给出，而是"具体规定"至少须有基本的"设定"内容作为前提。既然是"具体"规定，必然因于上位法已作出较一般的、宽泛的设定之故。实施性"具体规定"是在"上位法设定的行政许可事项范围内"进行，① 而非凭空臆造。当作为上位法依据的国务院第412号令《决定》仅就实施主体进行设定，从法理上而言，三部门规章亦只能就"实施主体"一项作"具体规定"——尽管这对实际操作来说无甚意义，但从规范分析角度看，这是必然结论。

（三）许可设定依据的后天弥补

超越"上位法设定的行政许可事项范围"而对巡游车、网约车经营的

---

① 《行政许可法》第十六条第三款。

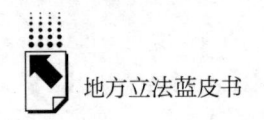

申请条件、提交材料、审核流程、经营协议内容、经营期限、续签考核、驾驶员考试、注册、继续教育等方方面面作出规定的三部门规章，实际上已僭越许可设定权。这一忤逆"部门规章不得设定行政许可"之情状虽属违法，但在上位法依据如此模糊、现实规制需求又如此强烈的情势下，实则具有积极意义——它们至少为出租车行业确立了基本的规制框架，在实践中也发挥着必不可少之功用。

但是，部门规章之规定毕竟"应当属于执行法律或者国务院的行政法规、决定、命令的事项"，① 执行性乃其核心属性。网约车作为新兴业态，被径行纳入第 412 号令《决定》的许可范围，理由本不充分。一项由移动信息终端普及促生的新兴产业，涵盖技术、商业模式乃至出行理念等颠覆性创新要素，竟事实上由执行性为主的部门规章进行规制，规范性基础难言稳固。② 我国出租车行业的健康发展亟须改革创新，网约车正是打破利益僵局、促进转型升级的"鲇鱼"。③ 这样一项重大改革契机竟由部门规章"引领"，实与"立法和改革决策相衔接"，"重大改革于法有据、立法主动适应改革和经济社会发展需要"之要求不符。鉴此，目前应致力的，是尽快完善许可设定依据，通过法律或行政法规，实现由立法而非规章引领、保障、推动改革，为出租车行业奠定坚实的上位法基础。

（四）地方"具体规定"的规范性隐患

从样本上看，各市主要通过地方政府规章和地方规范性文件两类载体规定本地方案。其中，采地方规范性文件的有 9 市，占比 60%；采地方政府规章的仅上海、广州、深圳、重庆、武汉、青岛 6 市，占比 40%。规范层级不同，规制属性有异，合法性研判标准亦有别。对此，须分别判断。

与上述部门规章遭遇的合法性疑难一样，地方采取的规范形式暴露出更

---

① 《立法法》第八十条第二款。
② 有学者即指出，由部门规章引领创新存在"逻辑悖论"。参见顾大松《"专车"立法刍议》，《行政法学研究》2016 年第 2 期。
③ 参见《指导意见》之"基本原则"之二。

复杂的合法性困境。若仍遵循严格解释,地方政府规章仅能在"上位法设定的行政许可事项范围内",对实施性问题作具体规定。那么,采地方政府规章的6市只能就"实施主体"作进一步细化。① 即便宽泛解释,地方政府规章对第412号令《决定》第112项许可保留事项的方方面面作"具体规定",但"不得增设行政许可","不得增设违反上位法的其他条件";② 而极度笼统的依据表述令这两项限制的判断几乎无法进行。另外,享有许可规定权的最低规范层级为规章,地方规范性文件无权作具体规定。③ 目前绝大多数城市采用政府规范性文件对网约车许可进行"细化",令整个地方规制体系在合法性上存在重大的根源性隐患。

要在设定依据如此缺乏规范指向性的前提下解决地方细化的合法性疑难,较佳途径除了完善上位法,还可通过地方性法规自主规制。由于其民意基础更坚实,制定程序更公开透明,评估论证机制相对完善,且非以执行上位法为鹄的,地方性法规有权在法律、行政法规皆未设定许可的情况下自主设定。各市可根据本地城市规模、出行需求、道路资源、交通供给量等因素,选择各种宽严有别的规制工具,转化为地方性法规直接对网约车进行监管。其完全可超越——而不必"依据"——交通部等发布的规章,就本地特殊偏好充分创新。"互联网+"产业内蕴打破了地域区隔之倾向,但并不妨碍各地先行展开规制试验,为全国统一市场的成熟提供经验。加之,公共交通的地方性色彩较浓,城市规模、人口数量、对外开放水平、旅游业发达程度等皆会对出行需求产生较大影响。作为公共交通的重要补充,网约车监管完全可因地制宜,通过地方性法规先行先试。

---

① 而另一种解读是,地方政府规章不是对上位法的具体规定,而是根据《行政许可法》第十五条设定的临时性行政许可。临时性许可只有省级政府有权设定,因此,样本城市中仅上海和重庆符合要求。由于其临时性,规章通常应明确规定"暂行"或"试行",并应于实施满一年后取消或请求本级人大及其常委会制定地方性法规。这种解读因绝大多数样本城市并不符合层级要求而暂不予考虑。
② 《行政许可法》第十六条第四款。
③ 《行政许可法》第十六条。

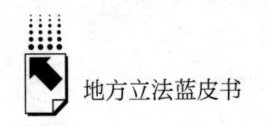

四 网约车地方立法的具体措施检视

(一) 针对平台的具体规制措施

1. 妨害企业自主经营

针对平台公司的地方细化措施，除上述在本地设置分支机构甚至企业法人的增设要求有违互联网企业促进信息、资源跨地域高效流通之特性外，部分城市要求平台公司24小时不间断经营的规定显然缺乏上位法依据，亦违背企业自主经营原则。①《暂行办法》中并无日常运营时间的要求。②部分城市"借鉴"《暂行办法》之"征求意见稿"第十九条，或"比附"《巡游出租汽车经营服务管理规定》关于巡游车电召服务平台的规定，③对平台日常服务时间作出强制性要求，完全不具备合法性。首先，从消极视角看，无论丝毫不具法律效力的"征求意见稿"还是无许可设定权的部门规章，皆不能成为地方规制的规范"依据"。而没有法律、行政法规、地方性法规的依据，地方政府规章——更遑论地方规范性文件——"不得设定减损公民、法人和其他组织权利或者增加其义务的规范"。④强行要求一家企业24小时不间断经营，显然属于不当加诸义务。其次，从积极面向来说，排除部分公益性较强的企事业单位——如医院、水电供网和其他能源企业等——可要求全天候经营，其他企业的经营时间完全属于自决事项范围，政府不应恣意指定。

---

① 如《厦门市网络预约出租汽车经营服务管理实施细则》第二十四条第一项规定，网约车平台公司"应保证网络服务平台运行的可靠性，提供24小时不间断运营服务"；《青岛市网络预约出租汽车经营服务管理暂行办法》第二十九条亦要求服务平台"安全可靠运行，提供24小时不间断运营服务"。
② "征求意见稿"第十九条有"24小时不间断运营服务"的规定，后在正式文本中被删去。
③ 《巡游出租汽车经营服务管理规定》第二十八条第二项规定："巡游出租汽车电召服务平台应当提供24小时不间断服务。"
④ 《立法法》第八十二条第六款。

2. 无谓增加企业负担

各市按《暂行办法》的部署,[①] 亦对本地平台公司的经营期限作了设定。其中,样本城市的情况如表4所示。

表4　样本城市对平台公司经营期限的设置

单位:年

城市	经营期限	城市	经营期限
北京	4	武汉	6
上海	3	成都	5
广州	5	青岛	8
深圳	5	厦门	4
天津	4	沈阳	4
南京	4	西安	4
杭州	1	郑州	4
重庆	4		

城市样本中,经营期限最长的为青岛,8年,最短的为杭州,1年。杭州的设定与其细则试行一年有关。排除最长和最短期限,其余城市的平均期限设定为4.3年。期限届满,符合一定条件,可再次申请延期。但准予续期的条件为何,《暂行办法》并未着墨;各地"细化"也不甚了了,大都语焉不详[②]或参考首次申请条件进行。[③] 经营时限设置会对社会成本带来一定影响:期限过短,企业重复申请成本升高;期限过长,则易形成垄断。在各地细则已对经营行为设置事前审查、事后监督和惩罚条款的前提下,取消经营期限或许是更好的选择——尽管《暂行办法》要求各地"应当"明确经营期限。经营期限设置通常因自然资源或公共资源的稀缺性,需要定期检验经

[①] 《暂行办法》第八条规定:"出租汽车行政主管部门对于网约车经营申请作出行政许可决定的,应当明确经营范围、经营区域、经营期限等。"最后一个"等"字,为地方任意增设条件提供了土壤。

[②] 如厦门市要求根据经营许可期内的"经营行为"和"质量信誉考核情况"进行判断,青岛市规定根据该市的"相关规定"作出决定。

[③] 上海、杭州、南京、成都等市对此甚至全无规定。

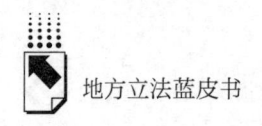

营者对资源的利用是否有效率，便于规制者决定是否需要更换经营者。网约车凭借卫星定位系统精准服务，无须巡游，对公共道路资源的占用率较小。这令经营期限规制并不具备充分的正当性理据。

（二）针对车辆的具体规制措施

各地对网约车车辆技术指标的增设，其上位法依据与合法性基础甚为贫乏。尚不足以作为上位法依据的《暂行办法》对车辆作出的技术要求有三——"7 座及以下乘用车"、"安装具有行驶记录功能的车辆卫星定位装置、应急报警装置"以及"性能符合运营安全相关标准要求"。此外，车辆的"具体标准"和"营运要求"，"由相应的出租汽车行政主管部门，按照高品质服务、差异化经营的发展原则，结合本地实际情况确定"。① 正如有学者指出的那样，此处"结合本地实际情况确定"应指"具体规定"而非"另行规定"。② 首先，该款并无像《暂行办法》第十三条第二款之城市人民政府"另有规定"或第十四条第四项之"其他条件"那样的表述，因此至少在技术标准方面，排除了"另行规定"之可能。其次，车辆的"具体"标准理应相对于"不甚具体"的上位法规定而言，意即对应于上述三项基本要求。再次，针对表述最笼统的第三项"性能符合运营安全相关标准要求"的细化，亦应限于"运营安全相关标准"界域；换言之，对车辆技术标准的具体规定，须着眼于"安全"，而非其他。

但是，陆续出台的地方细则不仅远远超越上述范围而"另立门槛"，不少增设要求于常识判断亦相当不合理甚至令人匪夷所思。其中，对车辆轴距和排量的无理要求早在各地征求意见阶段便引致学界、媒体的广泛批评。抨击矛头主要指向四点：其一，对轴距和排量增设要求与"运营安全"无必

---

① 《暂行办法》第十二条。
② 张效羽：《明显违反〈行政许可法〉的网约车地方立法》，http://yuanchuang.caijing.com.cn/2016/1009/4183963.shtml，最后访问日期：2017 年 1 月 1 日。

然联系，车辆安全性并不取决于轴距或排量；① 其二，虑及环保政策，排量限制的通行做法是设置最高标准，目前各地却反其道行之，设置最低标准，实与环保要求不符；② 其三，涉嫌车型歧视，部分豪华车车型亦被排除在外；③ 其四，对车型大小、服务质量、规格高低的选择应交由市场自主决定，而非由政府作"一刀切"式限制。④ 鉴于学界对此的批评已较为充分，本文不再赘言，将分析重点放在车辆牌照方面。

从样本上看，所有城市皆要求网约车牌照为本市核发，外地车辆无权进入本地市场。这首先违反《行政许可法》第十五条第二款的规定。地方性法规和省级政府规章设定的许可，尚"不得限制其他地区的个人或者企业到本地区从事生产经营和提供服务，不得限制其他地区的商品进入本地区市场"；不仅无权设定、亦无权作具体规定的地方规范性文件反而明文阻止其他地区的服务进入本地市场，合法性缺陷太过明显。

其次，牌照排斥属于《国务院关于禁止在市场经济活动中实行地区封锁的规定》所禁止的"采取专门针对外地产品或者服务的专营、专卖、审批、许可等手段，实行歧视性待遇，限制外地产品或者服务进入本地市场"的地区封锁行为。⑤ 违反此禁令的具体行政行为，"由省、自治区、直辖市人民政府组织经济贸易管理部门、工商行政管理部门、质量技术监督部门和

---

① 大货车轴距远长于小轿车，但显然不能说前者安全性就一定优于后者。相反，大货车因质量庞大、制动性差、保养失当等，往往被视为"马路杀手"。另可参见张效羽《明显违反〈行政许可法〉的网约车地方立法》，http：//yuanchuang.caijing.com.cn/2016/1009/4183963.shtml，最后访问日期：2017年1月1日。
② 朱巍：《立法歧视？网约车立法需思量》，https：//mp.weixin.qq.com/s?__biz=MzA5NDI0MzgyMA，最后访问日期：2016年10月10日。
③ 朱巍：《立法歧视？网约车立法需思量》，https：//mp.weixin.qq.com/s?__biz=MzA5NDI0MzgyMA，最后访问日期：2016年10月10日。
④ 万学忠、王开广：《法学界首次对网约车细则集体发声》，《法制日报》2016年11月12日，第6版；张维：《京沪网约车新政落地依旧限人限车》，《法制日报》2016年12月22日，第6版；沈尚：《地方网约车新政涉嫌五大违法》，http：//www.fxcxw.org/index.php/Home/So/artIndex/id/14296.html，最后访问日期：2016年11月3日。
⑤ 《国务院关于禁止在市场经济活动中实行地区封锁的规定》（国务院令第303号）第四条第五项。

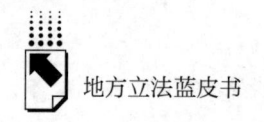

其他有关主管部门查处，撤销歧视性待遇"；① 涉嫌地区封锁的抽象行政行为，如上述规范性文件的部分内容，"由本级人民政府改变或者撤销"，"本级人民政府不予改变或者撤销的，由上一级人民政府改变或者撤销"。②

再次，若言《暂行办法》第十二条对车辆技术指标作出规定，第十三条第二款又"留有余地"地"允许"城市人民政府"另有规定"，那么这一"另有规定"的范围，应指技术标准以外的事项，如身份标准。各地或许即以此款为"据"，对车牌作出限制。但这一限定明显抵触作为行政法规的《国务院关于禁止在市场经济活动中实行地区封锁的规定》，不仅本身应予撤销，其"赖以为据"的"国务院所属部门不适当的规定"——《暂行办法》的相应不当规定——亦应"由国务院改变或者撤销"。③

（三）针对驾驶员的具体规制措施

1. 户籍歧视

各市针对网约车驾驶员的规制，最引人诟病的莫过于户籍限制。从样本上看，除重庆未作要求外，其余14市皆规定驾驶员须具备"本市户籍或居住证"。部分城市如杭州，还要求取得居住证6个月以上。小到网约车驾驶员的户籍门槛，大至整个户籍制度的不公正结构，这一中国难题已引发长久争论。④ 放眼世

---

① 《国务院关于禁止在市场经济活动中实行地区封锁的规定》（国务院令第303号）第十四条。
② 《国务院关于禁止在市场经济活动中实行地区封锁的规定》（国务院令第303号）第六条。上海、重庆两直辖市颁布的政府规章中涉嫌地区封锁的规定，"由国务院改变或者撤销"。见第八条。
③ 《国务院关于禁止在市场经济活动中实行地区封锁的规定》（国务院令第303号）第九条规定："地方各级人民政府或者其所属部门设置地区封锁的规定或者含有地区封锁内容的规定，是以国务院所属部门不适当的规定为依据的，由国务院改变或者撤销该部门不适当的规定。"
④ 针对网约车驾驶员户籍限制的评论，可参见陈越峰《〈互联网+〉的规制结构——以"网约车"规制为例》，《法学家》2017年第1期；万静《户籍牌照等受限引发专家质疑》，《法制日报》2016年10月10日，第6版；万学忠、王开广《法学界首次对网约车细则集体发声》，《法制日报》2016年11月12日，第6版；姚维《京沪网约车新政落地依旧限人限车》，《法制日报》2016年12月22日，第6版；沈岿《地方网约车新政涉嫌五大违法》，http://www.fxcxw.org/index.php/Home/So/artIndex/id/14296.html，最后访问日期：2016年11月3日；张效羽：《明显违反〈行政许可法〉的网约车地方立法》，http://yuanchuang.caijing.com.cn/2016/1009/4183963.shtml，最后访问日期：2017年1月1日。

界,在执业许可中附加"本地居民"条件亦非我国独有。在推崇自由市场、迁徙自由、就业自由的美国,限制外地劳动力进入和挤压本地就业市场的"排斥行动"也时有发生。很多州要求唯美国公民才有资格从事诸如药剂师、足科医生、骨疗师这样的医学职业;一些州将定居未达一定年限的本州居民和全体州外居民排除在眼科验光师、会计师、按摩师或牙医职业之外——尽管"并未发现事先的定居经历与职业资质究竟有何关系"。[①] 这皆是地方保护主义在作祟。而此次网约车《暂行办法》本身并未作户籍限制,但其十四条第四项允许城市人民政府规定"其他条件",为地方户籍歧视提供了便利。

2. 驾照门槛

第二个从样本中反映出的问题是关于驾照的核发地。城市样本中,北京、广州、天津三市要求驾照应由本市核发,实在令人疑惑。机动车驾驶证核发属于《行政许可法》第十二条第三项的"资格、资质"事项,其法律依据为《中华人民共和国道路交通安全法》第十九条,[②] 具体申请条件由公安部规章《机动车驾驶证申领和使用规定》统一规定。换言之,驾照申领条件、考试标准全国统一,地方仅为颁发机关。但在上述四市,颁发机关竟也成为一道门槛。这无疑毫无依据、极不妥当。

3. 考核争议

第三个值得一议的问题是,网约车驾驶员是否应与巡游车驾驶员一样,通过考试方能上岗?城市样本中,除上海外,其余城市皆要求考试或考核。《暂行办法》第十五条的确规定,设区的市级出租汽车行政主管部门按第十四条规定的条件核查并按规定考核后,为符合条件且考核合格的驾驶员发放

---

① Walter Gellhorn, "The Abuse of Occupational Licensing," *The University of Chicago Law Review*, 44, 1976, p. 15.
② 《道路交通安全法》第十九条规定:"驾驶机动车,应当依法取得机动车驾驶证。申请机动车驾驶证,应当符合国务院公安部门规定的驾驶许可条件;经考试合格后,由公安机关交通管理部门发给相应类别的机动车驾驶证。"

相应证件。但考核能否等同于考试，能否等同于巡游车驾驶员历来必经的考试，有待商榷。"考核"指"考查审核"，其范畴较宽泛，考试仅是其中形式之一。考核的方式灵活多样，不一定非为笔试、机考。我们认为，《暂行办法》规定的"考核"应作广义理解，且实施主体宜待调整。首先，大部分网约车驾驶员为兼职运营，不少还属于民事互助性质的顺风车、拼车活动，专业性不高，真正在路上行驶的时间并不多。要求这部分分享经济主体事先通过考试，未免成本较高、必要性不足，亦与分享经济的即时性、灵活性、便捷性相悖。其次，电子导航技术的发达不仅令传统巡游车司机熟悉道路的优势几近消失，亦使事先通过考试熟悉路线的必要性大大降低。再次，巡游车服务质量堪忧的一大症结即在于准入门槛高、事前审查严而日常监管不足甚至缺位。网约车若因循陈例，强调事前审查和考试，恐再次落入疏于日常监管的窠臼。须知，知法不等于懂法，懂法不等于认同，更不等于将认同付诸实践、切实遵守。监管者即便事先进行了法治教育，设置了考试，也不可放松日常监督。实际上，政府监管体制改革的主线即在于从热衷事前审批转变为注重事中事后监督，在进一步削减审批事项、简政放权的同时"加快构建事中事后监管体系"。[①] 网约车监管理应遵循这一趋势。最后，《暂行办法》既已对驾驶员条件作了基本规定，亦要求"平台公司应当保证提供服务的驾驶员具有合法从业资格"并"开展有关法律法规、职业道德、服务规范、安全运营等方面的岗前培训和日常教育"，[②] 将考核实施权授予平台公司，或许是更好的选择。原因在于，其一，平台公司既然负责保证驾驶员具有合法从业资格，若该资格因主管部门的考核机制漏洞而存在瑕疵，却由平台公司担责，恐有违权责一致原则。其二，平台公司既已负责开展岗前培训和日常教育，将考核事宜一并交予平台，岂不更方便高效？其三，"监管部门管平台、平台管车辆和司机"早已是网约车发达国家的监管通例，并被证明行之有效。我国监管者或应借鉴其中的合理经验。可见，由平

[①] 国务院《2016年推进简政放权放管结合优化服务改革工作要点》第二条第八项。
[②] 《暂行办法》第十八条。

台公司通过多种方式灵活组织考核，无论是在法理层面还是在经济层面，皆是更可取之安排。

4. 就业限制

第四个问题来自个别样本，是关于对公民自主就业权和经营权的不当限制。《厦门市网络预约出租汽车经营服务管理实施细则》出人意料地对平台公司、车辆和驾驶员作出三重限制，要求车辆在接入协议中"承诺……在同一时间内只接入一家网约车平台公司提供网约车运营服务"，① 驾驶员须"承诺在同一时间内只在一家网约车平台公司从事网约车服务"，② 平台公司还必须"确保车辆和驾驶员没有接入其他网约车平台公司"。③ 这一系列限制不仅让人啼笑皆非，更暴露出监管者的任性恣意——恰如强令电商只能在淘宝而不能同时在京东或当当平台开店经营的逻辑一样荒谬。

我国公民享有就业权，享有"使自己劳动力与生产资料结合实现职业劳动的权利"。④ 作为一项复合权利，就业权包含就业竞争权、自由择业权、平等就业权、职业安定权、公共就业保障权等若干子权利。作为其中的核心，自由择业权允许公民自由选择从事或不从事某一合法职业，在法定条件下自由进入或退出某特定行业。在不违反《劳动法》和《劳动合同法》前提下，公民可自主与用人单位签订多种形式的劳动合同或其他用工协议，包括劳务派遣、非全日制用工等。⑤ 而在"互联网＋"产业，就业形式因技术条件的成熟可更加灵活。具体到网约车，网约车的运营时间、接单与否皆非常灵活自主，所需要的不过是事前检查、上线、接单和安全运送。车辆所有人当然有权在符合法定条件的情况下携车接入一家或多家平台，只要其有能

---

① 《厦门市网络预约出租汽车经营服务管理实施细则》第十一条第八项。
② 《厦门市网络预约出租汽车经营服务管理实施细则》第十七条第七项。
③ 《厦门市网络预约出租汽车经营服务管理实施细则》第二十四条第六项。
④ 参见关怀《劳动法》，中国人民大学出版社，2001，第60~61、102页。王全兴教授亦给出相似界定，他认为就业权是指"有就业资格的公民能够获得从事有报酬或收入的职业性劳动的机会的权利，也就是有机会将其劳动力与生产资料相结合的权利"。见王全兴《劳动法》（第二版），法律出版社，2004，第288页。
⑤ 参见《劳动合同法》第五十七条至第六十七条、第六十八条至第七十二条。

力按约、保质、保量完成订单。平台公司亦可经由日常服务章程和定期评价制度对服务质量进行监督。① 更重要的是，强令驾驶员只加入一家平台，客观上极易催生垄断。大多数兼职司机与平台建立民事合同关系，小部分专职司机与平台签订劳动合同，形成隶属性劳动关系。无论何种形式，平台公司皆非绝对的市场支配者，它既是管理方，亦属信息服务提供商和承运人，担负着信息整合、即时通信、拟定合理计价方案、购买保险、信息披露、数据采集和保护、路线导航及其他辅助功能等种种义务。不仅平台有权管理驾驶员，驾驶员亦有权选择平台。各大平台在资金、技术、管理模式、费用分配等方面的差异，必然导致在市场占有率和整体服务质量上之优劣。驾驶员理应有权自主评价并选择收益最佳之合作者。如果人为限制一时一地只能加入一家平台，一方面会使实力最雄厚者放大资源"虹吸"效应，形成垄断；另一方面，更换平台等于退出并重新申请，这无疑增加了驾驶员的经营成本，让灵活根据服务质量、订单数量和收益率随时切换平台遭遇人为壁垒。退万步言，厦门市监管者或会援引《劳动合同法》第三十九条第四项规定，佐证驾驶员不能同时与两家平台签订劳动合同，但这一理据同样不成立。因为有权要求"脚踏两只船"的劳动者专事其一或解除劳动合同的主体是用人单位而非政府。换言之，劳动合同领域的"脚踏两只船"是一个私法问题，权利主体是用人单位，政府无权强令劳动者一时只能"专侍一主"。是否接受"共事二主"，如何兼顾工作、发放工资，种种事宜皆由用人单位与劳动者自行商议；② 政府不能越俎代庖，在公法层面妄下禁令。可见，"互联网+"产业特性、市场竞争需要和法律依据解读三方面皆说明上述规制措施明显违背私法自治原则和市场竞争原理，完全不具备合法性基础。

---

① 如驾驶员同时开启两个平台的APP应用，同时在线揽客，却无法兼顾，造成一方平台上的按时接客率下降。平台公司可有针对性地设定一系列指标，未达标司机将受到评级下调、补贴奖金扣减、服务时长限制、现场说明情况直至取消运营资格等不同程度的处罚。
② 见《劳动合同法》第三十九条："劳动者有下列情形之一的，用人单位可以解除劳动合同：（四）劳动者同时与其他用人单位建立劳动关系，对完成本单位的工作任务造成严重影响，或者经用人单位提出，拒不改正的。"

(四)针对运价的具体规制措施

之所以对巡游车实行政府定价,一是缘于其公共交通的公益性质,二是其巡游揽客和"一次性交易"模式决定临时、重复不断的议价成本较高,不仅加重交通拥堵、降低客运效率,还容易催生"乘人之危"式的坐地起价甚至漫天要价。因此,各国政府皆对巡游车运价严格管制。网约车虽属"城市公共交通的补充",但其公益性较弱,技术手段和计价方式更为先进、透明,因而更适宜于市场调节价。地方监管部门也意识到此一特性,普遍支持网约车实行市场定价。但这一支持并不彻底而留有较大余地,详见表5。

表5 样本城市的运价规制措施

城市	运价规制措施
北京	市场调节价
上海	市场调节价
广州	市场调节价,必要时实行政府指导价
深圳	市场调节价,必要时实行政府指导价
天津	市场调节价,必要时实行政府指导价
南京	市场调节价
杭州	市场调节价,为保障公共秩序和群众合法权益,必要时可对价格实行临时管控
重庆	市场调节价,根据道路客运市场发展需要或者出现突发情况时,可对价格等实施临时调控
武汉	市场调节价
成都	市场调节价
青岛	市场调节价,必要时实行政府指导价
厦门	市场调节价
沈阳	市场调节价,必要时实行政府指导价
西安	市场调节价,必要时实行政府指导价
郑州	市场调节价,必要时实行政府指导价临时加价,应提前公布

从样本上看,各市对网约车的运价规制由宽至严可分为三阶:其一,完全的市场调节价;其二,以市场调节价为主、"必要时"采行政府指导价;其三,市场调节价基础上的政府临时调控或管控。客观而言,监管者的确意识到传统巡游车的定价机制不宜挪用于网约车,但其态度并不坚定,市场导

向落实得并不彻底。这主要表现在两方面：其一，"必要时"的主观判断空间太大，难免被政府操纵；其二，价格"调控"或"管控"呈现过多计划经济色彩，在无须政府定价的领域，不宜采行。从目前网约车的技术先进性和定价透明度来看，实行完全的市场定价是可行的。但需注意的是，市场份额最高、线上用户最多的平台可能出现垄断定价的倾向，但只要其他平台持续保持竞争势态，高价垄断的可能性并不大。

五 网约车地方立法的规制逻辑

（一）规制理念上的因循守旧

中央与地方在网约车规范合法性上的"集体沦陷"和规制措施上的种种疑难，在很大程度上肇因于监管者尤其地方监管者的规制理念落后。理念上的因循守旧表现为监管者深入了解、把握互联网共享经济规律与特性的意愿不足，故步自封于规制"舒适区"。回顾历史，面对新兴业态，监管者往往遵循"全有或全无"策略，要么将新产业径行纳入旧有规制框架，要么任其发展、自生自灭。[1] 两种极端皆不可取。

若进一步深究理念误区，会发现监管者在认识上混淆了分享经济与职业经济。通常意义上，"职业"（occupation）指"个人在社会中所从事的作为主要生活来源的工作"，[2] 意即赖以谋生的行当；而社会分工意义上的"职业"近似于英语中的profession（行业/职业），指经过专门训练（尤指需要较高教育水平），拥有专业知识、技能和素养，能持续性地从事高度专门化工作的行业集合体。[3]

---

[1] Gillian K. Hadfield, "Legal Barriers to Innovation: The Growing Economic Cost of Professional Control over Corporate Legal Markets," *Stanford Law Review*, Vol. 60, No. 6 (Apr., 2008), p. 1692.
[2] 中国社会科学院语言研究所词典编辑室编《现代汉语词典（第6版）》，商务印书馆，2012，第1672页。
[3] 有社会学家将profession定义为"由受过高级训练的专家组成的、履行非常专业的社会职能的地位较高的职业（high-status occupation）"。参见George A. Theodorson & Achilles G. Theodorson, *A Modern Dictionary of Sociology*, Thomas Y. Crowell Company, 1970, p. 316.

所谓"职业经济",正是后一种意义,指受过专门训练的"职业人士"以其专业知识和技能服务于交易对象而形成的经济活动。

由于特定职业"在某些攸关社会及个体客户的知识和技能类型上拥有独专性能力,专门的集中化教育和必要的纪律又催生出强烈的内部团结和排外倾向。每一职业,基于对相关知识、技能的垄断,以及维护行业名誉和确保行业存续的责任,倾向于认为依靠自身便足以构建行业伦理并对其成果质量进行评价。因而行业团体往往拒斥来自公众或服务对象的控制"。[1] 但是,对那些优势地位明显、关涉公民人身财产安全、外部性较强的行业,显然不能任其发展。政府会将"提供公众服务并且直接关系公共利益的职业、行业"纳入监管,通过各种方式控制职业准入、服务质量与行业发展。从经济学角度而言,职业规制主要致力于三类目标:其一,降低交易费用,尤其是信息成本,提高交易效率;其二,减轻天然优势、信息不对称带来的负面影响;其三,维护公共利益。因此,职业经济往往与职业许可联系紧密。[2]

分享经济不是职业经济,其实质乃是"利用网络信息技术,通过互联网平台将分散资源进行优化配置,提高利用效率的新型经济形态"。[3] 首先,分享经济对专业化的要求较低。无论私家车、私人住宅还是闲置工具的分享,无外乎两种方式:其一,由所有权人操作或控制,分享人附带获取用益;其二,由分享人自行操作或控制,自行享受用益。无论何种形式,均很少逾越日常使用经验,不要求使用者拥有较高专业知识或技能。

其次,分享经济不具备自我封闭化倾向。相反,分享经济尤为强调规模效应,其效益取决于在线用户及资源数量、信息匹配效率和评价信息的扩

---

[1] George A. Theodorson & Achilles G. Theodorson, *A Modern Dictionary of Sociology*, Thomas Y. Crowell Company, 1970, p. 316.

[2] 相关论述,参见李锦辉《我国职业资格考试的行政许可规制问题探析》,《行政与法》2011年第4期。

[3] 中华人民共和国国家发展和改革委员会高技术产业司:《分享经济发展指南(第二次征求意见稿)》,http://gjss.ndrc.gov.cn/gjsgz/201704/t20170428_846368.html,最后访问日期:2017年8月13日。

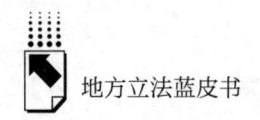

延。作为信息密集型产业，分享平台致力于尽可能多地吸引资源分享者。①开放——而非封闭——与信息的高效整合才是分享经济的追求。

再次，平台的信息技术创新能较好地解决职业经济曾面临的若干市场失灵难题。就网约车而言，供需结合可通过目的地检索和定位技术快速实现；路线和费用的预估预显，使利用信息不对称优势恶意绕路、漫天要价的企图难以实现；驾驶员资质、技能水平及其服务质量，亦能经由评价体系得以大致了解。

当然，分享平台在大大降低市场准入门槛，使进入（上线）和退出（下线）更加灵活的同时，近乎必然地模糊了"职业"与"非职业"的界限。②用户既可利用闲暇"挣外快"，亦可全时段运营或服务。尽管大多数网约车司机都有主业，开网约车仅是兼职，但显然并不排除部分司机将之作为谋生主业的可能。但是，这种"职业"仅是"生计"意义上的"职业"，并非"专业"意义上的"职业"。从促进经济发展角度看，职业资格的专业划分不宜过细。"专业过细、人数太少，既不利于行业管理，也不利于宏观调控，易造成管理上的失控与混乱。"③

（二）规制手段上的路径依赖

观念的落后必然导致手段上的"路径依赖"（path dependence），表现为监管者援用传统手段规制新兴产业，而怠于探索更科学有效的新方法。如要求平台在服务所在地设立服务机构、分支机构甚至企业法人，无疑加重了企业申请负担。一些城市"借鉴"《暂行办法》之"征求意见稿"第十九条内容，或"比附"巡游车电召服务的规定，强令平台24小时不间断经营，不当干涉企业自主经营权。地方监管者普遍援用简单粗暴的户籍、牌照甚至驾照限制措施，阻止其他地区驾驶员和车辆进入本地市场。不少城市照

---

① Molly Cohen & Arun Sundararajan, "Self-Regulation and Innovation in the Peer-to-Peer Sharing Economy," *The University of Chicago Law Review Dialogue*, 82, 2015, p. 119.
② 可参见 Molly Cohen & Arun Sundararajan, "Self-Regulation and Innovation in the Peer-to-Peer Sharing Economy," *The University of Chicago Law Review Dialogue*, 82, 2015, p. 116.
③ 周光明：《职业资格许可制度研究》，《湖南社会科学》2006年第2期。

搬巡游车事前考试制度,将"考核"限缩细化为巡游车驾驶员历来必经之"考试",人为取消考核形式的多样、灵活性。小部分城市还保留对运价的指导或管控权。更有个别城市出人意料地对平台、车辆和驾驶员作出三重限制,要求车辆"承诺……在同一时间内只接入一家网约车平台公司",驾驶员"在同一时间内只在一家网约车平台公司从事……服务",这一系列荒唐要求严重妨害企业自主经营权和公民自主就业权。这些措施生动反映出地方规制者在手段选取上未考虑整个产业的"遵守成本",并呈现鲜明的"路径依赖"特征。

(三)规制策略上的重事前审批、轻事中事后监管

手段的陈旧往往伴随规制策略上的重事前审批。可以看到,绝大多数旧有监管手段都属于"事前审批"型,若干新设措施亦难逃此窠臼甚至变本加厉。尽管《暂行办法》第五章已对事中事后的"监督检查"作出部署,但重心主要集中于信息数据采集和国家网络安全两领域;网约车服务质量、驾驶员信用等方面的持续性监督仍显笼统和不足。相反,限制轴距和排量的最低标准似乎就能确保行车安全和服务质量;驾驶员上岗前只要通过考试,此后的服务态度仿佛便有所保障——这种依靠事前审批"毕其功于一役"的逻辑仍明晰可见。须知,巡游车服务质量堪忧的一大症结即在于准入门槛高、事前审查严而日常监管不足甚至缺位。网约车若因循陈例,强调事前准入审批,恐亦难免落入疏于日常监管的窠臼。

(四)规制意图中的地方保护主义

理念、手段与策略上的一系列弊端由于规制意图中的"本地优先"而被进一步放大,形成种种不合理甚至令人匪夷所思的局面。要求本地牌照、本市户籍甚至本市驾照,大量具体措施都指向对本地既得利益的维护和本地监管的便利性,呈现鲜明的地方保护主义特征。人为构筑的市场藩篱与地区封锁,与"互联网+"产业要旨相悖,已成为分享经济发展的重要障碍之一。

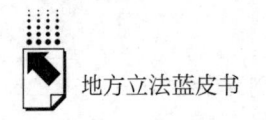

(五）规制效果上的失灵与失范

规制设计尚非科学合理，规制效果必然不尽如人意。首先，新政规定和地方细则并未获得良好执行。就笔者的亲身体察看，北京、上海这两大一线城市的监管执行相对严格，而一些二线城市——如重庆、福州和海口——便或多或少有所松懈甚至搁置。相当一部分司机并未取得网约车驾驶证便上路，亦未受到严格排查。即便车辆、驾驶员均不合规，也不妨碍平台注册和照常载客。平台公司对资质审查的动力严重不足——严格清查必然导致用户量锐减，影响规模收益，何苦为之？主管部门的日常监督和路面筛查成本较高，只能选择机场、火车站等重点领域进行抽查，往往力有不逮。其次，被监管者很快发展出新的规避策略，"创造性服从"（creative compliance）再次凸显。所谓"创造性服从"，指采取规避措施，免于触犯法律的字面规定，实际上却严重违背立法精神和规制意图的行为。① 在笔者所在城市，已有不少私家车轴距、排量不达标的车主，重新从汽车租赁公司承包达标车辆投入营运。可是，颁布《暂行办法》的目的之一就是打破网约车灰色时期的"四方协议"规避框架，简化、厘清法律关系：允许私家车主直接与平台订立劳动合同，取消汽车租赁公司和劳务派遣公司的不必要介入。而对车辆指标的限制再次将私家车主推向新的"三方协议"，不可不谓适得其反（self-defeating）。更有甚者，一些无良汽车租赁公司利用信息不对称，谎称新政后依然需要携车挂靠才能办理车辆运输证，骗取私家车主的挂靠费。

网约车地方立法在规范框架、规制理念、手段、策略、意图和效果上的种种弊端，可归结为监管者采用与巡游车同质化的规制模式，加之地方保护主义贯串其间，而造成过度监管（over-inclusive）局面。被规制者的"遵守成本"（compliance costs）过于高昂，② 不利于产业健康发展，亦有悖于激发市场活力、减轻企业负担的政策导向。

---

① Robert Baldwin, Martin Cave, Martin Lodge, *Understanding Regulation: Theory, Strategy, and Practice* (2nd Edition), Oxford University Press, 2012, pp. 70, 110, 232.
② 关于"遵守成本"，见 Anthony Ogus, *Regulation: Legal Form and Economic Theory*, Hart Publishing, 2004, p. 155.

B.7
地方先行先试立法模式及其实践

——以中国自贸区立法为例

张涛 王辉*

摘 要： "先行先试"立法模式，是处理改革与法治关系的重要选择，是统筹"依法改革"与"立法先行"的较优安排。在中国自贸区立法实践中，这种立法模式得到较好运用并发挥重要作用。梳理和总结自贸区立法得出，"先行先试"立法模式具有试验探索、引领创新和补充完善等功能。同时，这种立法模式也存在困境，进一步完善"先行先试"立法模式，将为今后相关立法提供助益。

关键词： 地方立法 先行先试 中国自贸区

党的十八届四中全会通过的《中共中央关于全面推进依法治国若干重大问题的决定》（以下简称《决定》）提出："实现立法和改革决策相衔接，做到重大改革于法有据、立法主动适应改革和经济社会发展需要。实践证明行之有效的，要及时上升为法律。实践条件还不成熟、需要先行先试的，要按照法定程序作出授权。"由此，一方面，改革必须依法而行，"凡属重大改革要于法有据……先立后破，有序进行"；另一方面，改革的经验与成果应当及时地

---

* 张涛，江西省委党校法学部讲师，西南政法大学行政法学院2016级博士研究生；王辉，江西财经大学法学院讲师，法理学博士。

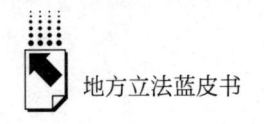

以法律制度的形式固定下来①，做到以立法引领改革，以改革促进立法。

"先行先试"立法模式适应于全面深化改革的要求，为依法改革提供了路径选择。尤其表现在，国家自由贸易试验区（以下简称自贸区）通过"先行先试"立法，在诸多领域有序推进改革举措，让有益的改革经验获得法治保障和积极推广。

一 引言

（一）"先行先试"立法模式的界定

立法模式属于立法形式的范畴，是一国进行立法活动时的惯常套路、基本体制和运作程式等要素的有机整体，在相当程度上决定着立法内容的取舍、立法的价值导向和立法技术的采用等一系列问题②。一般来说，在选择立法模式时，大致需要考虑两个因素：第一，客观因素，即一国的经济、社会、政治和文化等现实状况和发展要求；第二，主观因素，即社会公众的立法诉求和立法者的价值期许。

什么是"先行先试"立法模式？学界尚未形成比较一致的看法。有学者认为，"'先行先试'立法模式是以适应性价值为核心的'变革性立法'模式和以安定性价值为基础的'自治性立法'模式的结合体"③；也有学者认为："'先行先试'作为法律试行的立法模式是国家机关根据社会的需求向社会提供法律产品的过程。"④ 基于选择立法模式的主客观因素，"先行先试"立法模式应当是指，一国为适应经济社会发展要求，尤其是新事物的发展要求，在地方立法中，先行推动改革举措，继而再将有益的改革经验上升到规范层面。

一般来说，"先行先试"立法模式具有双重内涵：一是"先行"，即要求在

---

① 付子堂、胡夏枫：《立法与改革：以法律修改为核心的考察》，《法学研究》2014年第6期。
② 江国华：《立法：理想与变革》，山东人民出版社，2007，第243~246页。
③ 吴汉东、汪锋、张忠民：《"先行先试"立法模式及其实践——以"武汉城市圈""两型"社会建设立法为中心》，《法商研究》2009年第1期。
④ 王彬：《"先行先试"立法模式的经济分析》，《山东警察学院学报》2010年第1期。

改革中坚持"立法先行",发挥法律对改革的引领功能,未雨绸缪、防患于未然,通过织密制度之网,防止改革走入误区;二是"先试",即允许和宽容"改革试错",在立法层面解除改革者的后顾之忧,并且通过局部试验获取"地方性知识",推广有益经验,规避失败做法。改革开放以来,我国经济特区的立法大都遵循"先行先试"路径,一方面,因应改革发展需要,立改革所需之法;另一方面,引领其他地区发展,立可资借鉴之法。在一定程度上,这些地区的先行先试立法为国家立法积累了经验、创造了条件,是我国地方立法的重要特征。

(二)自贸区立法具有"先行先试"的典型性

2013年9月,上海自贸区挂牌成立;2015年4月,广东、福建和天津自贸区接续建立;2017年3月,辽宁、浙江、河南、湖北、重庆、四川、陕西自贸区获准成立,中国自贸区形成"1+3+7"格局。

中国自贸区的成立具有重大改革意义和先行先试效益,在各地自贸区总体方案和习近平总书记对自贸区的视察讲话中都有体现。例如,上海自贸区总体方案提出,"试验区肩负我国在新时期加快政府职能转变、积极探索管理模式创新、促进贸易和投资便利化,为全面深化改革和扩大开放,探索新途径、积累新经验的重要使命","经过两至三年的改革试验……为我国扩大开放和深化改革探索新思路和新途径,更好地为全国服务"。[①] 2014年5月,习近平总书记视察上海时强调,"上海自贸区是块大试验田,要播下良种,精心耕作,精心管护,期待有好收成,并且把培育良种的经验推广开来;希望试验区要切实把制度创新作为核心任务,形成可复制、可推广的制度成果"[②]。

因此,自贸区的功能定位正是"先行先试",形成有益的改革经验,向全国复制推广,为进一步全面深化改革探路摸牌。在此过程中,自贸区立法构成深化改革的关键环节,为自贸区发展和改革经验的复制推广提供法制保障。改革与立法相伴而行、相互作用的现象,在自贸区成立之初便得到体

---

① 国务院办公厅:《中国(上海)自由贸易试验区总体方案》,中华人民共和国中央政府门户网站,http://www.gov.cn,2013-9-27。
② 《习近平考察中国(上海)自由贸易试验区》,新华网,http://www.xinhuanet.com,2014-5-23。

现。通过图1可见，在各地自贸区总体方案出台不久，各地自贸区条例旋即跟进制定，以法规形式落实总体方案中的政策规定，促进自贸区改革与立法的及时衔接。

基于此，本文选择以自贸区立法作为考察先行先试立法模式的样本，试图透过自贸区立法的文本与实践，阐释先行先试立法模式的功能，探讨该种立法模式存在的困境与完善的办法。

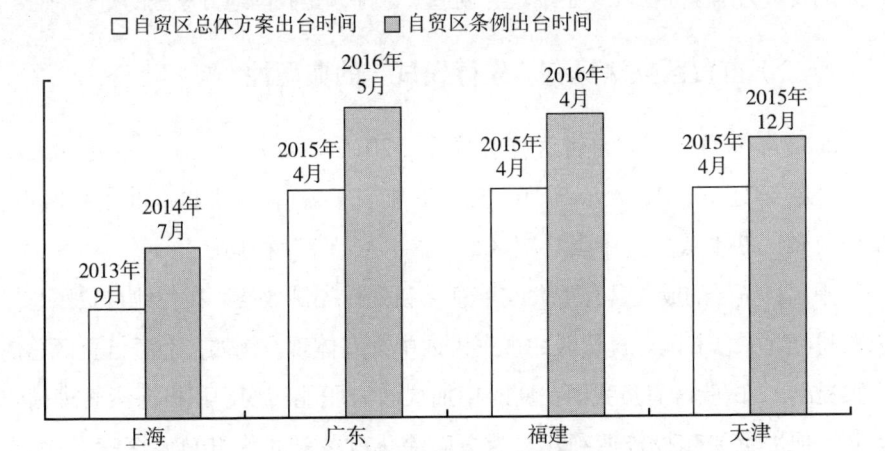

图1　自贸区总体方案与自贸区条例出台时间一览

地区	自贸区总体方案出台时间	自贸区条例出台时间
上海	2013年9月	2014年7月
广东	2015年4月	2016年5月
福建	2015年4月	2016年4月
天津	2015年4月	2015年12月

资料来源：本文图表中涉及的地方立法统计数据，皆来自北大法宝数据库。

二　"先行先试"立法模式的生成机理

"先行先试"立法模式的产生，与中国改革实践的推进紧密相关，具有鲜明的时代特征、充分的实践动因和法理依据。改革开放之初，邓小平同志针对立法工作提出："现在立法的工作量很大……有的法规地方可以先试搞，然后经过总结提高，逐步完善，制定全国通行的法律。"[①] 1985年，彭真同志强调："对新的重大问题、重要改革，要制定法律，必须先有群众性的探索、试验，即社会实践检验

---

① 邓小平：《解放思想，实事求是，团结一致向前看》，《邓小平文选（第二卷）》，人民出版社，1994，第147页。

的阶段。在这个基础上，经过对各种典型、各种经验的比较研究，全面权衡利弊，才能制定法律。这是立法的一般性经验，也可以说是规律。"[1] 在这些立法思想指导下，"先行先试"立法模式在实践中逐渐成型，并发挥越来越重要的作用。在建设自贸区的过程中，"先行先试"立法模式得到充分利用：一方面，通过先行先试立法规范自贸区的改革行为，使得改革于法有据；另一方面，通过先行先试立法为自贸区的改革经验上升到国家法层面奠定基础、提供条件。

（一）"先行先试"立法模式的实践动因

立法必须紧跟改革步伐，对改革需求及时作出有效回应。"社会不是以法律为基础的。那是法学家们的幻想。相反地，法律应该以社会为基础。法律应该是社会共同的、由一定物质生产方式所产生的利益和需要的表现，而不是单个的个人恣意横行。"[2] 在此意义上，改革实践的发展及其特征，构成产生"先行先试"立法模式的实践动因。

首先，改革开放以来，我国总体上走的是试验主义的改革之路。所谓试验主义的改革之路，即先提出初步的改革设想和大致方案，然后选择若干特定的领域或区域进行试验，在试验过程中对改革方案不断进行调整和完善，并总结经验。通过局部的改革试验，选取改革方案中已成熟、可复制、可推广的举措向全国推广。一旦改革试验获得成功，不仅可以证明改革方案的可行性，还可以为改革赢得社会共识，从而消除意见分歧，减小改革阻力。在此过程中，立法环节的"先行先试"，既可以将改革措施上升到规范层面，依靠规范的力量推动改革，又可以将有益的改革经验及时转化为国家立法，向试点以外的领域或地区进行推广。国家对自贸区的定位是改革的"试验田"，表明自贸区立法天然地带有"先行先试"的烙印，意味着自贸区立法可以适度突破当前立法，创新改革举措，为改革闯出新路径、打开新天地。

其次，我国的改革试验基本上是在不同地域、采用不同方式具体推进，

---

[1] 彭真：《关于立法工作》，《彭真文选》，人民出版社，1991，第507页。
[2] 《马克思恩格斯全集》第6卷，人民出版社，1961，第291页。

因此，地方性和多样性构成我国改革的又一重要特征。所谓地方性，是指大多数改革试验都是在一定地域进行，再向全国范围普遍推开；所谓多样性，是指参与试验的地方各具特点，各地采用的试验方法或方案通常具有差异性。地方性与多样性相结合体现出我国改革试验的科学性，因为只有在不同地方试验，才能贴近我国各地的实际情况，只有同时采用不同的方案，才能在比较中选择最优方案。在"1+3+7"的中国自贸区格局中，11个自贸区的改革试验方案各具特点，有的依靠沿海优势，大力发展外向型经济，有的立足中西部，充分调动内陆资源。尤其在各地自贸区条例中，先行先试立法的地方特色和区域特色凸显。改革试验的地方性与多样性表明：处于改革试验阶段，国家层面的立法条件尚不具备、时机尚不成熟，地方先行先试立法可以为改革探路。在当前全面深化改革背景下，作为法治国家建设重要"试验田"的地方法治试验，完全有可能成为最大限度激发制度活力和社会活力，大力推进"法治中国"建设的一股新的重要力量[①]。

再次，我国的改革是"摸着石头过河"。长期以来，"要改革便必须突破法律限制"成为部分改革者的基本看法，"在违法中进行改革"也成为我国改革的现实隐患。因此，党的十八届四中全会决定提出，"实现立法和改革决策相衔接，做到重大改革于法有据"。按照决定要求，凡是"先行先试"的改革必须于法有据，做到"先立法后改革"。由此，我国改革进入一个高级阶段，即依法改革的阶段。在自贸区的改革实践中，即体现为自贸区成立之前，全国人大常委会都作出《关于授权国务院在中国自由贸易试验区暂时调整有关法律规定的行政审批的决定》，依照该决定自贸区才能在成立之后推行相关行政审批改革，并在自贸区条例中予以具体规定。

（二）"先行先试"立法模式的法理依据

我国宪法明确规定法制统一原则[②]，同时意味着地方性法规在不违背宪

---

① 周尚君：《地方法治试验的动力机制与制度前景》，《中国法学》2014年第2期。
② 我国宪法第5条第3款规定："一切法律、行政法规和地方性法规都不得同宪法相抵触。"

法的前提下，可以具有灵活性和自主性。我国地方各级人民代表大会和地方各级人民政府组织法进一步提出，地方立法的目的在于针对本行政区域内的具体情况和实际需要，提出立法解决方案。"先行先试"立法模式主要被运用于地方立法，符合宪法和组织法的规定。一方面，"先行先试"立法模式的主旨在于及时调整社会关系，满足地方经济社会发展的现实需要；另一方面，"先行先试"立法模式必须遵循法制统一原则。

我国立法法为"先行先试"立法模式提供直接法理依据。首先，新修改的《立法法》第11条规定："授权立法事项，经过实践检验，制定法律的条件成熟时，由全国人民代表大会及其常务委员会及时制定法律。法律制定后，相应立法事项的授权终止。"在此，授权立法构成"先行先试"立法模式的法律支撑之一。就授权立法而言，《立法法》第10条进一步规定授权的目的、事项、范围和期限等[①]。同时，《立法法》的第72条和第73条进一步指明：在遵循法制统一原则基础上，地方立法机关可制定地方性法规管涉相关领域事务；对上位法尚未触及或管涉领域，地方性法规可先行先试。自贸区的先行先试立法，正是授权立法的体现。一方面，对于自贸区的行政审批改革，全国人大常委会作出暂时调整有关法律规定的决定；另一方面，各个自贸区依据全国人大常委会授权和新立法的规定，制定符合自贸区行政审批改革精神的法规。在"破"与"立"之间，贯彻授权立法的要求和主旨。

2011年3月，十一届全国人大四次会议宣布中国特色社会主义法律体系已经形成，时任全国人大常委会委员长吴邦国在总结中国特色社会主义法律体系的形成特点时指出，中国立法具有三个基本策略：第一，对实践经验比较成熟的、各方面认识也比较一致的，规定得具体一些，增强法律的可操作性；第二，对实践经验尚不成熟但现实中又需要法律进行规范的，先规定

---

① 我国《立法法》第10条："授权决定应当明确授权的目的、事项、范围、期限以及被授权机关实施授权决定应当遵循的原则等。授权的期限不得超过五年，但是授权决定另有规定的除外。被授权机关应当在授权期限届满的六个月以前，向授权机关报告授权决定实施的情况，并提出是否需要制定有关法律的意见；需要继续授权的，可以提出相关意见，由全国人民代表大会及其常务委员会决定。"

得原则一些，为深化改革留下空间；第三，对改革开放中遇到的一些新情况新问题，用法律来规范还不具备条件的，先依照法定权限制定行政法规和地方性法规，先行先试，待取得经验、条件成熟时再制定法律。① 于此，具有强烈实践动因、充分法理依据的"先行先试"立法模式，已然成为我国立法的基本经验和重要路径，对我国法律体系的形成起到重要作用。

三 "先行先试"立法模式的典型运用——中国自贸区立法

自贸区的建设在我国无先例可循，也不能照搬国外做法，由此自贸区的改革实践必然具有"先行先试"的特征。深化改革必须坚持于法有据、立法先行，而改革的探索性决定自贸区立法的前瞻性。截至2016年12月，"1+3"格局下的自贸区共制定9部地方性法规、13部地方政府规章，基本构筑起自贸区的法律规范结构，为自贸区发展提供法制保障（见图2）②。本文选取《中国（××）自由贸易区试验条例》（以下简称《自贸区（××）条例》）作为主要文本进行分析。理由在于，《自贸区条例》是自贸区建设中"管总"的立法，堪称自贸区的"基本法"。

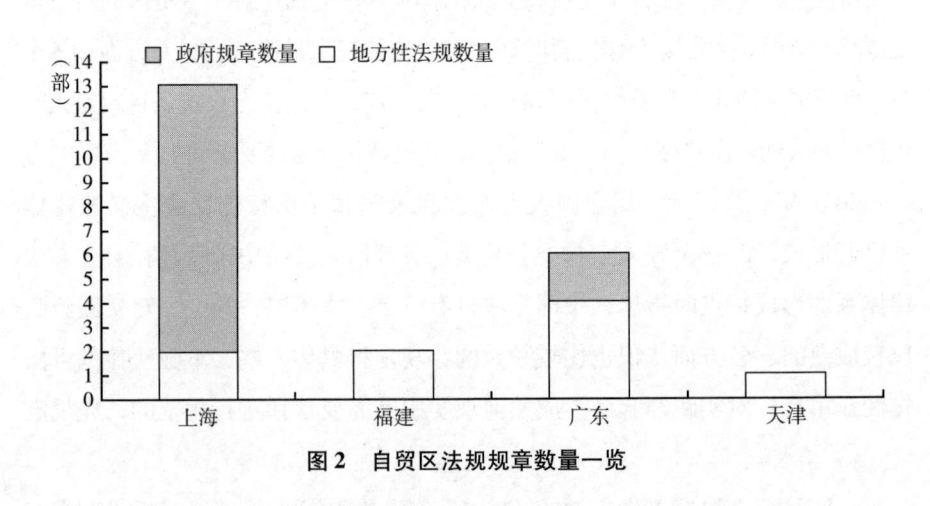

图2 自贸区法规规章数量一览

---

① 全国人大常委会办公厅编《中华人民共和国第十一届全国人民代表大会第四次会议文件汇编》，人民出版社，2011，第345页。
② 法规规章资料来源：北大法宝网，http：//www.pkulaw.cn/，最后访问日期：2017年8月30日。

（一）自贸区立法的目的与依据

一般来说，法规总则是地方性法规的总纲，对法规具有统领作用，内容包括立法目的、立法依据、基本原则、适用范围等。四地《自贸区条例》总则，充分体现出自贸区立法的先行先试特征。

首先，就自贸区立法的目的来说，四地《自贸区条例》总则的表述集中于几个关键词——"改革""法治""创新""先行先试"等（见图3）。由此，自贸区立法着眼于符合重大改革于法有据的要求，并通过改革创新和先行先试，造成改革经验的"溢出效应"[①]。

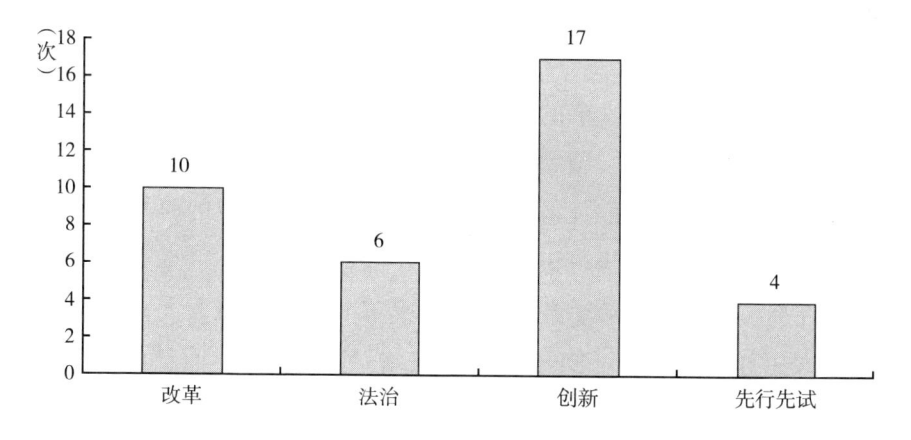

图3 相关关键词及其词频统计

其次，就自贸区立法的依据而言，四地《自贸区条例》的总则第一条将其表述为："根据《全国人民代表大会常务委员会关于授权国务院在中国（上海/广东/福建/天津）自由贸易试验区暂时调整有关法律规定的行政审批的决定》、国务院批准的《中国（上海/广东/福建/天津）自由贸易试验区总体方案》和有关法律、法规，结合本省实际，制定本条例。"表明制定《自贸区条例》的法理依据是全国人大常委会的授权决定和国务院批准的总

---

① 所谓溢出效应（spillover effect），是指一个组织在进行某项活动时，不仅会产生活动所预期的效果，而且会对组织之外的人或社会产生影响。

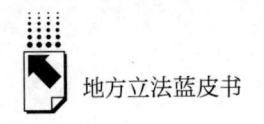

体方案,新《立法法》第13条规定充分支持全国人大常委会授权决定的合法性①。

然而,对于自贸区立法的依据,当前学界评价不一。有的学者认为,"全国人大常委会的授权决定仅作为配合自贸区行政审批改革的一个法治手段存在,并未脱离国家整体行政法治框架的约束"②,"全国人大常委会以'暂时调整'类授权决定的方式引领改革,确保重大改革于法有据,成为立法工作的新常态"③;有的学者却认为,"全国人大常委会以授权决定的方式来暂停全国人大制定的法律在某一非法定享有立法特权的区域实施的做法,存在合法性上的疑问"④,"这样一种在建国以来立法史上首次出现的特殊立法行为,其改革创新的内容已然触及到了羁束型规定这对于本就缺乏民主正当性的行政体系而言,产生了行政僭越代议制立法的风险"。⑤

笔者认为,应当在改革的背景下理解评价自贸区立法的依据。立法目的在于调整社会关系,国家立法具有滞后性的特点,对于社会关系的改变无法及时地给予制度反应。特别是在全面深化改革的时期,在为深化改革探路的地区,应当打破常规思维,因应改革需求,率先取得立法突破。在新事物层出不穷、瞬息万变的改革时代,全国人大常委会授权自贸区"先行先试",不仅不会违背代议制立法的精神,而且有利于改革的有序推进。

(二)自贸区立法的内容与特点

自贸试验区建设的探索性、试验性决定自贸区立法具有创新性、前瞻性

---

① 我国《立法法》第13条:"全国人民代表大会及其常务委员会可以根据改革发展的需要,决定就行政管理等领域的特定事项授权在一定期限内在部分地方暂时调整或者暂时停止适用法律的部分规定。"
② 刘松山:《论自贸区不具有独立的法治意义及几个相关法律问题》,《政治与法律》2014第2期。
③ 张宝山:《授权决定:引领改革,形成立法新常态》,《中国人大》2016年第3期。
④ 刘沛佩:《对自贸区法治创新的立法反思——以在自贸区内暂时调整法律规定为视角》,《浙江工商大学学报》2015年第2期。
⑤ 傅蔚冈、蒋红珍:《上海自贸区设立与变法模式思考》,《东方法学》2014年第1期。

和特色性。具体表现为：作为地方性的立法，却规定涉及国家事权的改革举措；作为特定区域的立法，却要对涉及深化改革的事项前瞻探路；既要以法律形式将改革举措制度化，又要为制度创新保留余地；既要遵从国内制度规范，又要与国际通行规则实现接轨。

首先，从《自贸区条例》的结构来说，"管理体制""投资开放""贸易便利""金融税收"等章节（见表1）集中显示出自贸区内的法规政策的创新性和前瞻性。例如，《自贸区（上海）条例》第12条规定："自贸试验区在金融服务、航运服务、商贸服务、专业服务、文化服务、社会服务和一般制造业等领域扩大开放，暂停、取消或者放宽投资者资质要求、外资股比限制、经营范围限制等准入特别管理措施。"《自贸区（广东）条例》第11条规定："省人民政府、自贸试验区片区所在市人民政府应当向片区管理机构下放片区履行职能所需的省级、市级管理权限。"这些具体规定显示出，国家给予自贸区开展制度创新、实践创新的空间十分广阔。换句话说，只要是在授权决定和相关法律范围内的事项，都可以大胆试、大胆闯，充分展现改革"试验田"的优势。

其次，各地《自贸区条例》都专章规定"法治环境"（见表1），相应地将诸如"坚持运用法治思维、法治方式在自贸试验区开展各项改革创新"，"为自贸试验区建设营造良好的法治环境"，"为自贸试验区各项建设提供优质、高效的法律服务和法律保障"，"营造国际化、市场化、法治化的营商环境"等写入条例。实际上表明，自贸区的"先行先试"改革坚持了法治化的导向。改革的推动者已正视改革的"破"与法治的"守"之间的张力，试图以积极态度和正确方法去认识、把握和妥善处理两者间的矛盾[1]，表明中国式改革正由过去的经验型改革向法理型改革转变，凸显改革的法治化取向。

再次，值得注意的是，自贸区立法体现出鲜明的地方特色。所谓"地方特色"，主要是指地方的先行立法应当反映当地立法的特殊性，表现为地

---

[1] 付子堂、周玉林：《让法治成为改革的根本守护》，《社会科学家》2016年第1期。

方立法能够反映当地经济、社会、文化发展对实际的需求,能够有针对性地解决地方的实际问题。国家立法具有整体性的特点,管涉的社会关系具有普遍性,换句话说,国家立法无法有针对性地解决地方的实际问题,无法满足地方发展的实际需要。因此,可借助地方立法填补国家立法的缺憾。由此,地方特色是地方立法的生命所在,没有地方特色,地方立法就失去其存在的价值①。在自贸区的先行先试立法中,地域优势和地方特色得到充分的彰显。

上海、广东、福建和天津自贸区,关涉长三角、珠三角、闽三角、环渤海的区域经济一体化,对周边区域的经济社会发展有广泛的辐射效应,且广东自贸区面向港澳地区,福建自贸区面向台湾地区。四地《自贸区条例》都作出专章规定:充分发挥区位优势,充分对接港澳台地区,不断优化投资环境,不断增强区域发展的辐射效应。例如,《自贸区(福建)条例》第44条规定:"自贸试验区建立两岸青年创业创新基地,完善创业创新扶持体系,为两岸青年创业创新提供项目对接、创客空间建设、融资担保等方面的支持。"《自贸区(广东)条例》第53条规定:"自贸试验区应当发展与港澳地区保险服务贸易,探索与港澳地区保险产品互认、资金互通、市场互联的机制。"这些法规的出台,将对发挥地域优势、调动区域资源、深化协同发展具有重大而深远的意义。

表1 四地自贸区条例的法规结构与法条数量

法规名称	法规结构	法条数量
中国(上海)自由贸易试验区条例	总则——管理体制——投资开放——贸易便利——金融服务——税收管理——综合监管——法治环境——附则	57条
中国(广东)自由贸易试验区条例	总则——管理体制——投资开放与贸易便利——高端产业促进——金融创新与风险监管——粤港澳合作和"一带一路"建设——综合管理与服务——法治环境——附则	85条

---

① 余绪新、周旺生、李娟:《地方立法质量研究》,湖南大学出版社,2002,第26页。

续表

法规名称	法规结构	法条数量
中国（福建）自由贸易试验区条例	总则——管理体制——投资开放——贸易便利——金融税收创新——闽台交流与合作——综合监管——人才保障——法治环境——附则	65条
中国（天津）自由贸易试验区条例	总则——管理体制——投资开放——贸易便利——金融创新——服务京津冀协同发展——营商环境——附则	58条

四 "先行先试"立法模式的功能与完善

作为改革与地方立法相衔接的桥梁，"先行先试"立法模式在改革实践中发挥着试验探索、引领创新和补充完善等功能。同时，"先行先试"立法模式可能会滑向"良性违宪""地方保护"等的困境。因此，必须通过一些制度设计，进一步完善"先行先试"立法模式。

（一）"先行先试"立法模式的功能

第一，"先行先试"立法模式具有试验探索功能。改革本身是一个不断试验的过程，为减少"试错"可能带来的负面效应，使改革的风险最小化或逐步释放，我国从改革之初便选择强调过程性和试验性的渐进式改革策略[①]。允许地方立法"先行先试"的实质在于，允许地方对深化改革进行制度试验，并将试验效果控制在局部范围。对于有益有效的制度试验，将其进一步上升到中央立法层面；对于失败无效的制度试验，则抛弃。从制度经济学的角度观察这一过程，"先行先试"立法模式是降低立法成本、提高立法效益的较优选择。诚然，国家立法固然也可以进行这种试验，但国家立法具有全国性的效力，一旦"试错"将给社会带来很大的负面影响。地方立法的先行先试，可以弥补国家立法的制度供给不足。

---

① 吴涛：《论地方先行立法》，硕士学位论文，重庆大学，2010。

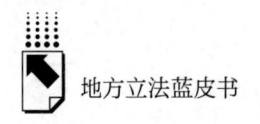

就自贸区立法而言，自贸区立法具有创新性、前瞻性。但是，这种创新性与前瞻性不等于说自贸区立法必然具备高质量，更不等于说自贸区的制度试验都成功。有些立法超越自贸区发展阶段，过早介入调整新事物间的关系，可能不利于新事物的成长，即制度选择"试错"了。对于已被证实的立法"错误"，便不可能继续向其他地区复制推广。

第二，"先行先试"立法模式具有引领创新功能。国家立法和地方立法各自肩负重要使命，各自具有调整范围。国家立法负责顶层设计，大多解决全局性、宏观性问题，因此在立法时机不成熟、立法经验不充分的情况下，需要地方先行立法，观察具体立法效果后，才由国家立法进行规定。因此，地方立法应当抓住时机，先行先试立法。在此意义上，地方立法的先行先试有利于推动地方制度创新，进而对国家立法起到引领作用。

自贸区立法实际上已经起到引领改革创新的作用。四地自贸区建立以来，积极探索行政审批改革和"三单"（即权力清单、负面清单、责任清单）制度建设。对于这些制度创新、改革创新的举措，已在全国范围内进行了积极推广，大多数省份已经建立"三单"制度，为进一步深化简政放权、放管服改革提供重要基础。

第三，"先行先试"立法模式具有补充完善功能。地方先行先试立法的必要性在于，可以解决国家暂未立法而当地发展需要立法的问题；于此，地方先行先试立法可以对国家立法进行及时补充。一般来说，国家立法的程序要求高，立法的时间花费长；相较而言，地方立法更贴近当地实际，能够及时对形势变化作出反应，所需的时间和程序比国家立法要少。因此，将建章立制的部分任务交付地方立法机关，有利于适应全面深化改革的需要，有利于调动地方的改革积极性。

（二）"先行先试"立法模式的完善

改革开放以来，我国经历从计划经济到市场经济的重大变革。实际上，经济体制的转变意味着法律制度的变迁。在此过程中，地方立法的"先行先试"发挥着重要作用。但是，地方立法的"先行先试"也存在一些法治困境。

首先，在全面深化改革的大背景下和国家立法的制度供给滞后的特定场域中，地方先行先试立法的"良性违宪"不可避免。在实践中，这种"良性违宪"尽管有利于地方积极应对新型社会关系中出现的新问题，有利于弥补国家立法空间和立法资源的不足，但从学理上说，依然存在违背现代法治精神和法制统一原则的嫌疑，不能被视为地方法制发展的"常态"和"正轨"[1]。在讨论自贸区立法依据过程中，有些质疑在很大程度上是对立法的合宪性和正当性的拷问。面对这些拷问，理论上必须站得住，实践中才能行得稳。

其次，伴随市场经济体制的建立，全国性市场繁荣发展，各地方市场也蓬勃发展，地方与地方之间的经济竞争变得激烈。加上官员晋升中政绩因素的发酵作用，地方竞争式发展已然成为中国改革的重要动力。在地方利益动机的驱动下，地方保护现象以各种形式蔓延并扩展到包括法律领域在内的许多领域，成为阻碍市场统一和法制发展的严重问题。[2] 先行先试立法的特征在于制度创新的地方先行。在此过程中，一方面要坚持"地方特色"的原则，另一方面应当特别注意防止地方保护主义，切忌打着"地方特色"的旗帜，将地方利益法制化。自贸区立法是地方的先行立法，不可避免地带有地方特色。但是，地方特色决不能异化为地方保护主义，地方特色必须体现的是利用地域优势带动发展、深化改革的精神，必须体现出包容性、共享性。

如何进一步完善"先行先试"立法模式？本文认为，需要做到以下方面。

第一，加强对先行先试立法的监督。先行先试立法具有探索性的特征，但法制统一原则是地方立法应当遵循的首要原则。要防止违反上位法情况的出现，进行立法监督便十分必要。立法法授予公民、法人和其他组织监督

---

[1] 封丽霞：《地方"先行先试"的法治困境》，葛洪义主编《法律方法与法律思维》（第六辑），中国政法大学出版社，2010，第39页。
[2] 封丽霞：《试析转型期地方保护主义的成因》，《中国党政干部论坛》2007年第1期。

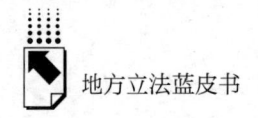

立法的权利，对于地方立法出现同宪法、法律相抵触的情况，可以书面提出审查。立法机关也应当主动开展立法监督，通过备案审查、立法评估等多种形式，对先行先试立法进行立法监督。对于自贸区立法，全国人大及其常委会、省级人大及其常委会必须履行立法监督职责，在备案审查过程中，严格进行合宪性、合法性审查，确保自贸区立法既符合立法原则，又体现创新精神。

第二，增进先行先试立法过程的公众参与。在一定意义上，法治的过程是人类本身与法律制度互动的过程。近年来，讨论会、法律草案的公共评论等形式的公众参与，已然成为中国立法过程中的一道风景，公众参与也正成为公众维护"民主化"的积极行动。在此，作为一套制度系统的公众参与，不论是在国家宏观的政治生活中，还是在微观的行政过程中，都被理解为健全国家民主制度、提升公共生活民主性和公共性的重要途径。① 在自贸区先行先试立法过程中，应当加强公众参与的力度。通过立法听证、立法公开、立法调研等形式，倾听公众对于改革与立法的现实需求，将公众对于自贸区改革的合理期待上升到法律层面，用法治的方式推动改革成果为公众所共享。

第三，开展对先行先试立法的有效评估。立法评估的目的在于，通过评估成果的转化，促进立法质量的提升。由于"先行先试"立法是对新型社会事务、新型社会关系作出的制度设计，所以天然地具有预判性和待检验性。自贸区"先行先试"立法肩负积累改革经验的使命，在对其进行复制推广前，必须进行相应的立法评估，及时剔除地域性、有害性的规定，促进"先行先试"立法功效的最大化。

---

① 王锡锌：《公众参与：参与式民主的理论想象及制度实践》，《政治与法律》2008年第8期。

B.8
重要立法事项第三方评估机制研究

韩军 谢章泸*

摘　要： 党的十八届四中全会明确要求，建立第三方评估机制，对部门争议较大的重要立法事项，进行第三方评估，避免立法久拖不决。建立健全重要立法事项的第三方评估，是落实全面推进依法治国战略的客观需求，是提高立法科学化、民主化的必要途径，是促进立法质量提高的重要保障。考察美国、日本、法国、德国等西方先进国家和地区的立法制度可以发现，各国普遍高度重视立法评估，建立起了完善的评估体制机制。近年来，我国河北、安徽、江西等地陆续开展重要立法事项第三方评估实践，江西、广东等地对政府立法制定了专门规范性文件。根据国内外立法实践经验，立法第三方评估机制应当从重要立法事项的界定、评估的原则、评估主体的资质、评估机构的选择和管理、评估的内容和标准、评估的程序和方法、评估结果的应用、评估报告的公开等方面，构建一套科学、合理的重要立法事项第三方评估机制。

关键词： 立法质量　立法评估　第三方评估　重要立法事项

法律是治国之重器，良法是善治之前提。改革开放30多年来，在党的

---

* 韩军，江西省人大常委会法工委主任、法制委副主任；谢章泸，江西省人大常委会法工委办公室副主任。

领导下，经过各方面坚持不懈的努力，我国立法工作取得巨大成就。中国特色社会主义法律体系于2011年宣告形成。截至2015年9月底，除现行宪法外，我国现行有效的法律共244件，行政法规共746件，地方性法规共9540件，① 我国政治、经济、社会、文化、生态等各个领域基本实现了"有法可依"。从1997年党的十五大提出依法治国，建设社会主义法治国家，到2014年党的十八届四中全会作出关于全面推进依法治国若干重大问题的决定，提出建设法治中国的新目标，中国社会从法律体系时代昂首迈向法治体系时代。

立法是一门科学，立法工作需要科学的立法制度。2000年九届全国人大三次会议通过、2015年十二届全国人大三次会议修正的《立法法》，是我国立法制度发展的里程碑。该法的实施，对于规范我国立法活动、健全国家立法制度、严格立法程序等发挥了重要作用，为推进科学立法、提高立法质量提供了重要的制度保障。随着改革进入深水区，我国经济社会发展面临许多新问题，对立法工作和立法质量提出新的更高要求。面对新形势新任务，《中共中央关于全面推进依法治国若干重大问题的决定》指出："明确立法权力边界，从体制机制和工作程序上有效防止部门利益和地方保护主义法律化。对部门间争议较大的重要立法事项，由决策机关引入第三方评估，充分听取各方意见，协调决定，不能久拖不决。"如何结合立法工作实际，借鉴国外立法评估制度，建立重要立法事项第三方评估机制，推动科学立法、民主立法、依法立法，提高立法质量，成为当前立法理论界和实务界需要研究的重要课题。

一 重要立法事项第三方评估的重要意义

"现实是制度的血液营养，理论是制度的精神生命。"② 重要立法事项引入第三方评估机制是一项立法实践探索，具有丰富的理论基础。

---

① 罗炳良：《立法前评估：背景、内涵与策略》，硕士学位论文，湖南师范大学，2016。
② 王仰文：《地方人大委托"第三方"参与立法的理论诠释与实践思考》，《河北法学》2014年第10期。

(一)重要立法事项引入第三方评估有利于立法民主化

"如果说法律是透过秩序来构筑文明,人民则是法律所勾画的'共同体'的'生活世界'中不能缺少的主体。"① 我国宪法规定,国家的一切权力属于人民。立法权源于人民,民意是立法的原动力。民主立法的目的,就是通过一定的体制机制,把人民的利益诉求和意志主张,在民主法治的框架下充分表达出来、有效汇聚起来,通过法定程序上升为国家意志。归根到底,立法应当体现人民共同意志、维护人民根本利益、保障人民当家做主。拓宽公民有序参与立法的渠道,让普通百姓走进立法,成为立法的主人,既是在立法中体现坚持人民主体地位的应有之义,更是促进良法善治、保证法律正当性的根源。在民众利益诉求多样化的今天,立法作为体现社会公平正义的一种解决矛盾问题的艺术,不仅需要立法机关与利害关系人进行沟通,以便了解各方诉求,而且特别需要让立法涉及的利益关系人进行博弈,让相关各方充分陈述各自观点、理由,在充分发扬民主、相互沟通博弈的基础上,寻求相互平衡的方案。为此,构建有效的第三方评估机制,对争议较大的立法重要事项进行评估,具有正当性。独立第三方受立法决策机关的委托对重大争议事项评估,是人民当家做主的逻辑延伸。《立法法》第五条对民主立法原则的规定和第三十八条对法律案表决前评估的规定,以及党的十八届四中全会决定关于构建立法重要事项第三方评估机制的要求,使得这项工作的深入开展具有强有力的政策与法律依据。这一民主立法的新举措,为立法最大限度地消除了部门影响,使争议各方的要求在立法程序中得到体现和确认,形成了科学机制,使立法真正顺应民心、反映民意、贴近民生,充分满足了人民群众的利益和愿望,增强了社会成员对立法的认同感。

(二)重要立法事项第三方评估有利于克服部门利益法制化

当前,在我国立法实践中,绝大多数法律法规的草案都是由相关行政主

---

① 王仰文:《地方人大委托"第三方"参与立法的理论诠释与实践思考》,《河北法学》2014年第10期。

管部门负责起草,然后依据立法程序提请立法机关审议通过。这种做法可以有效发挥相关行政主管部门的专业性优势,调动参与立法的积极性,但立法机关如果过度依赖相关行政主管部门,易导致立法的部门利益和地方保护主义痕迹明显而饱受诟病。目前,在法律制定上,除了部分法律草案由全国人大常委会立法工作机构单独起草或者组织联合起草外,绝大多数都是由国务院有关主管部门负责起草。地方性法规的起草,除了少数由立法机关委托第三方起草外,基本上都是由相关行政主管部门负责起草。不可否认的是,由于人大立法机关专业信息的不对称以及专业技术人才的缺乏,在立法过程中面对一些专业性、技术性较强的立法项目,力不从心的现象也就在所难免。相关行政主管部门在信息技术上占据绝对优势地位,也是法律法规的具体组织实施者,就保证法律法规的可操作性和提高立法质量而言,由部门组织起草具有一定的正当性。然而,由部门主导立法起草工作,将为部门在立法过程中进行权力寻租提供空间和便利。相关部门在起草法律法规草案时,不可避免地将部门利益渗透到法律法规之中,使相应立法无法体现和尊重民意,更无法得到社会认同和正确实施。尽管每一件法律法规的出台,都要几经立法机关的修改审议,但是由于起草主体不具有中立性,在起草相关法律法规草案时,很难兼顾不同利益诉求,常常会将部门利益夹杂其中并将其利益最大化,给人大审议增添不少困难,并使出台的法律法规打上部门利益的深深烙印。这也就导致立法过程中不可避免出现争权诿责现象,甚至对一些涉及多个部门的重大立法事项,因为争执不下而导致久拖不决。构建立法第三方评估机制,对立法过程中部门之间争议较大的立法事项引入独立第三方对其进行科学评估,不仅有助于帮助立法机关及时协调解决立法争议,提高立法效率,也是有效克服立法部门利益法制化弊端的重要手段。

(三)重要立法事项第三方评估促进立法决策科学化

第三方评估是立法决策过程的重要组成部分,对正确制定、执行和完善相关法律法规具有十分重要的意义,不仅能反映立法科学化、民主化水平,也决定和影响立法效能。每一部法律法规草案涉及的范围都很广,关系相对复杂且涉及的利益重大，关系到某一行政区域经济社会发展的全局，牵涉到不同单位部门的利益，具有许多的不确定性因素，立法成败影响深远。第三方评估机构根据评估标准，按照评估程序，运用科学手段和方法，就立法过程中争议较大的重要立法事项，对相关立法制度设计的社会效果、经济效果等进行研判，形成独立客观的评估结果。立法决策机关据此对相关重要立法事项决定是否变更、终止、中止或者修改、补充、废止，以此更好地促进立法决策的科学化、民主化。伴随社会经济的日益腾飞，社会利益多元化逐步凸显。面对多元化利益需求，在无法同时满足不同群体的利益需求时，势必引发不同群体之间的利益冲突，这就需要立法决策者在立法过程中对相关群体的利益冲突进行平衡协调。在既有立法体制机制无法解决的情形下，就必须通过建立完善相应的新机制来解决。在立法过程中，对争议较大的重要立法事项引入第三方进行科学评估，可以在评估的过程中，运用科学的手段和方法，通过充分听取各方表达利益关切，在调整各种相互冲突的利益中寻找到各方利益需求的平衡点，从而更好地配置政策法律资源，提高立法的科学性和精准性，为决策提供足够的支持。

（四）重要立法事项第三方评估是实施精准精细立法的重要手段

"法律的生命在于它的适用和生效。"实施精准立法，提高立法精细化水平，必须在对法律法规相关制度细化和具体化上下功夫，做到能具体的尽量具体，能明确的尽量明确，增强法律法规的可执行性、可操作性。建立健全重要立法事项第三方评估机制，通过第三方评估，运用科学的手段和方法，对社会影响较大、涉及群众切身利益以及技术性强等的重要立法事项进行评估，以评估结果作为重要的立法参考依据，从而更好地配置政策法律资源，优化立法过程，检验立法效果，提高立法的科学性和精准性。首先，开展立法第三方评估，可以有效促进立法机关增强自我监督能力，从立法工作内部提高法律法规的实效性。其次，通过开展立法第三方评估，可以及时检测法律法规在实际运行中存在的法律适用无所适从问题并对其进行弥补，从而有效提高法律法规的可操作性。再次，通过第三方评估主体对法律法规草

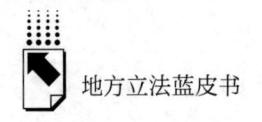

案相关争议事项进行实证调查，综合运用立法成本与社会效益分析等手段，就不同方案之间的成本与效益进行平衡比较，从而直接反映法律法规的可操作性、时效性，为法律法规的制定、修改完善提供建议和依据，提高法律实施的有效性。[①]

二 重要立法事项第三方评估的国内外实践

（一）国外立法第三方评估考察

立法第三方评估起源于20世纪的西方法治发达国家，尤其是美、英、德国以及我国周边的日本等国家已经较为成熟，并形成较为完善的制度规范。

1. 美国

美国是最早实施立法评估的国家，主要是在行政立法过程中进行，其行政立法评估制度已经比较成熟，并在政府规制治理中得到普遍实施，且成效明显。美国的行政立法评估制度，既包括立法前评估制度，也包括立法后评估制度。早在20世纪60年代时，美国国会就作出了行政立法草案必须通过立法成本效益分析评估方可提请国会审议的决议。在地方立法方面，各州议会基本上都明确要求，对关系地方财政收入或支出的法案，必须组织对该法进行立法成本分析，并提供相应的论证报告，否则，立法机关将不对其进行审议或表决。作为判例法典型国家的美国，成文法数量有限，政府规章在该国法律体系中所占分量不少。美国立法评估制度的法律渊源，来自美国政府的几个法案和政府的命令。最重要的是在1993年，美国总统布什签发了第12866号总统令，要求对拟定的所有行政立法都必须进行成本效益分析评估。在1996年预算管理办公室还专门发布了评估方法指引。2011年，奥巴马总统签署了《改进规制和规制审查》，重申了对拟定规章的影响必须进行

[①] 张漾文：《第三方评估在第三方参与立法中的重要意义》，《人大研究》2014年第6期。

评估的制度。此外，美国相继出台有《国会审核法》和《管制改进法》，规范立法评估相关工作。

在美国，对行政立法草案进行审核评估的主体，是联邦预算管理局及其下属的信息监管部门。相关行政立法草案在提请议会审议前，必须将行政立法草案及相关评估报告交相关主体进行审核，且立法评估报告须提交总统、议会或预算管理局。

在立法程序上，对重要的行政立法项目，美国同样要求有关当局在立项阶段必须对其进行立法评估。联邦政府在开展行政立法时，必须对该立法项目的重要性和必要性进行预判，对该立法项目的出台是否会对经济产生重大的影响也要作出评估。如果评估认为该立法项目的必要性和重要性不是那么的迫切和重要，就必须向行政管理预算办公室提交立法成本效益分析评估报告供其审核。如果审查认为立法理由不充分的，行政管理预算管理办公室有权决定撤销并退回；如审查合格并有立法必要的，必须将立法草案以及立法评估报告向社会公示并征求意见，社会公众有权对法律草案提出意见建议，立法起草主体必须根据民意要求做相应修改，并将修改后的相关立法草案再次报送审查，审查合格后方可公布施行。最终有权决定该规章是不是重要规章的是信息监管事务办公室。经审查通过后的主要立法草案，必须提交议会在60天内完成相应的书面审核，并最终决定是否审核通过。

美国行政立法评估的标准，首要的是制定的行政规章必须符合法律的要求，其次是该行政规章必须为实施联邦法律所需要且为社会公众所急需，且在制度设计考虑是否采取严格的强制措施和怎样进行管制时，必须对所有可予采取的相应行政强制措施方案进行立法成本与效益的评估。除非联邦法律有其他特别规定，在所有立法方案中，应选择社会效益最大的执行。

在评估形式上，联邦当局的监管可以分为社会监管、经济监管以及文牍监管。而在政府行政立法方面，相应的立法成本可以分为社会规制成本、经济规制成本、文牍规制成本，并对相应的总成本与收益进行评估。

2. 日本

日本最早于1997年提出了立法评估制度，在行政评价、政策评估、事

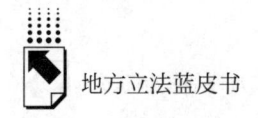

业评估中都包含了政府立法工作评估的内容。2001年，中央政府颁布了《政策评估基本方针》和《关于行政机关实施政策评估的法律》，要求政府相关部门必须组织收集相关数据信息，采取必要措施对其推进规制法律或部门政策开展立法评估。2004年，日本着手开展规制影响评估试点，相关部门在开展政策评估的基础上，相应增加了对规制性立法进行评估的内容。2007年，日本对《关于行政机关实施政策评估的法律》进行了修改，并把规制性法律相应列入立法评估的对象。

立法评估的目的在于，通过相关主体采取一定的技术和手段，对即将出台的法律或政府相关政策进行分析评价和科学研判，为法律政策的出台实施提供决策参考，并根据评估的结果对相关法律政策进行适当的修改完善，以改进和提高法律政策质量。通过评估，不仅可以提高立法质量，而且可以让利益相关人和社会公众参与到立法中来，以取得良好的社会共识。

在评估主体方面，有三种形式。一是对专业性较强的相关立法，由中央政府专业主管部门负责完成评估。二是对综合性或者涉及部门较多的法律，则由总务省负责组织实施，且总务省如果认为其他部门评估方式存在瑕疵或评估结果存在问题，有权要求重新予以评估或者与相关部门共同组织实施评估。三是由具备独立行政法人地位的独立第三方评估机构组织实施，既可以对总务省负责评估的法律进行评估，也可以组织对其他主管部门负责的法律和地方性法规以及政府部门制定的政策进行评估。

根据日本相关法律规定，除由总务省负责的司法程序、税务等规制性法律外，其他所有立法案原则上都必须进行立法评估，这是立法的必经程序。当然，如果法律法规的修改对公民和经济社会生活影响不大，或者只是对法律法规做局部的形式调整时，可以不对该立法项目进行评估。鼓励对非强制性评估法律开展自主评估。在评估标准上，主要针对立法的必要性、立法的效率性、立法的有效性，同时还要注意兼顾立法的公平性、立法的优先性以及立法的统一性等指标。

在评估步骤上，包括评估计划的制定、评估工作的开展、评估报告的制作与公布、法律政策的修改完善、评估工作的总结五个环节。

3. 英国

英国立法评估制度始于1968年。1985年，贸工部最先引入立法效果评估，对"放松管理动议"对商业的影响开展了立法评估。在此基础上，英国政府要求所有部门在开展行政立法或者制定规范性文件时，都要对相关法案的税务执行费用问题开展深入的分析评估。随后，为了控制政府通过立法进行权力扩张，议会要求所有政府起草的法律案在提请议会审议前，都要由议会的多个不同部门进行立法前审查评估。在法律草案交由议会相关部门评估审查前，政府必须将法律草案及其说明以及影响评估报告一并向社会公布，公开征求社会公众意见。至于采取何种具体审查方式开展立法前审查工作，则由议会相关部门自行决定，审查实践中可以根据法案的多样性，采取丰富多样的审查形式。议会相关部门在开展立法前审查时，不会对法律草案的具体条文进行审查评估。审查时，涉及对现行法律进行修改的，议会相关部门还必须收集和标注相关法律条文，并组织召开由社会公众和政府立法起草成员参加的立法听证会。立法前审查结束后，议会相关部门必须通过评估审查报告形式，建议政府对法律草案需要修改完善的内容予以修改完善。最终政府有权决定是否接受议会相关部门的修改建议。一般来说，政府会以书面报告形式向议会相关部门予以回应。政府对议会临时组建的审查机构审查的法律案，应当通过制作白皮书形式通知该临时机构秘书，并将其发给原审查主体全体成员。由于利益相关主体以及议会审查机构对政府是否就草案建议修改部分作出修改十分关注，因此，政府在提请议会审议该法律草案时应随附相关说明文件予以详细说明。

4. 德国

20世纪70年代，德国开始尝试探索开展立法效果评估工作，并将其予以程序化和制度化。评估主要是对计划中的和已经生效的立法效果进行对比性评价，包括对专家支持提出的各种规制的可能性方案的开发采用成本效益分析进行对比性评估。根据立法的不同阶段而开展相应的评估，德国立法评估可以分为三方面：一是对立法项目计划的事先评估，即对立法项目计划的评估；二是对法律制定过程中的跟踪评估，即立法前评估；三是立法后评估，即法律制定出台后对其立法实施效果的评估，主要考察某一制度设计实现目标的情况以及产生的副作用。德国在开展立法评估时与大多数国家一样，都是采用立法成本与效益的评估方式。2001年，德国联邦内务部制定出台了三套立法效果评估指导文件，以推广立法效果评估方法。这些文件为相关部门在开展立法评估时提供指导性参考，但并没有规定需要采取什么具体的立法评估方式。德国在开展立法第三方评估时主要是形式审查、沟通协调以及立法论证。

根据德国《联邦各部共同议事规则》，联邦政府提出的法律案，在内阁审议通过之前，由司法部依据《法律形式手册》对相关法律草案进行立法形式审查。在立法前的沟通协调上，如果法律案涉及地方利益的，必须在法律案起草前事先征求地方意见。涉及联邦各部权力利益的，法律草案起草部门还必须积极做好沟通协调工作，统一形成立法共识。在立法过程中引入立法评估论证，是提高立法质量的重要手段，因此政府在提请议会审议前，还必须对法律草案进行立法效果专项论证，并在法律草案立法理由中予以说明。

（二）国内立法第三方评估的实践

党的十八届四中全会明确提出建立重要立法事项第三方评估机制后，一些地方和部门进行了积极探索，积累了有益经验，并出台了相关指导性文件，将其规范化、制度化。与此同时，在实践运用中也出现一些问题，亟待今后重视和解决。

1. 第三方评估在立法实践中的运用

一是安徽省人大常委会开展《安徽省食品安全条例（草案）》第三方评估。2015年11月，安徽省人大常委会在修改《安徽省人民代表大会及其常务委员会立法条例》时，将建立立法第三方评估机制写入法规。[①] 2016年，

[①] 参见《安徽省人民代表大会及其常务委员会立法条例》第四十条"建立立法协调机制、第三方评估机制、利益关系重大调整论证咨询机制，对立法中有关问题加强协调，听取各方面意见"。

安徽省在开展食品安全地方立法过程中，对"食品小作坊、小餐饮、小摊贩"管理的制度设计，有关各方持有不同的看法和意见，争议较大，难以形成统一意见。为此，安徽省人大常委会法工委根据该省立法条例有关规定，启动了立法第三方评估机制，决定将立法过程中争议较大的"三小"管理问题，委托安徽大学廉政法治协同创新中心开展立法评估。评估内容主要为该制度设计是否符合上位法精神、是否与省情实际相符等。中心在全面采集数据信息、广泛收集意见建议、深入调研考察的基础上，运用科学、系统、规范的评估方法，就制度设计中的相关问题进行了全面、客观、系统、深入的综合分析研究，提出相关问题的应对解决之策，形成了真实客观的评估报告，为法规的顺利出台提供决策参考。

二是淮南市人大常委会就《淮南市文明行为促进条例》开展立法第三方评估。2016年，淮南市契合文明城市创建工作的要求，开展了《淮南市文明行为促进条例》立法。但是在条例的调研起草和审议修改阶段，常委会组成人员和社会有关方面对立法可行性、制度设计的可操作性等提出不同意见，个别意见分歧还比较大。为了妥善解决立法中的意见分歧，提高立法质量，淮南市人大常委会决定开展第三方评估，由法制工作委员会具体组织实施。经广泛征求意见、反复比较筛选，确定由淮南师范学院法学院承担评估任务。法制工作委员会与法学院商定了评估任务、重点、方式、时限等指标，订立了委托评估协议。为了帮助法学院更好地完成评估任务，法制工作委员会还向其详细介绍了条例的起草过程、存在的意见分歧，并提供了完整的调研资料和社会调查结果报告。法学院根据委托评估协议，成立了评估组，对主要评估问题和条例草案进行了调研论证，提出了第三方评估报告。评估报告主要分为四个部分，分别是对条例规范性、可操作性及实施效果的评估意见，对不文明行为实行媒体曝光、"一票否决"等的评估意见，关于法律责任的评估意见，关于条例草案的具体修改意见。评估报告对意见分歧的主要问题，分别从合理性、合法性、可行性的角度进行了论证，并提出了具有倾向性的观点。人大常委会立法工作机构对第三方评估报告进行了认真研究，分别向法制委以及人大常委会主任会议作了报告，并根据评估意见对条例草案进行了修改。同时，将第三方评估报告作为审议参考材料，印发给人大常委会组成人员。从实践的结果来看，引入第三方评估在促进解决立法意见分歧，提高制度设计合法性和可操作性方面发挥了一定的作用。

三是江西省出台了专门规范立法第三方评估的规范性文件并先后开展了立法第三方评估。江西省于2015年制定出台了全国首个专门规范立法重大事项第三方评估的规范性文件，就地方性法规和规章草案的第三方评估问题进行规范。2016年1月，省政府在修改《江西省人民政府拟订地方性法规草案和制定规章程序规定》时，将重大立法争议事项第三方评估机制写入该规章，这是国内首个专门在政府规章中明确要求组织开展第三方立法评估的省市。第三方立法评估机制建立以来，省政府法制办先后就学校学生人身伤害事故预防与处理、传统村落保护、河道采砂管理、非物质文化遗产保护立法起草过程中争议较大的事项，委托第三方机构开展了立法评估，并形成了客观公正的评估报告，为草案的修改完善和法规的顺利出台奠定了坚实基础。此外，南昌市政府法制办也相应出台了立法重要事项第三方评估办法。

四是深圳市人民政府在政府规章中明确提出建立"立法争议第三方评估制度"。2016年，深圳市人民政府在《关于修改〈深圳市人民政府制定规章和拟定法规草案程序规定〉的决定》中明确提出，建立立法争议第三方评估制度，规定市政府在协调过程中可以委托高等院校、社会团体、科研机构等对争议较大的重要立法事项或重大利益调整的制度措施进行论证咨询。

五是全国首个专门的立法第三方评估机构成立。2015年6月7日，我国首个公共政策与立法第三方评估研究机构——"北京城市学院公共政策与立法第三方评估研究中心"在北京城市学院成立。该中心依托北京城市学院众城智库（城镇化研究院）平台，开展公共政策和立法第三方评估研究和实践工作，国土资源部将城市学院众城智库（城镇化研究院）确定为全国唯一的一个"第三方立法评估"试点单位。同时，北京市法制办就其重点研究课题"重大立法项目第三方评估相关法律问题研究"委托"北京城市学院公共政策与立法第三方评估研究中心"进行研究、交流和洽谈。

另外，该中心正着手筹建我国首个"公共政策与立法第三方评估公益基金"，开展完全独立的第三方评估，组织专家和社会各方面的力量，就社会各方面共同关注的社会公共政策和立法进行程序公开、方法科学、规范具有操作性的第三方评估工作。

2. 第三方立法评估在实践运用中存在的问题

当前，立法第三方评估在我国尚处于起步探索阶段，由于没有专门的法律和完善的评估理论与机制，因此在实践中还存在一些问题和不足，主要表现为以下方面。

一是第三方评估的地位不明确。西方法治发达国家能够有效推动立法评估工作开展的一项重要经验，就是高度重视第三方评估的法制化建设。这些立法第三方评估比较规范的国家，都制定了相应的法律、规章和制度。而我国目前并没有对立法第三方评估进行专门的立法，从我国已有立法第三方评估实践来看，我国只是制定出台了极少数的相关规范性文件或者在有关规章中仅作了原则性的规定。因此，在立法过程中对重要立法争议事项由立法决策机关委托第三方机构开展立法评估缺乏明确的法律规范，这就使得立法评估结果缺乏权威性和法律效力，在一定程度上对立法第三方评估活动的顺利有效进行和评估质量产生影响。

二是第三方评估组织管理制度不完善。由于第三方评估制度这一"舶来品"引入我国时间不长，第三方评估工作在我国尚处于起步阶段，[①] 不管是行业管理抑或评估机构自身发展，都很不规范和完善，需要不断予以加强。一方面，对评估机构没有设置准入门槛，也没有资质限制。在立法评估实践中，所委托的第三方评估机构基本上都隶属于行政事业单位的普通高校所属院系或者科研院所，并不具有独立资质，无法真正实现评管分离，缺乏中立性；即使一些看似独立的社会团体或中介组织，尽管也对外承接有关评估事项，但评估工作只是其业务范围中微不足道的一部分，没有形成知识机构合理、专业化水平高的专业稳定队伍。加上目前缺乏专门的法律规范对第

[①] 袁莉：《全面深化改革第三方评估的制度构建研究》，《江汉论坛》2016年第11期。

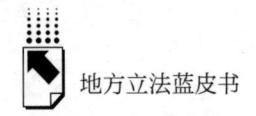

三方评估组织的从业资质、业务范围等方面进行严格规范，因此，在开展立法第三方评估时，其立法评估服务质量自然难以有效保证，更谈不上对其立法评估服务的有效规制和管理。

三是评估机构和人才匮乏。提升立法评估质量的关键是具有专业独立的评估机构。在许多发达国家，第三方评估机构的组织化、专业化都很强。例如，在美国，对相关公共政策进行第三方评估时，相关第三方评估机构独立于政府，具有超然性，与相关利益各方保持利益上的独立性，且在评估中以其独有的专业优势客观公允地开展政策评估。① 第三方评估机构只有处于中立的地位才具有独立性，才能切实有效保证其开展的评估活动具有权威性，让评估结论独立、客观、公正。然而，当前我国教育研究事业发展不平衡，除北京、广东、上海、江苏、浙江等教育发达地区以外，其他地方很少有相关独立机构能够独立、客观、公正地开展相关评估活动。虽然国家对重要立法事项第三方评估作出了具体要求，但对第三方评估机构的资质要求和认定没有做相应规定，且目前有限的第三方评估机构也是参差不齐，导致立法决策机关在引入第三方开展评估活动时存在选择困难。此外，即使委托独立的第三方社会组织开展相关评估活动，这些组织也基本上是临时搭建的草台班子，缺乏视野开阔、知识结构合理、专业水准较高的成熟稳定的专业人才队伍。

四是引入第三方评估方式尚未明确。虽然国家明确要求立法决策机关在立法过程中，对部门之间争议较大的立法重要争议事项，要引入第三方机构开展立法第三方评估，但对于如何引入第三方却缺乏明确具体的规定。在我国现有的立法评估实践中，引入第三方开展立法评估活动，一般都是采取"委托"形式，即由立法起草部门或者立法工作机构与具备相关资质的第三方签订委托协议，委托其承担对该立法事项开展客观公正的评估活动，并形成专业评估报告供立法决策机关决策参考。众所周知，委托行为一般属于民法调整范围，是一种民事委托关系。但当前的立法第三方评估实践，从表象

---

① 黄俊溢：《确保第三方评估机构独立、专业》，《中国经济时报》2014年7月16日，第1版。

来看是一种民事委托关系，但更多具有行政委托关系的因素，因为委托的主体要么是立法起草机关（相关行政主管部门）的工作机构，要么是立法决策机关的工作机构，这些单位主体更多的是在行使公权力，而受委托第三方与其或多或少都有些关系，很难保证受委托的第三方机构独立公正地开展评估活动。可见，缺乏规范有效的第三方引入机制，也就不可避免地会影响到第三方评估机构作出的评估结论的公正性。

五是第三方评估工作的开展缺乏有效保障。获取有效的立法评估信息是保证立法评估质量的有效前提。由于受委托开展立法评估的第三方多数属于独立的社会团体或者科研机构，不具有公权力，因此在接受委托开展立法第三方评估调研时离不开相关部门的密切配合，但由于所评估的对象往往是相关部门之间争议较大的事项，各方都寄希望于立法评估机构作出的立法评估结论对己方有利。为此，在调研获取评估信息过程中，就难免会遇到阻力或受到利益相关方的干扰，更无法保证所获取的信息不具有片面性。这就要求通过建立健全相关法律制度来保障第三方评估机构获取全面客观公正的立法评估相关信息的权利，明确利益相关各方有义务配合第三方评估机构开展立法评估调研工作，不得以"保密"为借口而拒绝配合。

三 构建重要立法事项第三方评估机制的设想

重要立法事项第三方评估是推进科学立法、民主立法的重要举措。由于这项工作刚刚起步，各地也只是做了些有益尝试和探索，没有形成一套完整科学的制度设计，缺乏统一科学的评估方法与严格的标准体系，立法评估工作难以达到预期效果，从而影响立法决策和立法质量。因此，建立统一的重要立法事项引入第三方评估工作规范就显得尤为重要。根据法治发达国家立法第三方评估经验以及结合我国立法工作实际，笔者就构建适合我国国情的重要立法事项第三方评估机制，推动重要立法事项引入第三方评估工作的制度化、规范化、程序化，提出以下几点构想，以期为推动该项工作顺利有序开展提供参考。

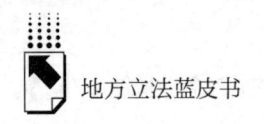

（一）"重要立法事项"的界定

构建科学合理的立法第三方评估机制，首先必须对"重要立法事项"这一概念的内涵作出一定的判断，并形成共识①。我们认为，涉及对公民权利义务进行处分的规定，涉及社会稳定安全的规定，涉及对社会公共资源分配的规定，涉及多方利益主体的规定，都应当视为重要立法事项。并且，对于重要立法事项的认定必须遵循一定的程序要求，由特定的主体进行认定。在认定主体上，应当是有立法权的人大常委会，通过委员长会议或主任会议的形式，决定该事项是否构成重要立法事项。一旦经过委员长会议或主任会议决定，该法律法规有关立法事项应当及时交付第三方评估机构进入第三方评估程序，并作出立法评估报告。具体而言，我们认为事关全国或者本行政区域内经济社会发展全局、涉及群众切身利益、社会普遍关注或者法律法规明确规定且部门之间争议较大的立法事项都应属于重要立法事项范畴，其形式可以是立法建议项目、立法疑难问题和法律法规草案。

（二）立法第三方评估主体的资质

独立的第三方评估主体，既是保证评估结论客观公正的前提，也是评估体系机制趋于成熟的重要标志之一。根据国内外立法评估的实践，对重要立法事项开展第三方评估的独立第三方评估主体，是指独立于立法机关、实施机关之外，对部门争议较大的重要立法事项进行评估的社会团体组织，它主要包括受立法决策机关委托的高等学校、科研机构、专门的社会中介组织、行业协会等，不包括立法起草部门或者立法决策机关临时聘请部分专家搭建且由其主导控制的专家顾问团体。②

能够成为重要立法事项第三方评估的主体，必须具备一定的资质条件限

---

① 郑泰安、郑文睿：《第三方评估立法的有效性研究——以党的依法治国决定为主线的考察》，《社会科学研究》2016年第5期。
② 汪全胜、金玄武：《论构建我国独立第三方的立法后评估制度》，《西北师大学报》（社会科学版）2009年第5期。

制。而健全的组织机构,是第三方承担重要立法事项评估的前提和必备要件。具体而言,作为第三方立法评估机构应当具备下列条件:一是具有独立的名称和固定住所;二是有完善的内部管理机制和相应的组织章程,且社会信誉良好;三是具有比较稳定的行业专家和研究队伍,并有较强的立法决策咨询和评估的能力;四是专业评估人员具备良好的职业操守和道德情操;五是具备开展立法评估工作的其他条件。

(三)立法第三方评估机构的选择与管理

在立法第三方评估机构的选择上,可以采取政府购买服务形式,引入竞争择优机制,做到公平公正公开。为了提供更多的立法决策参考,立法决策机关认为必要时,甚至可以就同一立法争议事项,委托两家不同的评估组织同时开展相关评估活动。立法决策机关除了选择普通高校、科研院所、立法研究社团、行业组织作为重要立法事项第三方评估主体外,还可以选择律师事务所、专业民间组织、民营咨询服务机构等社会中介组织。[1] 在具体选择程序上,立法决策机关应当根据第三方评估组织的申请,首先将与立法争议重大事项有利害关系的机构予以排除,然后择优选择社会信誉良好,与专业密切相关,且具有稳定成熟的专业评估队伍的机构,按照立法第三方评估计划方案要求,采用直接委托、公开招标和竞争性磋商等多元化的方式,公平公开公正地选择第三方评估机构。为了体现第三方评估机构选择的公正性,让立法争议相关部门信服其公正性,立法决策机关应接受社会各界的遴选监督,将第三方评估主体选择的条件、遴选的方式等通过网络、报刊等媒体向社会公开,接受公民、不同利益群体以及立法争议部门等社会各界的监督。[2] 第三方评估机构选定后,双方应当签订委托合同,明确约定立法项目的任务阶段、具体开展程序,文本制定标准、双方的权利义务、立法经费的

---

[1] 陈颖:《重要立法事项引入第三方立法前评估的实践与完善》,《法制博览》2017年第3期。
[2] 刑鸿飞、李羿人:《论我国立法中第三方评估的资质》,《江苏警官学院学报》2015年第6期。

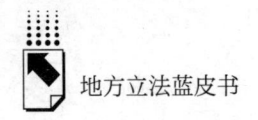

使用规定、立法成果的要求、受托方的服务报酬以及第三方评估机构不得将评估工作转委托其他单位或者个人实施等重要内容①。

由于谁也无法保证受委托的第三方评估主体,不会通过对部门争议较大的重要立法事项进行第三方评估谋取商业利益,如果不采取切实有效的管理措施,对第三方评估机构进行约束监督,其就很有可能被立法争议事项相关一方部门拉拢,使评估结果偏向该部门,并成为该部门利益代言人。② 第三方评估机构开展评估工作,应该遵循诚实信用原则,忠实履行法定义务和委托协议约定的义务,确保评估过程和结论的科学规范、客观公正。利益集团游说、寻租无孔不入,任何人都有被拉拢腐蚀的可能,专家也不例外,如果没有有效的监督和制约,任何权力都有可能导致腐败。③ 应当建立对第三方评估机构的问责机制,对在履行职责过程中有违反诚信义务等履行不当行为的第三方评估机构及其工作人员,应当按照国务院《关于建立完善守信联合激励和失信联合惩戒制度加快推进社会诚信建设的指导意见》要求,对履行不良的第三方建立"黑名单"制度,依法依规对第三方评估机构及其工作人员严重失信行为采取联合惩戒措施,从而保证第三方的中立性。

(四)立法第三方评估的标准

立法评估标准科学与否,直接影响评估结果的客观性、科学性和准确性,也影响立法第三方评估过程的进行。对重要立法事项开展第三方评估,要遵循如下标准。

一是合法性标准。依法立法是立法活动必须遵循的首要标准。即使部门争议再大,立法事项再重要,也要具备合法性,这样才有存在的必要。因此,对该争议事项进行立法第三方评估,首要的是要对其合法性进行评估。

---

① 由理:《委托第三方参与地方立法问题初探》,《法制博览》2017年第4期。
② 喻文光:《通过第三方参与立法保障立法的科学性与民主性》,http://www.360doc.com/content/15/0319/20/2369606_456520608,最后访问日期:2017年9月25日。
③ 曾祥华:《较大的市立法评估制度研究》,《山东科技大学学报》(社会科学版)2016年第4期。

合法性标准内涵非常丰富，可以细分为三方面。一是立法的法律依据是否合法充分。第三方评估主体在开展评估活动时，首先要审查该立法争议事项是否有直接或者间接的法律依据。二是立法主体权限是否合法。"名不正则言不顺"，立法主体主要审查其是否依法享有立法权的适格主体，而立法权限则主要审查该立法争议事项是否属于国家规定立法主体的立法权限范围，如设区的市立法只能在国家规定的三项权限范围之内，超过立法权限则无效。三是立法争议事项内容合法，判断分析该立法事项是否符合上位法的立法精神和有关原则。

二是合理性标准。每一部法律规范都有其立法目的，最大限度地发挥法律规范在社会经济生活和所属领域的实用性是其最基本目的之一，也是检验其可行性情况的标准之一。由此来看，合理性标准主要是结合现实生活实际情况，对其内容的针对性、可操作性等进行的分析评估。该标准的评价指标主要有：法律规范本身的制定是否科学合理；法律规范的相关规定或条款与社会存在是否相适应，能否解决实践中具体的法律问题；就施行情况来看，法律规范所规定的立法目的能否实现，司法机关和执法机关对法律规范的认可度，以及法律规范能否得到有效的普遍遵守，设定职权与责任是否相统一。

三是科学性标准。即评估审查该立法争议事项是否具有适当的前瞻性，制度设计能否体现规律要求，能否适应和满足时代的要求，能否体现和反映人民的意愿，能否解决实际问题；各种法律法规制度体系是否协调一致，与同位阶的相关法律法规之间是否存在冲突。

四是规范性标准。这是开展立法第三方评估不可或缺的指标，正如产品生产技术对产品质量具有直接影响一样，立法技术对立法质量同样具有直接影响。从这个角度来看，技术标准的评价指标主要有：法律规范的内容和语言表达是否科学合理；法律规范的结构和分类是否具有科学性和严谨性。

五是可操作性标准，即相关概念的界定是否明确具体，各项制度是否切实可行，能否解决行政管理中的具体问题，法律法规的具体内容是否有必要的程序保障。

六是实效性标准，即对该争议事项立法后的实际效果与所要解决的问题

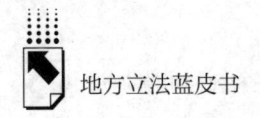

能否实现预期目标、达到预期效果，以及该法律法规在实施过程中的法律成本和社会效益进行分析。

（五）立法第三方评估程序及方式

立法第三方评估程序，是立法决策机关委托第三方机构，对部门争议较大的重要立法事项进行评估应当遵循的方式、步骤、顺序等规则，包括如下基本程序：第三方评估的启动、评估实施机构的确定、评估方案的制定、评估资料信息的收集、相关数据资料的分析整理、立法第三方评估报告的形成、立法评估结果的运用等。① 在准备阶段，第三方评估机构应当根据与立法决策机关签订的委托协议确定的评估内容和评估指标，制定设计具体的立法评估工作方案，明确评估对象、评估指标、评估方法、评估组的组成和时间安排与工作阶段，使工作方案具有现实操作性。在实施阶段，第三方评估机构应当根据评估的工作方案要求，通过多种方式搜集客观公正、准确可靠的资料信息，结合评估所确定的评估指标，综合运用法理分析、比较分析、成本效益分析等方法进行科学评估分析，对评估对象作出客观公正的评价，得出初步结论，并最终形成评估结果报告。

在评估过程中，收集获取评估信息后，即进入最为关键的步骤，即恰当运用各种评估分析方法，对获取的各种立法相关数据资料信息进行分析，从而作出科学选择判断，并最终得出相应评估结论。在开展评估活动时，第三方评估机构要结合立法评估对象灵活采取相应的评估分析方法。从立法第三方评估的实践来看，常见的立法评估分析方法有如下四种。

一是问卷调查法。问卷调查法也叫问卷法，是受委托的第三方评估机构，通过运用统一设计的表格或卡片形式的问卷，向被调查的对象了解立法争议事项相关问题情况或征询对该事项的看法意见。使用问卷调查法进行评估时，挑选问卷对象必须是有代表性的群体，一般为该立法争议事项涉及的

---

① 《江西省地方性法规和省政府规章草案第三方评估办法》，江西省人民政府法制办公室，http://www.jxfazhi.gov.cn/zflf/lfgzzd/201507/t20150715_1177954.htm，最后访问日期：2017年9月26日。

相关主体和利益对象，包括政府相关部门、相关企事业单位和社会团体、公民个人以及其他相关方。在制作调查问卷过程中，要在准确把握立法评估目的和内容基础上，根据评估的事项寻找关键要素，并确定相应的指标，形成具体化、可测量的问题。发放问卷时，既要顾及立法争议事项的相关主体，更要着重面向整个争议事项涉及的行政管理相对人和相关利益群体，这样才能保证调查结果具有一定的代表性，才有更高的立法决策参考价值。

二是现场调查法。现场调查法要求第三方主体采用客观态度以及科学方法，在一定范围内进行现场实地调查，并搜集大量的数据信息进行统计分析，以获得所需的评价信息。根据立法评估时调查的范围，现场调查可以分为普查、抽样调查和个案调查。普查是对立法争议事项涉及相关内容进行全部调查，可以全面地反映总体特征，具有很好的概括性，但工作量大，费时、费力。抽样调查则是从相关评估对象的总体中抽取部分个体作为样本进行调查，然后根据抽样情况进行推理分析总体情况，不足之处在于其代表性有限。个案调查则是针对某一两个相关对象进行解剖麻雀式的调查，可以对整个调查对象的全貌进行深入分析，但对整个评估对象内容而言反映的程度有限，不够全面。根据现场调查获得资料的性质，现场调查还可分为定量调查和定性调查。总之，在开展立法第三方评估时应当结合评估具体事项灵活运用各种调查方法，方能使调查结果具有客观公正性和信服力。

三是深度访谈法。深度访谈分为个别访谈和集体访谈。个别访谈应当从熟悉了解立法争议重大事项相关情况，关心立法和依法行政工作，且敢于说真话的热心社会贤达人士中选取，可以从当地行政机关、司法机关、人大代表、政协委员、行业协会、热心公众中选取。而集体访谈主要是通过组织召开座谈会，就重大立法争议事项与部分调查对象进行面对面交流，直接听取其意见建议。第三方评估机构要在开展立法评估过程中获取有效信息，首先必须明确座谈的内容，选择恰当的座谈对象，注意访谈的方式方法，这样才能通过座谈以最短的时间获取最直接有效的评估信息。

四是专家论证法。即第三方评估机构通过其专家系统，专家学者依据自己的专业知识和历史经验就评估对象作出最终的评估分析结果，彰显立法决策机关委托的第三方机构的专业性、独特性、权威性和公正客观性。为了有效保证专家论证过程的公正性和评估结果的客观性与有效性，第三方评估机构在建立专家库时要提高外部专家的比例，同时要健全完善评估专家的信用制度和问责机制，这样才能有效确保专家论证过程中不会出现故意出具虚假结论情形。

（六）立法第三方评估报告的内容

第三方评估机构就立法重大争议事项作出的评估报告，应当包括以下内容：一是评估工作的预期目标与主要评估方法；二是对评估内容的基本分析评价；三是评估对象存在的主要问题；四是对主要评估指标的具体分析；五是相关争议事项的具体评价；六是评估结论及建议。第三方评估结果报告，应当附上开展立法评估时所依据的行政管理数据、执法监督数据等数据资料，以及相关立法评估参考文献等材料。第三方评估结论及意见建议，要针对部门之间的争议事项的解决作出实质性评判。根据不同的情形，可能出现三种情况。第一种情况：立法争议事项得到有效解决，所涉及的法律案直接进入立法程序而不再争议；对进入立项、起草环节的法律案应当同时提出起草要求；对进入审议环节的法律案应当提出提交审议时限的建议，提交审议时应当随附评估报告。第二种情况：对相关争议问题进一步完善，即建议立法决策机关督促起草部门根据要求对相关立法争议事项进行调整完善，然后再提请立法机关审议通过。第三种情况：建议否决或放弃该立法项目或相关制度，表明所评估的立法争议事项不宜通过立法进行规制，或者立法不是解决该争议事项所涉及的社会矛盾问题的最佳方案，目前争议事项的立法条件以及立法时机尚不成熟。①

（七）立法第三方评估结论的应用

立法第三方评估的最终目的，是要通过立法评估活动，解决立法过

---

① 《关于征求〈中山市政府立法工作事项第三方评估办法（草案征求意见稿）〉意见的公告》，http：//www.zsfzj.gov.cn/html/article/2017/08/28/6045.shtml，最后访问日期：2017年9月26日。

程中的部门争议，提高立法决策效率，防止立法部门利益法制化弊端。如果只强调对立法重大争议事项的评估，而不注重在立法决策过程中真正应用第三方评估报告，在立法第三方评估活动结束后，将第三方评估机构形成的评估结果报告束之高阁，走过场，评估活动将失去其存在的价值，而且评估也很难再进行下去。在此意义上，第三方评估要真正发挥作用，评估结论怎么用很关键。是仅仅供决策机关参考呢，还是作为决策的一部分？《立法法》第三十八条对立法前评估结果的回应及应用作出了规定，明确要求"评估情况应当在法律委员会审议结果报告中予以说明"①。作为重要立法事项的第三方评估报告，应当作为立法建议项目是否纳入年度立法工作计划，以及立法起草部门在起草法律案和立法工作机构在修改完善相关制度时的重要参考。立法决策机关在作出立法决策后，应当向第三方主体反馈评估结果报告的采纳情况。提请立法机关审议立法计划草案和法律法规草案时，进行了第三方评估的应当一并提交评估报告及归档存查。

（八）立法第三方评估报告的公开

国外经验值得学习借鉴。例如，德国《能源经济法》第六十二条规定，由独立的评估委员会，每两年评估一次电力市场竞争状况、相关法律适用情况以及电力市场的竞争监督管理情况，并将评估结果向联邦政府报告。联邦政府应该向立法机构提供反馈意见，而立法机关应当根据反馈意见对该法律进行修改完善。同时，还应当将评估报告予以公开，让每一位公民都有权查阅。② 因此，对立法重要事项进行了第三方评估的，除涉及法律规定不允许公开的以外，立法机关应当将立法第三方评估报告向社会全文公开。通过面

---

① 《立法法》第三十八条："拟提请常务委员会会议审议通过的法律案，在法律委员会提出审议结果报告前，常务委员会工作机构可以对法律草案中主要制度规范的可行性、法律出台时机、法律实施的社会效果和可能出现的问题等，进一步听取意见，组织开展评估工作。评估情况应当在法律委员会审议结果报告中予以说明。"

② 喻文光：《通过第三方参与立法保障立法的科学性与民主性》，《行政管理改革》2015年第2期。

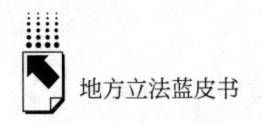

向社会全文披露立法第三方评估结果报告,能够切实保证第三方对重要立法事项的评估具有中立性以及客观公正性。

四 结语

立法过程本质上是一个利益协调的过程。对部门争议较大的重要立法事项引入第三方进行评估,是我国科学立法、民主立法领域的一个新突破。第三方参与立法评估,也许只是这个过程的开始。法律与公平正义的理念紧紧相连,部门利益、地方保护主义、立法打架的现象损害了法律的应有之义。① 既有的实践证明,对部门争议较大的重要立法事项,引入第三方进行评估,对有效破除与防止部门利益和地方保护主义法律化,解决立法过程中久拖不决的问题具有十分重要的意义。然而,如果要使第三方立法评估在立法领域真正发挥作用,还有很长的路要走,有许多事要做,不仅要在发挥人大及其常委会在立法上的主导作用上下功夫,还需要在完善重要立法事项第三方评估机制上下功夫。相信随着全面依法治国的深入实施,重要立法事项第三方评估机制必将为推动我国立法进步注入新活力,为我国社会主义法治体系的构建和完善发挥积极作用。

---

① 喻文光:《通过第三方参与立法保障立法的科学性与民主性》,《行政管理改革》2015年第2期。

调研报告

Investigation Reports

B.9
地方立法研究动力与学术资源整合之构思
——以各地方立法学研究会的成立和运行为例*

郑文睿 郑 丹**

摘 要： 当前，北京市、广东省、上海市、陕西省、河南省、四川省、福建省、山东省、河北省、江苏省十个省、直辖市成立了地方立法学研究会。"是否成立省（自治区、直辖市）法学会立法学研究会"以及"研究会会长的能力与视界"两个因素决定了地方立法研究动力与学术资源整合。研究会的学术平台应当有助于培养立法学教学科研与立法实务经验的良性互动的人员，如此才能提升地方立法研究动力与优化学术资源

---

* 本文系国家社科基金西部项目"设区的市地方立法权运行样本分析和制度回应研究"（批准号：17XFX015）的阶段性成果。
** 郑文睿，四川省社会科学院法学研究所副研究员，硕士生导师；郑丹，四川省社会科学院法学研究所硕士研究生，研究方向：立法学。

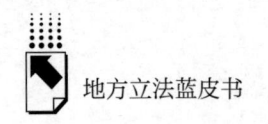

整合。要在全国范围内形成中国（法学会）立法学研究会—各省（自治区、直辖市）法学会立法学研究会联会—各省（自治区、直辖市）法学会立法学研究会层层递进、层层限缩式的格局来提升地方立法研究动力与优化学术资源整合，即通过"全国—省际—省内"三重范围有效实现研究立法学的助力和资源整合，最终为提升地方立法质量多提供一种选择与方法。

关键词： 地方立法　研究动力　学术资源　学术自觉　立法学研究会

对地方立法研究动力与学术资源整合问题进行探讨，较好的路径选择就是从分析各个省（自治区、直辖市）法学会立法学研究会的成立和运行入手来检视立法学研究状况。[①] 需要指出的是，本文在样本考察时，排除了各省（自治区、直辖市）人大及其常委会所下设的"立法"研究会以及高校与科研机构所下设的立法研究中心、立法研究院等。

一　地方立法学研究会现状的实证分析

根据对地方法学会立法学研究会设立情况的分析和整理，可以发现如下四个事实判断结论。

其一，从设立的总量来看，全国31个省（自治区、直辖市）中共设立10个省、直辖市（包括北京市、广东省、上海市、陕西省、河南省、四川省、福建省、山东省、河北省、江苏省）法学会立法学研究会，不到三分之一的比例。相比省（自治区、直辖市）法学会下设的民法学研究会、行政法学研

[①] 当然，对此话题的探讨，还存在其他路径选择，但本文仅从各省（自治区、直辖市）法学会立法学研究会的成立和运行角度切入，以期能够以点带面地提出有价值的结论。

究会、刑法学研究会、法理学研究会等传统学科的研究会，省（自治区、直辖市）法学会立法学研究会确实属于数量较少的"弱势"① 研究会。

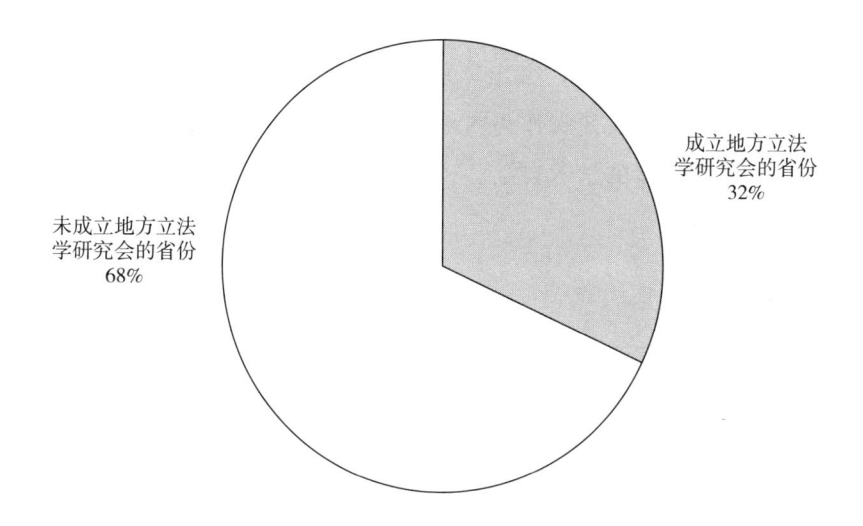

图 1　全国各省（自治区、直辖市）成立地方法学会立法学研究会情况

资料来源：本文图表中涉及的各省（自治区、直辖市）法学会立法学研究会的数量、成立时间、会长情况等数据，都来自相关法学会官方网站，下文不再一一注明。

其二，从时间轴坐标来看，于 2015 年立法法修改之后成立的有 6 个省（包括河南省、四川省、福建省、山东省、河北省、江苏省），体现出这六个省份对立法法研究的学术自觉。应当承认，对立法研究的学术自觉最早的省份为北京市，甚至比 2000 年立法法出台还要早 4 年，这或许与北京市作为学术资源最集中的地方有关联。至于广东省、上海市、陕西省，其省、直辖市法学会立法学研究会的成立时间在 2000 年立法法出台之后、2015 年立法法修订之前。虽然比其他省份更具有立法学研究的学术自觉，但这三个省份均于 2013 年才成立立法学研究会，不仅相距 2000 年有 13 年之久，而且时值立法法修订过程的

---

① 但这种弱势在某种程度上也可以算是一种优势，特别是在"饭碗法学"（中性意义）的话题讨论中，研究立法学比研究民法学、刑法学、行政法学等传统学科更容易脱颖而出。

前期阶段①，这体现出除北京市之外的 9 个省份具有后知后觉基础上的醒悟②。

其三，从地点轴坐标来看，沿海地区和发达省份设立省法学会立法学研究会的数量比重较大，突出体现这些地方的学术敏感度和接受信息的迅捷度。四川省和陕西省作为内陆地区，设立省法学会立法学研究会，表现出这些地方高度的学术自觉。

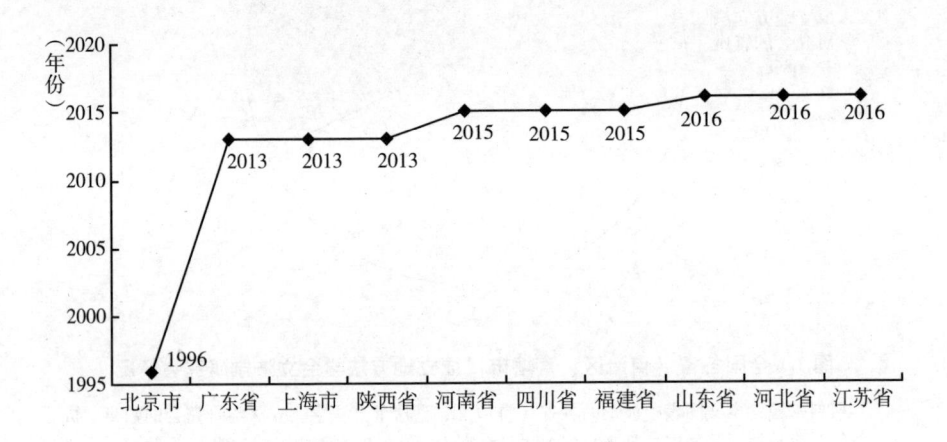

图 2　省（自治区、直辖市）法学会立法学研究会成立时间

其四，从网站的设立来看，为省（自治区、直辖市）法学会立法学研究会专门设立网站的只有北京市和广东省。登录网站发现，广东省网站信息相对完整，有立法学研究会的相关成果等，其余的省（自治区、直辖市）很难找到立法学研究会的工作情况信息。两相对比，表现出北京市和广东省立法学学术资源整合程度较高和较好。

除了考察地方法学会立法学研究会设立情况（组织因素）之外，尚需要针对研究会的会长（个人因素）进行检视。

---

① 即 2012 年 8 月 31 日至 2012 年 9 月 30 日，立法法修正案（草案）首次公开征求意见。
② 此处所使用的"后知后觉基础上的醒悟"表述，是从中立的角度而言的，不具有任何感情色彩。

表1 部分省、直辖市法学会立法学研究会会长情况

省(直辖市)	会长	单位及职务
北京市	莫纪宏	中国社会科学院法学所副所长,研究员,博士生导师
广东省	石佑启	广东外语外贸大学党委副书记,纪委书记,教授,博士生导师
上海市	刘松山	华东政法大学教授
陕西省	王保民	西安交通大学法学院副院长,教授,博士生导师
河南省	陈铁平	河南省人大法制委员会主任
四川省	郑泰安	四川省社会科学院副院长,研究员,博士后合作导师
福建省	徐华	福建省人大常委会法工委副主任
山东省	吕涛	山东政法学院院长
河北省	王余丁	河北大学党委副书记,教授
江苏省	孟鸿志	东南大学法学院副院长,教授,博士生导师

从上面的会长信息来看，大多数会长都具有一定的行政级别，表明其掌握并能够调动一定的立法学资源。此外，这些会长要么从事立法学研究并有相当数量的著述，要么从事立法实务工作，能够对立法学研究的方向和前沿问题起到指导和掌舵作用。值得指出的是，在资料收集过程中发现，各省（自治区、直辖市）法学会立法学研究会的副会长名单并不齐全，仅有北京市、广东省、河南省公布了副会长名单。但从仅有的副会长名单中可以察觉出，各省（自治区、直辖市）法学会立法学研究会在配置一定数量的副会长时，均考虑由当地立法实务部门的领导担任副会长，以平衡立法学理论研究者与立法实务工作者的比例关系。从某种意义上来讲，立法学学术资源亦需要汲取立法实务经验的养分来丰富自己。

二 "地方立法研究动力与学术资源整合"的因素考量

通过上述的实证分析，可以挖掘出贯穿本文始终的一个价值判断结论，即各地方的立法学研究有赖于是否成立省（自治区、直辖市）法学会立法学研究会以及研究会会长的能力与视界。

"是否成立省（自治区、直辖市）法学会立法学研究会"是考量地方立

法研究动力与学术资源整合的组织因素。作为地方法学会的下属研究会，无论是否具有相应的研究动力，每年都有至少召开一次年会的工作任务。召开年会之前，可能需要在地方法学会完成一定的报批手续，由秘书长在内的秘书组（处）来组织本省（自治区、直辖市）从事立法学学术研究和立法实务工作的人员来参会。同时拟定会议议程，安排会场发言，特别是立法学相比传统学科如民法学、刑法学、行政法学等更具一定的"生僻性"和"冷门性"，因此，被安排发言的人员只能是确实从事立法学学术研究和立法实务工作的人员。发言人的发言以及收录到会议论文集中的论文，可以作为"牛刀小试"的学术资源"前阶段"成果，并不影响其在CSSCI等核心期刊上发表。各地方法学会立法学研究会往往至少有两种方法筹措立法学论文，以实现立法学学术资源的集聚。一是组织的层层推进式，由会长要求各位副会长安排本单位的立法学学术成果的收集。二是组织的广泛吸纳式，采取激励性手段措施进行有奖征文，获取立法学学术成果。这两种方法一般都能主动或被动地确保地方立法研究动力的延续或持续，具有相当强的学术资源整合力。此外，会长所在的单位原则上就是省（自治区、直辖市）法学会立法学研究会牌匾的挂牌之处和办公地点，这是整合当地立法学学术资源的核心处所。在进行立法学理论和立法实务交流时，冠以省（自治区、直辖市）法学会立法学研究会的名义，本质上就是以研究会所能整合的学术资源作为支撑和后盾。

"研究会会长的能力与视界"是考量地方立法研究动力与学术资源整合的个人因素。会长是研究会的发起人和倡议人，没有会长领导筹备组前期的一系列工作，很难想象能够成立省（自治区、直辖市）法学会立法学研究会。会长的能力是多元的，既需要有学术能力，还需要有交往能力和领导能力。正是由于会长具有学术能力，其知晓本省（自治区、直辖市）范围内的立法学研究情况和学术动态；正是由于会长具有交往能力和领导能力，其才能够从人、财、物三方面整合相应的立法学学术资源。会长的视界是长远的，随着2015年立法法的修订赋予全部设区的市地方立法权，各省（自治区）下辖的300余个设区的市外加不设区的市、自治州对立法学人才的需求将会大大增加。由此也就意味着,研究立法学的在校学生毕业之后就可能多一条就业道路。从这个角度来看,虽然研究立法学在短期之内未必能够获得相应的效益,但从长远来看成效显著。

归结起来,是否成立省(自治区、直辖市)法学会立法学研究会以及研究会会长的能力与视界两个因素决定了地方立法研究动力与学术资源整合。

三 提升地方立法研究动力与优化学术资源整合

在传统的法律部门如民法、刑法、行政法等,比较容易获取相应的实务经验。高校、科研机构的教师和科研人员,可以从事律师兼职活动,往往有些教师和科研人员也愿意从事律师兼职活动,通过民事、刑事、行政等案件的代理,将教学科研应用于司法实务,并用司法实务改造自己的教学科研,形成良性互动。但是对于立法法而言,教师和科研人员无法通过律师兼职活动获取立法实务经验。这就很难形成教学科研与立法实务的良性互动。

通过查阅资料发现,有过立法学教学科研与立法实务的良性互动经历的人员,确实与毫无立法实务经验的人员创作出来的科研成果很不一样。例如蔡定剑教授在全国人大常委会工作近20年,所出版的《中国人民代表大会制度》[①] 在2003年10月出到第4版。要不是因病去世的话,蔡定剑教授说不定会在2015年立法法修改之后重新出版第5版。再比如在浙江省人大工作的卢群星,从其撰写的《隐性立法者:中国立法工作者的作用及其正当性难题》[②] 一文中明显可以看出,如果没有相应的立法实务经验,是无论如何也不可能写出这样具有学术穿透力的论文的。有过立法学教学科研与立法实务的良性互动经历的人员在相关的著述中或发言时,不仅能够说清制度的

---

① 蔡定剑:《中国人民代表大会制度》(第四版),法律出版社,2003。
② 卢群星:《隐性立法者:中国立法工作者的作用及其正当性难题》,《浙江大学学报》(人文社会科学版)2013年第2期。

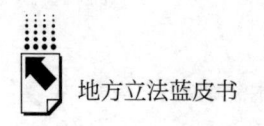

来龙去脉,更能妥当地利用第一手立法背景资料①证成自身的观点,还能够用自身的经历去感染和说服其他讨论者。②

正是由于教师和科研人员很难形成教学科研与立法实务的良性互动,因此省(自治区、直辖市)法学会立法学研究会的学术平台③就显得更为重要了。一方面,研究会通过开展年会、研讨会等活动,将教师和科研人员与立法实务工作者面对面地组织起来,进行沟通与交流。另一方面,会长可以借助资源、信息与平台,通过合作、挂职、借调等多种方式将教师和科研人员派往立法实务部门"真刀真枪"地从事立法活动,深入了解立法实务部门的组织架构、人员构成、运作方式、立法程序等,就像工匠必须了解他所使用的木材性质和其工具的功能与局限一样。研究会的学术平台就应当有助于培养立法学教学科研与立法实务经验良性互动的人员,如此才能提升地方立法研究动力与优化学术资源整合。

四 结语

各省(自治区、直辖市)法学会立法学研究会不仅仅可以通过"单兵作战"的方式整合本省(自治区、直辖市)的立法学学术资源,各省(自治区、直辖市)法学会立法学研究会相互之间也完全可以精诚合作。甚至,在资源允许的情况下还可以跨省召开联合会议,从而在全国范围内形成中国(法学会)立法学研究会—各省(自治区、直辖市)法学会立法学研究会联会—各省(自治区、直辖市)法学会立法学研究会层层递进、层层限缩式的格局,以提升地方立法研究动力与优化学术资源整合。即通过"全国—

---

① 郑泰安、郑文睿:《立法背景资料的二元性视角》,《法学论坛》2016年第6期。
② 2016年11月19~20日,中国立法学研究会第一次会员代表大会暨2016年学术年会在广州召开,会长张春生(曾担任全国人大常委会法工委副主任)以及副会长刘克希(曾担任江苏省人大法制委员会副主任委员、江苏省人大常委会法制工作委员会副主任)等立法实务工作者的发言就不仅能够说清制度的来龙去脉,更能妥当地利用第一手立法背景资料证成自身的观点,还能够用自身的经历去感染和说服其他讨论者。
③ 当然并不排除教师和科研人员通过其他的平台渠道来获取立法实务经验。

省际—省内"三重范围的研究助力和资源整合，有效培养立法学教学科研与立法实务经验良性互动的人员，最大限度地提升立法学学术著述的质量。经由立法学研究会的平台，扩大"提质增效的立法学学术著作"的影响力，与立法实务部门充分地磨合、渗透，为提升地方立法质量多提供一种选择与方法。

B.10
地方人大立法新媒体宣传情况分析[*]
——以四川省21个市（自治州）人大网站为视角

罗 维[**]

摘 要： 自2015年修订后的立法法赋予设区的市和自治州地方立法权以来，各市（自治州）地方立法工作如火如荼地展开，四川省21个市（自治州）亦不例外。立法宣传与立法工作密不可分，深入开展人大立法宣传教育，是贯彻落实依法治国基本方略，推进基层民主法治建设的重要保障。四川省各市（自治州）人大常委会顺应新媒体、互联网发展趋势，纷纷建立官方网站对人大机构、人大工作等进行公示、宣传、报道。本文以访问四川省21市（自治州）的人大网站、人大微信公众号所得信息和数据为基础，分析研究各市（自治州）人大立法新媒体宣传情况，并提出建立健全人大立法新媒体宣传机制，助力地方立法工作有序进行。

关键词： 地方人大　新媒体　立法宣传

一　立法宣传与地方人大立法

宣传工作作为人大工作的重要内容，一直以来受到广泛的关注，其中立

---

[*] 本文系国家社科基金西部项目"设区的市地方立法权运行样本分析和制度回应研究"（批准号：17XFX015）的阶段性成果。
[**] 罗维，四川省社会科学院法学研究所硕士研究生，研究方向：立法学。

法宣传更是重中之重。早在2014年3月，全国人大常委会委员长张德江就于十二届全国人大二次会议指出：人大常委会应改进和加强人大新闻宣传工作，加强立法全过程宣传报道，推进人民代表大会制度理论和实践创新。人大立法宣传工作是弘扬社会主义法治精神、增强民主法治观念的需要，是引导社会舆论、凝聚各方共识的需要，也是确保法律法规正确有效实施的前提和基础。人大常委会对通过的法律及时作出权威解读，加强舆论引导，使人大代表、人民群众各方面准确理解人大立法的背景、立法目的，了解法律原则、法律法规的具体内容，有利于提高公民民主法治意识、推动人大及其常委会依法行使职权，为法律正确实施奠定坚实的群众基础、营造良好的社会环境。

2015年3月，十二届全国人大三次会议审议通过的立法法修正案依法赋予设区的市和自治州地方立法权。自2015年12月以来，四川省依法逐步赋予省内各设区的市、自治州地方立法权，各市（自治州）地方立法工作已渐入佳境。四川省人大常委会法制工作委员会主任田万国曾表示，"全省有21个市（自治州），是全国涉及此项工作任务最多的省"。但在实践中，多数民众尤其是最基层的人民群众对人大制度一知半解，对人大立法工作更是知之甚少。民众知道国税局的工作，也对贴近生活的城管工作耳熟能详，却对人大职能、地方立法权、地方性法规缺乏基本的了解。总之，地方人大立法对于普通民众来说可谓"最熟悉的陌生人"，若群众对其了解不足甚至一无所知，那么各市（自治州）人大地方立法工作就很难落到实处，这将严重影响社会主义民主法治建设的进程。因此各市（自治州）人大立法宣传工作的开展情况直接关系到四川省地方人大立法工作的推进，关系到全面依法治国方略在四川省的贯彻实施。

二　四川省各市（自治州）人大立法新媒体宣传情况实证考察

随着移动网络技术的快速发展和智能手机的全面普及，网站、微信公众号、微博客户端等新媒体成为普通群众获取信息的主要渠道，也为地方人大常委会及时宣传地方人大立法动态提供了一种新兴的、高效便捷的方式。党的十八大以来，以习近平同志为领导的党中央高度重视传统媒体和新兴媒体融合发展，习近平总书记多次在不同场合与新媒体亲密接触，并强调要利用新技术新应用创新媒体传播方式。[1] 习总书记亦多次强调法治宣传教育"要创新宣传形式，注重宣传实效"[2]。近年来，四川省各市（自治州）人大常委会顺应时代发展，纷纷建立人大网站，积极利用新媒体进行人大立法宣传工作。期待通过全新的宣传理念和技术手段弘扬中国特色社会主义理论、宣传人民代表大会制度、发扬人大立法文化，达到良好的地方人大立法宣传效果。通过对四川省21个市（自治州）人大网站的搜索查询，可以发现省内21市（自治州）均建立了官方人大常委会网站，除内江市人大官网处于崩溃状态无法正常访问、凉山彝族自治州人大官网间歇性无法正常访问之外，其他市（自治州）人大网站中皆有数量较多的关于立法工作的宣传报道。其中，成都、绵阳、攀枝花等市（自治州）人大网站均设置了专门的"立法工作"或"地方立法"栏目，对本市（自治州）人大常委会的立法动态如立法计划、立法调研、立法公示等情况进行宣传报道；自贡、遂宁、广元等市（自治州）人大官方网站未设置专门的立法工作栏目，但在"人大要闻"或"信息公告"等类似栏目中分散宣传报道地方年度立法项目建议、立法选题、立法调研、立法草案公开征求修改意见等情况。

表1　四川省21个市（自治州）人大网站立法宣传情况

首页设置专门栏目宣传人大立法工作的市(自治州)	成都市、绵阳市、攀枝花市、泸州市、德阳市、乐山市、资阳市、宜宾市、南充市、雅安市、甘孜藏族自治州、广安市、巴中市、眉山市
首页各栏目分散宣传人大立法工作的市(自治州)	自贡市、广元市、遂宁市、达州市、阿坝藏族羌族自治州
网站无法正常访问的市(自治州)	内江市、凉山彝族自治州

资料来源：本文图表中涉及的宣传情况数据，都来自相关市（自治州）人大官网和人大公众号。

---

[1] 习近平：《中央全面深化改革领导小组第四次会议的讲话》，中央政府门户网站，2014年8月18日，http://www.gov.cn/xinwen/2014-08/18/content_2736451.htm，最后访问日期：2017年9月30日。
[2] 《中共中央国务院转发〈中央宣传部、司法部关于在公民中开展法治宣传教育的第七个五年规划（2016-2020年）〉》，新华社，2016年4月17日。

由此可见，四川省各市（自治州）人大立法宣传工作虽然大多赶上了"新媒体高速列车"，但在具体的人大立法宣传实践中仍存在较大差异。从理论上讲，人大立法工作的新媒体宣传应当贯穿其立法过程始终，通过人大官方网站、人大微信公众号、微博认证客户端等渠道进行持续报道。以各市（自治州）人大网站为例，应当于立法前公布年度立法计划，就立法背景、立法目的进行说明、宣传，同时在网络上进行立法意见征集，及时公布征集意见稿；在立法过程中，应当就立法调研情况进行宣传、设置立法旁听报名渠道、同步报道立法表决情况等；立法后，应当及时在网站上公布并对重要内容进行解析，施行后还应就法规、条例的实施情况进行跟踪报道。具体来说，四川省各市（自治州）人大立法新媒体宣传工作还存在以下问题。

（一）网站建立不甘人后但立法宣传差异较大

虽然四川省各市（自治州）大多已建立人大网站并能正常使用，但对于人大立法的宣传力度及内容，各市（自治州）仍存在较大差异。以均设置"立法工作"栏目的乐山、泸州、攀枝花三市为例，截至2017年9月30日，乐山市人大[①]"立法工作"一栏中，最近更新时间为2017年9月22日，宣传内容涵盖乐山市第七届人大常委会立法规划（2017～2021年）、立法工作调研推进情况、地方立法条例审议情况、条例表决通过情况、立法听证会公告等各项与人大立法相关的工作，共有相关报道60条；泸州市人大[②]"立法工作"栏目最近更新时间为2017年5月23日，宣传报道了召开立法听证会、进行立法调研、地方立法条例贯彻实施等内容，共有相关记录18条；攀枝花市人大[③]"立法工作"一栏最近更新时间虽为2017年9月13日，但前一次更新时间为6月13日，且再无任何更新报道，共有相关

---

① 乐山市人民代表大会常务委员会网站，http://www.sclsrd.gov.cn/，最后访问日期：2017年9月30日。
② 泸州市人民代表大会常务委员会网站，http://www.lzsrd.gov.cn/jsp/index/56，最后访问日期：2017年9月30日。
③ 攀枝花市人民代表大会常务委员会网站，http://rd.panzhihua.gov.cn/，最后访问日期：2017年9月30日。

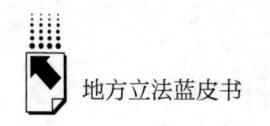

记录 7 条，其中 6 条为 9 月 13 日一次性更新。由此可见，部分市（自治州）人大网站对于人大立法宣传的内容认识不够，未将立法宣传贯彻到地方立法的各个环节，对宣传重点的把握度不够。总而言之，还是未对立法宣传工作足够重视，建设了网站甚至设立了专题栏目，却未将新媒体平台利用起来。

（二）新媒体宣传形式单一且图文多视频少

宣传形式多样化是新媒体区别于传统媒体的特点之一，人大网站作为一个综合型平台，完全可以通过图片宣传库、视频宣传专区、"立法直播进行时"等形式对地方人大立法工作进行全面的宣传。通过对四川省各市（自治州）人大网站的分析，多数人大网站建立了图片库，利用图文形式对人大立法工作进行报道，但仅有成都、乐山、自贡等市人大网站设立了视频专区，利用视频宣传人大，这其中对于人大立法工作的宣传较为少见，成都市人大视频库最近更新时间为 2015 年，乐山市人大仅有三条视频新闻。另外，视频直播是近年来最具热度的宣传方式之一，对立法听证会、立法调研、人民代表大会会议等立法过程进行直播可扩大公众参与度，又可对人大立法工作进行最直观的宣传。但四川省 21 个市（自治州）人大网站没有一家设置会议直播平台。可见各市（自治州）人大立法新媒体宣传形式太过单一，未能通过网络平台实现视频与文字同步直播，未将视频宣传、网络直播等工作常态化。

（三）立法交流平台有但正常使用少

密切联系群众，加强与人民群众的交流互动是人大立法宣传中的重要环节，新媒体宣传自然不能例外。且新媒体具有高效、便捷、及时的特性，通过人大官方网站，能有效助力各市（自治州）人大机关直接在立法工作中倾听民意、集中民智、征询民众意见。四川省 21 个市（自治州）除内江市网站无法访问无从得知外，有 14 个市（自治州）人大网站设置了立法意见征集平台，但其中有 4 个市（自治州）的意见征集平台无法正常使用，两个市（自治州）的意见征集平台只提供人大邮箱地址。总体来说，能通过人大网站直接正常提交意见的只有8个市（自治州）。意见征集应当贯穿新媒体宣传的始终，贯穿人大立法工作的始终，因此建议完善新媒体宣传工作中的意见征集平台，加强人大立法工作与社会公众的交流互动，从而提高群众对立法工作的关注度和参与度，促进地方人大立法工作更好地展开。

（四）公众号引领立法宣传但几家热闹多家无

随着智能手机的普及，微信公众号成为各大机构新媒体宣传的重要阵营。如四川省人大开通微信公众号，设置"综合要闻""大会专题"等信息栏目，以"传统媒体+新媒体"相结合的方式对省人大会议、立法工作进行全方位报道，将立法宣传做得有深度、有创意。在四川省21个市（自治州）中，仅有攀枝花、乐山、南充、达州、雅安、眉山6个市（自治州）建立了官方微信公众号，与地方人大网站相协调，对本市（自治州）立法工作进行宣传。其中乐山市人大和雅安市人大做得较好，每天向关注者推送消息至少5条，及时发布人大代表、人民群众重点关注的工作动态，报道人大立法调研、条例实施情况等，对人大立法工作进行了较为全面的宣传。在新媒体宣传方式中，微信公众号接收消息更为便利，受众人群更广，能与人大网站有效互补、相得益彰，但四川省21个市（自治州）中还有15个市（自治州）未利用微信公众号平台进行立法宣传，值得引起思考。

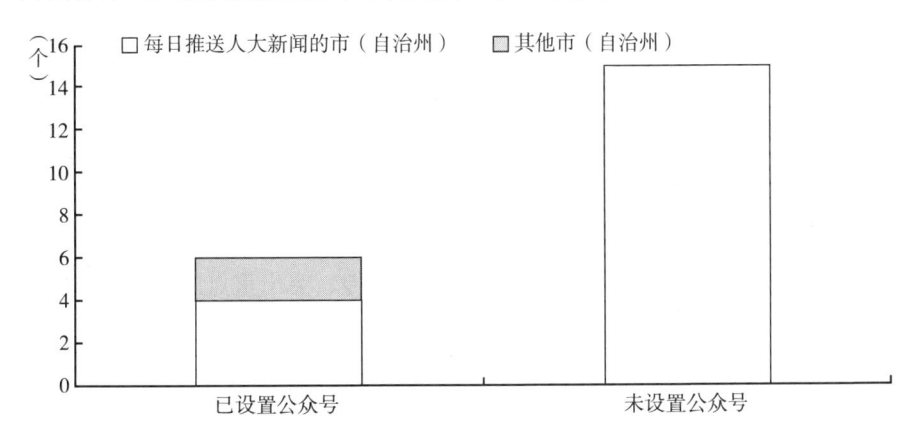

图1 四川省21个市（自治州）人大公众号立法宣传情况

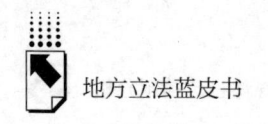

三 建立健全人大立法新媒体宣传机制

"立法宣传不同于一般的人大新闻宣传"[①],人大立法具有很强的法律性、专业性,在宣传过程中不仅要对立法过程进行报道,还需要用通俗易懂的语言对立法背景、立法目的、实施效果等一系列工作作出释明。从四川省各市(自治州)人大网站立法宣传水平参差不齐的情况来看,人大立法新媒体宣传工作绝不是人大常委会相关机构往人大网站上传新闻就可以做好的,必须着眼整体布局,协调相关部门,完善新媒体宣传人员培训机制、新媒体宣传考核评价制度与激励机制,着力打造新媒体互动交流平台,从而建立健全人大立法新媒体宣传机制。

(一)着眼全局:构筑立法宣传协调机制

要做好人大立法新媒体宣传工作,首先要找准人大立法新媒体宣传的定位,站在推进法治四川建设的高度。人大立法宣传属于法治宣传的一部分,但又应当区别于政府部门的法治宣传活动,"因此人大立法宣传工作要做到与宣传部门、政府法制部门协调同步、共同推进"[②]。具体可在每月初及重要会议召开前组织政府宣传部门、政府法制办、人大常委会法制委员会等召开立法宣传协调会议。其次,各市(自治州)人大常委会应当将新媒体宣传摆在与传统媒体同样重要的位置,设立专门的新媒体宣传部门或在现有的宣传部门中建立新媒体部,专职管理人大网站、人大公众号、人大微博客户端,与传统媒体相互协调,共同加强地方人大立法新媒体宣传。最后,要注重协调新媒体宣传各个环节,明确新媒体宣传部门分工,建立以人大网站宣传为核心,微信微博公众号及时播报、辅助宣传、突出重点的人大立法宣传协调机制。

---

① 覃茂中:《浅谈人大立法宣传》,《海南人大》2015年第6期。
② 扶松茂:《优化我国地方人大立法宣传机制建设研究》,《人大研究》2017年第9期。

（二）整合队伍：建立新媒体宣传人员培训制度

建立高素质、高水平、专业化、全方位的立法宣传队伍，是加强人大立法新媒体宣传的重要条件。提升宣传队伍人员整体素质，对于做好人大立法新媒体宣传工作至关重要。建议各市（自治州）人大常委会重点培训新媒体宣传的网站技术人员、后台管理人员、新闻编辑人员、信息收集人员。具体来说，可定期举办立法文化专题讲座、新媒体宣传经验交流会、新闻写作培训等，从法治观念、宣传技术、文章撰写等多方面有针对性地培训立法宣传人员。以新媒体宣传技巧为例，如习总书记所说，"读者在哪里，受众在哪里，宣传报道的触角就要伸向哪里，宣传工作的着力点和落脚点就要放在哪里"①。那么在宣传技巧的培训过程中，就应注重教授相关人员如何选择立法宣传角度，选取立法热点领域，从而吸引群众点击浏览、转发评论，深化人大立法新媒体宣传影响。

（三）内外合力：构建立法新媒体宣传考核激励机制

立法宣传协调机制和人员培训机制可为各市（自治州）人大立法宣传提供基本保障，除此之外，还需要考核与激励机制从外部给予压力与动力。从四川省21市（自治州）人大网站建设情况及微信公众号设置情况来看，很多市（自治州）对立法宣传重视不够，存在立法版面不多、新闻更新不及时、宣传力度不强等一系列问题。因此亟须构建立法新媒体宣传考核评价制度，事前对本市（自治州）人大常委会的重要立法工作提出宣传要点，事后对人大网站立法新闻更新时间、新闻质量进行审查，对微信微博公众号关注量、阅读量进行统计，从而对相关部门的立法宣传效果进行整体评估。其次，应当建立与考核评价制度挂钩的新媒体宣传激励机制，从而充分调动新媒体部门立法宣传的积极性，督促其对立法调研、立法听证、立法会议等立法动态进行跟踪报道，撰写优秀的立法宣传新闻，持续推进各市（自治

---

① 习近平：《受众在哪里，宣传报道触角就要伸向哪里》，新华网，2015年12月28日，http://www.scio.gov.cn/zxbd/tt/Document/1460242/1460242.htm。

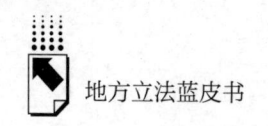

州)地方立法宣传工作的展开。例如,可由省人大常委会每年表彰在地方人大立法新媒体宣传工作中表现突出的市(自治州),各市(自治州)亦可定期开展优秀新闻评选活动,奖励立法宣传中表现优异的部门与个人,将立法新媒体宣传贡献纳入年终考核评比之中。

(四)联系群众:完善立法新媒体宣传互动平台

人大立法宣传的重要目的之一就是强化人民群众对人大立法工作的了解与关注,从而提高公众民主法治意识,为地方立法的顺利实施奠定坚实的群众基础。因此要建立健全人大立法新媒体宣传机制,就一定要"到群众中去",想方设法加强公众互动参与,广开言路,这样才能真正实现立法宣传的效果。如前文所述,四川省21市(自治州)人大网站宣传互动平台情况不太乐观,即使有8个市(自治州)能直接通过网站平台提交立法建议、意见,实施效果也并不好,一是真正提交的建议意见不多,二是建议意见回复情况不佳。设置了微信公众号的6个市(自治州)人大也未能与关注者进行频繁交流,甚至没有后台互动功能。而微博客户端作为最能即时公开交流的新媒体,更是未引起各市(自治州)人大重视,各市(自治州)人大基本都未建立微博账号。笔者建议各市(自治州)人大常委会加紧完善立法新媒体宣传互动平台,主要以人大网站、微信、微博三者为基础,一是在网站上建立健全意见征集平台,并扩大版面,放在首页显著位置,使浏览者能一眼看到;二是设置微信公众号,并设置后台交流选项,与群众即时互动;三是申请微博账号,积极发布人大立法动态,与粉丝互动,还可与其他市(自治州)甚至其他省级人大加强交流。

在建立健全人大立法新媒体宣传机制的过程中,构筑立法宣传协调机制是前提,建立宣传人员培训制度是基础,搭建宣传考核评价与激励机制是重点,完善立法新媒体宣传互动平台是保障。这几个环节既能独立发挥效用也能整体协调,共同支持地方人大立法新媒体宣传工作的开展。总的来说,四川省各市(自治州)人大立法新媒体宣传可谓前景良好,任重道远。相信在各级人大常委会、相关宣传部门、人民群众的深入研究和共同协作之下,我国的地方立法新媒体宣传工作会越做越好。

B.11
天津市地方立法的经验
——以天津市人大地方立法为例

周静文*

摘　要： 地方法治是国家法治的重要组成部分，它既是实施宪法法律所必需的，也是国家法律制度创新的基础和来源。本文以天津市的地方人大立法为样本，在实证研究的基础上，主张地方人大在加强立法工作时，应当厘清基本制度的范畴，理顺中央专属立法权与地方立法权之间的关系；确定特别重大事项的范围，合理分配地方人大与地方人大常委会的职能；划定地方性法规、地方政府规章与规范性文件的管辖范围，加强地方人大与地方政府法制部门的沟通。

关键词： 实施性立法　自主性立法　先行性立法　立法权限

地方立法既包括地方人大制定的地方性法规（自治条例和单行条例），也包括地方政府制定的政府规章。它是国家法治的重要组成部分，是实施宪法法律所必需的，也是国家法律制度创新的基础和来源。

党的十八届四中全会以及《立法法》的修改，为地方立法工作指明了方向、设定了规矩，为地方立法的完善发展开创了新局面。党的十九大报告中明确提出深化依法治国实践，成立中央全面依法治国领导小组，

---

* 周静文，天津市人大立法研究所助理研究员。

推进科学立法、民主立法、依法立法、以良法促进发展。地方性法规,作为我国法律体系的重要组成部分,要发挥人大立法主导作用,加快形成完备的法律规范体系。本文以天津人大地方立法为视角,浅谈地方立法对经济社会发展的作用。

一 天津人大地方立法概况

截止到2017年12月底,天津市人大现行有效的地方性法规共有190部,在1982~1989年八年间,天津总共出台了五部地方性法规,还处于节奏非常缓慢的阶段,自1990年开始,天津人大每年都有地方立法项目,其数量大体统计如图1所示,修正案和决定没有纳入该图。

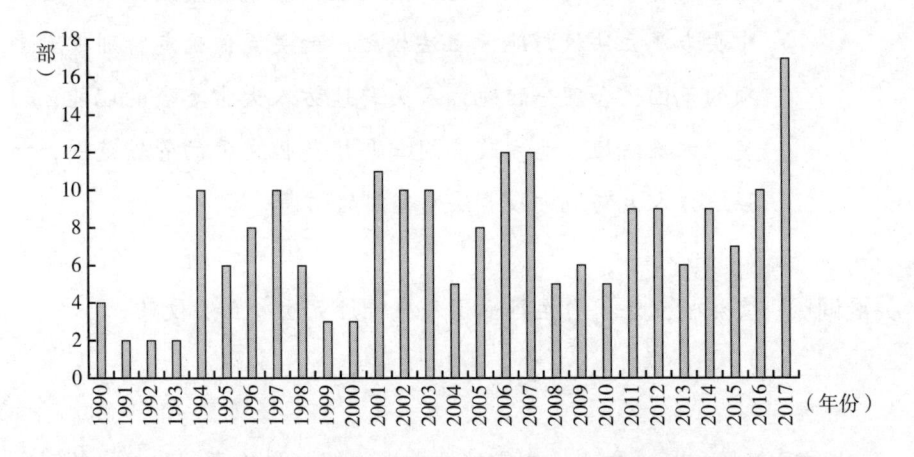

图1 1990~2017年天津人大地方立法数量统计

资料来源:本文图表中涉及的地方立法统计数据,皆来自北大法宝数据库。

除图1中显示的新设立法规(包括修订的法规)之外,天津人大立法还有很多法规的打包修正案和单次修正案。打包修正是指一次常委会通过就若干部法规修正的一并表决决定,如2016年3月30日天津市第十六届人民代表大会常务委员会第二十五次会议《关于修改部分地方性法规的决定》,总计修正了14部地方性法规;单次修正如全国人大修改《人口与计划生育法》，天津在2016年1月依据其修改情况对《天津市人口与计划生育条例》进行了修正。

从目前天津地方性法规的发展情况看，笔者梳理总结了如下几个特点。

（一）实施性立法①——在国家法治统一的基础上，与国家法律修改的进程相适应

中国现行立法体制是中央统一领导，一定程度分权，多级并存、多类结合的立法权限划分体制。地方性法规作为中国特色社会主义法律体系中位阶较低的组成部分，作为国家法律、行政法规的重要补充，应当与国家法律修改的进程相适应。

2013~2017年底，全国人大新制定的法律统计（不包括修订）如表1所示。

表1 2013~2017年全国人大制定法律统计

法律名称	出台时间
中华人民共和国公共图书馆法	2017年11月4日
中华人民共和国核安全法	2017年9月1日
中华人民共和国国歌法	2017年9月1日
中华人民共和国国家情报法	2017年6月27日
中华人民共和国公共文化服务保障法	2016年12月25日
中华人民共和国中医药法	2016年12月25日
中华人民共和国环境保护税法	2016年12月25日
中华人民共和国电影产业促进法	2016年11月7日
中华人民共和国网络安全法	2016年11月7日
中华人民共和国国防交通法	2016年9月3日
中华人民共和国资产评估法	2016年7月2日
中华人民共和国境外非政府组织境内活动管理法	2016年4月28日
中华人民共和国慈善法	2016年3月16日
中华人民共和国深海海底区域资源勘探开发法	2016年2月26日

---

① 《王兆国在第十八次全国地方立法研讨会上的讲话》（2012年9月3日）将地方立法分为实施性立法、自主性立法和先行性立法。

续表

法律名称	出台时间
中华人民共和国国家勋章和国家荣誉称号法	2015年12月28日
中华人民共和国反家庭暴力法	2015年12月28日
中华人民共和国反恐怖主义法	2015年12月28日
中华人民共和国国家安全法	2015年7月7日
中华人民共和国航道法	2014年12月29日
中华人民共和国反间谍法	2014年11月2日
中华人民共和国特种设备安全法	2013年6月30日
中华人民共和国旅游法	2013年4月26日

在这些新制定的法律中，很多是中央专属立法权的事项，而仅有几部法律比较适合制定实施性的地方性法规。此外，全国人大还出台了一些决定，如关于宪法宣誓的决定，在全国各地推开国家监察体制改革试点工作的决定等，地方人大需要根据这些决定及时修改完善本地的地方性法规。

仅从这五年的国家立法来分析天津的实施性地方立法情况，天津市人大密切跟进国家立法动态，适时修改地方性法规。从最近通过的法规性决定来看，如《天津市人民代表大会常务委员会关于天津市应税大气污染物和水污染物具体适用环境保护税税额的决定》，这一决定就是以2016年出台的环境保护税法第六条为依据而制定的，该法第六条规定："应税大气污染物和水污染物的具体适用税额的确定和调整，由省、自治区、直辖市人民政府统筹考虑本地区环境承载能力、污染物排放现状和经济社会生态发展目标要求，在本法所附《环境保护税税目税额表》规定的税额幅度内提出，报同级人民代表大会常务委员会决定，并报全国人民代表大会常务委员会和国务院备案。"再如，天津市人大在2015年12月制定出台《天津市实施宪法宣誓制度办法》，也是为与全国人大决定保持一致。

因此，从全国法律和地方立法的关系看，天津的地方立法要与国家法律修改的进程相适应，但鉴于国家立法很多内容涉及国家立法事权，地方立法无权规定。就目前出台的法律看，笔者认为，天津可就"公共文化服务和保障""特种设备安全"相关的事宜进行调研，以决定是否制定该法的实施性立法。

(二)自主性立法——要体现地方性特点

《立法法》规定"地方性法规可以就下列事项作出规定……(二)属于地方性事务需要制定地方性法规的事项",这属于自主性立法,其核心是要有地方特色,专注于地方事务。然而,"地方性事务"的概念关系到中央与地方立法权限的分配,是十分复杂的问题,如何在经济社会文化事务中划分中央和地方事权,理论上有待进一步研究,实践中也只能留给地方立法工作者来把握。

从天津人大立法实践看,自主性立法主要包括以下几类:一是中央下放事权,如针对特定经济政策的试点,制定《中国(天津)自由贸易试验区条例》;二是对天津当地特有事务进行促进或规范的立法,如《天津市历史风貌建筑保护条例》就是对天津特有的历史风貌建筑予以保护的条例;三是根据天津地理状况等现实情况,出台了《天津市引滦水源污染防治管理条例》等。

(三)先行性立法——为国家立法积累实践经验

《立法法》第73条规定:"其他事项国家尚未制定法律或者行政法规的,省、自治区、直辖市和设区的市、自治州根据本地方的具体情况和实际需要,可以先制定地方性法规。"关于先行性立法的例子,比较典型的如《天津市旅游条例》,该条例就是在国家尚未出台旅游法的情况下进行的先行性立法。

在天津的190部地方性法规中,笔者依据如上定义,统计了1991~2017年先行性立法的占比情况。从图2中可以看出,2006年和2007年两年的先行性立法数量最多,分别为5部和6部,自2008年起先行性立法出现了减少趋势,一般为每年2~3部左右,地方立法作为中国特色社会主义法律体系中位阶较低的组成部分,作为国家法律、行政法规的重要补充,随着国家法律体系不断完善,地方立法中创制性、综合性立法项目将会减少。今后地方立法工作的总体趋势将是更多针对具体问题、以解决问题为导向的立法,这将成为今后地方立法的重要形式。[①]

---

① 中国人大网,http://www.npc.gov.cn/npc/zt/qt/descqgdflfyth/2014-09/25/content_1879574.htm。

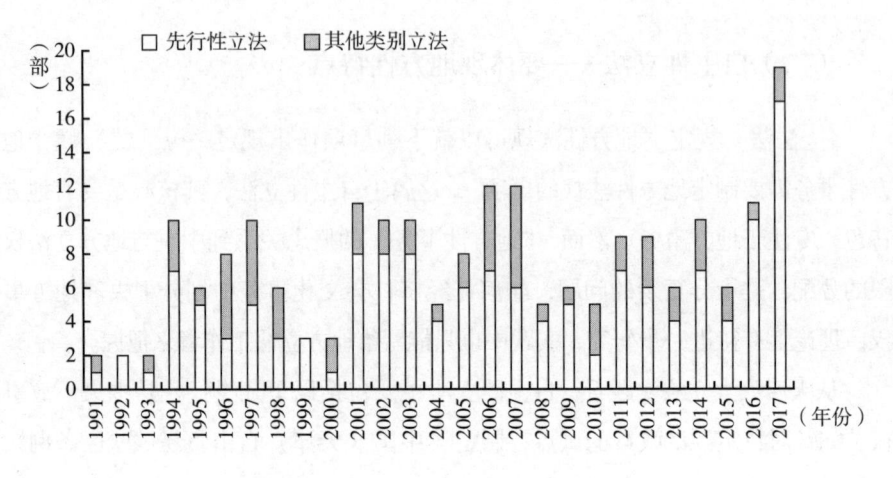

图 2 1991～2017 年天津先行性立法情况

（四）上位法修改后地方法规的修改工作

全国人大修改法律的频率加快，如2015年修改了37部法律，随着国家法律的修改，地方立法相关的实施性立法也应及时针对其修改作出相应调整。在2015年这37部法律中，与天津地方立法相关的主要有三类，第一类是已经依据上位法变动进行了修改的，第二类是正在修改过程中的，第三类是无须修改的。第一类包括：2015年12月通过的《天津市实施宪法宣誓制度办法》；2016年1月通过的《天津市人口与计划生育条例》；2016年5月27日通过的《天津市人民代表大会常务委员会关于修改部分地方性法规的决定》中，对《天津市乡、民族乡、镇人民代表大会工作若干规定》《天津市区、县级以下人民代表大会代表选举实施细则》《天津市实施〈中华人民共和国全国人民代表大会和地方各级人民代表大会代表法〉办法》作出相应修改等。第二类如全国人大2015年8月作出关于修改《中华人民共和国促进科技成果转化法》的决定，天津目前也在加紧相关法规的修订工作。第三类主要是国家专属立法权事项，如《刑法修正案（九）》的制定、《税收征收管理法》的修改等。

二 地方立法对地方社会经济发展的积极作用

（一）地方立法引领和推动全面深化改革

用立法引领改革，以改革促进立法。一方面改革必须依法而行，凡重大改革要于法有据，需要修改法律的可以先修改法律，先立后破，有序进行①；另一方面，改革的经验与成果应当及时地以法律制度的形式固定下来。《天津市人民代表大会常务委员会关于鼓励促进改革创新的决定》中规定，天津地方法工作应当与改革决策紧密衔接。需要制定地方性法规、政府规章的，应当及时启动制定程序。需要对现行地方性法规、政府规章进行修改的，应当及时进行修改。对于与改革创新严重不适应的地方性法规、政府规章，应当及时废止。需要对地方性法规、政府规章作出解释的，由制定机关适时作出解释。

天津的改革体现在社会经济发展的各个方面，涉及经济体制，也涉及教科文卫等社会各个方面。从地方立法与改革两者的关系看，2015年12月通过的《中国（天津）自由贸易试验区条例》对此有很好的体现。《国务院关于印发中国（天津）自由贸易试验区总体方案的通知》指出，建立中国（天津）自由贸易试验区（以下简称自贸试验区），是在新形势下推进改革开放和加快实施京津冀协同发展战略的重要举措，对加快政府职能转变、积极探索管理模式创新、促进贸易和投资便利化具有重要意义。因此，该条例使地方立法与改革决策相衔接，在法治框架内推进改革，做到重大改革于法有据、有序进行。

（二）地方立法落实中央和地方党委决策

以生态环境领域立法为例，2013年天津市委十届三次全会审议通过了

---

① 习近平：《在中央全面深化改革领导小组第二次会议上的讲话》（2014年2月28日）。

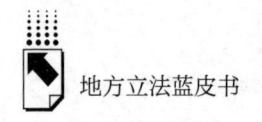

《中共天津市委关于深入贯彻落实习近平总书记在津考察重要讲话精神加快建设美丽天津的决定》，讨论通过了《美丽天津建设纲要》。为了推动落实天津市委决策，天津市人大地方立法在2014年制定通过了《天津市绿化条例》《天津市人民代表大会常务委员会关于批准划定永久性保护生态区域的决定》，2015年通过了《天津市大气污染防治条例》，2016年通过了《天津市水污染防治条例》和《天津市湿地保护条例》，2017年先后通过了《天津市人民代表大会关于农作物秸秆综合利用和露天禁烧的决定》和《天津市人大常委会关于禁止燃放烟花爆竹的决定》。这一系列有关生态环境保护的地方立法的出台，反映了党中央和市委的决策精神，推进了生态文明立法，也体现了人民对于建设美好城市环境的期望。

（三）地方立法促进本地区经济发展和区域经济协调发展

以近三年天津市人大出台的地方性法规为例，2013年天津市人大通过了《商业发展促进条例》，2014年通过了《天津市促进中小企业发展条例》《农民专业合作社促进条例》，2015年通过了《中国（天津）自由贸易试验区条例》，并修订了《天津滨海新区条例》。这些地方立法很多属于促进型立法，"促进型立法"是相对于"管理型立法"而言的，它通常是针对那些社会关系尚未得到良好发育、市场规模并未形成而亟须鼓励形成市场规模的领域，因而"促进型立法"主要解决"供给"问题。它是国家干预经济和社会发展的重要体现，是"管理型立法"的重要补充。从促进型立法的作用看，第一，它较多地强调政府的服务功能，而不是管理功能，所以没有管理的相对人，因而对政府有超越于其基本义务的要求；第二，在规范设定的模式上，它采用大量的任意性规范、授权性规范和鼓励性规范，虽然也有一些义务性规范，但是很少。

天津市人大通过的这些促进型立法，有力地推动了相关事业在当地的发展。同时，地方立法也有助于促进区域经济协调发展，在国家提出京津冀一体化发展战略的大背景下，三地人大在立法工作中主动沟通，并形成了《关于加强京津冀人大立法工作协同的若干意见》，提出要加大信息共享，重大立法项目联合攻关。地方立法在这方面做了有益的尝试,如《天津市大气污染防治条例》专门设置"区域大气污染防治协作"一章,促进了京津冀周边地区大气污染防治协调合作机制;《中国(天津)自由贸易试验区条例》设置第六章"服务京津冀协同发展",促进区域经济协调发展。

(四)地方立法维护国家法制统一,填补法律空白

省级人大和设区的市的人大立法,应遵循不抵触原则。《立法法》确定了全国人大的十一项专属立法权,由于这些事项涉及国家基本制度和公民基本权利,需要全国统一规范,各地不能有大的差异,但某些基本制度,地方可以做补充性规定。① 因此,地方立法可以很好地弥补国家法律的空白。同时,地方立法水平也关系到国家法制的统一。随着2015年《立法法》修改对地方立法权的下放,享有地方立法权的城市由原来的49个较大的市和省会城市扩大到282个设区的市,因此国家法制统一需要更多城市的人大立法把握好不抵触原则,同时,这也对上级人大机关的备案审查工作提出了更高的要求。以婚假制度为例,随着国家计划生育法的修改,各地人大在地方立法中对婚假天数也做了调整,从3天到30天不等。笔者认为,婚假天数在各地出现如此差异,从一个方面反映出国家立法与地方立法之间的矛盾关系。分析其原因,一方面在于国家法律没有对这一问题作出硬性标准的范围规定,各地的地方立法没有明确的衡量标准,目前各地执行的三天婚假,《婚姻法》和《劳动法》都没有明确的规定,其法律依据是1959年劳动部的规范性文件《劳动部对企业单位工人、职员加班加点、事假、病假和停工期间工资待遇的意见》;另一方面在于有的地方立法没有平衡好职工和用人单位之间的利益,没有很好地理解不抵触原则。有的地方将婚假天数延长到30天,如果周末不计入,意味着职工享有40天左右的婚假,并且在这期间用人单位要负担工资,这肯定会增加企业负担。在维护国家法制统一的问题上,各地婚假的不同可谓一个反面的事例。不过,这也提醒我们,地方立

---

① 张春生:《对全国人大专属立法权的理论思考》,《行政法学研究》2000年第3期。

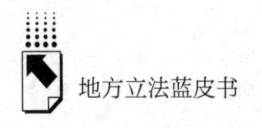

法应当在理解国家法律制度和精神的基础上，维护国家法制统一，根据本地实际情况作出相应规定。

（五）地方立法推动民生改善

保障民生是地方立法的主旋律。全心全意为人民服务是中国共产党的根本宗旨，也应当是地方人大立法工作的根本出发点和落脚点。民生领域的立法可理解为我国法律体系框架的七个部门中的一种，即社会法，其显著特点是关注社会公平正义。伴随经济的快速发展，贫富差距、城乡二元结构、劳资冲突等社会矛盾日益凸显，为了更好地解决这些矛盾，地方人大应当通过立法对我国现有与民生相关的社会立法进行梳理分析，总结出民生立法的规律，维护社会弱势阶层的权益，增进社会整体福利，保障人民共享改革发展的成果。

天津积极促进民生改善方面的立法。一是在制定立法计划中，注重民生立法项目，尽量涉及各个方面；二是在每年通过的项目中，都有相关法规通过，如2013年通过了《天津市少数民族权益保障规定》《天津市教育督导条例》，2014年通过了《天津市医疗纠纷处置条例》《天津市失业保险条例》《天津市养老服务促进条例》，2015年通过了《天津市学校安全条例》。这一系列民生领域的立法，着眼于天津社会领域面临的问题，促进该领域的规范发展。

三 天津地方人大立法实践中的一些问题

（一）关于中央专属立法权与地方立法权的关系

对地方立法权限进行科学划分、合理配置，是实现地方人大科学立法的前提和基础，2000年《立法法》的出台，不仅规范了中央立法权限的划分，也进一步明确了地方立法的权限，使我国形成统一而分层次的立法体制。2015年《立法法》修改，地方立法权进一步放开到全国340多个地方立法主体，因此，明确中央专属立法权与地方立法权限的事项范围非常重要，它关系到国家法制统一。

关于这一方面，笔者认为主要有两个问题。一是有立法权的地方人大，要自觉按照国家法制统一原则，不侵犯中央专属立法权；二是全国人大和省级人大要加强地方性法规的备案审查工作，探索新的方式完善地方性法规备案审查工作，防止出现地方性法规破坏国家法制统一的情形。

从天津目前地方立法情况看，关于中央专属立法权的问题，《立法法》第 8 条明确了 11 项中央专属立法权，地方立法不能侵犯到此类立法权限，但地方立法会涉及其中的某些问题，如《立法法》第 8 条第 9 项规定"基本经济制度以及财政、海关、金融和外贸的基本制度"属于中央专属立法权，而《中国（天津）自由贸易试验区条例》中规定的投资开放的"准入前国民待遇加负面清单管理模式""金融创新改革"等很多条款，笔者认为都涉及中央专属立法权规定的海关、金融外贸等问题。上述条款规定是否属于外贸、金融基本制度的范畴，目前的法律没有明确规定。因此，地方立法在制定涉及制度改革创新相关的法规时，应当注意厘清民事基本制度和财政、海关、金融与外贸基本制度定义的范畴，防止侵犯中央专属立法权。

（二）关于人大立法与人大常委会立法的关系

根据宪法和《立法法》的规定，制定地方性法规的主体，既包括地方人大，也包括地方人大的常委会。《立法法》第 67 条规定，"本行政区域特别重大事项的地方性法规，应当由人民代表大会通过"。而在各地的立法实践中，地方人大审议通过的法规仍占据较少的比例，以天津为例，近几年地方人大会议审议通过的法律案分别为：2010 年审议通过的《天津市人民代表大会代表议案条例》，2014 年通过的《天津市绿化条例》，2015 年通过的《天津市大气污染防治条例》，2016 年通过的《天津市水污染防治条例》。北京、上海两地情况与天津大致相同，近两年时间每年约有 1 部法规由人民代表大会审议通过。

关于这一方面，笔者认为主要有两个问题，一是如何平衡好人大立法与

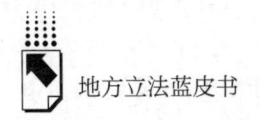

人大常委会立法的比例，二是如何界定《立法法》第67条规定的"特别重大事项"。

关于第一个问题，之所以人民代表大会通过的法规数量大大少于常委会通过的数量，其原因在于人民代表大会与常委会的会议召开机制不同。人民代表大会每年召开一次，会期一般在一个星期左右。常委会每年通常召开约6次会议，会期一般两日左右，很多法规由委员分组审议，审议时间较为充分。因此，在实践中，大多数地方性法规是由人大常委会审议通过的，以天津为例，2013~2016年，每年有一到两部法规是由人民代表大会审议通过的，但这三年审议通过的法规一般在6~9件。两种审议形式各有优缺点，人民代表大会审议的优点有四方面：一是更多的代表参与审议；二是会议可以在更广泛的范围集中人大代表的智慧；三是通过的法规权威性更强；四是立法过程宣传力度大。但召开人民代表大会的成本较高，每年召开次数和会期的限制，导致人民代表大会通过的法规数量必然少于常委会通过的数量。常委会审议方式的优点是开会成本相对比较低、法规审议形式多样等，而且审议前都向代表征求意见，因此笔者认为，人民代表大会审议通过的法规数量少于常委会通过数量的现象是合理的，但具体哪些法规应当经过人民代表大会审议，可以从大局出发，由人大党组报请同级党委决定。

关于第二个问题，《立法法》67条规定的"特别重大事项"应当由人民代表大会通过，但何为特别重大事项，《立法法》却没有明确其范围。笔者认为，关系到全体市民的切身利益事项，关系到天津市整体发展的事项，都可以纳入特别重大事项的考量范围。

（三）关于地方人大立法与地方政府规章、规范性文件的关系问题

地方人大立法与政府规章，都应当属于地方立法的范畴，两者的关系体现在以下方面。第一，两者有机统一于中国特色社会主义法律体系中，弥补国家法律空白，维护国家法制统一。第二，地方人大应当主导地方立法，无论从法的效力上看，还是从制定主体上看，地方人大制定的地方性法规的效力都高于本级和下级地方政府规章。《立法法》第97条规定，"地方人民代

表大会常务委员会有权撤销本级人民政府制定的不适当的规章"。第三，地方政府规章可以有效补充地方人大立法，《立法法》第82条规定，"应当制定地方性法规但条件尚不成熟的，因行政管理迫切需要，可以先制定地方政府规章。规章实施满两年需要继续实施规章所规定的行政措施的，应当提请本级人民代表大会或者其常务委员会制定地方性法规"。如天津市政府1997年制定出台了《天津市旅游业管理办法》（2004年修订），随着天津市人大2011年出台的《天津市旅游条例》，原地方政府规章即失效，地方政府规章也在为地方人大立法积累有益经验。第四，地方人大立法要对地方政府规章和规范性文件进行备案审查，对于其明显违反国家法律规定的情形予以纠正。

实践中，地方人大立法与地方政府规章同属于地方立法的范畴，但两者之间存在一些问题，主要表现如下。

首先，两者的权限边界不甚清晰，容易形成内容上的矛盾。《立法法》第64条规定地方性法规的权限是："为执行法律、行政法规的规定，需要根据本行政区域的实际情况作具体规定的事项。"第71条规定："部门规章规定的事项应当属于执行法律或者国务院的行政法规、决定、命令的事项。"第73条规定地方政府规章的权限范围之一是，"为执行法律、行政法规、地方性法规的规定需要制定规章的事项"。上述规定表明，地方性法规、部门规章、地方政府规章都有"为执行法律、行政法规"而制定法律规范的权限，这么多立法主体都有对同一事项的立法权，难免会出现内容上的矛盾。

其次，关于进一步明确重大事项决定权的范围。重大事项决定权是宪法赋予地方人大的职权之一，但何为重大事项，宪法和立法法都没有明确界定，实践中就有可能出现政府代替人大出台某些政策以决定当地重大事项的情况。各地地方性法规也相继出台规定明确"重大事项"的范围，如2002年《天津市人民代表大会常务委员会讨论、决定重大事项的规定》中确立了14项由人大决定的重大事项和19项向人大报告的重大事项。

最后，地方政府规章、规范性文件与地方性法规的衔接问题。《立法法》规定："应当制定地方性法规但条件尚不成熟的，因行政管理迫切需要，可以先制定地方政府规章。规章实施满两年需要继续实施规章所规定的

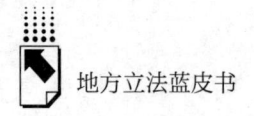

行政措施的，应当提请本级人民代表大会或者其常务委员会制定地方性法规。"实践中，有些应当制定地方性法规的重大事项，往往未能及时被提到人大立法计划中。因此，有立法权的地方人大可以考虑加强与政府法制部门的沟通，加强政府规章、规范性文件备案审查，及时发现此类文件，以便于及时将其加入立法计划。

总之，在全面深化依法治国的道路上，党的十九大报告中明确提出要成立中央全面依法治国领导小组，加强对法治中国建设的统一领导，在党中央十八届四中全会全面推进依法治国决议之后，地方人大及其常委会应当抓住机遇，积极面对挑战，为进一步完善中国特色社会主义法律体系作出贡献。

B.12
广安市饮用水水源保护立法调研

广安市人大常委会立法项目调研组

摘　要： 近年来广安市饮用水水源保护取得了一定成绩，但仍存在规划不合理、责任落实不到位、宣传力度不够等问题。调研组通过广泛调研，针对广安市饮用水水源保护存在的问题，提出了明确保护范围、完善保护区建设、加大宣传力度、强化职责职能等九条立法建议。

关键词： 广安市　饮用水水源　地方立法

一　调研开展情况

调研组坚持实事求是、问题导向的原则，从三个层面深入细致地了解广安市饮用水水源保护情况。一是广泛座谈，集思广益。分别与六区市县人大常委会、政府分管领导以及环保、水务、农业、林业、住建、国土、卫生等部门负责人，部分集中式饮用水水源地所涉乡镇主要领导、供水单位责任人及当地人大代表、政协委员集中座谈，并发放调查问卷，认真听取饮用水水源保护工作开展情况及执法中遇到的问题和困难，征求他们对本次立法的建议。二是全面摸底，查清实情。座谈会后，调研组又分成三个小组实地查看了邻水县的关门石水库、荆坪水库、上游水库，华蓥市的天池湖、偏岩子水库、牛草湾水库，岳池县的全民水库、会仙桥水库、响水滩水库，前锋区的龙滩水库、梭罗水库、响水洞水库，广安区的新农水库、七一水库、花桥水库等33个湖库及嘉陵江武胜县段3处饮用水水源取水口、1个备用水源以

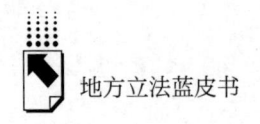

及相应水厂。查看了水源水质、水量、污染源、保护设施建设及日常管护等情况，也了解了供水厂（站）水处理工艺及运转情况。三是深入走访，征询民意。走访饮用水水源地周边群众90余人次，了解他们的日常生产生活情况，征求他们对饮用水水源保护及立法的建议、意见。

通过三个层面的调研，调研组一致认为，广安市近年来在饮用水水源保护方面做了大量工作，饮用水水源保护取得一定成绩，乡镇场镇、区市县政府所在地集中供水的水质逐渐向好，涉及饮用水水源保护的职能部门在当地党委政府的领导下，有序推进监管执法工作，但仍然存在各级政府没有把饮用水水源保护纳入国民经济和社会发展规划，水资源匮乏风险高，水源保护意识淡薄，饮用水质达标率堪忧，部门执法人员主动履职不到位，法律法规禁止性规定落实差等问题。

二 饮用水水源基本情况及主要保护工作

据市级相关职能部门提供的数据，全市现有江河、溪流700多条，流域面积大于50平方千米的河流35条，在用集中式饮用水水源共85处，划定饮用水水源保护区74处，其中8处为城市集中式饮用水水源，77处为村镇集中式饮用水水源。已建成中型水库10座，小(1)型水库64座，小(2)型水库253座，建成"千吨万人"以上集中供水工程28处。集中供水工程和饮用水水源保护工作取得较大进展。

（一）领导重视，饮用水水源保护力度不断加大

市县两级领导高度重视饮用水水源保护工作，两级政府均成立了饮用水水源保护管理工作领导小组，统筹推进全市饮用水水源保护工作。市级政府主要领导、分管领导和相关职能部门负责人多次深入饮用水水源地一线，检查指导饮用水水源保护工作。市政府先后出台了《广安市水环境功能区划方案》《关于加强水库饮用水水源保护防治水质污染的通知》等规范性文件，各区市县也出台了集中式饮用水水源保护的具体管理办法。

（二）科学规划，饮用水水源保护区建管逐步规范

完成广安市水环境功能区划，明确广安市地表水的环境功能区为37个。水功能区实行分级、分类管理，为全市饮用水水源保护及行政执法奠定了基础。完成全市饮用水水源水质现状调查评估，制定了《广安市集中式饮用水水源保护区划分与保护方案》，目前已完成8个城市集中式饮用水水源保护区和119个村镇集中式饮用水水源保护区的划定工作（有的已经停止使用）。将饮用水水源保护规划纳入城乡总体规划统筹考虑，编制完成《广安市饮用水水源地环境保护规划》。依法在集中式饮用水水源保护区内设置了公告牌、保护区界标，在保护区道路出入点设置了交通警示牌等。

（三）注重管理，狠抓饮用水水源污染防治

严格执行环境影响评价制度和"三同时"制度，对不符合饮用水水源保护要求的建设项目不予审批，从源头上控制新的污染源产生。加强生活污染治理，结合新型城镇化和新农村建设，着力加强污水处理能力建设，基本实现了污水处理厂（站）全域覆盖。推行农村改水、改厕，实现农村污水集中收集、集中处理，推行"户集、村收、镇转运、县处理"的城乡生活垃圾一体化处理模式，实现了生活垃圾定点存放、统一收集、及时清运、集中处理，降低了生活垃圾对饮用水水源的影响。将重点污染源治理纳入政府挂牌督办事项，重点整治造纸、酿酒和淀粉制造等高污染企业，对限期治理仍不达标的重点污染企业，强制予以关停。限期整改和依法取缔畜禽养殖、库区网箱养鱼。截至目前，全市共投入水库养殖污染治理资金7625万元，取缔水库肥水养鱼117座，取缔网箱养鱼9981口。

（四）综合施治，大力实施水土保持工程

林业、水务、国土、发改等单位围绕水源地大力实施天然林保护、水土流失综合治理、土地整理、石漠化治理，加强了各饮用水水源地的水源储备能力和固体污染物物理隔离能力。岳池县狠抓生态建设，建成公益林1000

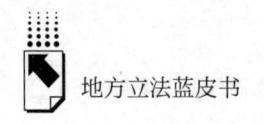

余亩,恢复绿地、植被约 400 亩。华蓥市结合湖岸绿化和滨湖防护林带建设,在沿天池湖环湖公路植树造林形成森林隔离防护带,有效防治人为活动对水源地的影响。

三 调研中发现的主要问题

(一)保护区建管方面

一是规划不合理。没有将饮用水水源保护纳入国民经济和社会发展规划,缺乏统筹考虑。对如何实现安全饮水尤其是农村安全饮水全覆盖,没有总体打算。饮用水水源保护专项规划编制不科学,导致规划与实施脱节,保护与发展冲突,无法实施。饮用水水源选址及取水口设置具有随意性,导致保护区建设不科学。农业、林业、畜牧、国土等职能部门没有结合自身职责制定相关实施方案,导致规划实施不力。

二是存在保护盲区。部分在用饮用水水源未划定保护区,难以确定保护范围。全市共 85 个在用集中式饮用水水源,其中 11 个还没有划定保护区,备用水源则基本没有划定保护区。例如,调研中发现的邻水县柑子镇河水沟饮用水水源、备用水源肖家沟水库,岳池县备用水源郑家水库均未划定保护区。

三是备用水源建设相对滞后。多数在用饮用水水源尚未建设备用水源。目前广安市"千吨万人"供水工程仅有 11 处备用水源,且多数供水工程水源类型单一,可供选择的应急备用水源不多。特别是以地表水为主的区域,基本上主用和备用水源均分布在河流沿线,同属一个上下游水系,一旦在用水源受到污染,备用水源也会受影响,很难起到应急备用水源的作用。邻水县无备用水源,其他区市县建立了一些备用水源但无供水管道连接,直接影响备用水源作用的发挥。

四是保护区基础设施建设不到位。多数饮用水水源在划定保护区后未进行规范化建设,全市没有一处饮用水水源保护区建设符合法律规定建设要求。普遍没有实现管道供水,长距离的明渠难以保障饮水安全。大多数饮用水水源地无标识标牌、无隔离设施，保洁船只多为机动船。

五是禁止性规定落实较差。集中式饮用水水源保护区内的 25 项禁止性规定基本没有落实。一级保护区未封闭管理，周边村居较多，农村面源污染严重，游泳、垂钓现象普遍，部分保护区存在交通穿越等情况。如武胜县城饮用水水源取水口上游不足 100 米处常年有人游泳，龙女镇河西供水站取水口距离场镇排污口不足 50 米。广安区金光水库四周由于农田施用化肥、农药，水质总磷、总氮超标。岳池响水滩水库一级保护区内有上百户居民和大量机动船。邻水县上游水库周边有大量坟墓。

（二）饮用水水源保护宣传方面

一是宣传覆盖面窄。未将饮用水水源保护纳入全民教育、全民普法内容，未开展全面性的、经常性的宣传活动。现阶段饮用水水源保护宣传仅在某个特定时间、特定地点进行。如在"3·22 世界水日""6·5 环境日"等特定时间，在街头散发传单、播放广播，完成任务的成分居多。饮用水水源保护宣传尚未走进村社、家庭、机关、校园。

二是宣传方式单一。饮用水水源保护宣传大多以发放传单的方式进行，方式单一、效果不明显。一来，传单受众多为村民，很多村民特别是留守老人不识字。二来，在大量的商业广告传单中，饮用水水源保护宣传单极容易被淹没，也难以达到效果。多数保护区内群众仍然对保护区划定范围、各级保护区内的禁止行为不知晓，未形成全民参与保护、自觉遵守规定的氛围。

三是宣传力度不够。宣传的内容主要限于饮用水水源保护区内一些简单的禁止性规定，如禁止游泳、垂钓，有的甚至只是简单的一句"加强饮用水水源保护"口号，没有将饮用水水源保护相关法律法规全面普及，没有讲明全市当前饮用水水源现状，饮用水水源保护的急迫性、必要性和重要性，没有真正提高群众的饮用水水源保护意识。

（三）生态补偿机制建立方面

一是补偿标准不统一。全市范围内无统一的补偿标准，导致农户搬迁、土地退耕、养殖场关闭等工作迟滞不前。例如，岳池县响水滩水库内的旅游公司、长滩寺河流域的畜禽养殖场在补偿问题上漫天要价，一直不能达成拆除协议。

二是生态补偿机制未建立。保护区的保护工作由属地政府及其部门开展，但水体的流动性决定了其保护的全域性和整体性，因而可能涉及饮用水水源地的上下游区域。这就需要不同行政区域在污染防治方面建立对话与补偿机制。目前来看，全市无论是市内区县之间还是与周边地区之间都没有建立此类机制，导致区域之间在防治污染、生态补偿方面难以达成共识。例如，前锋区污水直排华蓥市天池湖，按照"谁污染谁付费"的原则，前锋区应对华蓥市作出补偿，但两区市之间也未就此进行协商和补偿。又如位于广安市上游的南充市，其境内有化工园区，一旦出现事故，则直接影响广安市在嘉陵江取水的饮用水安全。如果不建立对话与补偿机制，则一旦发生水污染事件，广安市将处于非常被动的地位。再如为保证大洪湖水质，广安市取缔了大洪河的网箱养鱼、周边实行退耕还林，为此付出巨大经济代价，按照"谁受益谁付费"的原则，地处下游的重庆市理应对广安市作出补偿，但由于缺乏对话与补偿机制，广安市并未得到应有的补偿。

（四）监测能力建设方面

一是没有独立的水质监测机构。目前广安市饮用水水源水质监测由环保部门直属环境监测站进行，供水单位出厂管网水监测由水务部门委托南充市水文监测中心进行，管网末梢水由卫计部门负责监测，没有独立、专业的水质监测机构。

二是检测设施设备不足。前锋区没有检测基础设施，饮用水样本送广安区检测。其他区市县现有检测设备较为低端，一般只能够检测指标20~30项，离国家检测要求指标数相差甚远。

三是监测频次较少。多数备用水源、部分饮用水水源没有开展监测工作。已开展监测的，监测频次多为每季度或者半年一次，仅个别为每月监测一次。

四是检测经费无保障。区市县表示水样检测经费没有单独预算和保障，导致检测工作困难重重。

（五）职能职责履行方面

一是职能部门对自身职责认识不清。如依照《四川省饮用水水源保护管理条例》第四十条第一款："违反本条例第十九条第二项规定，使用农药和化肥的，由县级以上地方人民政府农业、林业行政主管部门责令改正，处以一万元以上五万元以下的罚款。"但有的区县农业、林业行政主管部门却说没有执法权。

二是主动履职积极性不高。职能部门总是以缺乏执法手段、执法力量、执法经费为由消极履职。

三是职能部门履职不到位。对饮用水水源的管理基本限于划定饮用水水源保护区，设置界牌、界碑，日常管护及对违反饮用水水源保护相关规定的处罚较少。如在饮用水水源中游泳、垂钓等行为，基本无人监管和制止。对饮用水水源保护区内农药、化肥的使用也缺乏跟踪监督。

四是部门之间缺乏有效沟通衔接、各行其是，执法脱节，形成"都相关，全无责"的状况。

（六）经费投入方面

没有稳定的资金来源渠道，也没有明确的统筹安排政策，饮用水水源保护项目资金缺口较大。饮用水水源保护涉及工作较多，包括保护区建设、保护区维护、取水管道建设、水质监测、污水处理厂运管维护等，需要大量的资金。但由于资金缺口较大，许多项目工程无法正常进行。如2015年全市农村饮用水水源规范化建设项目61个，到目前为止仅完成27个。部分农村污水处理厂也因无配套管网、无运行费用，而未真正运行起来，污水继续直排。

（七）考核问责方面

一是上位法对政府、部门追责规定不严。主要表现在不履职追责行为类别和责任承担形式上的规定较为单薄和笼统。如《四川省饮用水水源保护管理条例》详细规定了环保、水务、农业、林业、国土、住建等部门在饮用水水源保护中的大量职责，但在政府部门不履职追责行为的类别上，仅对其中四类具体行为作出规定，兜底条款中"其他滥用职权、玩忽职守、徇私舞弊的行为"仍有待明确；在责任承担形式上，也只规定"对负有责任的主管人员和直接责任人给予行政处分"，至于是何种形式的行政处分、与其对应的行为程度如何等未做明细规定，在一定程度上给考核问责带来实际操作上的困难。

二是问责力度不够。上位法已经规定了对不履行饮用水水源管护职责、执法不严的法律责任，但未对政府、职能部门的消极懈怠行为进行追责，导致很多饮用水水源保护工作不能如期完成，上位法中的禁止性规定不能落实。

（八）饮用水水源信息公开方面

饮用水水源信息未公开。根据《中华人民共和国环境保护法》的规定，县级以上人民政府环境保护主管部门和其他负有环境保护监督管理职责的部门，应当依法公开环境质量、环境监测、突发环境事件以及环境行政许可、行政处罚、排污费的征收和使用情况等信息。根据《全国集中式生活饮用水水源水质监测信息公开方案》（环办监测〔2016〕3号）的规定，2016年1月起地级及以上城市按月公开集中式生活饮用水水源水质监测信息，2018年第一季度起所有县级行政单位所在城镇正式按季度公开集中式生活饮用水水源水质监测信息。地级及以上城市、县级行政单位所在城镇，每年还应公开集中式生活饮用水水源年度监测信息。信息公开的内容包括监测情况、评价标准与方法、评价结果、各水源有关情况、水质超标原因分析等。由此可知政府及各部门应主动向社会公开饮用水水源的确定、水源位置、水源保护区划定、水质监测等信息，但广安市并没有公开的总体计划，水质监测结果更是作为秘密文件，缺乏社会监督，不能够形成倒逼机制，不利于饮用水保护工作的开展。目前，广安市饮用水水源，特别是农村饮用水水源水质达标率低，全市农村饮用水水源水质达标率仅20%左右。

四 立法建议

调研组一致认为，现行《中华人民共和国水法》《中华人民共和国水污染防治法》《四川省饮用水水源保护条例》等法律规范已基本完善，就广安市立法来讲，重点是要解决法律落实和责任追究问题。

（一）明确饮用水水源保护范围

本次调研中，各方面意见均倾向于将立法范围限定为集中式饮用水水源保护区（一级、二级和准保护区）。理由：一是分散式饮用水水源量多、面广，且大多属于村民自有，不便于统一管理；二是比起城镇集中式饮用水水源，农村集中式饮用水水源水质达标率更低，情况更加堪忧。所以，我们建议本次立法调整对象包括城市和村镇集中式饮用水水源。

（二）完善饮用水水源保护区建设

一是科学规划。将饮用水水源保护工作纳入国民经济和社会发展规划，各职能部门制定相关专项规划及实施方案，保证规划科学，落实有力。

二是建立核心保护区制度。在一级保护区不能实行全封闭管理的情况下，在取水口附近，依据饮用水水源实际情况由区市县政府划定核心区域。在核心区域内进行农户搬迁、土地退耕，关闭畜禽养殖场。在不违背上位法的基础上，在核心区域内通过基本农田调整，进行农业退耕，实现还林、还湿，建立生态屏障。在核心区域安装视频监控，用于核心区管护及执法取证，安装费用可由财政兜底。

三是加强饮用水水源保护区的规范化建设。按照规划，及时、有序地完成饮用水水源一级、二级保护区和准保护区划定工作。加强水源勘探、开发工作，加强备用水源建设。增设和修补界碑、界牌、警示标识，定期检测和维护饮用水水源保护设施设备。

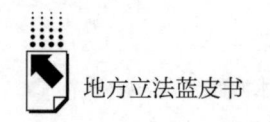

（三）加强饮用水水源保护宣传力度

一是强化宣传职责。保护工作首先要群众知晓，然后才是理解支持，目前仍有大量群众不理解不支持这项工作，这对保护工作非常不利。宣传职责在上位法中有规定，但是过于笼统，建议本次立法对宣传的形式、内容、时间、地点、频次、对象作进一步明确。要求负有宣传职责的单位采用广播、电视、网络、报纸、横幅、宣传牌、曲艺节目等多种形式进行；内容上应既包括法律法规原文，也包括广安市饮用水水源现状及保护的急迫性、必要性和重要性。

二是健全宣传机制。可将宣传工作下沉，整合到社区网格化管理工作中，城市交由社区，农村交由村委会进行。街道和乡镇尤其是饮用水水源地涉及的乡镇对本地保护宣传工作应负有主体责任。对网格员的宣传工作适当予以补贴，对宣传效果进行考评，效果好的予以奖励。

三是整合宣传资源。在具体开展宣传工作时，鼓励部门联动宣传；建立环保志愿者库，鼓励环保志愿组织开展环保宣传；倡导个人开展环保行动。

（四）建立健全生态补偿机制

一是建立拆迁补偿办法。保护区内农户搬迁、土地退耕、养殖场拆除、旅游公司关闭等应当适当补偿，具体办法和标准由市人民政府规定。

二是建立生态补偿机制。在区市县以及与周边地区之间建立生态补偿机制。建立办法和标准确定可以参照《四川省"三江"流域水环境生态补偿办法（试行）》，根据广安市实际予以确定。

（五）加强水质监测能力建设

一是加强饮用水水源监测能力建设。整合现有监测资源和能力，加大投入，引进先进检测设施设备仪器，培养专业检测队伍，提高检测标准，在市内建立一个高水平的饮用水水质监测机构，满足广安市饮用水水源监测需要。

二是加强饮用水水源监测力度。鉴于上位法对饮用水水源监测的频次、点位、指标没有强制性规定，建议在本次立法中对监测的频次、点位、数量、指标进行明确。同时针对农村饮用水达标率较低的现状，建议建立农村饮用水随机抽检机制。

（六）强化职能职责

一是强化认识。加强职业教育，强化对饮用水水源保护工作及其职责的认识；加强法律法规学习，对干部职工定期开展饮用水水源保护相关法律法规的学习和考试，提高干部职工的职业素养。

二是明确政府及各部门职责。建议本次立法对涉及饮用水水源保护的相关部门职责予以进一步明确。例如，饮用水水源地规范化建设由环保局牵头，乡镇政府参与；取缔采石（砂）、采煤企业由国土局牵头，环保局、水务局、乡镇政府参与；畜禽养殖场搬迁由农业局牵头，乡镇政府参与；农药、化肥使用管理由农业局牵头，林业局、乡镇政府参与；农村水源地巡查、保洁、宣传、报告由水务局牵头，供水公司、乡镇政府参与；城市饮用水水源地巡查、保洁、宣传、报告由城管局牵头，水务局、供水公司参与；农村污水处理厂运行由住建局负责，乡镇生活垃圾集中处理由乡镇政府负责；饮用水水源保护区建设准入由发改部门牵头，环保局、国土局、住建局、乡镇参与；饮用水水源保护履职问责由监察部门牵头，督查、绩效部门参与。

三是探索创新执法机制。建立联合执法机制，可探索将涉及饮用水保护的执法人员进行整合，设立饮用水水源保护稽查执法队，下设于食药监局，由相关局委托其开展执法。建立执法巡查机制，对巡查主体、频次、内容予以明确。建立饮用水水源在线监控平台，可以先在较大的饮用水水源设立，再逐步扩展到所有的水源。

（七）保障经费投入

市、县两级加大投入，并将饮用水水源保护经费纳入财政预算，予以保障。市、县两级分别设立饮用水水源安全保护专项基金，资金来源为财政投入和土地出让金的一定比例。重点用于解决核心保护区农户搬迁、土地退

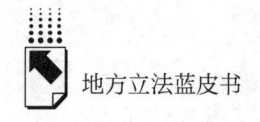

耕、网箱养鱼取缔、排污口拆除、水质监测、污水处理厂（站）运行等问题。加大对污水处理厂（站）管网建设和运行费用的投入，确保污水处理厂（站）顺利运转，污水达标排放。

（八）强力督查问责

一是建立绩效考核机制。将饮用水水源保护工作纳入民生工程，实行绩效考核。

二是建立监察问责机制。监察部门建立督察、巡查制度，对履职不到位的政府、部门、个人问责。

三是实行领导负责制。对主要领导实行"党政同责""一岗双责"。

四是实行定期报告制度。各级政府每年定期向人大常委会报告一次饮用水水源保护工作。

（九）建立饮用水水源信息公开制度

严格落实《中华人民共和国环境保护法》、《政府信息公开条例》、《水污染防治行动计划》（即"水十条"）、《全国集中式生活饮用水水源水质监测信息公开方案》等法律法规、政策文件，对水源信息依法按程序公开，增加饮用水水源信息透明度。公开饮用水水源选取、水源位置、保护区划定、水质监测等信息，广泛征求社会意见、建议；逐项公示饮用水水源水质、管道水水质、末梢水水质，加强社会监督，通过群众监督形成倒逼机制，达到改善水质的目的。

个案研究
Case Study

B.13
1997~2017年重庆市经济建设地方性法规立法特色

郑伟华*

摘　要： 重庆市直辖20年来，全面深化改革取得重要进展，全面依法治市深入推进，开放型经济向更高水平发展。重庆市在经济社会方面的蓬勃发展，得益于地方经济发展与地方立法之间的良性互动。但在地方经济立法上，重庆市立法工作的精细化水平不足、立法权限划分不清、立法公开程度有待提升、立法工作队伍水平有待提高，这些问题将制约地方经济的进一步发展。因此，在立法的前期准备过程中，应当完善法规立项调研听证制度，创新法律法规的起草机制，加强立法工作队伍建设；在立法过程中，应当坚持民主立法，完善立法机关和社会公众的沟通渠道；在立法结束后，应当建立健

---

* 郑伟华，西南政法大学行政法学院硕士研究生。

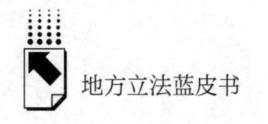

全地方立法法治评估制度以及法规修改清理机制。

关键词： 经济建设　地方性法规　立法特色

2017年是党的十九大、重庆市第五次党代会和重庆市直辖20周年的重要年份。重庆市从1997年6月18日升级为直辖市以来，坚持"科学发展、富民兴渝"，经济持续快速发展，全市GDP增长变化明显，从1997年1509.75亿元到2016年17559亿元，总量增长11.6倍，且增长率排在全国前列（见图1）。

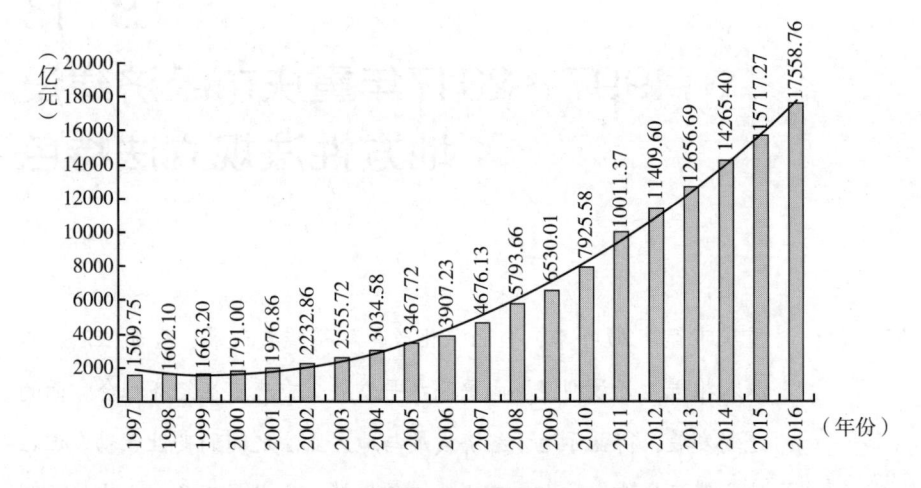

图1　重庆市直辖20周年GDP变化情况

资料来源：国家统计局。

地方是法治生长的基础环境，地方法治是法治国家建设的基本构成和不竭动力。以中国领土面积之广袤，治理领域之多样，统筹事宜之复杂，则"地方行政之好坏，关系最为重要"。[1] 2016年1月6日，习近平同志视察重庆时指

---

[1] 钱穆：《中国历代政治得失》，九州出版社，2014，第120页。

出，在国家区域发展和对外开放格局中，重庆作用独特且重要。① 马克思在《哲学的贫困》中指出，"无论是政治的立法或市民的立法，都只是表明和记载经济关系的要求而已"。② 经济发展是经济立法的基础，而经济立法又为经济发展提供制度保障、体制保障、机制保障和秩序保障，为经济的持续、快速、健康和可持续发展保驾护航。③ 重庆市经济社会发生的巨变，与直辖20周年来市人大及其常委会所颁布实施的有关经济建设方面的地方性法规有密切关联。

就总体而言，地方经济立法和经济发展之间的关系是互动的。经济发展对经济立法的迫切需求和推动则是地方经济立法不断推进最根本和最主要的原因。但迄今对此问题的论证，大多数是理论证成有余而实证分析不足，从而使这样的一个一般性结论缺乏充分的说服力。④ 鉴于此，有必要梳理分析重庆市直辖20周年来的地方性法规⑤，尤其是经济建设方面，立足经济社会发展，总结出重庆市地方性法规的特色经验及其存在的立法问题，并结合立法学提出相关制度创新的建议。希冀对地方经济建设立法提供助益，进一步发挥法治的引领和规范作用。

一 重庆市直辖以来地方性法规总体情况分析

三峡工程、西部大开发、"一带一路"给重庆带来了千载难逢的发展机遇，日臻完善的法治建设则为重庆经济腾飞、社会发展提供了坚实的有效保障。1997年3月14日，重庆获批设立直辖市，⑥ 对于当时行政区划尚属于

---

① 《习近平2016年首次国内考察赴重庆》，新华网，2016年1月5日，http://news.xinhuanet.com/politics/2016-01/05/c_1117665612.htm，最后访问日期：2017年1月20日。
② 马克思：《哲学的贫困》，人民出版社，1949。
③ 俞荣根、程雪莲：《重庆市经济立法质量研究》，《探索》2011年第3期。
④ 易有禄：《地方经济立法与经济发展——粤、浙、赣、湘、川、甘6省的比较分析》，《现代法学》2008年第6期。
⑤ 本文涉及的重庆市地方性法规及其制定、修改与废止等数据，皆来自重庆市人大常委会办公厅、重庆市人大法制委员会编制的《重庆市法规汇编》（1997-2017）、重庆市人大法律法规查询系统和北大法宝，以下不再一一注明。
⑥ 第八届全国人民代表大会第五次会议通过了《第八届全国人民代表大会第五次会议关于批准设立重庆直辖市的决定》。

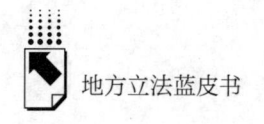

四川的"较大的市"重庆而言,不仅获得了更多的地方立法自主权,也意味着其将拥有更多更好的发展机会。进一步加强和改进地方立法工作,对推进国家治理体系和治理能力现代化,完善中国特色社会主义法律体系有着积极意义。重庆的地理环境和发展模式独特,地方特征鲜明,基于此,亟须发挥地方立法"拾遗补缺"、制度创新、保障市场经济良好运行和实现立法民主等价值功能。

(一)重庆市地方性法规的立、改、废情况

自1997年6月18日至2017年4月30日,重庆市第一届、第二届、第三届、第四届人民代表大会及其常委会累计审议通过地方性法规443件(包含法规性决定,批准的自治条例和单行条例),其中现行有效的法规有206件,已经失效的法规有75件,已被修改的法规有160件,尚未生效的法规有2件(见图2)。

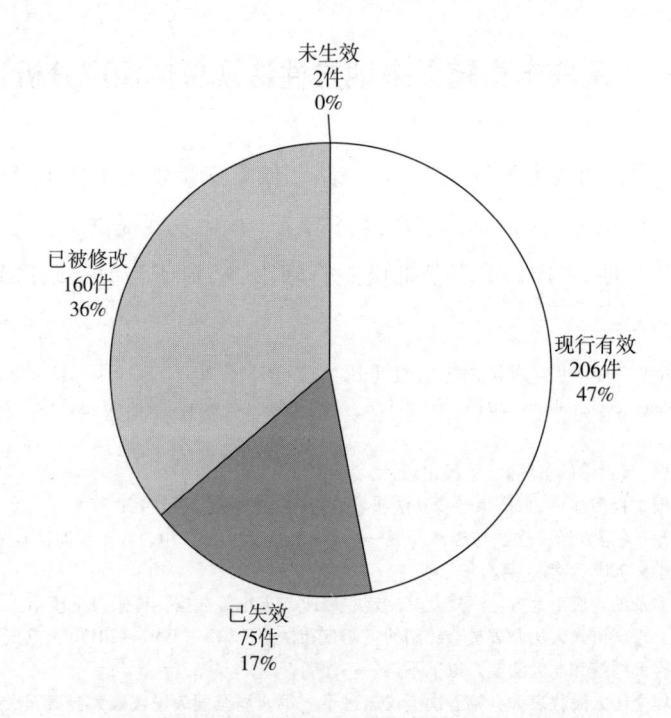

图2 直辖20周年地方性法规的立、改、废情况

（二）重庆市现行有效的地方性法规类别构成

根据重庆市地方性法规的规范对象和内容，可以对现行有效的地方性法规（206件）类别构成做如下分类：关于国家机关事务管理方面的，如人大制度、行政机构、行政执法和行政事务等方面的地方性法规有25件；关于社会事务管理方面的，如公民权益、公共安全、司法服务、社会事务、社会团体、基层政治、劳动安全和社会保障等方面的地方性法规有45件；关于文化教育方面的，如教育、科学、文化、卫生、体育等方面的地方性法规有30件；关于财政经济方面的，如市场、交通、农业农村、旅游、企业、邮政电信、统计、中介组织等方面的地方性法规有61件；关于城乡建设方面的，如建设规划、市政绿化、风景名胜等方面的地方性法规有16件；关于资源环境方面的，如资源、能源、环境保护、灾害防治等方面的地方性法规有17件；此外，还有经过批准的自治条例和单行条例12件，主要是关于少数民族自治县（区）自治条例方面，还有少数民族旅游、水资源、矿产资源、历史文化保护方面的地方性法规。以上类别的具体情况详见图3。

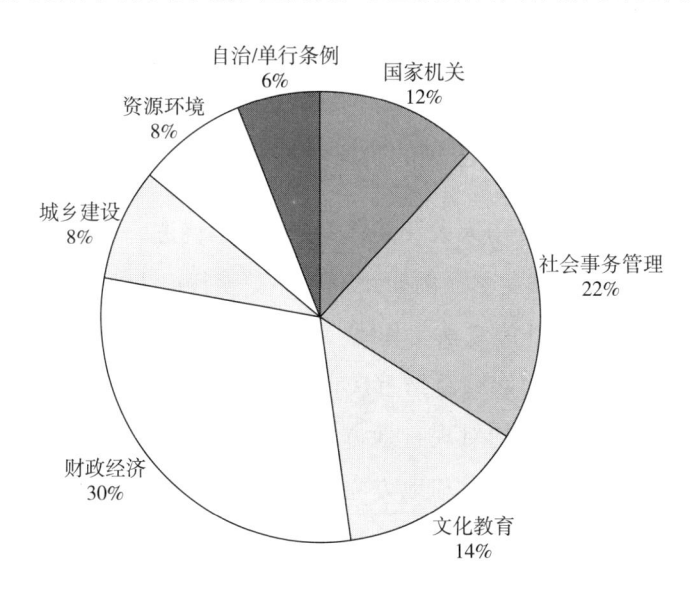

图3 重庆市现行有效的地方性法规

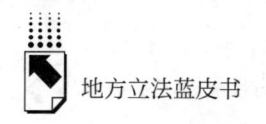

（三）重庆市直辖前后地方性法规的过渡情况

重庆市获得地方立法权是从1984年作为"较大的市"开始，到1997年直辖，在不到13年的时间里总共制定生成65件地方性法规。重庆市当时是四川省的设区的市，为了保证重庆设立直辖市后执法工作的连续性和适用法规的平稳过渡，避免法律"真空"和不衔接，重庆市一届人大一次会议作出了关于四川省和原重庆市地方性法规在重庆市继续适用的决定。1997～2000年底，已移植和新制定地方性法规及法规修正案共140件，原决定继续适用的四川省和原重庆市的152件法规中，已有126件先后停止适用。

在直辖最初3年通过的法规中，"移植"法规占2/3，保证了国家法律法规的贯彻实施，为年轻直辖市的经济发展和社会稳定提供了法律保障。随着形势的发展和实际情况的变化，其余的26件法规，有的已不宜继续适用，有的已由重庆市人民政府制定了行政规章。为此，重庆市第一届人民代表大会第五次会议决定，自2001年2月1日起，四川省的18件地方性法规和原重庆市的8件地方性法规，在重庆市停止适用。至此，四川省和原重庆市的地方性法规在重庆市已全部停止适用。[①]

（四）重庆市地方性法规的阶段性变化情况

直辖20年来，重庆市人大及其常委会紧紧围绕进一步提高立法质量这一立法工作中心，成绩斐然。例如，2004年，创行市人大常委会组成人员立法助理；2005年，开展立法工作"回头看"活动；2007年，推进地方性法规评估工作，全面回顾总结重庆市地方立法经验；2013年，在全国率先开创委托第三方机构对现行地方性法规进行清理；等等。为了能够进一步验证重庆市经济发展和地方立法之间的互动关系，有必要分析归

---

① 2001年1月16日重庆市第一届人民代表大会第五次会议通过的《关于四川省和原重庆市地方性法规在重庆市停止适用的决定》。

纳重庆市地方性法规阶段性变化情况。以人大一届5年的任期为一个阶段，可以做如下分析。

1997～2001年是重庆市地方性法规的大量生成期。在重庆直辖的头5年，市一届人大共审议通过法规158件，创造了立法工作的"重庆速度"，实现了新兴直辖市的有法可依；刚刚成立的直辖市需要尽快从四川省和原重庆市的法律体系中脱离出来，根据本地经济社会发展的实际来制定地方性法规。因此这5年是重庆市地方性法规出台最多的5年，单单1998年就有61部法规生成，成为重庆历史上颁布法规最多的一年。这一时期由于行政级别的变更，而且当时政府的执政理念还停留在以管理观念为主上，所以这一时期的法规行政管理类的居多。

2002～2006年是重庆市地方性法规的转型期。市二届人大审议通过法规88件，已经基本构建起具有重庆特色的地方性法规框架。从对2002～2006年这5年的重庆市人大常委会工作报告和重庆市政府工作报告的分析归纳中就可以看出这一时期立法工作对"民生问题"的关注，政府执政理念也从管理型政府转变成服务型政府。进入21世纪以来，由于政府对经济结构进行调整，对国有企业进行改革，需要解决民众就业问题，建立健全社会保障制度，因此在立法层面对"民生问题"给予高度法律保障，相继出台了《重庆市职工权益保障条例》和《重庆市失业保险条例》等民生立法。

2007～2012年是重庆市地方性法规的质量提升期。市三届人大提出把立法决策与改革发展重大决策相结合、努力将立法资源转化为发展优势的思路，重视社会领域立法；随着重庆市经济社会的发展、立法经验的积累和政府执政理念的转变，这一时期的立法更加注重提高立法质量和技术，对法规语言表达的规范性和法规的可操作性的要求越来越高，因此在这一时期集中清理、修改、废除了部分不适应当下经济社会发展的地方性法规。

2013～2017年是重庆市地方性法规的建设完善期。当前，我国已经进入"后立法时代"，我们所追求的不再是立法的数量而是质量，"良法善治"需要探讨如何立好法，如何让已经制定的法规提高质量。市四届人大坚持立

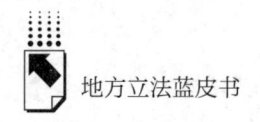

法与重大改革决策相衔接，坚持立法与地方经济社会发展相适应，坚持立法与人民群众关切相呼应。

二 重庆市经济建设方面地方性法规立法现状分析

重庆市经济建设方面地方性法规，就其调整对象而言，既包括国家机关、社会组织和其他经济实体在经济管理过程中和经营协调活动中发生的经济关系，也包括其他经济关系，但在立法层次上，则限于重庆市人大及其常委会制定的地方性经济法规。

根据现行有效和即将生效的经济建设方面地方性法规（共85件），以地方经济立法调整对象所涉领域为标准，可以将重庆市经济建设方面地方性法规的调整领域做如下11种类别划分：企业/投资/房地产等方面的法规有8件；① 市场管理/旅游等方面的法规有13件；② 财税/金融等方面的法规有2件；③ 会计/价格等方面的法规有2件；④ 知识产权等方面的法规有1件；⑤ 环境资源等方面的法规有5件；⑥ 交通/水利/电信等方面的法规有

---

① 8件分别为重庆市城市房地产开发经营管理条例（2013年修订）、重庆市土地房屋权属登记条例（2012年）、重庆市城镇房地产交易管理条例（2011年修订）、重庆市中小企业促进条例、重庆市厂务公开条例、重庆市实施《中华人民共和国乡镇企业法》办法、重庆市促进开放条例、重庆市台湾同胞投资保护条例（2010年修订）。

② 13件分别为重庆市食品生产加工小作坊和食品摊贩管理条例、重庆市供用电条例、重庆市招标投标条例（2016年修订）、重庆市集体合同条例（2016年）、重庆市合同格式条款监督条例、重庆市经纪人条例（2005年修订）、重庆市经纪人条例（2001年修正）、重庆市酒类商品管理条例（2005年修正）、重庆市烟草专卖管理条例（2005年修订）、重庆市酒类商品管理条例（2005年修订）、重庆市盐业管理条例（2010年修正）、重庆市旅游条例（2016年修订）、重庆市风景名胜区条例（2014年修正）。

③ 2件分别为重庆市预算审查监督条例、重庆市人大常委会关于市人民政府规章设定罚款限额的规定。

④ 2件分别为重庆市价格鉴证条例、重庆市统计管理条例（1998年）。

⑤ 1件为重庆市著名商标认定和保护条例。

⑥ 5件分别为重庆市水资源管理条例（2015年修订）、重庆市实施《中华人民共和国野生动物保护法》办法（2014年修正）、重庆市液化石油气经营管理条例（2008年修正）、重庆市节约能源条例、重庆市天然气管理条例（1999年修订）。

13 件；① 城建/房屋/土地等方面的法规有 11 件；② 人口/劳动与社会保障方面的法规有 6 件；③ 农/林/牧业经济等方面的法规有 12 件；④ 民政/卫生等方面的法规有 12 件。⑤ 以上类别的具体情况见图 4。

通过进一步分析可以得出，重庆市经济立法主要集中在市场管理、交通、农/林/牧业和城建/房屋/土地等领域上，知识产权方面的立法则较少。这在一定程度上反映了当前重庆市经济关注的重点领域也是经济立法的热点和重点。知识产权和环境资源方面的立法相对来说较少，说明当前经济发展仍然是较粗放式的，在环境资源保护力度和知识产权的保护与有效利用方面有待进一步提升。

《立法法》第七十二条规定了省、自治区、直辖市人大及常委会以

---

① 13 件分别为重庆市港口条例（2016 年）、重庆市公路管理条例、重庆市水上交通安全管理条例（2011 年修订）、重庆市轨道交通条例、重庆市航道管理条例、重庆市道路交通安全条例（2009 年修正）、重庆市人大常委会关于废止《重庆市道路交通管理处罚条例》的决定、重庆市河道管理条例（2015 年修订）、重庆市长江三峡水库库区及流域水污染防治条例、重庆市水域治安管理条例、重庆市防汛抗旱条例、重庆市实施《中华人民共和国水土保持法》办法（2001 年修正）、重庆市邮政条例。
② 11 件分别为重庆市测绘管理条例（2005 年修订）、重庆市城乡规划条例（2016 年修订）、重庆市城市管线条例、重庆市村镇规划建设管理条例（2015 年修订）、重庆市市政设施管理条例、重庆市重大建设项目稽察条例、重庆市物业管理条例（2009 年）、重庆市建筑节能条例、重庆市人大常委会关于保障和促进统筹城乡综合配套改革试验工作的决定、重庆市公园管理条例（2005 年修订）、重庆市建筑管理条例（2013 年修订）。
③ 6 件分别为重庆市人口与计划生育条例（2016 年修订）、重庆市农村扶贫条例、重庆市安全生产条例、重庆市劳动保障监察条例、重庆市职工权益保障条例（2011 年修正）、重庆市就业促进条例。
④ 12 件分别为重庆市实施《中华人民共和国农民专业合作社法》办法、重庆市实施《中华人民共和国野生动物保护法》办法（2005 年修订）、重庆市农业投资条例（2001 年修订）、重庆市农业机械管理条例（2001 年修订）、重庆市蚕种管理条例（2001 年修订）、重庆市植物检疫条例、重庆市城市园林绿化条例（2014 年修订）、重庆市森林建设促进条例、重庆市林地保护管理条例（2005 年修订）、重庆市绿化条例（2001 年修正）、重庆市林地保护条例、重庆市动物防疫条例。
⑤ 12 件分别为重庆市村镇供水条例、重庆市司法鉴定条例、重庆市法律援助条例（2014 年修订）、重庆市基层法律服务条例（2011 年）、重庆市遗体和人体器官捐献条例、重庆市城乡居民最低生活保障条例（2016 年修订）、重庆市志愿服务条例、重庆市医疗机构管理条例（2014 年修订）、重庆市爱国卫生条例、重庆市实施《中华人民共和国红十字会法》办法、重庆市农村初级卫生保健条例、重庆市预防控制性病艾滋病条例。

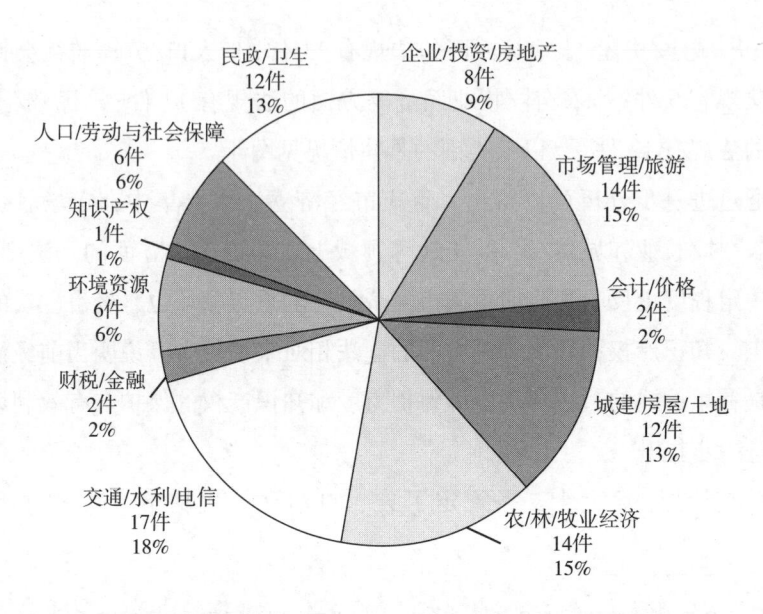

饼图数据：
- 民政/卫生 12件 13%
- 企业/投资/房地产 8件 9%
- 人口/劳动与社会保障 6件 6%
- 市场管理/旅游 14件 15%
- 知识产权 1件 1%
- 环境资源 6件 6%
- 会计/价格 2件 2%
- 财税/金融 2件 2%
- 城建/房屋/土地 12件 13%
- 交通/水利/电信 17件 18%
- 农/林/牧业经济 14件 15%

图4　重庆市现行有效以及即将生效的经济建设方面的地方性法规

及设区的市、自治州人大及常委会享有的立法权限形式——地方性法规，并对其运用的条件进行了限制：一方面，地方性法规的制定是为了本行政区域的具体情况和实际需要，即为了解决地方性事务；另一方面，"不抵触"原则，即地方性法规的制定不得与宪法、法律、行政法规相抵触。《立法法》第七十三条通过对地方性法规可以规定事项的列举，在一定程度上对地方性事务的范畴进行了界定，具体而言包括三类：一是上位法已规定的需要细化的地方执行事项，如在经济建设方面的地方性法规中对上位法中规定的行政处罚的数额在其限定范围内进行更加细致的规定；二是具有地方特色的地方事项，如对地方行政区域内的某一特有事项进行规定；三是虽然不属于地方特色事项，但在地方实际工作中需要解决而上位法未进行规定的事项。以上三类分别对应着经济建设领域地方性法规的三种类别，即执行性地方经济立法、自主性地方经济立法、创制性地方经济立法三类。自主性地方经济立法、创制性地方经济立法二者的突出特点表现为具有创设性，故二者可统称为创设性地方经济立法。当前重庆市经济建设方面的地方性法规相较而言主要集中在执行性立法方面，创设性立法相对较少。此外，在一部地方性法规中通常同时存在执行性立法和创设性立法。因此，不能简单地把某部地方性法规作出两种划分，而要具体从条款上考虑其规定的内容是执行性还是创设性。

（一）重庆市经济建设方面地方性法规中的执行性立法

地方执行性立法具有实施性、针对性的特点，同时具有保障立法合理性和对法律、行政法规细化的功能。制定地方经济执行性立法是为了更好地执行上位法。由此，可以将其制定的情形分为两类。一类是经济建设上位法中相关内容明确规定了地方制定相应的经济执行性立法之情形。当前，现行有效的重庆市经济建设方面地方性法规属于这一类的主要是如下4部：《重庆市实施〈中华人民共和国乡镇企业法〉办法》、《重庆市实施〈中华人民共和国农民专业合作社法〉办法》、《重庆市实施〈中华人民共和国水土保持法〉办法》（2001年修正）和《重庆市实施〈中华人民共和国红十字会法〉办法》。另一类是经济建设上位法中未明确要求地方制定执行性立法，仅原则性规定地方人大或政府的职责，需要地方进行执行性立法予以细化之情形。这一类立法相对较多，在此不便做详细介绍。

重庆市地方经济执行性立法的特点是调整手段较为单一，缺乏多样性。这一点主要体现在多运用行政手段，且重行政命令等强力手段而轻行政协议、行政指导等非强力手段；忽视市场机制与经济手段，经济刺激手段运用不够充分。大部分地方经济执行性立法受行政部门的影响，从而使得地方经济执行性立法很难避免以对行政相对人的管理为核心。这一点从重庆市经济建设地方性法规名称中含有"管理"二字的立法的数量中可见一斑：在列入研究范围的60多项法规中，大部分法规名称中含有"管理"二字，足见在地方经济立法中行政气息之浓厚。具体到法律条文，则主要表现在立法中所规定的经济保护制度和措施，大都以行政管理制度和措施为主，立法中所规定的实施机制与执法手段，也多为行政命令等强力手段，鲜有行政协议、行政指导、行政服务等非强力手段的运用，而这些"软"行政手段与强力

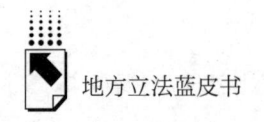

手段相比，更有利于行政管理主体与相对人之间建立一种合作关系，从而降低成本，提高行政效率。

（二）重庆市经济建设方面地方性法规中的地方创设性立法

地方创设性立法是地方立法最为活跃的组成部分，更是拓展地方立法空间不可缺少的途径。在中国，不论是所谓执行性地方立法，还是创制性地方立法，相对于中央立法而言，基本上都属于再制度化的范畴。"再制度化"即地方性立法已经或正在将自身发展成为当代中国立法即制度化环节中的某种特有的"试错机制"——反复试验下的地方性制度创新。[①] 由此，当代中国的地方性立法便具有了某种独特的功能和意涵——这就是在一定程度上充当中央立法的"试错先锋"的角色。[②] 重庆市深入贯彻《立法法》，结合重庆市经济社会发展的实际，发挥创新、担当、作为精神，开展推出了系列创设性立法。在创制上用心，在管用上下力，依法、有序、科学行使创设性立法权，推动了重庆市地方性立法活动的理论和实践创新。

创设性地方经济立法，是与执行性地方经济立法相对应的，指国家尚未或正在酝酿立法而先行立法实验或依据地方特有且不具普遍性的经济问题，地方立法主体在其职权范围内所进行的地方立法。其特点如下：立法呈现"自下而上"的运行模式，其诞生的法律规范更直接、真实地反映地方经济建设的利益诉求；通常以国家政策文件为导向，进行地方制度创新的专门性立法，而后中央以非专门性的综合立法方式对该制度加以原则性规定与确认，据此推而广之，全国各省市进行执行性地方经济立法；侧重其"地方事务性"特点，主要集中于地方特有的地理人文、自然资源、生物多样性等开展地方立法工作。下文将节选两部重庆市经济建设地方性法规中能够典型体现出创设性特点的某部法规或某些条款

[①] 任尔昕：《地方立法质量跟踪评估制度研究》，北京大学出版社，2011，第11页。

[②] 刘小妹：《省级地方立法研究报告——地方立法双重功能的实现》，中国社会科学出版社，2016，第8页。

内容做进一步阐述和分析。

2015年5月28日通过的《重庆市志愿服务条例》区分志愿服务组织与其他社团，对志愿服务活动进行较为完备的制度设计，特别是简化志愿服务组织的登记手续，降低登记的门槛，为重庆市弘扬社会主义核心价值观、倡导"奉献、友爱、互助、进步"的志愿精神、促进志愿服务提供法制保障。条例第十七条指出，志愿服务组织应当利用市级志愿服务信息平台，实现志愿服务记录的网上录入、查询、转移和共享。条例第二十七条指出，各级人民政府可以通过购买公共服务的方式，支持志愿服务组织开展志愿服务活动。建立统一的市级平台，明确民政部门为法定主管部门，政府可向志愿服务组织购买志愿服务等规定属于创设性立法的鲜明体现，在其他省市的条例中没有这些规定。同时，条例借鉴外省市立法经验，结合重庆实际对中央和市文明委关于志愿服务活动的文件精神进行细化和完善，对政府购买公共服务做细化说明，指出可以将志愿服务组织作为承接主体等，这些规定大部分属于创设性的内容，同时也带有一定的执行性。

为了适应重庆市房地产经济发展的需要，《重庆市城市房地产开发经营管理条例》在2013年作出修订。与原条例相比较，新条例的创新和改革主要包括：企业资质审批程序简化明显；开发企业在办理工商登记之前，无须征求建设管理部门意见；将开发项目转让审批制度修改为备案制度。与此同时，新增加项目前期、中期和后期管理制度来加强对开发项目的全过程管理；新增加企业信用建设；对联合建设项目规定了相应的条件；加大了对违法企业的处罚力度等。新版条例中有两大亮点对维护购房者合法权益、保障和促进重庆市房地产业健康发展发挥了重要作用。一个亮点是新设立配套设施建设承诺书制度和新建住宅交付使用条件及公示制度。前一个制度避免了开发企业的虚假宣传或误导性宣传，后一个制度则明确规定了新建住宅交付使用必备的条件。另一个亮点是新增加企业信用建设制度，从地方性法规层面保障房地产开发企业信用建设，这在国内尚属先例。

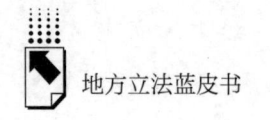

三 重庆市与上海市经济建设方面地方性法规比较分析

重庆和上海同为中华人民共和国直辖市，两者间有很多可比较的地方：上海为东部沿海发达城市，农村人口比重少，商业、工业、软硬环境成熟；重庆为中国西南部城市、西南的经济中心，国家重要的现代制造业基地，全国统筹城乡综合配套改革试验区，为大城市带大农村，农村人口多，面临三峡移民、库区生态保护、农转非等问题。

表1 上海与重庆2016年经济发展情况及对比

地区	性质	GDP（亿元）	人均GDP（元）	优势	最低工资（元）	面积（万平方公里）	人口（万人）
上海	沿海直辖市	27466.15	113643	长江经济带入海口、长三角经济区、"一带一路"	2020	0.634	2419.70
重庆	内陆直辖市	17558.76	57902	长江经济带上游、"一带一路"、长江经济带、西部大开发和成渝经济带	1500	8.24	3048.43

资料来源：两地政府统计局及新闻网站。

上海市人大及其常委会颁布的现行有效的地方性法规截止到2017年1月有311件，按照重庆市现行经济建设方面地方性法规的划分标准，上海市现行有效的有关经济建设的地方性法规有170件，占总数的51.4%，比重庆市的占比45.6%要高。下文将选择较典型的房地产和"三农"问题方面地方性法规的情况来说明重庆和上海有关经济建设立法的差别。

（一）房地产方面地方性法规立法现状比较

上海市现行有效的房地产方面的地方性法规有9件，主要有2006年1月1日开始实施的《上海市住房公积金管理若干规定》，2008年修订的《上海市房地产登记条例》，2010年修正的《上海市住宅物业管理规定》和《上海市房屋租赁条例》等；而重庆市现行有效的房地产方面的地方性法规则是3件,分别为《重庆市城市房地产开发经营管理条例》(2013年修订)、《重庆市土地房屋权属登记条例》(2012年)、《重庆市城镇房地产交易管理条例》(2011年修订)。在立法数量和法规立改废释的衔接程度与对经济社会发展的适应性方面重庆仍需进一步加强。

2011年房产税改革在重庆和上海两个城市率先试点,同年1月底,上海和重庆两地都发布了对个人住房征收房产税试点方案。改革6年来上海、重庆房产税改革工作细致扎实、运行平稳、成效明显。上海房产税方案不涉及存量只涉及增量;重庆涉及存量,但只调节存量里最高端的独立别墅。随着经济的不断发展,房产税在组织地方财政收入、调节收入分配等方面的功能日益凸显。2017年的全国人大常委会立法规划已将房地产税法列为第一类的立法项目。两地试点在千难万难的改革中具有破冰意义,两地人大及政府能够深化改革试点、加强监管、防控风险,做好和相关法律立改废释的衔接,及时解决试点过程中出现的问题。两地敢为天下先,共同为全国房地产税法立法积累本土经验。

(二)"三农"问题地方性法规立法现状比较

重庆市直辖的地理面积是上海市的13倍多,2016年末常住人口3000多万,其中有1139.98万的人口在农村,占比38%,和20年前农村人口占全市总人口67%的比例已经有了明显的变化。这也是重庆直辖20年来经济社会发展成就的体现之一。现行有效的"三农"问题相关地方性法规共有14部,在地方性法规中占有重要比例。这些地方性法规极大地推动了本市农村社会经济的发展,同时极具地方特色。

上海市和重庆市相比较,农村人口占比较低,城镇化水平较高。2016年本市农村常住居民人均可支配收入达25520元,远高于全国平均水平和重庆市水平,同时上海的农村集体产权制度改革也走在全国前列。上海市现行有效的"三农"问题相关地方性法规共有12部,主要内容为:一是美丽乡村建设,改善农村人居环境和农民的生产生活条件,着力强化农村生态保护建设,加强农村基础设施和公共服务建设,加快村

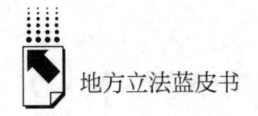

庄改造；二是发展都市现代农业，提高农业生产效率，坚持走规模化、科技化、设施化的道路，促进农业现代化与新型工业化、信息化、城镇化同步发展。

四 重庆市经济建设方面地方性法规立法特色与实践经验

当前中国正处在全面深化改革的时代，改革的内在逻辑关键在于处理好中央与地方、国家与社会的关系。地方立法问题也应该放在这个大背景下考量。根据《立法法》的规定，地方立法一方面不能违背上位法，应与上位法保持一致，以维护社会主义法律体系的统一；另一方面，又需要立足地方实际，解决地方具体问题，实现地方立法的价值和功能。随着法治社会建设进程的推进、立法质量的提升，是否体现地方特色已成为衡量一部地方性法规的关键标准。周旺生教授指出，没有地方特色，地方立法就失去了存在的价值。①

2015年9月7日，张德江委员长在第二十一次全国地方立法研讨会上说，地方性法规是我国法律体系的重要组成部分，地方立法关键是在本地特色上下功夫、在有效管用上做文章，确保立法质量。地方立法需避免国家立法和地方立法之间的双向趋同性。直辖以来，重庆市人大及其常委会在重庆市经济社会发展变化的过程中，立足市情，不断在立法实践中总结经验，已经具备较丰富的立法经验特色。然而，不可否认，在过去的20年里，重庆市地方经济立法虽然取得了长足发展，但仍然存在一些突出的矛盾和不足。鉴于此，有必要分别对重庆市经济建设方面地方性法规立法特色与实践经验中存在的问题进行分析总结。

（一）地方性法规的"重庆特色"

面对新的形势和要求，重庆市人大结合实际，积极探索创新，不断完善

---

① 周旺生：《立法学》，法律出版社，2009，第282页。

立法体制机制，走出了一条具有"重庆特色"的地方立法之路。

1. 在立法起草、内容、审议等方面不断创新

1998年6月5日，市人大常委会委托西南政法大学起草《重庆市司法鉴定条例（草案）》，是直辖后委托专家学者起草的第一部地方性法规，成为全国第二部、重庆市第一部有关司法鉴定的专门法规，在全国具有独创性，开创了全国省级人大首次委托专门院校立法的先例；2001年2月28日，市人大法制委员会与重庆索通律师事务所签订协议，委托该所起草《重庆市物业管理条例（草案）》，开创了中国律师参与地方立法的先河；等等。

20年时间里，中国地方立法的多个第一都在年轻的直辖市产生。《重庆市职工权益保障条例》是全国第一部关于劳动保障的综合性地方法规；《重庆市城乡居民最低生活保障条例》在全国率先创建了城乡统筹的低保工作机制；《重庆市长江三峡库区流域水污染防治条例》，首次以法规形式在省级行政区域内全面禁止生产和使用超标含磷的洗涤用品，并建立以出境水体监测指标为考核依据，考核各级政府及其相关部门的水污染防治工作制度，在探索长江流域环境保护立法上有了新的突破；2008年制定的《重庆市促进开放条例》，在全国首次以地方综合性立法的形式促进开放，具有鲜明的时代特征和重庆特色，对于促进和保障重庆市大开放大发展具有重要的现实意义；等等。

2002年8月29日，重庆立法史上首个立法听证会——《重庆市物业管理条例（草案）》立法听证会举行，这也是西部地区的首次立法听证会。举行立法听证会是民主立法的重要渠道，可以最大限度地听取各方面的意见，是地方立法向民主化、公开化迈出的重要一步。由于广采民意，该条例所确定的业主代表大会、物业服务收费、维修基金等制度，既切合当地实际，又具有前瞻性。

此后，重庆市更加注重在立法形式上的创新，例如要求所有立法项目都要通过市政府网站或市内主要媒体向社会全文公布，广泛听取社会各界意见等。

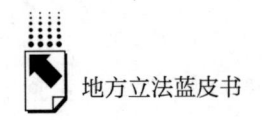

2. 注重解决带有特殊"重庆元素"的立法实践问题

地方特色，被誉为地方立法的灵魂和基础，是衡量地方立法质量的重要标准。重庆市的地缘特征、特殊市情、规模基础、国家战略的特殊地位和后发成长优势都使其在建设国家中心城市过程中具有得天独厚的优势。① 在特殊市情方面，重庆兼具"大都市"的特征，当前重庆市主城区人口近千万，与此同时，重庆市又是一个"大农村"，城乡差异明显、发展不平衡问题突出，是中西部地区经济欠发达的"省"。在地缘特征和国家战略方面，重庆市拥有长江黄金水道优势，拥有丰富的港口资源，是国家实施"一带一路"倡议和长江经济带的大格局大战略的重要组成部分，面临如何有效保护长江水道、水资源利用和港口开发利用等问题。直辖以来，重庆市人大常委会不断深刻总结自身的地缘环境、特殊市情和具备的国家战略地位优势，努力在地方经济立法中考虑解决"三峡问题""大城市带大农村""港口问题"等带有特殊"重庆元素"的立法实践问题。

针对重庆市独有的三峡库区保护和移民问题，2001年、2002年市人大常委会结合三峡工程建设、库区水污染防治和移民工作的实际先后出台《重庆市长江三峡库区流域水污染防治条例》和《重庆市实施〈长江三峡工程建设移民条例〉办法》。"谁毁了家园，谁就是罪人；谁保护了环境，谁就赢得了民心"，这是三峡库区百姓的共识。上述相关条例的出台对防治库区水污染、保护库区生态环境和水环境安全发挥了重要作用。

《重庆市长江三峡库区流域水污染防治条例》经过2001年、2005年两次修正，2011年修订形成了现在总则、规划和监督管理、饮用水水源保护、水体污染防治、法律责任、附则的六章结构。2001年的《重庆市长江三峡库区流域水污染防治条例》是重庆市为保护三峡库区水资源安全而进行的最具有地方特色的一项立法，在全面禁磷和考核制度方面具有一定的独创性和突破性。②

---

① 参见宋思曼《国家中心城市功能理论与重庆构建国家中心城市研究》，博士学位论文，重庆大学，2013。
② 俞荣根：《为民立法 法顺民心——重庆市直辖十年地方立法巡礼》，《重庆行政》2007年第3期。

重庆市针对本市大城市与大农村并存的特点制定了很多有针对性的农村建设法规，如《重庆市村镇供水条例》、《重庆市城乡居民最低生活保障条例》（2016年修订）、《重庆市农村初级卫生保健条例》、《重庆市农村扶贫条例》、《关于保障和促进统筹城乡综合配套改革试验工作的决定》和《关于同意设立"重庆农民工日"的决定》等，有针对性地解决重庆农村经济社会发展中的实际问题，及时回应社会公众需求，为改善农村贫困人口生活质量作出了积极贡献。

作为长江上游的重要港口城市，重庆拥有天然的港口优势，为地方经济的发展提供源源不断的动力支撑。2016年，重庆市政府编制《关于加快长江上游航运中心建设的实施意见》。意见明确提出按照"港口、物流、产业"三结合原则，加快建设主城果园港、江津珞璜港、涪陵龙头港、万州新田港"1+3"铁公水联运的枢纽型港口。同时，为充分发挥重庆枢纽港作用，提高港口资源利用效率，切实增强港口的集聚辐射能力，又提出"一城一港"的优化思路。这是重庆市政府立足本市市情作出的重要改革。

党的十八届四中全会提出"重大改革于法有据"，不仅是改革法治化的重要标志，而且为全面建成小康社会、实现国家治理现代化提供了有力的法治保障。[①] 2016年，为了进一步发挥法治对经济建设的保障支持作用，重庆市人大及其常委会及时有效地修订了《重庆市港口条例》。条例将重庆港口规划、建设、经营和管理实践中的成功做法和经验上升为制度规范，并有针对性地对老码头的合法性问题作出了规定，为重庆市港口发展，建设长江上游航运中心，维护港口的安全与经营秩序，贯彻落实国家"一带一路"倡议等提供了制度保障。

3. 率先委托第三方机构开展法规清理工作

2013年6月开始，重庆市人大在全国率先委托第三方机构——西南政法大学，对现行地方性法规进行清理，实现了立法实务工作和立法理论

[①] 胡健：《习近平"重大改革于法有据"思想探析》，《云南社会科学》2015年第3期。

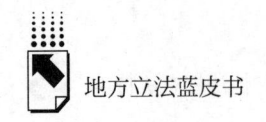

研究双方的优势互补，使得法规清理过程更加客观、真实。以前的法规清理，主要是人大内部自我清理，清理重点主要是解决法规与上位法规定不一致的地方，属于专项清理。而之后的重庆市的地方性法规"体检"则是全面清理、整体清理、规模大、中立性强，有效确保了地方性法规能够"立得住、行得通、真管用"。委托第三方对法规进行"体检"，态度中立，能够充分考虑各部门、各利益方的权力和权利，缓解各方意见分歧和利益纠纷。

重庆市地方性法规"体检"的标准是"四性"。（1）合法性：看现行地方法规与宪法、国家法律和国家行政规章的规定是否相抵触；（2）适当性：在法制统一的前提下，看地方性法规是否适应重庆经济社会发展的需要，地方特色是否突出；（3）实效性：看一部法规原则性规定的多少，对上位法细化是否到位，可操作性强否；（4）技术性：看现行法规是否符合全国人大及市人大常委会出台的立法技术规范要求，找出技术性的问题。

重庆法规"体检"，既从学者角度运用统计分析的办法，客观具体地找出每部法规在"四性"方面存在的问题，同时"对症下药"给出具体建议，又从制度上探索发挥立法工作者、实际工作者和专家学者三者联动的作用，使立法工作更适应重庆经济社会发展的需要，有利于提高地方立法工作质量。

4. 立法后评估进入制度建设阶段

国外立法后评估理论与制度已经较为成熟，国内相关理论与实践尚处于探索阶段。我国立法实务部门和学者对地方立法文本评估的探索较多，但对地方立法实施效果评估的研究尚显薄弱。[①] 虽有多个地方已展开评估工作，但评估标准尚不统一，相关制度建设尚不齐全，尚未形成统一的地方立法实施效果评估标准。法规立法质量如何，需要在现实中进行检验和依靠"立法后评估"。一些法规条款随着经济社会发展和客观环境的改变，必须进行

---

① 王柏荣：《困境与超越：中国立法评估标准研究》，法律出版社，2016。

修订更改。重庆市目前已经逐步开展踏实有效的立法后评估工作。[①] 2013年11月25日通过的《重庆市地方性法规立法后评估试行办法》对重庆市地方立法后的评估工作做了明确要求，该办法详细规定了立法后评估的工作步骤、工作时间、评估结果运用等问题。2017年1月19日修订通过的《重庆市地方立法条例》也对立法后评估工作做了要求。[②]

5.及时有效地落实相关国家政策和上位法

直辖以来，重庆市人大及时有效地落实国家政策和上位法的要求，举例如下。（1）2014年，修改的《重庆市人口与计划生育条例》及时有效地落实中央关于"单独两孩"的重大决策。（2）在国务院简政放权的背景下，2014年集中修改了《重庆市城市园林绿化条例》等4件法规，取消和下放了部分法规设定的市级行政审批事项，保障了行政审批制度改革和政府职能转变；废止了《重庆市商品交易市场管理条例》等3件与上位法相抵触或已滞后于重庆市经济社会发展的法规。（3）2016年落实中央关于政府职能转变和行政审批制度改革的重要部署，对相关法规进行了清理，对《重庆市户外广告管理条例》《重庆市建筑管理条例》等13件法规进行集中修正，确保简政放权始终在法治轨道上运行。

（二）重庆市地方经济立法存在的不足

重庆市经济社会目前存在着城乡区域发展差距较大、基础设施不完善，创新要素配置效率不高、创新能力有待提升等问题。与之相对应的是，重庆市地方经济立法当前也存在立法质量有待提升、立法权限不清、立法公开力

---

① 2013年6月，重庆市人大法制委、法工委与西南政法大学知识产权学院签订委托评估协议，委托该院对科技系统的《重庆市技术市场条例》、《重庆市科学技术投入条例》、《重庆市促进科技成果转化条例》和《重庆市科技创新促进条例》四部法规进行全面评估。同时通过市社情民意调查中心，将四部法规的九项关键制度向社会群众开展问卷调查，直接收集市民意见，重点了解四部法规及关键制度在相关政府部门、科研机构、科技人员、普通市民中的贯彻执行情况，并委托区县人大常委会对四部法规实施情况进行调研，有效地完成了立法后评估工作。
② 《重庆市地方立法条例》第七十六条规定："市人大有关专门委员会、市人大常委会工作机构可以组织对有关法规或者法规中有关规定进行立法后评估。评估情况应当向市人大常委会报告。"

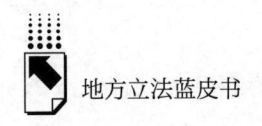

度较弱、立法人才队伍水平较低的问题。

1. 立法质量问题

重庆市人大及其常委会立法工作的精细化水平还需提升，立法质量有待进一步提高。直辖后，重庆市地方立法工作虽然取得了明显的成绩，但与北京、上海和天津三个直辖市相比，其地方立法毕竟起步较晚，立法力量相对薄弱，而且地方经济发展也相对落后，因而在立法质量的问题上面临的考验更多、压力更大，任务也更艰巨。在立法质量方面，也难以避免地存在"抄袭"问题，例如在1997～2002年的地方性法规大量生成的阶段，就很大范围地照抄照搬上位法和其他兄弟省市的地方性法规。同时，在一定程度上，重庆市也存在"大而全，小而全"①式的立法思路，在相应时期内展开"立法GDP竞争"，对文本质量关注不够，法案起草工作缺乏调查研究与前期论证等。

2. 立法权限问题

重庆市在地方立法权限上，既涉及与全国人大等上级立法机关的权限划分，也涉及市人大及其常务委员会与市政府的权限划分，还涉及市人民代表大会与人大常委会的立法权限划分，情况非常复杂。在多个立法主体都有对同一事项的立法权时，难免出现内容上的矛盾和重复。当立法权限不清晰时，就容易引起"立法打架"等不符合科学立法要求的问题。"中国的立法的体制应当在统一性和多样性这两个同样值得追求的极端之间保持一种必要的张力，寻找黄金分割点。"②

3. 立法公开问题

我国立法法规定立法应当体现人民的意志③，公开是民主政治的重要属

---

① "大而全，小而全"是政治经济学中描述国民经济和国内各区域经济发展结构雷同的常用语。即从大的方面讲，每一个省市的产业结构都类似，工业门类齐全，不考虑自身的资源禀赋优势，片面追求完整的工业体系；从小的方面讲，每一个企业都产供销一体，完全没有发挥分工优势，易造成国民经济的分散和割裂，严重影响经济效率。

② 朱苏力：《当代中国的中央与地方分权——重读毛泽东〈论十大关系〉第五节》，《中国社会科学》2004年第2期。

③ 《中华人民共和国立法法》第五条规定："立法应当体现人民的意志，发扬社会主义民主，坚持立法公开，保障人民通过多种途径参与立法活动。"

性。地方立法工作与人民群众关系密切，利益直接，只有广泛而公开地吸纳各方意见，充分表达各界各阶层诉求，通过立法博弈实现立法对其权益的保护，才能代表最广大人民群众的根本利益。然而当前重庆市立法公开在一定程度上存在如下问题：一是未能有效动员社会各方力量，广泛发动群众参与，有闭门造车之嫌；二是地方立法公开原则不能够在立法的起草、审议、通过和法律公布的全过程得到全方位的体现和保障；三是不能及时举行相应的听证会，发动公民广泛参与立法讨论；四是未能将生效的地方法规及时在指定的权威媒体向社会公布并接受公众查询，积极组织地方法规宣传宣讲等。

4. 立法工作队伍水平问题

立法工作队伍建设是提高立法质量的重要保障。当前，重庆市立法工作队伍水平有待进一步提高，存在人民代表立法专业性欠缺、知识结构不完整等问题。重庆市应该按照中央相关要求[①]，加强人大代表自身能力建设，在工作机制、人员配备等方面及早谋划、打好基础、推进落实，扎实做好立法专业人才培养工作，积极引进高层次立法专业人才，打造高素质的立法工作队伍。

五 重庆市经济建设方面地方性法规立法完善路径

马克斯·韦伯认为法律是经济尤其是市场经济产生和存在的条件，法律是经济发展的"支持性资源"。要行使好地方立法权，可以说是压力与动力并存，机遇与挑战同在。所以，重庆市人大及其常委会需要认真学习贯彻习近平总书记系列重要讲话精神和治国理政新理念新思想新战略，紧紧围绕"五位一体"总体布局和"四个全面"战略布局，坚持从地方改革和经济社会发展的实际出发，贯彻创新、协调、绿色、开放、共享的发展理念，在理论层面上正确处理好立法学上的五对关系问题和准确把握好立法工作基本原则，在实践层面上有效落实好一些具体制度安排。

---

① 2016年6月26日，中共中央办公厅印发《从律师和法学专家中公开选拔立法工作者、法官、检察官办法》，并发出通知，要求各地区各部门遵照执行。

（一）立法理论基础层面

从立法学角度看，今后重庆市地方经济立法需要处理好以下五对关系问题。一是立法与改革的关系，要解决好立法与改革的适用性问题。二是立法与创新的关系。立法创新的主线是发挥人大主导、完善立法工作格局，立法创新的原则是依法创新、立足地方实际，立法创新的重要载体是健全立法工作制度体系。重庆市人大需要在立法的起草、审议过程加强创新。三是地方立法的合宪性、合法性与合理性。应该始终坚持法制统一原则，保证新制定、修订的重庆市地方性法规与宪法、法律和行政法规相一致，维护法律的统一、尊严和权威。四是地方立法中的地方保护主义。地方立法对招商引资、促进本地区经济发展能够发挥积极的作用，但是也可能造成地区封锁和地方保护，所以重庆市在立法时应该尽量做到和其他行政区地方政府相关立法相协调。五是地方立法中的部门利益和行业利益博弈。地方性法规有相当一部分是由相关部门或行业起草或推动的，有权力就会被滥用。相关部门或行业可能在地方立法中不适当地加入自身的利益和权力，但是在规范自身行为上避重就轻，把应尽的责任和义务界定到最低限度，这就有违立法为民的初衷和本意，应该坚决杜绝。

从地方立法工作的基本原则方面考虑，重庆市人大及其常委会必须深刻领会党和人民对立法工作提出的新要求，主动适应新形势，在立法工作中把握好以下几个原则。一是坚持党领导立法。二是坚持不与上位法相抵触。地方立法不越权、不与上位法相抵触，是宪法和法律为地方立法所设定的"生命线"。三是突出重庆特色。地方立法和地方的经济社会发展水平、地理资源、历史传统、人文背景等密切相关，需要重庆市人大结合本地区的实际情况进行立法。四是增强可操作性。法规是否具有可操作性，直接关系到地方立法的质量。重庆市人大应该针对需要解决的问题，立足地方实际，认真总结实践经验，把握客观规律，有几条立几条，成熟几条制定几条，增强针对性和可操作性。五是充分尊重民意。一切权力属于人民，地方立法权的行使是人民群众在立法中发挥主体作用的重要体现。六是规范公权力运行。地方立法需要进一步强化对公权力的科学规范。

（二）立法实践制度层面

为了更好地发挥立法的引领和推动作用，在立法制度上可从以下几方面进一步完善地方立法工作。

第一，健全立法机关主导、社会各方有序参与民主立法的途径和方式，进行立法项目征集，广泛分析论证。卢梭的"人民主权"和"主权在民"学说强调应该由人民自己行使立法权。他说："立法权是属于人民的，而且只能是属于人民的。"① 健全立法机关和社会公众沟通机制。健全法规草案公开征求意见和公众意见采纳情况反馈机制，对涉及面广、情况复杂的立法项目可委托第三方起草法规草案，防止地方保护和部门利益法制化。

第二，建立立法规划计划的督导制度，坚持立法与执法并重。立法规划、计划制定后，人大及其常委会的法制工作机构应当将年度立法项目逐项分解，明确起草重点和要求，督促相关部门按要求实施。立法的目的在于实施，在于规范行为，在于推动工作。要坚持立法与执法并重，充分发挥立法的引领和推动作用，加大执法检查力度，确保重庆市地方性法规行使落到实处。

第三，加强立法工作队伍建设。强化培训，提高立法工作队伍素质。有针对性地对重庆市人大常委会组成人员、人大代表以及人大机关工作人员进行法律知识培训，逐步提高其法律素质，尤其是要加强立法人员的学习、培训与辅导，使其尽快熟悉地方立法的程序内容和技术要领、规范要求，进而提高审议能力和立法技术水平。

第四，建立并完善地方立法法治评估制度。法治建设是目的，法治评估是促进法治建设及实现法治秩序的一种手段，二者共同推进地方法治化进程。② 法治评估作为"法治中国"的有效实现形式，具有协调平衡利益冲突、提供修复受损秩序载体、优化法治资源配置、搭建创新制度安排平台以

---

① 〔法〕卢梭：《社会契约论》，何兆武译，商务印书馆，1997，第75~76页。
② 付子堂、张善根：《地方法治建设及其评估机制探析》，《中国社会科学》2014年第11期。

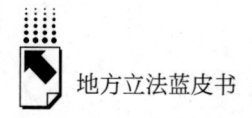

及实现公平正义等功能。建立并完善重庆市地方立法法治评估机制，重点在于把法治建设工作按照各个职能部门的职责进行分解、分工、落实和管理，使之具体化。这意味着各个职能部门是否履行其职责是法治评估的核心，而履行职责的效果并非现有法治评估的重点。从制定立法计划、立法征集到立项起草、调查研究、立法协商、评估论证到最后的会议审议、会议表决、报请批准、颁布实施、检查监督、跟踪问效等环节入手，构建起重庆市地方人大及其常委会立法整个过程的监测机制，切实提高立法质量。

六 结语

重庆直辖20年来，已经构建起与国家法律相配套、与社会主义市场经济相适应、同国际惯例相衔接、具有重庆特色的地方法规框架。重庆市经济建设方面的地方性法规为深化重庆的改革发展、促进经济社会全面协调可持续发展、推进地方民主法治建设，发挥了重要的制度支撑和法制保障作用。在过去的20年里，重庆市走出了一条具有"重庆特色"的地方经济立法之路：注重创新、解决重庆实际问题、开展法规清理和立法评估、注重实用性与可操作性等。同时，重庆市地方经济立法当前也存在立法质量有待提升、立法权限不清、立法公开力度较弱、立法人才队伍水平较低的问题。要行使好地方立法权，可以说是压力与动力并存，机遇与挑战同在。重庆市人大需要进一步坚持在"党委领导、人大主导、政府依托、各方参与"的立法工作格局中，不断运用立法理论知识并加强立法具体实践制度设计，为加快实现"科学发展、富民兴渝"作出贡献。

B.14 广东自由贸易试验区与上海自由贸易试验区立法比较研究*

侯嘉淳**

摘　要： 自由贸易试验区制度是国家在新世纪下开展"一带一路"对外开放的重要经济制度。在"一带一路"对外经济开放背景下，需要找准中国自由贸易试验区的定位。以上海与广东自由贸易试验区的立法状况及实践效果为蓝本，上海自贸区当前立法具有特色鲜明的负面清单制度、重点建设金融领域的法律制度、更加开放的海关政策制度；广东自贸区拥有对接"一国两制"分功能片区立法、珠海横琴片区双重政策优惠等特色制度。分析和对比两大自贸试验区的立法制度，我国自贸试验区尚存在缺乏核心上位法律的制定、多元化完善配套省级立法不足以及"自贸试验区管委会"组织法上之定位模糊等问题，亟待立法完善。

关键词： 自由贸易试验区　地方经济立法　立法比较研究　地方立法问题

2015年9月15日，习近平总书记在中央全面深化改革领导小组第十六次会议上指出，"以开放促改革、促发展，是我国改革发展的成功实践。

---

* 本文系西南政法大学地方立法研究院课题（DFLF201601）的成果。
** 侯嘉淳，西南政法大学硕士研究生，研究方向：宪法学与行政法学。

改革和开放相辅相成、相互促进,改革必然要求开放,开放也必然要求改革"。① 在新时代背景下,国家主席习近平提出建设"丝绸之路经济带"和"21世纪海上丝绸之路"。"一带一路"是对外开放新渠道,而中国自由贸易试验区(以下简称中国自贸试验区)的设立则是"一带一路"对外开放的重要举措。党的十八大之后,以上海自贸试验区为首的中国四大自贸试验区已经确立,自贸试验区制度在地方的发展势如破竹,尤以广东自贸试验区与上海自贸试验区发展为世人瞩目。以此二者之立法内容为蓝本研究自贸试验区法制建设,在总结立法现状的基础上,从立法比较研究中分析和归纳出我国自贸试验区的立法特点、法制特色以及存在的问题,从而为新一批自贸试验区的设立,在地方立法上提供理论和经验的参考。

一 中国关于自由贸易试验区的定位

(一)全球自由贸易区的发展变迁

英国在18世纪到19世纪完成工业革命,在全世界建立了许多殖民地,成为"日不落帝国",为了更好地掠夺殖民地资源,提高贸易逆差,奉行自由贸易零关税的政策。这种绝对化的贸易自由一方面可以极大地扩张海外贸易,另一方面也给国家民族企业发展带来压力和冲击。在"开放—保护"权衡模式下,发展出国家划出特定区域进行自由贸易的制度。1574年意大利热那亚自由港诞生了全球第一个自贸区,至今自贸区已有440多年的发展历史。② 在主权国家或地区的关境以外,划出特定的区域,准许外国商品豁免关税自由进出的关税隔离区,逐渐形成了自贸区制度。自贸区的概念和功能伴随世界贸易组织和各国双边及多边贸易协议等的签订和出台而被逐渐确定,自贸区已经成为世界各国参与国际竞争、促进国家贸易经济发展、提升

---

① 《中央全面深化改革领导小组第十六次会议召开》,中国政府网,http://www.gov.cn/xinwen/2015-09/15/content_2932105.htm.,最后访问日期:2017年2月14日。
② 马光:《中韩自贸区法制比较研究》,《华东理工大学学报》(社会科学版)2015年第3期。

国际影响力的重要领地。

在当代，诸多国家和地区的自贸区制度日臻完善，又各有特色。如北美自由贸易区以"取消贸易壁垒，创造公平竞争的条件，增加投资机会，对知识产权提供适当的保护，建立执行办公室和解决争端的有效程序，以及促进三边地区的和多边的合作"为宗旨。① 韩国自由贸易区则是为了避免由于关税和复杂的海关手续所造成的贸易障碍，为出口商品提供接近终点市场的货物储存基地，发展转口贸易，从而促进海运和国际贸易的发展。② 日本的自由贸易协定在一开始就是跨区域的，是从双边自由贸易协定谈判建立起来。③

（二）中国自贸试验区的兴起

2013年7月3日，国务院常务会议通过了《中国（上海）自由贸易试验区总体方案》，中国第一个自贸试验区诞生。上海自贸试验区根据先行先试推进情况以及产业发展和辐射带动需要，逐步拓展实施范围和试点政策范围，形成与上海国际经济、金融、贸易、航运中心建设的联动机制。

中国自贸试验区的建立发展，有力地加快了政府职能转变、增强了管理模式创新、促进了贸易和投资便利化、形成了深化改革新动力、扩大了开放新优势。中国自贸试验区，以上海自贸试验区为首，已经形成了试点推广、从沿海到内陆、从南方到北方、多点分布、全面散开、蓬勃发展的局面。

随着第三批自贸试验区获批挂牌，中国的自贸试验区总数已达到11个，自由贸易试验区制度在中国已由试点走向推广，成为推动我国对外贸易发展的重要经济制度。

---

① 周文贵：《北美自由贸易区：特点、运行机制、借鉴与启示》，《国际经济探索》2004年第1期。
② 苏珊珊：《中国（上海）自由贸易试验区政策分析——基于中国台湾基隆自由港区、韩国釜山自贸区的比较》，《当代经济管理》2014年第9期。
③ 王宏军：《论自由贸易区建设中的跨区域模式———欧盟、美国及亚洲国家的比较研究》，《云南民族大学学报》（哲学社会科学版）2012年第1期。

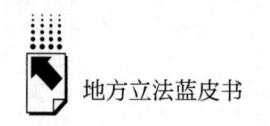

（三）中国自贸试验区的发展与定位

中国自贸试验区的发展分布如表1所示。

表1　中国自贸试验区的设立分布

批次	决定时间	设定区域
第一批	2013年9月	中国（上海）自由贸易试验区
第二批	2014年12月	中国（广东）自由贸易试验区、中国（福建）自由贸易试验区、中国（天津）自由贸易试验区
第三批	2016年8月	中国（辽宁）自由贸易试验区、中国（浙江）自由贸易试验区、中国（河南）自由贸易试验区、中国（湖北）自由贸易试验区、中国（重庆）自由贸易试验区、中国（四川）自由贸易试验区、中国（陕西）自由贸易试验区

资料来源：中华人民共和国新闻办公室官网，http://www.scio.gov.cn/index.htm，2017年2月14日访问并整理。

从中国自贸试验区的设立分布变化来看，中国自贸试验区实现了由单一试行到在全国推广发展，从沿海经济发达地区到深入中西部腹地，从试验性到常态化的历程。

而中国自贸试验区制度建设走向常态化，仍处于探索的阶段。中国自贸试验区与其他国家的自贸区存在显著的区别。海关总署在2008年已经发函表明了中国自贸试验区的法律定位是属于"自由贸易园区"（Free Trade Zone，简称为FTZ），是实施优惠税收与通关政策的特殊国内经济贸易区。自贸试验区既不属于双边或多边国际贸易条约下或区域经济一体组织框架下的自由贸易区，也不属于《京都公约》中的"自由区"，而是我国单方自主设立的国内特殊经济贸易区。[①] 但从试验区推广到全国后，若将"试验"二字去掉，则中国自贸区与世界自贸区在语义上相同，容易引起概念的混淆，有学者建议中国的自由贸易试验区不能简称为自贸区而应为自贸试验区，以此与自贸区的概念在语义上相分别。[②] 笔者赞同此种区分。

[①] 杨雄文、钟小榛：《自贸区的法律定位及其知识产权海关执法机制完善》，《法治社会》2017年第2期。

[②] 马敏：《从美新自由贸易园区立法看中国自贸区立法的改进》，《黑龙江省政法管理干部学院学报》2016年第3期。

研究中国自贸试验区的制度特点，需从颁布的大量政策法规入手，以实证研究分析的方式进行梳理和归纳总结。由于中国自贸试验区并无统一的立法，故而只能从具体的试验区着手研究，以下选取广东与上海两个自贸试验区为蓝本，进行立法制度比较研究。

二 上海自由贸易试验区的立法特点

（一）上海自贸试验区法律体系现状

上海自贸试验区的立法数据，经收集整理如表2所示。

表2 上海自贸试验区政策法规数据

单位：项

全国人大常委会文件	行政法规	相关部委文件	地方法律规章	其他相关文件
3	18	44	53	11

资料来源：中国（上海）自由贸易试验区官网，http：//www. china-shftz. gov. cn/government. aspx？isF＝0，2017年2月16日访问并整理。

上海自贸试验区自成立以来，颁布了大量的政策法规，对自贸试验区的基本制度作出规定。截至2017年2月中旬，已颁布70项国务院及部委相关文件，75项与上海市地方政府规章相关文件，7项其他相关文件。领域涉及工商贸易、规建环保、计划财政、劳动保障、海关、检验检疫、海事、外汇、税务、应急保障等。[①] 上海自贸试验区已颁布的政策法规文件总量已超过400项，在短短设立的几年时间内已经探索和设计出一套行之有效的中国自贸试验区法律体系。

（二）上海自贸试验区的特色立法制度

上海自贸试验区创设的法律制度，特色鲜明，取得了良好效果，其负面

---

① 数据参见中国（上海）自由贸易试验区"政策法规"，中国（上海）自由贸易试验区官网，http：//www. china‐shftz. gov. cn/government. aspx？isF＝0，最后访问日期：2017年2月16日。

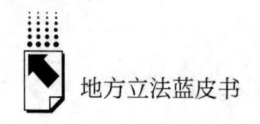

清单制度、重点建设金融领域的法律制度以及更加开放的海关政策制度，为我国自贸试验区建设留下了宝贵经验。

1. 特色鲜明的负面清单制度

管得少的政府才是管得好的政府。[①]"负面清单管理模式"便是政府简政放权、发挥市场活力的创举。上海自贸试验区的负面清单管理模式适应了治理转型的趋势，主动运用法律引领行政审批制度改革，坚持"重大改革于法有据"，重塑了法律与行政改革的关系。[②] 政府对外商投资企业禁止性事项进行清单式的列出，清单之外皆可为。上海自贸试验区负面清单制度以目录的方式列举出外商投资中的禁止事项，这些事项清晰明确且无法作出扩大解释，体现了对公权力的控制和对私主体的放权。

负面清单制度的推行，是中国进一步扩大对外开放，给予他国最惠国待遇的试验性尝试，准入前的国民待遇与负面清单制度相结合成为上海自贸试验区探索的有益尝试。上海自贸试验区的负面清单制度取得了良好的效果，为中国其他地区的自贸试验区提供了有益的经验。负面清单制度在不断完善的同时，清单的项目也在不断减少，表明国家对外开放的程度越来越高，国际贸易更加自由。

2. 重点建设金融领域的法律制度

《中国自由贸易试验区（上海）总体方案》将"金融服务"放在扩大投资领域中的首要位置，作为自贸试验区发展的主要任务和措施。金融领域的开放是上海自贸试验区的突破和尝试，上海市联合"一行三会"制定自贸试验区和上海国际金融中心联动的方案，收集和整理到有关上海自贸试验区关于金融领域方面的文件超过20项。可见金融服务贸易领域是上海自贸试验区的重点建设领域。

金融领域上的对外开放，必须在风险可控的前提之下，不能盲目扩张开

[①] 〔美〕路易斯·亨金等：《宪政与权利》，郑戈译，生活·读书·新知三联书店，1996，第5页。
[②] 喻少如：《负面清单管理模式与行政审批制度改革》，《哈尔滨工业大学学报》（社会科学版）2016年第2期。

放。在区域限定、风险控制之中,上海自由贸易试验区对金融领域制度进行了探索和建设,从扩大人民币跨境使用、完善自由贸易账户外币服务功能、提高分账核算业务境外融资与跨境资金流动、完善银行业监管相关制度、简化行政审批、扩大全口径跨境融资宏观审慎管理、全面放开资本账户管制等方面施展。上海自贸试验区在此番改革之下,逐渐确立起具有国际意义的外汇管理体制、更加便捷的国际货币结算制度,最终形成类似于英国伦敦、中国香港地区,内外一体化、全面渗透型的世界金融中心。

3. 更加开放的海关政策制度

上海自贸试验区建立在四个海关特殊监管区域的基础之上,保税片区"境内关外"的管理制度已经得到推广及认可,有发展成熟的海关管辖制度。但上海自贸试验区并非保税区的加强升级版,而是一个新型经济发展模式。

上海自贸试验区在监管模式方面,奉行瘦上强下、简政放权、便捷高效、加强监管、公平公正和统筹兼顾六大原则。自贸试验区的海关政策满足"一线放开、二线安全高效管住""二线监管模式与一线监管模式相衔接"等基本要求,创新了海关监管模式,加大风险分析,实施分类管理,减少人工干预,做到便捷高效。①

上海自贸试验区在海关方面,在保证国家安全的前提下,不断简政放权,扩大外资经商企业贸易的自由程度,减少烦琐的行政审批,报关愈加便捷。其中"一次备案、多次使用"模式、"单一窗口"管理模式、仓储企业联网监管模式、"先进区、后报关"作业模式等多项创新模式的制度改革,减少了行政审批制的烦琐程序,经贸服务更加高效。

这些新型模式在效率上取得了良好效果。比如启动实施国际贸易"单一窗口"管理制度,上海自贸区进口平均通关时间比区外减少41%,出口平均通关时间比区外减少36%;账册备案到核销操作环节由34项减少为10项,减少了71%。②

---

① 《中国(上海)自由贸易试验区海关监管服务模式改革方案》(特级署加函〔2014〕44号)第一项第三点。
② 陈勇鸣:《上海自贸区的若干可推广经验》,《学习时报》2015年6月15日。

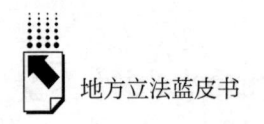

（三）上海自贸试验区立法制度存在的问题

作为一个新型经济开发领域的开创者，上海自贸试验区成功的立法经验值得肯定，但也存在因发展不够成熟而出现的法律制度缺陷。上海自贸试验区至少存在以下五个方面的不足。

第一，上海自贸试验区负面清单制度缺乏法律层级的支撑。国务院办公厅出台的《国务院办公厅关于印发自由贸易试验区外商投资准入特别管理措施（负面清单）的通知》作为负面清单制度支撑，在效力层级上尚属于行政法规。

第二，上海自贸试验区缺乏核心法律制度的构建。上海自贸试验区的核心政策法规文件只有国务院的行政法规和上海市政府地方性法规，全国人大层面的立法迟迟没有出台。随着制度的不断成熟，上海自贸试验区乃至中国各个地方的自贸试验区均迫切需要自贸试验区在人大常委会层面上的立法出台。

第三，上海自贸试验区内部立法体系尚未完善。尤其是大量授权立法的存在，其中既有全国人大常委会和国务院对上海市的授权，又有上海市人大常委会对上海市政府和自贸试验区管委会的授权；既有一般的授权立法形式，又有特殊类型的授权立法（授权暂时调整或暂停实施现行法律法规的部分规定），对这些授权立法效力等级的不同理解使得自贸区法律体系的内部关系更为复杂。①

第四，关于自贸试验区法规出现冲突时的解决方式无明确规定。虽然《立法法》对法律冲突的情形如何解决已予以明确，但由于自贸试验区的内部规则缺乏上位法律制度对之进行统筹，出现政策法规冲突时诉诸司法将带来难以承受的司法压力。

第五，上海自贸试验区在立法上，中央与地方任务分配不够精确。上海

---

① 李敏：《上海自贸区法律体系的现状反思与完善路向》，《南都学坛（人文社会科学学报）》2016年第1期。

自贸试验区的立法方式,有学者认为是"自上而下"的中央控制模式,有学者却持相反意见,认为是"自下而上"的地方包围中央的立法方式。① 两种截然相反的观点各有道理,不可否认的是,自贸试验区在立法上中央与地方任务分配不够精确,中央与地方立法繁重重复致使上海自贸试验区所涉及的法律设立秩序定位不清。

综上,中国上海自贸试验区制度,在立法和制度建设层面上还有较大的补足空间。一方面,其优秀成功的经验可结合各个地区的实际推广用之;另一方面,存在的法律制度问题需及时修缮,防止其给我国经济建设带来制度危机。

三 广东自由贸易试验区的立法特点

(一) 广东自贸试验区的立法现状

广东自贸试验区的立法数据,经收集整理如表3所示。

表3 广东自贸试验区政策法规数据

单位:项

全国人大常委会文件	行政法规	相关部委文件	地方法律规章	其他相关文件
1	18	23	42	14

资料来源:广东自由贸易试验区官网,http://www.china-gdftz.gov.cn/zcfg/#zhuyao,2017年2月16日访问并整理。

2014年12月28日,全国人大常委会授权包括广东在内的第二批三个中国自贸试验区适用暂时调整有关法律规定的行政审批的决定,与上海自贸试验区的设立相隔一年半有余。广东自贸试验区在制度设计和立法上,借鉴了上海的典范,立法体系更为成熟。在政策法规分布中,贸易类依旧数量最

---

① 马光:《中韩自贸区法制比较研究》,《华东理工大学学报》(社会科学版)2015年第3期;李敏:《上海自贸区法律体系的现状反思与完善路向》,《南都学坛(人文社会科学学报)》2016年第1期。

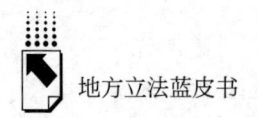

多，其中综合类文件有41项，投资类有17项，贸易类有25项，金融类21项，财税17项。① 单从广东自贸试验区的政策法规来看，其数量较少，但结构体系完整，立法领域集中在财经类服务贸易行业。总体而言，各部分立法与上海自贸试验区的法律体系相似，在中央层面上的法律制度基本上实现了统一适用，很多制度是直接转达适用（如负面清单制度和先前的暂时调整有关法律规定的行政审批决定），部门规章则出台类似文件，而在地方层面上，广东自贸试验区在立法上更加强调毗邻港澳的地方区域特色制度。

广东自贸试验区有自身关于经济特区发展起来的一套成熟的政策法规经验，又有上海自贸试验区在先前关于自贸试验区立法的成功经验可以借鉴。广东自贸试验区在法律制度的设立和经济贸易的发展上，具有"后来者居上"的可能性。

（二）广东自贸试验区的特色立法制度

广东自贸试验区在保持自贸试验区的应有功能之外，结合地方特色，重点发展区域自由贸易制度。广东自贸试验区的区域战略定位为"依托港澳、服务内地、面向世界，将自贸试验区建设成为粤港澳深度合作示范区、21世纪海上丝绸之路重要枢纽和全国新一轮改革开放先行地"。② 广东自贸试验区的地方特色鲜明，是"一国两制"实现的前沿阵地，是实现港澳地区与内地合作的桥头堡。

1. 对接"一国两制"分功能片区立法

广东自贸试验区总共可分为广州南沙片区、深圳前海蛇口片区以及珠海横琴片区。广东自贸试验区的片区分布特征更具典范性，每个分片区承载不同功能的制度。广州南沙片区，面积广阔，重点发展航海物流、特色金融、国际商贸，是建设以生产性服务为主导的现代产业新高地和具有世界先进水平的综合服务枢纽；前海蛇口片区，邻近香港，充分发挥香港作为"亚洲

---

① 数据来源参见广东自由贸易试验区"政策法规"，广东自由贸易试验区官网，http://www.china-gdftz.gov.cn/zcfg/#zhuyao，最后访问日期：2017年2月16日。
② 《中国（广东）自由贸易试验区总体方案》第一项总体要求之第二部分"战略定位"。

金融中心"的优势，重点建设金融服务贸易，发展跨境人民币业务、信息服务、科技服务等战略性新兴服务业，建设我国金融业对外开放试验示范窗口，打造自贸试验区金融中心；珠海横琴片区，与澳门特区相连，着重发展旅游休闲健康业、文化科教和高端科技产业，建设国际都会，打造多元发展新载体，帮助澳门减少对博彩行业的依赖。

2. 珠海横琴片区双重政策优惠

广东自贸试验区跟其他自贸试验区不同，已有诸多特殊的经济政策法规适用。广东地区，在改革开放初，已与港澳地区开展经济贸易；在中国加入世贸组织时，承担着打开东南亚市场的重要职能。在如此浸染下，广东地区可谓深谙世界贸易的规则。改革开放三十几年来，广东地区的对外经济政策纷繁林立，部分出现重合。广东自贸试验区中的珠海横琴片区就是例证。横琴片区是一个自贸试验区加财税优惠政策叠加的区域，拥有特殊的通关及财税政策、特殊的土地政策、开放的产业和信息化政策、创新的金融政策。① 横琴的制度创新突破了经济改革的局限，最引人注目的就是行政体制改革和司法综合改革，是"特区中的特区"。多项优惠政策的叠加使得许多外资企业在横琴片区能够获得比其他自贸试验区更加有利的政策优势。

（三）广东自贸试验区立法制度存在的问题

1. 自贸试验区优惠政策竞合

广东自贸试验区的政策核心是依托港澳，深度合作。如此一来，广东自贸区形成了一个政策重合的现状，容易造成地区在政策适用上的困难。例如，内地与香港地区签署过CEPA（《内地与香港关于建立更紧密经贸关系的安排》），从某种意义上来说，自贸试验区政策与CEPA在广东自贸试验区产生了"政策竞合"。通常而言，优惠政策发生竞合，其解决方式应是

---

① 参见珠海横琴新区片区官网关于横琴片区功能定位的介绍，中国（广东）自由贸易试验区珠海横琴新区片区官网，http://ftz.hengqin.gov.cn/ftz/zcys/201501/c55fabbb1fb843d8afb15563abf1229e.shtml，最后访问日期：2017年3月4日。

"两害相权取其轻,两利相权取其重"。但关乎政策性优惠的程度,政策辐射范围的广度,以及政策内容的多样性,其竞合判断的难度较大。在多种贸易协议优惠政策之中,若是找到两项内容规定相同的政策法规,其前者是否有被废止的必要？CEPA 在建立之后,出台了一项服务贸易协议,对政策法规发生冲突或竞合时的适用做了规定。① 但关于区域内整个境外贸易体系的建构,平衡"一国两制"以及国外贸易协议的冲突,还未有明确的解决规则。

2. 政策法规推广性弱

推广自贸试验区是中国 21 世纪对外开放的重要战略措施。从上海自贸试验区开始,国家将自贸试验区作为"试验田",上海自贸试验区的政策建设目标之一也是"可推广、可复制"。相比于全国层面上的自贸试验区,广东地区先前的粤港澳合作政策虽然也具有国家战略意义,但合作区域局限于广东地区,在更多意义上是区域性的跨境经济合作。广东自贸试验区的设置主要是为了加强粤港澳深度合作。在地方特色法律制度建设中突出毗邻港澳地理优势,突出服务港澳的宗旨,使得广东自贸试验区对港澳企业与其他外资企业出现区别对待的问题。其针对港澳地区的自贸试验区制度的建设,也难以具有如上海自贸试验区般的普遍适用性,推广性弱。

四 广东与上海自由贸易区的立法比较

广东与上海自贸试验区的建设发展令世人瞩目。比较二者的立法制度,可得出共通的成功经验。概而言之,在立法数据上,从总量和各个部分的数据对比中可推论出相关成因;在立法领域上,比较二者出台相关法律法规时的侧重点,可了解和分析自贸试验区间的差异性;从地方法律规章内容上,比较两个自贸试验区在地方自主性的制度设计上的特色,可探讨如何发挥地

---

① 《内地与香港关于建立更紧密经贸关系的安排》服务贸易协议第一条第二款。

方优势。从三个方面的立法比较研究中,可以归纳出我国自贸试验区的发展经验,不同自贸试验区的立法区位考量,从而探索出我国自贸试验区法律制度建设之若干规律。

(一)立法数据上的比较

立法数据上的比较,可从两个层面分析。第一个层面是立法总量上的比较,从图1中可看出上海自贸试验区政策法规出台的数量高于广东自贸试验区的政策法规数量。盖因上海自贸试验区乃我国第一个自贸试验区的试点区域,需要"摸着石头过河",在制度和管理运行上需进行从无到有的摸索。立法上的空白领域较多,重复立法情况较多,有缺陷需要废止修改的政策法规较多,造成上海自贸试验区政策法规烦冗。而相比之下,广东自贸试验区因为有了上海自贸试验区的经验,避免了陷入重复立法误区,可直接适用上海自贸试验区成功有效的法律制度。此外,广东自贸试验区避免了立法分散、各部门立法频繁等立法缺点,出台了完整、统一适用的制度法规,减少了文件的烦冗,故在立法总量上,广东自贸试验区的数量少于上海自贸试验区。

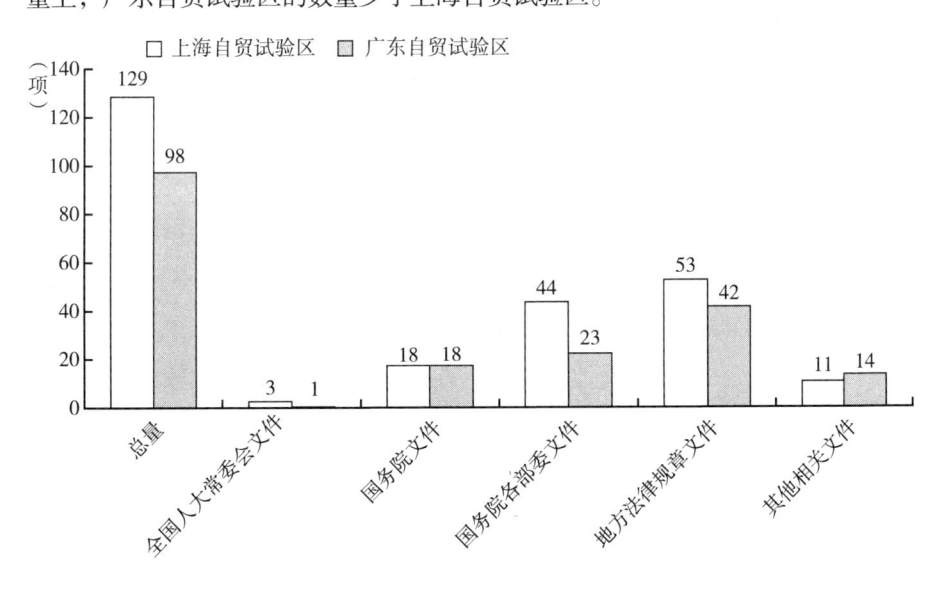

图1 广东与上海自贸试验区立法比较

类别	上海自贸试验区	广东自贸试验区
总量	129	98
全国人大常委会文件	3	1
国务院文件	18	18
国务院各部委文件	44	23
地方法律规章文件	53	42
其他相关文件	11	14

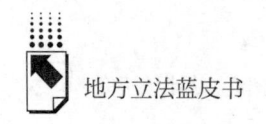

第二个层面,从各个部分的立法数据分析。在中央层面上,全国人大常委会关于自贸试验区的法律文件已失效,国务院颁发的文件数量都是18项。可见在宏观上,国家对自贸试验区的战略部署具有高度的统一性。而另一方面,国务院出台核心法律性文件后,各个部委发公文支持,政策法律出台繁重重复。广东自贸试验区的部门规章数量比上海自贸试验区减少一半,规章文件更为简洁,系统性更强,数量少,内容全。在地方层面上,地方性法律规章文件和其他相关文件从数据上看差异不大,整体上海数量居多,成因与上述相同。

(二)立法领域上的比较

在立法领域上,两个地区的重点均在服务贸易领域,尤其是金融服务领域。据统计,上海自贸试验区金融领域的政策法规数量比重较大,有18项专项文件规定金融政策,而广东自贸试验区也有9项专项文件。关于减少行政审批、税收政策以及海关政策等,两个自贸试验区都有涉及,上海自贸试验区已经初步完善了各个行政机关、各个立法领域的制度建设,各领域上的规定均较为细致。而广东自贸试验区制度还不够精细,如电信业务、外商独资医疗机构管理等事项,还未有此专项规定。

(三)立法内容上的比较

广东与上海自贸试验区立法之内容,在中央层面上保持一致,从国务院及其各部委出台的文件名称中,可看出其制度规定只有名称之差别,而无实质内容之差别。但地方性法律文件内容却大相径庭。

第一点,上海自贸试验区所制定的地方制度性法规,规定更为详尽,而广东自贸试验区在地方性法律法规制定方面,单项业务的立法较少,总体地区实施条例和部门机关依照上级文件而颁布的细则较多。原因在于,上海自贸试验区在地方上首次创设制度法规,考虑政策推出的及时性,在单项业务成熟时即出台相应单项规定,从而使单项立法较多,呈现出地方政策法规数量较多的现状。广东自贸试验区之立法因有前者成功经验,可将其单项有效的成熟制度系统化,出台一部汇总的条例取而代之。但可发现广东自贸试验区也有一定数量的单项业务立法,侧面反映出目前我国自贸试验区的法律法规建设还未真正实现体系化。作为后起之秀的广东自贸试验区在制度建设上也在不断探寻和推进,单项业务制度不断成熟,推动自贸试验区法律制度体系化。

第二点,上海自贸试验区的地方立法内容,绝大多数是针对"上海自贸试验区"这一整体对象,而广东自贸试验区在地方立法上,却常常是南沙、前海、横琴三大片区分头立法。上海自贸试验区的普适性立法让其政策法规具有较大的普遍性,顺应其作为中国自贸试验区"试验田"的地位,成功的经验政策在制定之初就拥有了先天的推广性。上海的成功经验上升到中央层面进而推广到全国与此不无关系。广东自贸试验区的分区立法与其功能划分片区的战略指导密切相关。广东自贸试验区的三个片区围绕着毗邻港澳的区位优势,有各自承载的主要功能,在立法上体现为各个片区分头制定政策规则,以"一带一路"的推进为建设自贸试验区的目标,广东自贸试验区更像是由三个独立的自贸片区组成,各个片区发挥地方特色,制定独特的政策法规。

第三点,上海自贸试验区强调"自贸试验区应有之义",广东自贸试验区更着重"一国两制,港澳合作"的区位特色。在立法内容上,上海自贸试验区各方面的制度都与自贸试验区本身制度建设有关,而广东自贸试验区则是在自贸试验区的总体设计方案之下,突出其毗邻港澳的特色。例如,自贸试验区关于司法系统如何更好地为自贸试验区服务,法院如何培养人才等方面,上海法院出台了一个大方向的意见,而广州南沙法院则处处体现其地方特色,在语言要求上提出要精通"普通话、粤语和英语"。①

---

① 《上海法院服务保障中国(上海)自由贸易试验区建设的意见》中提出,"19.加强人才培养优化人才结构。推进队伍正规化、职业化、专业化建设,选拔培养一批既精通国内外法律,又熟悉经济和通行投资贸易规则惯例,且具有国际化视野、丰富审判经验和较强审判能力的专家型、复合型法官,有效担当起自贸试验区的司法重任"。《服务保障广东自由贸易试验区广州南沙新区片区建设的意见》中规定:"扩大港澳籍人民陪审员聘任构建多元化纠纷解决机制。培养和储备精通普通话、粤语、英语三种语言,熟悉中国法律和相关国际条约、国际惯例,熟悉金融、财会、保险等相关领域知识,具有国际的视野和丰富的民商事、行政、刑事审判经验,具有高尚的职业素养、职业操守及司法能力的高素质、复合型人才库,打造自贸区专业化、职业化的审判队伍。"

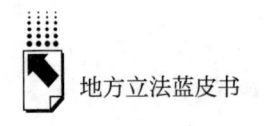

五 新设立自贸试验区面临的立法困境

从上海与广东两大自贸试验区的立法现状、立法特色制度以及存在的问题来看,两者既有共性又有特性。随着第三批自贸试验区的设立,自贸试验区从中央到地方层面的立法困境亟待解决。

(一)缺乏核心上位法律的制定

我国把自贸试验区制度作为国家在21世纪实施"一带一路"倡议的重要经济制度,但其最高层级立法只有行政法规,亟待全国人大对我国自贸试验区法律制度进行立法整合,规避存在的法律冲突。

1. 完善上位法的时间迫切

随着第三批自贸试验区获批挂牌,自贸试验区成为国家全面对外发展的经济制度。但是,自贸试验区立法依旧处在地方立法自立山头的局面,中央层面以国务院出台的各个总体方案分头指导,自贸试验区制度无法律上的授权。

第三批自贸试验区已经确立,自贸试验区已不再是试点,而是推广。新设立的自贸试验区数量多、涉及范围广,此时亟待构建自贸试验区法律体系,而这一体系的构建当以制定全国性自贸试验区法为首要目标。

2. 自贸试验区合法性需要

国务院出台的各个总体方案属于行政法规,在效力位阶上高于一般部门规章和地方性法规,仅次于宪法和法律。毋庸置疑,行政法规在支撑地方性法规和规章的制定上,效力足矣。其居中协调作用能有效化解自贸试验区地方立法与现行国家立法之冲突,当地方性法规出现新情况时,可通过修改自贸试验区总体方案方式,在保证我国社会总体稳定的前提下尽可能实现自贸试验区制度创新改革。① 而今自贸试验区制度已经基本成熟,积累的经验已

---

① 李猛:《中国自贸区国家立法问题研究》,《理论月刊》2017年第1期。

开始普及应用，行政法规灵活性之优势抵不过效力性不足之劣势，自贸试验区需要人大立法为之确保制度创新的合法性效力。

自贸试验区本身承载着改革创新的价值期待，广东自贸试验区在地方性法规上做了明确规定。① 在此种价值期待下，实践中难免出现与现行法律规范冲突之情形。唯有全国人大及其常委会出台自贸试验区的专项立法，方可保障我国自贸试验区有法可依，并借助"新法优于旧法、特殊法优于一般法"的一般性法律适用原则协调好与其他现行法律、行政法规间的关系，减少自贸试验区在战略实施过程中来自国家立法的制度障碍与法律适用冲突。②

3. 中央层面立法并未实现统一

当前自贸试验区最高位阶文件为各个总体方案，易言之，当前最高效力的法律文件并没有对我国自由贸易试验区进行统一立法。各个总体方案内容雷同，但文本不一，不具备法律上的统一性。分头立法能有效发挥各个自贸试验区的自身区位优势，但作为国家级别的经济制度，无统一立法不利于法治建设体系化，不利于自贸试验区未来的发展。各个自贸试验区在制定地方法规和规章时，若无全国性法律进行指导和约束，易造成各个地区在立法上的恶性竞争。我国是单一制的国家，遵循"下位法服从上位法"，地方立法必须服从中央立法，唯有出台全国人大层面上的自贸试验区立法，才能形成统一的自贸试验区法律体系。

（二）多元化完善配套省级立法不足

以广东自贸试验区为例，其在地方经济体制立法上，常常分片区多头立法，虽能有效地分配资源，发挥各个片区的地理优势，但分头立法也需要统一规范，在发挥片区灵活性与自主性的同时，注重片区之间合作规则规范的制定。

---

① 《中国（广东）自由贸易试验区条例》第四条规定："鼓励自贸试验区先行先试，探索制度创新。对法律、法规和国家政策未明确禁止或者限制的事项，鼓励公民、法人和其他组织在自贸试验区开展创新活动。"

② 周旺生：《立法学》，法律出版社，2009，第22~23页。

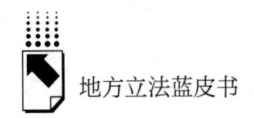

完善省级地方性配套立法是一项系统工程。而当前广东自贸试验区在省级层面的配套立法较为薄弱，需要多元化配套立法，尤其要加强综合性配套立法，做好省级立法规范"承上启下"的作用。① 当前地方立法普遍存在一个不良现象，即立法"抄袭"，指的是除了对上位法的不当重复外，还有对同位法和下位法的照抄照搬。②

因此，新设立自贸试验区在省级立法构建上要做到：第一，需要注意上位法的法律权限，既要避免立法上的越权，也要避免出现空白配套立法的情况；第二，在时间上，需要紧跟上位法的要求及时做好配套性立法；第三，在内容上要避免重复上位法，做到"言之有物"。

（三）"自贸试验区管委会"在组织法上之定位模糊

在自贸试验区立法上，广东自贸试验区横琴片区经其"自贸试验区管委会"出台了若干行政规范性文件，其文件规定的行政行为是否可诉？自贸试验区管委会在法律上的定性应为派出机关还是派出机构？派出机关和派出机构两者虽只有一字之差，但在行政法学上的定义却相去甚远，派出机关属于独立的行政主体，能够以自己的名义作出行政行为，承担行政责任，而派出机构则不是行政主体，其行为造成侵害只由其所属行政机关承担责任，不能以自己的名义行使权力，除非有法律法规的明确授权。自贸试验区管委会的属性在现存法律上还没有一个权威的解释，在未来司法实践上亟须考虑和解决。

自贸试验区管委会若是派出机关，其行政主体的资格设立应有组织法上的法律支撑。广东自贸试验区管委会的设立依据是《中国（广东）自由贸易试验区条例》，属于地方性法规，其机构设置的定性应为行政派出机构。③ 从我国《中华人民共和国地方各级人民代表大会和地方各级人民政府组织法》

---

① 转引自王压非《我国配套立法问题研究》，法律出版社，2014，第27~29页。
② 孙波：《试论地方立法"抄袭"》，《法商研究》2007年第5期。
③ 《中国（广东）自由贸易试验区条例》第六条："按照统筹管理、分级负责、精干高效的原则，设置省自贸试验区工作办公室和自贸试验区片区管理机构。"

及其相关法律规定看,我国目前的派出机关有三类:行政公署、区公所和街道办事处。自贸试验区管委会显然不属于这三类,在理论上不属于派出机关。

自贸试验区管委会若是作为派出机构,在行政法学上,根据我国《行政诉讼法》第二十六条,① 行政派出机构因没有行政主体资格,承担行政诉讼被告的只能是作出行政行为的行政机关,换言之,"自贸试验区管委会"若因其行政行为被提起行政诉讼,被告为设立该行政机构的人民政府。但事实上,自贸试验区管委会作为行政诉讼的被告已经出现在我国司法实务之中。② 不过,也有学者指出,目前我国行政主体有两类:一类是行政机关,主要有国务院、国务院各部委、国务院直属机构和办事机构、国务院部委归口管理的国家局、地方各级人民政府、地方各级人民政府的派出机构、地方各级人民政府的职能部门;另一类是法律、法规授权组织,主要是行政性公司、事业单位、企业组织、社会团体、依照法律和法规的授权而直接设立的专门行政机构、行政机关的内部机构、政府职能部门的派出机构等。③ 按照此观点,自贸试验区管委会作为派出机构也可以成为行政诉讼的被告主体。最高院的司法解释也承认了派出机构在法律授权的情况下可以充当行政诉讼的被告。④ 但这是否说明自贸试验区管委会就是派出机构呢?笔者认为此定性依旧值得商榷。

我国《立法法》对各级国家权力机关和政府部门制定规范性文件做了列举式的规定,其中并不包括行政派出机构,而如上文所述,仅横琴片区管委会就制定了数量众多的规范性文件,这就超越了派出机构的权限范围。而《中国(广东)自由贸易试验区条例》第一条便规定,自贸试验

---

① 《中华人民共和国行政诉讼法》第二十六条:"公民、法人或者其他组织直接向人民法院提起诉讼的,作出行政行为的行政机关是被告……行政机关委托的组织所作的行政行为,委托的行政机关是被告。"
② 上海市第一中级人民法院(2016)沪01行终252号行政判决书。
③ 杨解君:《行政法学》,中国方正出版社,2002,第142~144、148~150页。
④ 《最高人民法院关于执行〈中华人民共和国行政诉讼法〉若干问题解释》第二十条第二款:"行政机关的内设机构或者派出机构在没有法律、法规或者规章授权的情况下,以自己的名义作出具体行政行为,当事人不服提起诉讼的,应当以该行政机关为被告。"

区管委会拥有在区域内制定规范性文件的权力。并且，自贸试验区管委会在实践中创立了若干内设机构负责具体事务，这种权力已超越行政派出机构之职权。

综上分析，无论将自贸试验区管委会定性为派出机关抑或派出机构，在行政组织法理论上都无法周延。因经济发展设置专门的管理机构在我国已有先例，早前国家级开发区管理机构在行政法上的法律定性问题亦存在争论。有学者认为，关于国家级开发区管理机构，首先至少承认其具有行政主体资格，然而不能将其归类于现有理论上地方政府、行政派出机关、行政派出机构以及受委托行政组织的分类之中，应定性为"法律、法规授权的组织"，但关于主体的适格性仍然面临诸如授权范围不周延、管辖区域不周延等问题，解决途径最终诉诸立法法和组织法的修订。[①] 笔者认为，自贸区管委会法律上的定性与国家级开发区管理机构一致，拥有行政主体资格，但具体定性有待立法的完善解决。

六　结语

"一带一路"倡议有利于我国深化对外开放，实现经济新的增长，加强推广自贸试验区制度是未来发展不可阻挡之趋势。自贸试验区政策不仅是对外开放的经济政策，其作为经济制度术语在法学内涵上有独立之概念范畴，自贸试验区不同于自贸区，拥有独立的法律制度。自贸试验区的发展随之而来的是负面清单制度、行政审批制度等制度的改革，"自贸试验区"开创了行政法学和地方经济立法的新局面，而自贸试验区发展迅猛，当前我国已经确立的自贸试验区数量已达到11个，而立法滞后将带来诸多问题。

自贸试验区在中央立法上，应出台"中国自由贸易区法"促进自贸试验区法律制度体系化，完善自贸试验区法制建设。而在地方经济立法上，需要发挥自身特色，同时兼顾好与上层立法间的关系。新一批的自贸试验区法

---

① 郭会文：《国家级开发区管理机构的行政主体资格》，《法学》2004年第11期。

制建设，首先需要梳理现行有效法规制度，为新自贸区的立法工作打下基础；其次要适时配合国家层面作出授权决定，做好市级层面授权工作；最后应突出地区特色，适时制定自贸区管理办法等政府规章，为新一轮经济腾飞做好制度性保障。新自贸区的建设和发展，必将在前者的基础之上取得更好的成绩。中国自贸试验区法律制度体系化也将指日可待。

B.15 《安顺市城镇绿化条例》立法前调研及立法思路

西南政法大学《安顺市城镇绿化条例》调研组*

摘 要： 安顺是中国优秀城市、国家卫生城市、国家园林城市、全域旅游示范市、城市双修试点，城镇绿化工作取得了长足进步。当城镇绿化事业获得快速发展时，绿化管理、执法等工作由于缺乏充分的法律依据，在一定程度上影响了城镇绿化工作的进一步发展，制定相关的地方立法显得尤为必要。本文结合实际调研获得的资料，提出在制定《安顺市城镇绿化条例》时应当明确条例的适用范围，注意条例同其他地方性法规的衔接，并且重点关注规范执法权与彰显地方特色等问题。

关键词： 城镇绿化工作 执法权的规范 地方特色

以"加快生态文明体制改革，建设美丽中国"党的十九大报告精神为引领，结合安顺市城镇绿化地方立法现状，2017年11月，西南政法大学地方立法研究中心受邀参与由安顺市人大常委会副主任罗晓红带队的《安顺市城镇绿化条例》（以下简称《条例》）立法调研工作。调研组通过实地走访、召开座谈会、现场访谈方式，就安顺市城镇绿化建设、发展、管理等环节上存在的问题和立法建议与各县区林业、园林、住建、规划等相关部门负责人交流讨论。

---

* 课题名称：《安顺市城镇绿化条例》；课题负责人：周祖成；课题组成员：支艳、李永军、黄锟、谷超、曾心良；日期：2017年12月20日。

《安顺市城镇绿化条例》立法前调研及立法思路

研究中心将调研取得的第一手资料进行梳理提炼,对地方城镇绿化立法进行法律检索,结合安顺市人民政府、安顺市环境保护局、安顺市林业局等官方网站公布的公报、报告及相关数据,将调研报告汇报如下。

一 安顺市城镇绿化建设现状概况

2013年以来,围绕"宜居安顺""绿色家园""美丽安顺"的主题,安顺市城镇绿化建设工作稳步推进,公园绿地建设成效尤为突出(详见表1、图1),2013年人均公园绿地为3.5平方米,2017年人均公园绿地为20.43平方米,年均增长率为55.45%[①]。

截至2017年11月底,安顺市建成区绿地率[②]、绿化覆盖率[③]、人均公园绿地[④]分别达35%、38%、20.43平方米,2017年新增公园绿地200万平

---

① 年均增长率是统计学相关概念,也叫复合增长率,计算公式:n年数据的增长率 = 【(本期/前n年)^｛1/(n-1)｝ -1】×100%,百度百科词条,https://baike.baidu.com/item/年均增长率/9017858? fr = aladdin,最后访问日期:2017年12月19日。
② 《住房城乡建设部关于印发国家园林城市系列标准及申报评审管理办法的通知》(建城〔2016〕235号)附件1《国家园林城市系列标准》"建成区绿地率"。计算方法:建成区绿地率(%) =建成区各类城市绿地面积(km²)/建成区面积(km²)×100%。考核说明:允许将建成区内、建设用地外的部分"其它绿地"面积纳入建成区绿地率统计,但纳入统计的"其他绿地"面积不应超过建设用地内各类城市绿地总面积的20%;且纳入统计的"其他绿地"应与城市建设用地相毗邻。
③ 《住房城乡建设部关于印发国家园林城市系列标准及申报评审管理办法的通知》(建城〔2016〕235号)附件1《国家园林城市系列标准》"建成区绿化覆盖率"。(1) 城市建成区是城市行政区内实际已成片开发建设、市政公用设施和配套公共设施基本具备的区域。城市建成区界线的划定应符合城市总体规划要求,不能突破城市规划建设用地的范围,且形态相对完整。(2) 绿化覆盖面积是指城市中乔木、灌木、草坪等所有植被的垂直投影面积,包括屋顶绿化植物的垂直投影面积以及零星树木的垂直投影面积,乔木树冠下的灌木和草本植物以及灌木树冠下的草本植物垂直投影面积均不能重复计算。计算方法:建成区绿化覆盖率(%) =建成区所有植被的垂直投影面积(km²)/建成区面积(km²)×100%。
④ 《住房城乡建设部关于印发国家园林城市系列标准及申报评审管理办法的通知》(建城〔2016〕235号)附件1《国家园林城市系列标准》"人均公园绿地面积"。公园绿地指向公众开放,具有游憩、生态、景观、文教和应急避险等功能,有一定游憩和服务设施的绿地。公园绿地的统计方式应以现行的《城市绿地分类标准》为主要依据,不得超出该标准中各类公园绿地的范畴,不得将建设用地之外的绿地纳入公园绿地面积统计。计算方法:城市人均公园绿地面积(m²/人) =公园绿地面积(m²)/建成区内的城区人口数量(人)。

米。2014年12月荣获"贵州省园林城市"称号，2017年10月，荣获"国家园林城市"称号。

表1 2013~2017年安顺市城镇绿化建设情况具体数据

年份	建成区绿地率(%)	绿化覆盖率(%)	人均公园绿地(m^2)
2013	26	30	3.5
2014	30.38	34.42	6.84
2015	31.12	35.01	8
2016	33.45	38.91	12.35
2017	35	38	20.43

资料来源：安顺市园林局2013~2017年年度工作总结；安顺市环境保护局官网（http://hbj.anshun.gov.cn）公布的2013~2016年的《安顺市环境状况公报》。

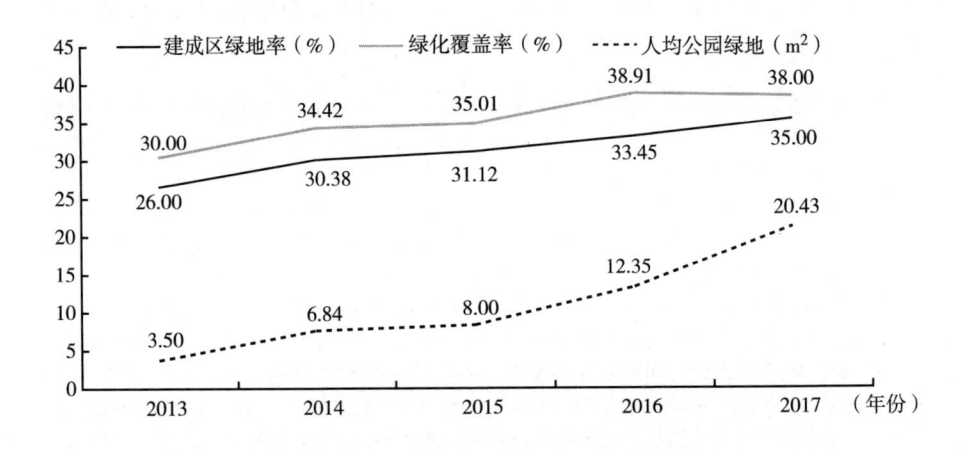

图1 2013~2017年安顺城镇绿化建设情况

（一）多维度推进城镇绿化升级改造

为确保城区"300米见绿，500米见园"，安顺市集中实施一大批公园绿地新建或改造项目，安顺市完成黑石头游园等9个、平坝区完成长龙潭生态公园等19个、开发区完成雅沐园社区公园等7个公园绿地的新建任务，中心城区公园绿地服务半径覆盖率提升至 94.48%；继续实施道路绿化升级改造工程，在黄果树大街、中华东路、北二环路、南华路、西水路、西航路、平黎大道等多条干道新建树池绿化带，丰富植物配置；丰富和优化园林景观，添置花箱、花架，大量使用草花、置石、造型植物等丰富各景观节点，加大绿化管护与花卉妆点力度，进一步提升景观效果，营造良好的城镇绿化氛围。

（二）多举措推进城镇绿化动态管理

重视立法，安顺市人大、安顺市林业局组织相关部门多次召开《条例》立法专题座谈会，探讨固化动态管理机制；严格执法，依据《安顺市城镇绿化管理办法》《安顺市城市绿地系统规划》《安顺市城市绿线管理办法》等法律法规，严格落实公园绿地界碑定桩管理及城市建设规划方案审批；加强数字园林管理信息系统的建设；"走出去、引进来"，加强对园林绿化技术人员开展现场培训；严格落实工作责任追究和工作问责制度，市创园办会同市督查督办局，对工作进展缓慢的进行约谈，对推诿扯皮、共建不力的，严肃追究主要领导和相关负责人责任。

（三）多形式引导公众参与城镇绿化

实施园林式小区评比活动，树典型、扬先进；倡导"绿色清明，文明祭祀"活动；印发实用宣传折页、扇子、围裙，组织开展义务植树活动、园林杯网球大赛等主题活动，营造全民参与、全民共建、全民共享的氛围；通过电视台、报社、政务网站等新闻媒体在重要版面、时段开辟专栏，专题宣传国家、省、市的城镇绿化总体工作要求和部署。

二 安顺市城镇绿化建设现存突出问题

现阶段，安顺市城镇绿化建设突出问题如下。

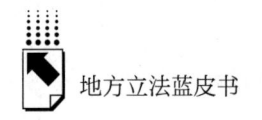

（一）管理体制不顺，职权边界不清

安顺市城镇绿化工作主要由安顺市园林局负责，[①] 由于管理体制不顺，出现市园林局与市林业局、市住建局、市城乡规划局多头管理的局面。由于多头管理，林业局、市住建局、市城乡规划局之间职责边界模糊，市、区、县园林局缺乏宏观层面的统一业务指导，未能建立科学合理的监督检查和考核评价机制，给园林绿化工作特别是执法工作的统一、规范、协调带来很大困难。

（二）工作队伍待优化，保障机制不健全

安顺市园林部门普遍存在人力资源紧缺的问题，特别是绿化专业技术人员，市园林局仅有事业编制人员8人；城镇绿化执法受限，全市仅西秀区园林局设有执法办，编制人员仅3人，而目前西秀区园林局执法办未纳入城市综合执法，未独立设置园林执法机构，执法机构层级较低，难以形成常态化的巡查管护，执法执行力难以到位；城市园林绿化建设经费收支两条线专款专账有待完善，行政罚款收缴机构未明确，执法效果严重受损；城市园林绿化建设资金投入不足，且市、区两级政府财政预算中未按每年实际建设及管护工程量匹配"城市园林绿化建设"和"城市园林绿化维护"专项资金，因此无法出具每年的绿化建管明细台账，不利于开展常态化建管工作。

（三）绿化备案制度待规范，公园管理水平待提高

因绿化备案制度不健全，城镇绿化建设主体除林业（园林）部门外，部分广场、公园、小区和其他项目建设中投资主体多元化，绿地指标易造成

[①] 安顺市园林局（副县级事业单位）：负责制定并执行城镇绿化规划、计划；承担城市建成区内园林、绿化及植物多样性工作；承担城市绿地的养护管理工作；监督、指导附属绿地、居住区绿地、防护绿地、古树名木的管理与保护；对城市建设中园林绿化工程进行评审和质量验收；审查认定园林绿化企业资质；指导园林花卉苗木生产；承担上级交办的其他工作任务。参见安顺市林业局官网，http：//lyj.anshun.gov.cn/ANLYJGOV/B/01/28.shtml，最后访问日期：2017年12月19日。

遗漏，不能全面反映安顺市园林绿化建设总量。市民免费开放公园由区城管、市城投、市文广新等多头管理，权责不清晰，移交后的山体公园（游园）的管护主要依靠社区（村委会、居委会）管理，未安排专人和专项资金，导致山体公园（游园）脏乱差现象时有发生，甚至公园设施遭受破坏。

（四）重建设轻管理，缺乏本土生产绿地

绿化建设与管理相对脱节，相比建设初期的投入成本，园林后期管护投入甚微。伴随安顺园林城市的成功创建，本地绿化项目对种苗需求不断扩大，要解决本地没有政府专供生产绿地的问题，使城市园林绿化建设和管理维系在一个较高的发展水平，成本高、技术难度大。尤其是在前期PPP项目工程全面移交后，按照目前升级改造的水平，景观效果将难以为继。

（五）地方专项立法缺位，城镇绿化管控薄弱

安顺市城镇绿化管理专项规章为《安顺市城镇绿化管理办法》和《安顺市古树名木保护管理办法》，两部行政规章已明显滞后，与日益增长的城市规划建设项目需求脱节，导致申请占用绿地、砍伐和移植树木的大量增加，且项目绿地率审批后，缺乏有效的强有力监管。在新建、改建、扩建项目规划审批时，建设项目中绿化指标未按相关地方规定设计，或即便按规定设计，仍然在竣工验收时无绿化专项验收，往往导致项目建设绿地率等多项绿化指标不能达标。

三 制定《条例》的必要性及立法依据

（一）安顺市城镇绿化发展的现实需要

安顺是中国优秀城市、国家卫生城市、国家园林城市、全域旅游示范市、城市双修试点，截至2017年11月底，安顺市建成区绿地率、绿化覆盖率、人均公园绿地分别达35%、38%、20.43平方米，2017年新增公园绿地200万平方米。城镇绿化各项工作在安顺市委市政府的领导下，取得了长

足进步。但随着安顺市城市规模的不断扩大和人民群众对人居环境要求的不断提高，城镇绿化管理中存在的问题逐渐显现。近年来，在城镇绿化工作中各类毁绿、占绿、乱砍滥伐等现象时有发生，城镇绿化成果得不到很好的保护和巩固。原有的《安顺市城镇绿化管理办法》的实施已经不足以应对当前安顺市城镇绿化事业的快速发展，城镇绿化行政主管部门实施绿化管理、执法等工作缺乏充分的法律依据，在一定程度上影响了城镇绿化工作的开展，亟须制定一部更切合安顺市现状和未来发展的城镇绿化管理法规。

（二）全国人大、国务院、贵州省相关法律法规上位法已经修改

2015年3月修正后的《立法法》规定："应当制定地方性法规但条件尚不成熟的，因行政管理迫切需要，可以先制定地方政府规章。规章实施满两年需要继续实施规章所规定的行政措施的，应当提请本级人民代表大会或者其常务委员会制定地方性法规。"据此，原有的《安顺市城镇绿化管理办法》于2014年1月施行，已超过规定的两年时限。

2017年3月，国务院对《城镇绿化条例》作出了较大的修改，一是删除了绿化工程设计方案必须报城镇绿化行政主管部门审批条款，二是删除了城镇绿化工程的施工应当委托持有相应资格证书的单位承担条款，三是删除了绿化工程竣工后，应当经城镇绿化行政主管部门或者该工程的主管部门验收合格后，方可交付使用条款。

2016年10月，住房城乡建设部《关于印发国家园林城市系列标准及申报评审管理办法的通知》（建城〔2016〕235号）对《国家园林城市申报与评审办法》《国家园林城市标准》《生态园林城市申报与定级评审办法和分级考核标准》《国家园林县城城镇标准和申报评审办法》进行了修订，2017年9月1日起施行《贵州省古茶树保护条例》。

（三）深入推进城市执法体制和综合行政执法体制改革的必然要求

2015年，中共中央、国务院《关于深入推进城市执法体制改革改进城

市管理工作的指导意见》（中发〔2015〕37号）和中央编办《关于开展综合行政执法体制改革试点工作意见的通知》（中央编办发〔2015〕15号），分别对综合行政执法的管理体制、执法范围、工作保障和涉及的立法工作等提出了具体要求。2016年，省委、省政府下发《关于深入推进城市执法体制改革改进城市管理工作的实施意见》（黔党发〔2016〕12号），省委办公厅、省政府办公厅印发《关于推进全省综合行政执法体制改革工作的指导意见的通知》（黔委厅字〔2016〕66号），落实中共中央、国务院的上述改革要求。

（四）制定《条例》的立法依据

(1)《中华人民共和国立法法》；
(2)《中华人民共和国城乡规划法》；
(3)《中华人民共和国物权法》；
(4)《中华人民共和国行政处罚法》；
(5) 国务院《城镇绿化条例》；
(6) 住房和城乡建设部《城市绿线管理办法》；
(7)《贵州省绿化条例》；
(8)《贵州省古茶树保护条例》；
(9)《安顺市地方立法条例》。
此外，参照其他城镇绿化条例。

四 制定《条例》的立法建议

（一）关于适用范围

原有的《安顺市城镇绿化管理办法》建制镇绿化管理未纳入适用范围，建制镇实际绿化指标普遍偏低。2015年1月，安顺市作为全省唯一跻身"国家新型城镇化综合试点"的地级以上城市①，根据国家将在试点单位进一步完善生态补偿和修复机制，加大财政对安顺生态补偿的投入力度，对安顺加大环境保护和治理力度，推进生态补偿示范区建设，且根据《安顺市城市总体规划修编（2016－2030）》规划范围与发展目标，②建议将建制镇绿化管理纳入《条例》的适用范围。关于《条例》名称，张家界市、昆明市、玉溪市已直接采用"城镇"制定"某某市城镇绿化条例"，《宁波市城镇绿化条例》则将城镇纳入适用范围，但由于法条规定，未将法规名称进行相应修改。我们建议，为强化公众对适用范围的直观认识，③条例名称可考虑使用《安顺市城镇绿化条例》。

（二）关于地方法规互相衔接问题

《条例》应与正在起草的《安顺市城乡规划条例》《黄果树旅游区管理条例》等衔接配套，针对《条例》适用范围内一些特殊的绿化区域，如自然保护区、风景名胜区、水源保护区、湿地公园、林地等，应确保法规之间互相印证统一。

---

① 新型城镇化是以城乡统筹、城乡一体、产城互动、节约集约、生态宜居、和谐发展为基本特征的城镇化。参见中国文明网，http：//www.wenming.cn/syjj/dfcz/gz/201501/t20150105_2383533.shtml，最后访问日期：2017年12月20日。

② 2015年1月，《安顺市城市总体规划修编（2016~2030）》通过市城规委审议通过，2015年6月19日通过省级专家评审。2015年9月向社会广泛征求意见，2015年12月通过省城规委审议通过，2016年2月经市人大常委会审议通过，2016年8月，规划经省人民政府批准实施。参见安顺市人民政府官网，http：//www.anshun.gov.cn/zwgk/zdgk/ghjh_53057/gh/201708/t20170825_2799004.html，最后访问日期：2017年12月20日。

③ "城镇"的基本解释如下。①城市和集镇。集镇是介于乡村与城市之间的过渡型居民点。②以非农业人口为主，具有一定规模工商业的居民点。中国规定，县及县以上机关所在地，或常住人口在2000人以上，10万人以下，其中非农业人口占50%以上的居民点，都是城镇。"城市"的基本解释如下。规模大于乡村，人口比乡村集中，以非农业活动和非农业人口为主的聚落。中国通常把设市建制的地方称作城市，人口一般在10万人以上。城市人口和生产力集中，大多是某个区域的工业、商业、交通运输业及文化教育、信息、行政的中心。参见新华在线字典，http：//xh.5156edu.com/html5/z86m28j175838.html，http：//xh.5156edu.com/html5/176310.html，最后访问日期：2017年12月20日。

（三）关于执法权问题

为破解管理中执法职责交叉、多头执法、重复执法等问题，《条例》要充分结合《安顺市综合行政执法体制改革工作方案（草稿）》，理顺管理部门内外部职责关系，确保执法与管理相对统一、有机衔接，提升执法效能。

（四）关于绿地总量、绿地率指标的调整

建议确立城市绿地总量只增不减的总原则，改变绿化规划和城市绿地使用性质不得减少城市绿地总量。城乡规划行政部门审批过程中采用的《城市用地分类与规划建设用地标准》（自2012年1月1日实施）是比较新、比较全面的规定，因此，《条例》应与其表述相一致，使涵盖范围更全面，重新对绿地率进行调整。

（五）关于体现地方立法特色问题

第一，《条例》应立足本市乡土资源现状，强化乡土植物在城市园林中的应用，适地适树，将安顺市市树香樟、市花桂花列于条例中，[①] 以便扩大公众知晓率。

第二，因安顺市现已荣获"国家园林城市"称号，应按照住房和城乡建设部《关于促进城市园林绿化事业健康发展的指导意见》和《国家园林城市标准》关于城市居民出行"300米见绿，500米见园"的要求，结合安顺市山地城市地形地貌实际，明确做相应规定。

第三，因安顺市山体公园较多，且管理环节较为薄弱，建议对山体公园管护，建立配套管理办法，必要时上升为地方性法规。

---

① 2007年5月下旬，安顺开展市树市花评选工作，经过群众推荐、群众投票评审、专家评审等，2008年2月29日，经安顺市二届人大常委会第七次会议审议决定，香樟树为安顺市市树，桂花为安顺市市花。参见搜狐网，http：//www.sohu.com/a/165495149_157031，最后访问日期：2017年12月20日。

第四，针对闲置地，建议规定城市规划区内未及时开工的临时闲置土地，责任主体单位必须按照国家、省裸露土地绿化技术规程进行临时绿化。

第五，固化群众参与性制度。建议对建立城镇绿化数字化管理系统和信息发布平台、群众投诉举报制度、开展城市绿地认建认养活动、树木移植地点对社会公布等作出规定，方便群众参与，接受群众监督。

（六）关于城镇绿化的建设、保护和管理

城市绿地建设工程质量是城镇绿化的重中之重。针对国务院取消城镇绿化主管部门对绿化工程设计方案的审批权和绿化工程施工企业资质等新情况，应结合安顺市现行的城市绿地建设工程管理体制，对城市绿地建设工程的组织实施、建设主体、工程设计、规划许可、质量监督、竣工验收、不动产登记、临时绿化等各个环节做具体规定。应按照城市绿地投资建设的主体和城市绿地的性质，明确城市绿地的养护管理责任人，并规定城市绿地及其设施和树木花草的养护管理经费由养护管理责任人承担，建议制定绿地养护技术规范向社会公布，作为养护管理责任人的养护依据。

（七）关于行政处罚标准

由于《贵州省绿化条例》是1996年出台，2010年修订，相关处罚标准已不能适应当前经济社会发展水平，建议参照其他城镇绿化条例的处罚标准，在广泛收集各单位（部门）意见的基础上，结合安顺市经济社会发展水平，拟定处罚标准。

Contents

I General Report

B. 1 Local Legislation Development of China in 2017
      Research Group of Chongqing Collaborative Innovation
      Center for Local Legislation at SWUPL / 001

Abstract: Overall rule of law is a profound reform in state governance, which requires adherence to strict enforcement of rule of law, promotion of scientific legislation, strict law enforcement, fair and just judicature, and obedience to law by the whole people. Improvement of legislation is the primary part of promoting the rule of law construction, and the objective and scientific analysis of real and actual local legislation situations has important meaning to the promotion and development of Chinese legalization. In this thesis, the author, through collection and analysis of important local legislative achievements, presents an overview of the annual local legislative situations and introduces factors such as quarter, region and category that may affect legislation, and gives a deep-going research on the focus and development tendency of local legislation. It is observed that, firstly, judging from the annual data, the eastern China is most active in legislation; secondly, though the focuses of legislation differ from quarter to quarter, legislative projects in relation to social affairs are always popular topics; and thirdly, the amendment to laws and regulations occurs frequently, and this year may even be called "equal attention to legislation and amendment". In addition, the author also highlights the innovative measures in investigation, hearing and content of local legislation by taking three cities including Beijing as examples.

Keywords: Local Legislation; Legislation by Law; Democratic Legislation; Scientific Legislation

Ⅱ Topic Reports

B.2 General Quality Evaluation Report of Local Legislative Texts in 2017

Research Group of Local Legislation Evaluation at SWUPL / 046

Abstract: Local legislation is the foundation of legislative activities. The local legislation of China has spanned the quantity-oriented development stage with large-quantity and extensive legislation and entered into the quality-oriented development stage with scientific and refined legislation. In order to comprehensively advance the rule of law, we must improve the quality of local legislation and local legislation evaluation is the only way to achieve that goal. This Report adopts the Delphi method to select 155 laws and regulations from different places in a random manner and implements scientific evaluation on the quality of sample legislative texts by mode of "objective type-in". In accordance with the evaluation results, the overall text quality of local laws and regulations is relatively low with certain imbalance existing in respects of region, level, and type and otherwise. The major restraining factors thereof shall be the poor rationality and operability of rules and regulations, making the existing legislation become a mere formality. This Report has summarized four prominent problems to be resolved in local legislation work, which are "repeat legislation, abstract legislation, indistinctive legislation and preferential legislation", and put forward seven specific suggestions therefor.

Keywords: Local Legislation; Legislation Evaluation; Text Quality

B. 3　The Present Situation and Future of Local Environmental Legislation of China

Research Group of Local Legislation Institute at SWUPL,
Western Ecological Law Research Center of SWUPL / 083

Abstract: The effectiveness of environmental law system directly depends on the quality of local environmental legislation. By investigating and analyzing the local environmental legislative texts across the country, it is observed that local environmental legislation has accumulated certain experiences in respect of institutional innovation and effective resolution of local environmental problems, which is worthy to be affirmed. However, various problems also exist in such aspects as legislative mode, legislative content, adjustment method, legislative cost-effectiveness, and otherwise, making it difficult to effectively connect the central environmental legislation with the local environmental legislation or to realize the supplementary and executive functions of local legislation to the upper legislation. Therefore, we should have correct understanding over the functions of local environmental legislation and choose appropriate legislative mode as the case may be; properly coordinate the relationship between "non-contravention" and "local feature"; further identify the future legislative priority of local environmental legislation, enhance the analysis concerning innovative local environmental cases, and improve the quality and effectiveness of local environmental legislation, with a view to truly realizing the goals and functions of local environmental legislation.

Keywords: Local Environmental Legislation; Text Analysis; Legislation Quality; Institutional Innovation

B. 4　The Post Evaluation for local administrative legislation in China of Administrative Local Legislation

Yang Shangdong, Lei Zhen / 154

Abstract: The key to realize the reform goal of "law-based administration" is to discover the pinpoint problem, which is to find the major reason for redundancy and struggled execution of government powers and functions. The main task for evaluating administrative local legislation is to evaluate and reveal the current implementation conditions and existing problems of "law-based administration" and therefore provide useful data and documents for governments at all levels to realize the goal of "law-based administration". In accordance with the evaluation, it is observed that the overall text quality of local laws and regulations concerning administrative licensing and administrative penalty is qualified, but there also exists certain problems. The problems mainly exist in rationality, operability and technicality, which can be summarized as: firstly, the obstructed remedy method; secondly, the excessive discretion; thirdly, the incomplete procedure guarantee for substantive rights of citizen; and fourthly, the inconformity of names of laws and regulations to the corresponding technical specification.

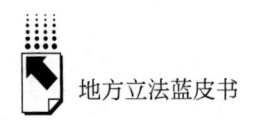

Keywords: local legislation evaluation; legitimacy; rationality

Ⅲ Special Reports

B. 5 Legislative Trend of Districted Cities Being Granted with Legislative Power   *Guo Ye, Cao Qin* / 198

Abstract: Upon amendment to *Legislative Law* in 2015, legislative power has been granted to 273 districted cities. The amount of local legislative subject expands by a large margin, imposing restrictions on the legislative items of local people's congress. By December 31, 2017, 273 districted cities have verified their legislative power and issued 614 local laws and regulations. This Report has implemented investigation and research on the power verification and legislation issuance of the 273 districted cities being granted with legislative power, showing the legislative achievements made by local people's congress and discovering that various problems and difficulties in the process of legislation have obstruct the development of legislation work of local people's congress. Therefore, this Report aims at discussing how to promote the local people's congress' exercise of legislative power by completing institutional construction, developing informatization and otherwise.

Keywords: Local Legislative Power; Districted Cities; Verification of Legislative Power; Recording Review

B.6　The Innovation of Local Legislation: Online Car-hailing

Mo Lin / 216

Abstract: Local legislation for online car-hailing involves complex relationships between legislation, reform and innovation and touches upon various difficult problems including the constitutionality and legitimacy of local legislation, local protectionism, gambling of industry interests and department interests, and otherwise, being the intersection of old and new problems. In accordance with the legislation samples of online car-hailing in 15 national central cities, it is observed that the central legislation concerned has been "grafted" onto the old licensing system with legitimacy defects; the level of corresponding local legislative regulations is relatively low and such regulations have established additional illegal requirements by confusing the "specific regulations" and "constitutive requirements" of licensing. Various local legislation has imposed excessive restrictions on the platform, driver, vehicle and transportation price of online car-hailing and conducted improper intervention on the basic rights of legal persons and citizens, showing multiple disadvantages and defects in regulation and logic. Therefore, in order to optimize legislation in this field, we should reconstruct the regulation system, transform the regulation idea and innovate the regulation method.

Keywords: Online Car-hailing; Legislative Regulation; Licensing System; Legitimacy Defect; Excessive Regulation

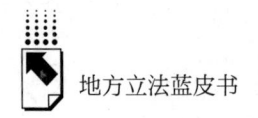

B.7 Local "Early and Pilot Implementation" Legislation Mode and Practice

—A Case Study of Legislation in China Free Trade Zone

Zhang Tao, Wang Hui / 247

Abstract: The "early and pilot implementation" legislation mode is an important choice to deal with the relationship between reform and rule of law as well as a better arrangement to coordinate "reform by law" and "legislation in advance". In the legislative practice of China Free Trade Zone, such legislation mode has been implemented in a proper way and has played an important role. By reviewing and summarizing the legislation in China Free Trade Zone, we may safely draw the conclusion that the "early and pilot implementation" legislation mode has such functions as experiment and exploration, navigation of innovation, and supplementation and completion. In the meanwhile, certain problems also exist in such legislation mode and further optimization thereof will facilitate relevant legislation in the future.

Keywords: Local Legislation; Early and Pilot Implementation; China Free Trade Zone

B.8 On Third-party Evaluation Mechanism of Major Legislative Items

Han Jun, Xie Zhanglu / 263

Abstract: In accordance with the explicit requirements made by the 4th Plenary Session of the 18th Party Central Committee, the third-party evaluation mechanism shall be established to carry out third-party evaluation on major legislative items with relatively severe disputes among different departments, with a view to avoiding protracted legislative settlement. The establishment and completion of third-party evaluation on major legislative items are the objective needs of implementing the comprehensive promotion of rule of law strategy, the necessary approaches to improve the scientification and democratization level of legislation, and the important guarantee for improving legislation quality. In accordance with the investigation and research on legislative systems of western developed countries and regions such as the United States, Japan, France, Germany and otherwise, it is observed that these countries and regions have all paid high attention to legislative evaluation and established complete evaluation mechanisms and systems. In recent years, Hebei, Anhui, Jiangxi and other regions have gradually carried out practice of third-party evaluation on major legislative items. Jiangxi, Guangdong and other regions have formulated special normative documents to regulate government legislation. In accordance with both domestic and foreign legislative practices and experiences, a set of scientific and reasonable third-party evaluation mechanism shall be established with the identification of major legislative item, evaluation principle, qualification of the evaluation subject, selection and management of evaluation institution, evaluation content and standard, evaluation procedure and method, application of evaluation result, publication of evaluation report and other aspects being taken into consideration.

Keywords: Legislation Quality; Legislative Evaluation; Third-party Evaluation; Major Legislative Items

Ⅳ Investigation Reports

B.9　The Conception of the Motivation and Integration of Academic Resources of Local Legislative Researches
—*A Case Study of the Establishment and Operation of Local Legislative Institutes*　　*Zheng Wenrui, Zheng Dan* / 287

Abstract: Nowadays, local legislative institutes have been established in succession in Beijing, Guangdong, Shanghai, Shanxi, Henan, Sichuan, Fujian, Shandong, Hebei, and Jiangsu. The motivation and integration of academic resources of the institute are decided by the factors that "whether a legislative research institute shall be established under the law society of each province (autonomous region or municipality directly under the central government)" and "the capability and vision of the chairman of the institute". Therefore, the academic platform the institute shall be conductive to cultivate personnel that has benign interaction between the teaching and scientific research on legislation andthe practical legislative experiences, with a view to improving the motivation of local legislative research, and optimizing the integration of academic resources. To form such a progressive and narrowed legislative research structure on a national scale as "the China Institute of Legislation (China Law Society) -Joint Committee of Legislative Research Institute under the Law Society of each province (autonomous region or municipality directly under the central government) - Legislative Research Institute under the Law Society of each province (autonomous region or municipality directly under the government)" will improve the motivation of legislative research and optimize academic resources, namely, to integrate the support and resources of legislative research by "national-trans-provincial-inter-provincial" scale, and finally form an alternative to improve the quality of local legislation.

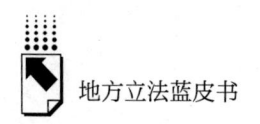

Keywords: Local Legislation; Motivation of Research; Academic Resources; Academic Consciousness; Legislative Research Institute

B. 10 An Empirical Analysis on Media Publicity of Local People's Congress Legislation

—*From the Perspective of 21 Websites of the Municipal (or Autonomous Prefectural) People's Congress of Sichuan Province*

Luo Wei / 296

Abstract: Since the amendment to the *Legislation Law* in 2015, districted cities and autonomous prefectures have been granted with legislative power. Thereafter, the legislation of cities and autonomous prefectures have been developed vigorously, and the 21 cities (and/or autonomous prefectures) of

Sichuan Province are of no exception. The legislation is inseparable from publicity, therefore the deep-going publicity of the people's congress legislation is a fundamental guarantee for carrying out rule of law and improving democracy and the rule of law at the grassroots level. The Standing Committee of People's Congress of each city (or autonomous prefecture) of Sichuan Province, following the development tendency of new media and internet, has established official website thereof to disclose, publicize, and report the organization and work thereof to the public. In this thesis, the media publicity of local People's Congress legislation has been analyzed and studied in accordance with the information and data obtained from the People's Congress websites and Wechat Official Accounts of the 21 cities (and/or autonomous prefectures) of Sichuan Province, and it is proposed to establish and perfect the People's Congress new media publicity mechanism, to support the orderly development and implementation of local legislation work.

Keywords: Local People's Congress; New Media; Publicity of Legislation

B. 11 The Experience of Local Legislation in Tianjin

—*A Case of the Local Legislation of Tianjin People's Congress*

Zhou Jingwen / 305

Abstract: Local rule of law is an important part of national rule of law, which is not only the necessity for implementation of the constitution and laws, but also the basis and source of national legal system innovation. This thesis takes the local legislation of Tianjin people's congress as an example, and on the basis of empirical study, suggest that during the strengthening of legislation, the local people's congress shall clarify the scope of basic systems, sort out the relationship between the central exclusive legislative power and local legislative power, define the scope of especially important matters, allocate authority and function to the local people's congress and the standing committee thereof reasonably, define the jurisdictional limits of local regulations, governmental rules and normative documents, and strengthen the communication between the local people's congress and the legal department under local government.

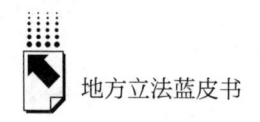

Keywords: Implementary Legislation; Initiative Legislation; Progressive Legislation; Legislative Competence

B.12 The Investigation of Legislation of Drinking Water Sources Protection in Guangan

Legislative Project Research Group of the Standing Committee of Guangan People's Congress / 319

Abstract: The recent years has witnessed great development and progress in protection of drinking water sources in Guangan, but there are inevitably some problems concerning unreasonable planning, ineffective implementation of liabilities, insufficient publicity and otherwise. The research group, through extensive investigation and research, proposes nine legislative suggestions in regard of the existing problems in protection of drinking water sources, such as specifying the protection scope, perfecting the construction of conservation areas, increasing publicity, strengthening division of duties and functions and otherwise.

Keywords: Guangan; Drinking Water Sources; Local Legislation

V Case Study

B.13 An Empirical Study on Chongqing Legislation Characteristics of Local Economic Construction Regulations (1997 −2017)

Zheng Weihua / 331

Abstract: The 20 years since Chongqing became directly under the central government has witnessed the great development of comprehensively deepening reform, implementation of comprehensive rule of law, and further development of economy in Chongqing. Chongqing's booming development in economy and society mainly benefits from the benign interaction between the local economic development and local legislation. However, in the aspect of local economic legislation, Chongqing has encountered such problems as unsophisticated legislation, unclear division of legislative power, insufficient legislative openness, and unprofessional legislation team, which will restrict the development of local economy. Therefore, during the early-stage preparations of legislation, it is necessary to complete the investigation and hearing system for regulation projects, innovate laws and regulations drafting system, and strengthen the construction of legislation team. During the legislation, it is necessary to adhere to democratic legislation, and improve the channels for communication between legislative authority and the social public. After the legislation, it is necessary to establish and perfect the local legislation evaluation system and regulations amendment and repeal system.

Keywords: Economic Construction; Local Regulations; Legislation Characteristics

B.14 A Contrastive Study on Legislation of China (Guangdong) Pilot Free Trade Zone and China (Shanghai) Pilot Free Trade Zone *Hou Jiachun* / 357

Abstract: Free trade zone mechanism is an important economic system developed under the opening-door policy of "the Belt and Road" in the new century. In the context of "the Belt and Road" opening-door policy, it is necessary to find the correct position of China pilot free trade zone. Taking the legislation and practical effects of China (Guangdong) Pilot Free Trade Zone and China (Shanghai) Pilot Free Trade Zone as examples, the legislation of China (Shanghai) Pilot Free Trade Zone has distinctive negative list system, focuses on the legal system in financial areas, and owns more open customs policies and systems, while China (Guangdong) Pilot Free Trade Zone has legislation in consistency with different function districts and in connection with the "one country, two systems" policy and special systems such as Hengqin double preferential policy. Through the analysis and contrast of legislation systems in the two pilot free trade zones, it is noticeable that, with respect to China pilot free trade zones, there are such problems as lack of core superior laws, insufficient diversified corresponding provincial legislation, and ambiguous orientation of organization laws of free trade zone management committee, and such problems are in urgent need to be solved by legislation.

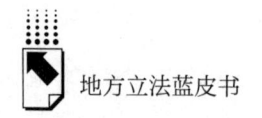

Keywords: Pilot Free Trade Zone; Local Economic Legislation; Legislative Contrastive Study; Local Legislative Problem

B.15 Pre-legislation Research and Legislative Design of *Ordinance of Anshun City on Urban Landscaping*

Ordinance of Anshun City on Urban
Landscaping Research Group of SWUPL / 378

Abstract: Anshun is honored as China excellent city, national health city, national garden city, demonstration city of all-for-one tourism, and pilot city of urban restoration and repair, of which the urban landscaping has been developed with huge progress. Though urban landscaping has been developed rapidly nowadays, it is undeniable that the lack of sufficient legal basis on landscaping management and law enforcement has obstructed the further development of urban landscaping to some extent, which urgently requires the formulation of relevant local legislation. In this Report, the author, in accordance with the materials obtained through practical investigation, suggests that during the formulation of *Ordinance of Anshun City on Urban Landscaping*, it is necessary to specify the applicable scope of the Ordinance, pay attention to the cohesion of this Ordinance with other local laws and regulations, and focus on matters such as regulation of law enforcement power and demonstration of local characteristics.

Keywords: Urban Landscaping; Regulation of Law Enforcement Power; Local Characteristics

社会科学文献出版社　　**皮书系列**

❖ 皮书起源 ❖

"皮书"起源于十七、十八世纪的英国，主要指官方或社会组织正式发表的重要文件或报告，多以"白皮书"命名。在中国，"皮书"这一概念被社会广泛接受，并被成功运作、发展成为一种全新的出版形态，则源于中国社会科学院社会科学文献出版社。

❖ 皮书定义 ❖

皮书是对中国与世界发展状况和热点问题进行年度监测，以专业的角度、专家的视野和实证研究方法，针对某一领域或区域现状与发展态势展开分析和预测，具备原创性、实证性、专业性、连续性、前沿性、时效性等特点的公开出版物，由一系列权威研究报告组成。

❖ 皮书作者 ❖

皮书系列的作者以中国社会科学院、著名高校、地方社会科学院的研究人员为主，多为国内一流研究机构的权威专家学者，他们的看法和观点代表了学界对中国与世界的现实和未来最高水平的解读与分析。

❖ 皮书荣誉 ❖

皮书系列已成为社会科学文献出版社的著名图书品牌和中国社会科学院的知名学术品牌。2016年，皮书系列正式列入"十三五"国家重点出版规划项目；2013~2018年，重点皮书列入中国社会科学院承担的国家哲学社会科学创新工程项目；2018年，59种院外皮书使用"中国社会科学院创新工程学术出版项目"标识。

权威报告·一手数据·特色资源

皮书数据库
ANNUAL REPORT(YEARBOOK) DATABASE

当代中国经济与社会发展高端智库平台

所获荣誉

- 2016年，入选"'十三五'国家重点电子出版物出版规划骨干工程"
- 2015年，荣获"搜索中国正能量 点赞2015""创新中国科技创新奖"
- 2013年，荣获"中国出版政府奖·网络出版物奖"提名奖
- 连续多年荣获中国数字出版博览会"数字出版·优秀品牌"奖

成为会员

通过网址www.pishu.com.cn访问皮书数据库网站或下载皮书数据库APP，进行手机号码验证或邮箱验证即可成为皮书数据库会员。

会员福利

- 使用手机号码首次注册的会员，账号自动充值100元体验金，可直接购买和查看数据库内容（仅限PC端）。
- 已注册用户购书后可免费获赠100元皮书数据库充值卡。刮开充值卡涂层获取充值密码，登录并进入"会员中心"—"在线充值"—"充值卡充值"，充值成功后即可购买和查看数据库内容（仅限PC端）。
- 会员福利最终解释权归社会科学文献出版社所有。

卡号：943331462398
密码：

数据库服务热线：400-008-6695
数据库服务QQ：2475522410
数据库服务邮箱：database@ssap.cn
图书销售热线：010-59367070/7028
图书服务QQ：1265056568
图书服务邮箱：duzhe@ssap.cn

S 基本子库
SUB DATABASE

中国社会发展数据库（下设12个子库）

全面整合国内外中国社会发展研究成果，汇聚独家统计数据、深度分析报告，涉及社会、人口、政治、教育、法律等12个领域，为了解中国社会发展动态、跟踪社会核心热点、分析社会发展趋势提供一站式资源搜索和数据分析与挖掘服务。

中国经济发展数据库（下设12个子库）

基于"皮书系列"中涉及中国经济发展的研究资料构建，内容涵盖宏观经济、农业经济、工业经济、产业经济等12个重点经济领域，为实时掌控经济运行态势、把握经济发展规律、洞察经济形势、进行经济决策提供参考和依据。

中国行业发展数据库（下设17个子库）

以中国国民经济行业分类为依据，覆盖金融业、旅游、医疗卫生、交通运输、能源矿产等100多个行业，跟踪分析国民经济相关行业市场运行状况和政策导向，汇集行业发展前沿资讯，为投资、从业及各种经济决策提供理论基础和实践指导。

中国区域发展数据库（下设6个子库）

对中国特定区域内的经济、社会、文化等领域现状与发展情况进行深度分析和预测，研究层级至县及县以下行政区，涉及地区、区域经济体、城市、农村等不同维度。为地方经济社会宏观态势研究、发展经验研究、案例分析提供数据服务。

中国文化传媒数据库（下设18个子库）

汇聚文化传媒领域专家观点、热点资讯，梳理国内外中国文化发展相关学术研究成果、一手统计数据，涵盖文化产业、新闻传播、电影娱乐、文学艺术、群众文化等18个重点研究领域。为文化传媒研究提供相关数据、研究报告和综合分析服务。

世界经济与国际关系数据库（下设6个子库）

立足"皮书系列"世界经济、国际关系相关学术资源，整合世界经济、国际政治、世界文化与科技、全球性问题、国际组织与国际法、区域研究6大领域研究成果，为世界经济与国际关系研究提供全方位数据分析，为决策和形势研判提供参考。

法律声明

"皮书系列"(含蓝皮书、绿皮书、黄皮书)之品牌由社会科学文献出版社最早使用并持续至今,现已被中国图书市场所熟知。"皮书系列"的相关商标已在中华人民共和国国家工商行政管理总局商标局注册,如LOGO( )、皮书、Pishu、经济蓝皮书、社会蓝皮书等。"皮书系列"图书的注册商标专用权及封面设计、版式设计的著作权均为社会科学文献出版社所有。未经社会科学文献出版社书面授权许可,任何使用与"皮书系列"图书注册商标、封面设计、版式设计相同或者近似的文字、图形或其组合的行为均系侵权行为。

经作者授权,本书的专有出版权及信息网络传播权等为社会科学文献出版社享有。未经社会科学文献出版社书面授权许可,任何就本书内容的复制、发行或以数字形式进行网络传播的行为均系侵权行为。

社会科学文献出版社将通过法律途径追究上述侵权行为的法律责任,维护自身合法权益。

欢迎社会各界人士对侵犯社会科学文献出版社上述权利的侵权行为进行举报。电话:010-59367121,电子邮箱:fawubu@ssap.cn。

社会科学文献出版社

皮书系列

2018年

智库成果出版与传播平台

社会科学文献出版社
SOCIAL SCIENCES ACADEMIC PRESS (CHINA)

社长致辞

蓦然回首，皮书的专业化历程已经走过了二十年。20年来从一个出版社的学术产品名称到媒体热词再到智库成果研创及传播平台，皮书以专业化为主线，进行了系列化、市场化、品牌化、数字化、国际化、平台化的运作，实现了跨越式的发展。特别是在党的十八大以后，以习近平总书记为核心的党中央高度重视新型智库建设，皮书也迎来了长足的发展，总品种达到600余种，经过专业评审机制、淘汰机制遴选，目前，每年稳定出版近400个品种。"皮书"已经成为中国新型智库建设的抓手，成为国际国内社会各界快速、便捷地了解真实中国的最佳窗口。

20年孜孜以求，"皮书"始终将自己的研究视野与经济社会发展中的前沿热点问题紧密相连。600个研究领域，3万多位分布于800余个研究机构的专家学者参与了研创写作。皮书数据库中共收录了15万篇专业报告，50余万张数据图表，合计30亿字，每年报告下载量近80万次。皮书为中国学术与社会发展实践的结合提供了一个激荡智力、传播思想的入口，皮书作者们用学术的话语、客观翔实的数据谱写出了中国故事壮丽的篇章。

20年跬步千里，"皮书"始终将自己的发展与时代赋予的使命与责任紧紧相连。每年百余场新闻发布会，10万余次中外媒体报道，中、英、俄、日、韩等12个语种共同出版。皮书所具有的凝聚力正在形成一种无形的力量，吸引着社会各界关注中国的发展，参与中国的发展，它是我们向世界传递中国声音、总结中国经验、争取中国国际话语权最主要的平台。

皮书这一系列成就的取得，得益于中国改革开放的伟大时代，离不开来自中国社会科学院、新闻出版广电总局、全国哲学社会科学规划办公室等主管部门的大力支持和帮助，也离不开皮书研创者和出版者的共同努力。他们与皮书的故事创造了皮书的历史，他们对皮书的拳拳之心将继续谱写皮书的未来！

现在，"皮书"品牌已经进入了快速成长的青壮年时期。全方位进行规范化管理，树立中国的学术出版标准；不断提升皮书的内容质量和影响力，搭建起中国智库产品和智库建设的交流服务平台和国际传播平台；发布各类皮书指数，并使之成为中国指数，让中国智库的声音响彻世界舞台，为人类的发展做出中国的贡献——这是皮书未来发展的图景。作为"皮书"这个概念的提出者，"皮书"从一般图书到系列图书和品牌图书，最终成为智库研究和社会科学应用对策研究的知识服务和成果推广平台这整个过程的操盘者，我相信，这也是每一位皮书人执着追求的目标。

"当代中国正经历着我国历史上最为广泛而深刻的社会变革，也正在进行着人类历史上最为宏大而独特的实践创新。这种前无古人的伟大实践，必将给理论创造、学术繁荣提供强大动力和广阔空间。"

在这个需要思想而且一定能够产生思想的时代，皮书的研创出版一定能创造出新的更大的辉煌！

社会科学文献出版社社长
中国社会学会秘书长

2017年11月

社会科学文献出版社简介

社会科学文献出版社（以下简称"社科文献出版社"）成立于1985年，是直属于中国社会科学院的人文社会科学学术出版机构。成立至今，社科文献出版社始终依托中国社会科学院和国内外人文社会科学界丰厚的学术出版和专家学者资源，坚持"创社科经典，出传世文献"的出版理念、"权威、前沿、原创"的产品定位以及学术成果和智库成果出版的专业化、数字化、国际化、市场化的经营道路。

社科文献出版社是中国新闻出版业转型与文化体制改革的先行者。积极探索文化体制改革的先进方向和现代企业经营决策机制，社科文献出版社先后荣获"全国文化体制改革工作先进单位"、中国出版政府奖·先进出版单位奖，中国社会科学院先进集体、全国科普工作先进集体等荣誉称号。多人次荣获"第十届韬奋出版奖""全国新闻出版行业领军人才""数字出版先进人物""北京市新闻出版广电行业领军人才"等称号。

社科文献出版社是中国人文社会科学学术出版的大社名社，也是以皮书为代表的智库成果出版的专业强社。年出版图书2000余种，其中皮书400余种，出版新书字数5.5亿字，承印与发行中国社科院所属期刊72种，先后创立了皮书系列、列国志、中国史话、社科文献学术译库、社科文献学术文库、甲骨文书系等一大批既有学术影响又有市场价值的品牌，确立了在社会学、近代史、苏东问题研究等专业学科及领域出版的领先地位。图书多次荣获中国出版政府奖、"三个一百"原创图书出版工程、"五个'一'工程奖"、"大众喜爱的50种图书"等奖项，在中央国家机关"强素质·做表率"读书活动中，入选图书品种数位居各大出版社之首。

社科文献出版社是中国学术出版规范与标准的倡议者与制定者，代表全国50多家出版社发起实施学术著作出版规范的倡议，承担学术著作规范国家标准的起草工作，率先编撰完成《皮书手册》对皮书品牌进行规范化管理，并在此基础上推出中国版芝加哥手册——《社科文献出版社学术出版手册》。

社科文献出版社是中国数字出版的引领者，拥有皮书数据库、列国志数据库、"一带一路"数据库、减贫数据库、集刊数据库等4大产品线11个数据库产品，机构用户达1300余家，海外用户百余家，荣获"数字出版转型示范单位""新闻出版标准化先进单位""专业数字内容资源知识服务模式试点企业标准化示范单位"等称号。

社科文献出版社是中国学术出版走出去的践行者。社科文献出版社海外图书出版与学术合作业务遍及全球40余个国家和地区，并于2016年成立俄罗斯分社，累计输出图书500余种，涉及近20个语种，累计获得国家社科基金中华学术外译项目资助76种、"丝路书香工程"项目资助60种、中国图书对外推广计划项目资助71种以及经典中国国际出版工程资助28种，被五部委联合认定为"2015-2016年度国家文化出口重点企业"。

如今，社科文献出版社完全靠自身积累拥有固定资产3.6亿元，年收入3亿元，设置了七大出版分社、六大专业部门，成立了皮书研究院和博士后科研工作站，培养了一支近400人的高素质与高效率的编辑、出版、营销和国际推广队伍，为未来成为学术出版的大社、名社、强社，成为文化体制改革与文化企业转型发展的排头兵奠定了坚实的基础。

宏观经济类

经济蓝皮书

2018年中国经济形势分析与预测

李平 / 主编　2017年12月出版　定价：89.00元

◆ 本书为总理基金项目，由著名经济学家李扬领衔，联合中国社会科学院等数十家科研机构、国家部委和高等院校的专家共同撰写，系统分析了2017年的中国经济形势并预测2018年中国经济运行情况。

城市蓝皮书

中国城市发展报告 No.11

潘家华　单菁菁 / 主编　2018年9月出版　估价：99.00元

◆ 本书是由中国社会科学院城市发展与环境研究中心编著的，多角度、全方位地立体展示了中国城市的发展状况，并对中国城市的未来发展提出了许多建议。该书有强烈的时代感，对中国城市发展实践有重要的参考价值。

人口与劳动绿皮书

中国人口与劳动问题报告 No.19

张车伟 / 主编　2018年10月出版　估价：99.00元

◆ 本书为中国社会科学院人口与劳动经济研究所主编的年度报告，对当前中国人口与劳动形势做了比较全面和系统的深入讨论，为研究中国人口与劳动问题提供了一个专业性的视角。

皮书系列重点推荐

宏观经济类·区域经济类

中国省域竞争力蓝皮书
中国省域经济综合竞争力发展报告（2017~2018）

李建平　李闽榕　高燕京 / 主编　2018年5月出版　估价：198.00元

◆ 本书融多学科的理论为一体，深入追踪研究了省域经济发展与中国国家竞争力的内在关系，为提升中国省域经济综合竞争力提供有价值的决策依据。

金融蓝皮书
中国金融发展报告（2018）

王国刚 / 主编　2018年6月出版　估价：99.00元

◆ 本书由中国社会科学院金融研究所组织编写，概括和分析了2017年中国金融发展和运行中的各方面情况，研讨和评论了2017年发生的主要金融事件，有利于读者了解掌握2017年中国的金融状况，把握2018年中国金融的走势。

区域经济类

京津冀蓝皮书
京津冀发展报告（2018）

祝合良　叶堂林　张贵祥 / 等著　2018年6月出版　估价：99.00元

◆ 本书遵循问题导向与目标导向相结合、统计数据分析与大数据分析相结合、纵向分析和长期监测与结构分析和综合监测相结合等原则，对京津冀协同发展新形势与新进展进行测度与评价。

皮书系列 重点推荐

社会政法类

社会政法类

社会蓝皮书
2018年中国社会形势分析与预测

李培林　陈光金　张翼/主编　2017年12月出版　定价：89.00元

◆ 本书由中国社会科学院社会学研究所组织研究机构专家、高校学者和政府研究人员撰写，聚焦当下社会热点，对2017年中国社会发展的各个方面内容进行了权威解读，同时对2018年社会形势发展趋势进行了预测。

法治蓝皮书
中国法治发展报告 No.16（2018）

李林　田禾/主编　2018年3月出版　定价：128.00元

◆ 本年度法治蓝皮书回顾总结了2017年度中国法治发展取得的成就和存在的不足，对中国政府、司法、检务透明度进行了跟踪调研，并对2018年中国法治发展形势进行了预测和展望。

教育蓝皮书
中国教育发展报告（2018）

杨东平/主编　2018年3月出版　定价：89.00元

◆ 本书重点关注了2017年教育领域的热点，资料翔实，分析有据，既有专题研究，又有实践案例，从多角度对2017年教育改革和实践进行了分析和研究。

皮书系列重点推荐 　社会政法类

社会体制蓝皮书
中国社会体制改革报告 No.6（2018）
龚维斌 / 主编　2018 年 3 月出版　定价：98.00 元

◆ 本书由国家行政学院社会治理研究中心和北京师范大学中国社会管理研究院共同组织编写，主要对 2017 年社会体制改革情况进行回顾和总结，对 2018 年的改革走向进行分析，提出相关政策建议。

社会心态蓝皮书
中国社会心态研究报告（2018）
王俊秀　杨宜音 / 主编　2018 年 12 月出版　估价：99.00 元

◆ 本书是中国社会科学院社会学研究所社会心理研究中心"社会心态蓝皮书课题组"的年度研究成果，运用社会心理学、社会学、经济学、传播学等多种学科的方法进行了调查和研究，对于目前中国社会心态状况有较广泛和深入的揭示。

华侨华人蓝皮书
华侨华人研究报告（2018）
贾益民 / 主编　2017 年 12 月出版　估价：139.00 元

◆ 本书关注华侨华人生产与生活的方方面面。华侨华人是中国建设 21 世纪海上丝绸之路的重要中介者、推动者和参与者。本书旨在全面调研华侨华人，提供最新涉侨动态、理论研究成果和政策建议。

民族发展蓝皮书
中国民族发展报告（2018）
王延中 / 主编　2018 年 10 月出版　估价：188.00 元

◆ 本书从民族学人类学视角，研究近年来少数民族和民族地区的发展情况，展示民族地区经济、政治、文化、社会和生态文明"五位一体"建设取得的辉煌成就和面临的困难挑战，为深刻理解中央民族工作会议精神、加快民族地区全面建成小康社会进程提供了实证材料。

皮书系列
重点推荐

产业经济类·行业及其他类

产业经济类

房地产蓝皮书

中国房地产发展报告 No.15（2018）

李春华 王业强/主编　2018年5月出版　估价：99.00元

◆ 2018年《房地产蓝皮书》持续追踪中国房地产市场最新动态，深度剖析市场热点，展望2018年发展趋势，积极谋划应对策略。对2017年房地产市场的发展态势进行全面、综合的分析。

新能源汽车蓝皮书

中国新能源汽车产业发展报告（2018）

中国汽车技术研究中心　日产（中国）投资有限公司
东风汽车有限公司/编著　2018年8月出版　估价：99.00元

◆ 本书对中国2017年新能源汽车产业发展进行了全面系统的分析，并介绍了国外的发展经验。有助于相关机构、行业和社会公众等了解中国新能源汽车产业发展的最新动态，为政府部门出台新能源汽车产业相关政策法规、企业制定相关战略规划，提供必要的借鉴和参考。

行业及其他类

旅游绿皮书

2017~2018年中国旅游发展分析与预测

中国社会科学院旅游研究中心/编　2018年1月出版　定价：99.00元

◆ 本书从政策、产业、市场、社会等多个角度勾画出2017年中国旅游发展全貌，剖析了其中的热点和核心问题，并就未来发展作出预测。

皮书系列重点推荐
行业及其他类

民营医院蓝皮书
中国民营医院发展报告（2018）
薛晓林 / 主编　2018 年 11 月出版　估价：99.00 元

◆ 本书在梳理国家对社会办医的各种利好政策的前提下，对我国民营医疗发展现状、我国民营医院竞争力进行了分析，并结合我国医疗体制改革对民营医院的发展趋势、发展策略、战略规划等方面进行了预估。

会展蓝皮书
中外会展业动态评估研究报告（2018）
张敏 / 主编　2018 年 12 月出版　估价：99.00 元

◆ 本书回顾了 2017 年的会展业发展动态，结合"供给侧改革"、"互联网+"、"绿色经济"的新形势分析了我国展会的行业现状，并介绍了国外的发展经验，有助于行业和社会了解最新的展会业动态。

中国上市公司蓝皮书
中国上市公司发展报告（2018）
张平　王宏淼 / 主编　2018 年 9 月出版　估价：99.00 元

◆ 本书由中国社会科学院上市公司研究中心组织编写的，着力于全面、真实、客观反映当前中国上市公司财务状况和价值评估的综合性年度报告。本书详尽分析了 2017 年中国上市公司情况，特别是现实中暴露出的制度性、基础性问题，并对资本市场改革进行了探讨。

工业和信息化蓝皮书
人工智能发展报告（2017～2018）
尹丽波 / 主编　2018 年 6 月出版　估价：99.00 元

◆ 本书国家工业信息安全发展研究中心在对 2017 年全球人工智能技术和产业进行全面跟踪研究基础上形成的研究报告。该报告内容翔实、视角独特，具有较强的产业发展前瞻性和预测性，可为相关主管部门、行业协会、企业等全面了解人工智能发展形势以及进行科学决策提供参考。

国际问题与全球治理类

世界经济黄皮书
2018年世界经济形势分析与预测

张宇燕 / 主编　2018年1月出版　定价：99.00元

◆　本书由中国社会科学院世界经济与政治研究所的研究团队撰写，分总论、国别与地区、专题、热点、世界经济统计与预测等五个部分，对2018年世界经济形势进行了分析。

国际城市蓝皮书
国际城市发展报告（2018）

屠启宇 / 主编　2018年2月出版　定价：89.00元

◆　本书作者以上海社会科学院从事国际城市研究的学者团队为核心，汇集同济大学、华东师范大学、复旦大学、上海交通大学、南京大学、浙江大学相关城市研究专业学者。立足动态跟踪介绍国际城市发展时间中，最新出现的重大战略、重大理念、重大项目、重大报告和最佳案例。

非洲黄皮书
非洲发展报告 No.20（2017～2018）

张宏明 / 主编　2018年7月出版　估价：99.00元

◆　本书是由中国社会科学院西亚非洲研究所组织编撰的非洲形势年度报告，比较全面、系统地分析了2017年非洲政治形势和热点问题，探讨了非洲经济形势和市场走向，剖析了大国对非洲关系的新动向；此外，还介绍了国内非洲研究的新成果。

国别类

美国蓝皮书
美国研究报告（2018）

郑秉文 黄平 / 主编　2018 年 5 月出版　估价：99.00 元

◆ 本书是由中国社会科学院美国研究所主持完成的研究成果，它回顾了美国 2017 年的经济、政治形势与外交战略，对美国内政外交发生的重大事件及重要政策进行了较为全面的回顾和梳理。

德国蓝皮书
德国发展报告（2018）

郑春荣 / 主编　2018 年 6 月出版　估价：99.00 元

◆ 本报告由同济大学德国研究所组织编撰，由该领域的专家学者对德国的政治、经济、社会文化、外交等方面的形势发展情况，进行全面的阐述与分析。

俄罗斯黄皮书
俄罗斯发展报告（2018）

李永全 / 编著　2018 年 6 月出版　估价：99.00 元

◆ 本书系统介绍了 2017 年俄罗斯经济政治情况，并对 2016 年该地区发生的焦点、热点问题进行了分析与回顾；在此基础上，对该地区 2018 年的发展前景进行了预测。

文 化 传 媒 类

新媒体蓝皮书
中国新媒体发展报告No.9（2018）

唐绪军/主编　2018年6月出版　估价：99.00元

◆ 本书是由中国社会科学院新闻与传播研究所组织编写的关于新媒体发展的最新年度报告，旨在全面分析中国新媒体的发展现状，解读新媒体的发展趋势，探析新媒体的深刻影响。

移动互联网蓝皮书
中国移动互联网发展报告（2018）

余清楚/主编　2018年6月出版　估价：99.00元

◆ 本书着眼于对2017年度中国移动互联网的发展情况做深入解析，对未来发展趋势进行预测，力求从不同视角、不同层面全面剖析中国移动互联网发展的现状、年度突破及热点趋势等。

文化蓝皮书
中国文化消费需求景气评价报告（2018）

王亚南/主编　2018年3月出版　定价：99.00元

◆ 本书首创全国文化发展量化检测评价体系，也是至今全国唯一的文化民生量化检测评价体系，对于检验全国及各地"以人民为中心"的文化发展具有首创意义。

地方发展类

北京蓝皮书
北京经济发展报告（2017～2018）

杨松/主编　2018年6月出版　估价：99.00元

◆ 本书对2017年北京市经济发展的整体形势进行了系统性的分析与回顾，并对2018年经济形势走势进行了预测与研判，聚焦北京市经济社会发展中的全局性、战略性和关键领域的重点问题，运用定量和定性分析相结合的方法，对北京市经济社会发展的现状、问题、成因进行了深入分析，提出了可操作性的对策建议。

温州蓝皮书
2018年温州经济社会形势分析与预测

蒋儒标　王春光　金浩/主编　2018年6月出版　估价：99.00元

◆ 本书是中共温州市委党校和中国社会科学院社会学研究所合作推出的第十一本温州蓝皮书，由来自党校、政府部门、科研机构、高校的专家、学者共同撰写的2017年温州区域发展形势的最新研究成果。

黑龙江蓝皮书
黑龙江社会发展报告（2018）

王爱丽/主编　2018年1月出版　定价：89.00元

◆ 本书以千份随机抽样问卷调查和专题研究为依据，运用社会学理论框架和分析方法，从专家和学者的独特视角，对2017年黑龙江省关系民生的问题进行广泛的调研与分析，并对2017年黑龙江省诸多社会热点和焦点问题进行了有益的探索。这些研究不仅可以为政府部门更加全面深入了解省情、科学制定决策提供智力支持，同时也可以为广大读者认识、了解、关注黑龙江社会发展提供理性思考。

宏观经济类

城市蓝皮书
中国城市发展报告（No.11）
著（编）者：潘家华 单菁菁
2018年9月出版 / 估价：99.00元
PSN B-2007-091-1/1

城乡一体化蓝皮书
中国城乡一体化发展报告（2018）
著（编）者：付崇兰
2018年9月出版 / 估价：99.00元
PSN B-2011-226-1/2

城镇化蓝皮书
中国新型城镇化健康发展报告（2018）
著（编）者：张占斌
2018年8月出版 / 估价：99.00元
PSN B-2014-396-1/1

创新蓝皮书
创新型国家建设报告（2018~2019）
著（编）者：詹正茂
2018年12月出版 / 估价：99.00元
PSN B-2009-140-1/1

低碳发展蓝皮书
中国低碳发展报告（2018）
著（编）者：张希良 齐晔
2018年6月出版 / 估价：99.00元
PSN B-2011-223-1/1

低碳经济蓝皮书
中国低碳经济发展报告（2018）
著（编）者：薛进军 赵忠秀
2018年11月出版 / 估价：99.00元
PSN B-2011-194-1/1

发展和改革蓝皮书
中国经济发展和体制改革报告No.9
著（编）者：邹东涛 王再文
2018年1月出版 / 估价：99.00元
PSN B-2008-122-1/1

国家创新蓝皮书
中国创新发展报告（2017）
著（编）者：陈劲　2018年5月出版 / 估价：99.00元
PSN B-2014-370-1/1

金融蓝皮书
中国金融发展报告（2018）
著（编）者：王国刚
2018年6月出版 / 估价：99.00元
PSN B-2004-031-1/7

经济蓝皮书
2018年中国经济形势分析与预测
著（编）者：李平　2017年12月出版 / 定价：89.00元
PSN B-1996-001-1/1

经济蓝皮书春季号
2018年中国经济前景分析
著（编）者：李扬　2018年5月出版 / 估价：99.00元
PSN B-1999-008-1/1

经济蓝皮书夏季号
中国经济增长报告（2017~2018）
著（编）者：李扬　2018年9月出版 / 估价：99.00元
PSN B-2010-176-1/1

农村绿皮书
中国农村经济形势分析与预测（2017~2018）
著（编）者：魏后凯 黄秉信
2018年4月出版 / 定价：99.00元
PSN G-1998-003-1/1

人口与劳动绿皮书
中国人口与劳动问题报告No.19
著（编）者：张车伟　2018年11月出版 / 估价：99.00元
PSN G-2000-012-1/1

新型城镇化蓝皮书
新型城镇化发展报告（2017）
著（编）者：李伟 宋敏
2018年3月出版 / 定价：98.00元
PSN B-2005-038-1/1

中国省域竞争力蓝皮书
中国省域经济综合竞争力发展报告（2016~2017）
著（编）者：李建平 李闽榕
2018年2月出版 / 定价：198.00元
PSN B-2007-088-1/1

中小城市绿皮书
中国中小城市发展报告（2018）
著（编）者：中国城市经济学会中小城市经济发展委员会
　　　　　中国城镇化促进会中小城市发展委员会
　　　　　《中国中小城市发展报告》编纂委员会
　　　　　中小城市发展战略研究院
2018年11月出版 / 估价：128.00元
PSN G-2010-161-1/1

区域经济类

东北蓝皮书
中国东北地区发展报告（2018）
著(编)者：姜晓秋　2018年11月出版／估价：99.00元
PSN B-2006-067-1/1

金融蓝皮书
中国金融中心发展报告（2017~2018）
著(编)者：王力 黄育华　2018年11月出版／估价：99.00元
PSN B-2011-186-6/7

京津冀蓝皮书
京津冀发展报告（2018）
著(编)者：祝合良 叶堂林 张贵祥
2018年6月出版／估价：99.00元
PSN B-2012-262-1/1

西北蓝皮书
中国西北发展报告（2018）
著(编)者：王福生 马廷旭 董秋生
2018年1月出版／定价：99.00元
PSN B-2012-261-1/1

西部蓝皮书
中国西部发展报告（2018）
著(编)者：瑲勇 任保平　2018年8月出版／估价：99.00元
PSN B-2005-039-1/1

长江经济带产业蓝皮书
长江经济带产业发展报告（2018）
著(编)者：吴传清　2018年11月出版／估价：128.00元
PSN B-2017-666-1/1

长江经济带蓝皮书
长江经济带发展报告（2017~2018）
著(编)者：王振　2018年11月出版／估价：99.00元
PSN B-2016-575-1/1

长江中游城市群蓝皮书
长江中游城市群新型城镇化与产业协同发展报告（2018）
著(编)者：杨刚强　2018年11月出版／估价：99.00元
PSN B-2016-578-1/1

长三角蓝皮书
2017年创新融合发展的长三角
著(编)者：刘飞跃　2018年5月出版／估价：99.00元
PSN B-2005-038-1/1

长株潭城市群蓝皮书
长株潭城市群发展报告（2017）
著(编)者：张萍 朱有志　2018年6月出版／估价：99.00元
PSN B-2008-109-1/1

特色小镇蓝皮书
特色小镇智慧运营报告（2018）：顶层设计与智慧架构标准
著(编)者：陈劲　2018年1月出版／定价：79.00元
PSN B-2018-692-1/1

中部竞争力蓝皮书
中国中部经济社会竞争力报告（2018）
著(编)者：教育部人文社会科学重点研究基地南昌大学中国
中部经济社会发展研究中心
2018年12月出版／估价：99.00元
PSN B-2012-276-1/1

中部蓝皮书
中国中部地区发展报告（2018）
著(编)者：宋亚平　2018年12月出版／估价：99.00元
PSN B-2007-089-1/1

区域蓝皮书
中国区域经济发展报告（2017~2018）
著(编)者：赵弘　2018年5月出版／估价：99.00元
PSN B-2004-034-1/1

中三角蓝皮书
长江中游城市群发展报告（2018）
著(编)者：秦尊文　2018年9月出版／估价：99.00元
PSN B-2014-417-1/1

中原蓝皮书
中原经济区发展报告（2018）
著(编)者：李英杰　2018年6月出版／估价：99.00元
PSN B-2011-192-1/1

珠三角流通蓝皮书
珠三角商圈发展研究报告（2018）
著(编)者：王先庆 林至颖　2018年7月出版／估价：99.00元
PSN B-2012-292-1/1

社会政法类

北京蓝皮书
中国社区发展报告（2017~2018）
著(编)者：于燕燕　2018年9月出版／估价：99.00元
PSN B-2007-083-5/8

殡葬绿皮书
中国殡葬事业发展报告（2017~2018）
著(编)者：李伯森　2018年6月出版／估价：158.00元
PSN G-2010-180-1/1

城市管理蓝皮书
中国城市管理报告（2017-2018）
著(编)者：刘林 刘承水　2018年5月出版／估价：158.00元
PSN B-2013-336-1/1

城市生活质量蓝皮书
中国城市生活质量报告（2017）
著(编)者：张连城 张平 杨春学 郎丽华
2017年12月出版／定价：89.00元
PSN B-2013-326-1/1

社会政法类 | **皮书系列 2018全品种**

城市政府能力蓝皮书
中国城市政府公共服务能力评估报告（2018）
著(编)者：何艳玲　2018年5月出版 / 估价：99.00元
PSN B-2013-338-1/1

创业蓝皮书
中国创业发展研究报告（2017~2018）
著(编)者：黄群慧　赵卫星　钟宏武
2018年11月出版 / 估价：99.00元
PSN B-2016-577-1/1

慈善蓝皮书
中国慈善发展报告（2018）
著(编)者：杨团　2018年6月出版 / 估价：99.00元
PSN B-2009-142-1/1

党建蓝皮书
党的建设研究报告No.2（2018）
著(编)者：崔建民　陈东平　2018年6月出版 / 估价：99.00元
PSN B-2016-523-1/1

地方法治蓝皮书
中国地方法治发展报告No.3（2018）
著(编)者：李林　田禾　2018年6月出版 / 估价：118.00元
PSN B-2015-442-1/1

电子政务蓝皮书
中国电子政务发展报告（2018）
著(编)者：李季　2018年8月出版 / 估价：99.00元
PSN B-2003-022-1/1

儿童蓝皮书
中国儿童参与状况报告（2017）
著(编)者：苑立新　2017年12月出版 / 定价：89.00元
PSN B-2017-682-1/1

法治蓝皮书
中国法治发展报告No.16（2018）
著(编)者：李林　田禾　2018年3月出版 / 定价：128.00元
PSN B-2004-027-1/3

法治蓝皮书
中国法院信息化发展报告 No.2（2018）
著(编)者：李林　田禾　2018年2月出版 / 定价：118.00元
PSN B-2017-604-3/3

法治政府蓝皮书
中国法治政府发展报告（2017）
著(编)者：中国政法大学法治政府研究院
2018年3月出版 / 估价：158.00元
PSN B-2015-502-1/2

法治政府蓝皮书
中国法治政府评估报告（2018）
著(编)者：中国政法大学法治政府研究院
2018年9月出版 / 估价：168.00元
PSN B-2016-576-2/2

反腐倡廉蓝皮书
中国反腐倡廉建设报告No.8
著(编)者：张英伟　2018年12月出版 / 估价：99.00元
PSN B-2012-259-1/1

扶贫蓝皮书
中国扶贫开发报告（2018）
著(编)者：李培林　魏后凯　2018年12月出版 / 估价：128.00元
PSN B-2016-599-1/1

妇女发展蓝皮书
中国妇女发展报告 No.6
著(编)者：王金玲　2018年9月出版 / 估价：158.00元
PSN B-2006-069-1/1

妇女教育蓝皮书
中国妇女教育发展报告 No.3
著(编)者：张李玺　2018年10月出版 / 估价：99.00元
PSN B-2008-121-1/1

妇女绿皮书
2018年：中国性别平等与妇女发展报告
著(编)者：谭琳　2018年12月出版 / 估价：99.00元
PSN G-2006-073-1/1

公共安全蓝皮书
中国城市公共安全发展报告（2017~2018）
著(编)者：黄育华　杨文明　赵建辉
2018年6月出版 / 估价：99.00元
PSN B-2017-628-1/1

公共服务蓝皮书
中国城市基本公共服务力评价（2018）
著(编)者：钟君　刘志昌　吴正杲
2018年12月出版 / 估价：99.00元
PSN B-2011-214-1/1

公民科学素质蓝皮书
中国公民科学素质报告（2017~2018）
著(编)者：李群　陈雄　马宗文
2017年12月出版 / 定价：89.00元
PSN B-2014-379-1/1

公益蓝皮书
中国公益慈善发展报告（2016）
著(编)者：朱健刚　胡小军　2018年6月出版 / 估价：99.00元
PSN B-2012-283-1/1

国际人才蓝皮书
中国国际移民报告（2018）
著(编)者：王辉耀　2018年6月出版 / 估价：99.00元
PSN B-2012-304-3/4

国际人才蓝皮书
中国留学发展报告（2018）No.7
著(编)者：王辉耀　苗绿　2018年12月出版 / 估价：99.00元
PSN B-2012-244-2/4

海洋社会蓝皮书
中国海洋社会发展报告（2017）
著(编)者：崔凤　宋宁而　2018年3月出版 / 定价：99.00元
PSN B-2015-478-1/1

行政改革蓝皮书
中国行政体制改革报告No.7（2018）
著(编)者：魏礼群　2018年6月出版 / 估价：99.00元
PSN B-2011-231-1/1

社会政法类

华侨华人蓝皮书
华侨华人研究报告(2017)
著(编)者:张禹东 庄国土　　2017年12月出版 / 定价:148.00元
PSN B-2011-204-1/1

互联网与国家治理蓝皮书
互联网与国家治理发展报告(2017)
著(编)者:张志安　　2018年1月出版 / 定价:98.00元
PSN B-2017-671-1/1

环境管理蓝皮书
中国环境管理发展报告(2017)
著(编)者:李金惠　　2017年12月出版 / 定价:98.00元
PSN B-2017-678-1/1

环境竞争力绿皮书
中国省域环境竞争力发展报告(2018)
著(编)者:李建平 李闽榕 王金南
2018年11月出版 / 估价:198.00元
PSN G-2010-165-1/1

环境绿皮书
中国环境发展报告(2017~2018)
著(编)者:李波　　2018年6月出版 / 估价:99.00元
PSN G-2006-048-1/1

家庭蓝皮书
中国"创建幸福家庭活动"评估报告(2018)
著(编)者:国务院发展研究中心"创建幸福家庭活动评估"课题组
2018年12月出版 / 估价:99.00元
PSN B-2015-508-1/1

健康城市蓝皮书
中国健康城市建设研究报告(2018)
著(编)者:王鸿春 盛继洪　　2018年12月出版 / 估价:99.00元
PSN B-2016-564-2/2

健康中国蓝皮书
社区首诊与健康中国分析报告(2018)
著(编)者:高和荣 杨叔禹 姜杰
2018年6月出版 / 估价:99.00元
PSN B-2017-611-1/1

教师蓝皮书
中国中小学教师发展报告(2017)
著(编)者:曾晓东 鱼霞
2018年6月出版 / 估价:99.00元
PSN B-2012-289-1/1

教育扶贫蓝皮书
中国教育扶贫报告(2018)
著(编)者:司树杰 王文静 李兴洲
2018年12月出版 / 估价:99.00元
PSN B-2016-590-1/1

教育蓝皮书
中国教育发展报告(2018)
著(编)者:杨东平　　2018年3月出版 / 定价:89.00元
PSN B-2006-047-1/1

金融法治建设蓝皮书
中国金融法治建设年度报告(2015~2016)
著(编)者:朱小黄　　2018年6月出版 / 估价:99.00元
PSN B-2017-633-1/1

京津冀教育蓝皮书
京津冀教育发展研究报告(2017~2018)
著(编)者:方中雄　　2018年6月出版 / 估价:99.00元
PSN B-2017-608-1/1

就业蓝皮书
2018年中国本科生就业报告
著(编)者:麦可思研究院　　2018年6月出版 / 估价:99.00元
PSN B-2009-146-1/2

就业蓝皮书
2018年中国高职高专生就业报告
著(编)者:麦可思研究院　　2018年6月出版 / 估价:99.00元
PSN B-2015-472-2/2

科学教育蓝皮书
中国科学教育发展报告(2018)
著(编)者:王康友　　2018年10月出版 / 估价:99.00元
PSN B-2015-487-1/1

劳动保障蓝皮书
中国劳动保障发展报告(2018)
著(编)者:刘燕斌　　2018年9月出版 / 估价:158.00元
PSN B-2014-415-1/1

老龄蓝皮书
中国老年宜居环境发展报告(2017)
著(编)者:党俊武 周燕珉　　2018年6月出版 / 估价:99.00元
PSN B-2013-320-1/1

连片特困区蓝皮书
中国连片特困区发展报告(2017~2018)
著(编)者:游俊 冷志明 丁建军
2018年6月出版 / 估价:99.00元
PSN B-2013-321-1/1

流动儿童蓝皮书
中国流动儿童教育发展报告(2017)
著(编)者:杨东平　　2018年6月出版 / 估价:99.00元
PSN B-2017-600-1/1

民调蓝皮书
中国民生调查报告(2018)
著(编)者:谢耘耕　　2018年12月出版 / 估价:99.00元
PSN B-2014-398-1/1

民族发展蓝皮书
中国民族发展报告(2018)
著(编)者:王延中　　2018年10月出版 / 估价:188.00元
PSN B-2006-070-1/1

女性生活蓝皮书
中国女性生活状况报告No.12(2018)
著(编)者:韩湘景　　2018年7月出版 / 估价:99.00元
PSN B-2006-071-1/1

社会政法类 — 皮书系列 2018全品种

汽车社会蓝皮书
中国汽车社会发展报告（2017~2018）
著(编)者：王俊秀　2018年6月出版／估价：99.00元
PSN B-2011-224-1/1

青年蓝皮书
中国青年发展报告（2018）No.3
著(编)者：廉思　2018年6月出版／估价：99.00元
PSN B-2013-333-1/1

青少年蓝皮书
中国未成年人互联网运用报告（2017~2018）
著(编)者：季为民　李文革　沈杰
2018年11月出版／估价：99.00元
PSN B-2010-156-1/1

人权蓝皮书
中国人权事业发展报告No.8（2018）
著(编)者：李君如　2018年9月出版／估价：99.00元
PSN B-2011-215-1/1

社会保障绿皮书
中国社会保障发展报告No.9（2018）
著(编)者：王延中　2018年6月出版／估价：99.00元
PSN G-2001-014-1/1

社会风险评估蓝皮书
风险评估与危机预警报告（2017~2018）
著(编)者：唐钧　2018年8月出版／估价：99.00元
PSN B-2012-293-1/1

社会工作蓝皮书
中国社会工作发展报告（2016~2017）
著(编)者：民政部社会工作研究中心
2018年8月出版／估价：99.00元
PSN B-2009-141-1/1

社会管理蓝皮书
中国社会管理创新报告No.6
著(编)者：连玉明　2018年11月出版／估价：99.00元
PSN B-2012-300-1/1

社会蓝皮书
2018年中国社会形势分析与预测
著(编)者：李培林　陈光金　张翼
2017年12月出版／定价：89.00元
PSN B-1998-002-1/1

社会体制蓝皮书
中国社会体制改革报告No.6（2018）
著(编)者：龚维斌　2018年3月出版／定价：98.00元
PSN B-2013-330-1/1

社会心态蓝皮书
中国社会心态研究报告（2018）
著(编)者：王俊秀　2018年12月出版／估价：99.00元
PSN B-2011-199-1/1

社会组织蓝皮书
中国社会组织报告（2017-2018）
著(编)者：黄晓勇　2018年6月出版／估价：99.00元
PSN B-2008-118-1/2

社会组织蓝皮书
中国社会组织评估发展报告（2018）
著(编)者：徐家良　2018年12月出版／估价：99.00元
PSN B-2013-366-2/2

生态城市绿皮书
中国生态城市建设发展报告（2018）
著(编)者：刘举科　孙伟平　胡文臻
2018年9月出版／估价：158.00元
PSN G-2012-269-1/1

生态文明绿皮书
中国省域生态文明建设评价报告（ECI 2018）
著(编)者：严耕　2018年12月出版／估价：99.00元
PSN G-2010-170-1/1

退休生活蓝皮书
中国城市居民退休生活质量指数报告（2017）
著(编)者：杨一帆　2018年6月出版／估价：99.00元
PSN B-2017-618-1/1

危机管理蓝皮书
中国危机管理报告（2018）
著(编)者：文学国　范正青
2018年8月出版／估价：99.00元
PSN B-2010-171-1/1

学会蓝皮书
2018年中国学会发展报告
著(编)者：麦可思研究院　2018年12月出版／估价：99.00元
PSN B-2016-597-1/1

医改蓝皮书
中国医药卫生体制改革报告（2017~2018）
著(编)者：文学国　房志武
2018年11月出版／估价：99.00元
PSN B-2014-432-1/1

应急管理蓝皮书
中国应急管理报告（2018）
著(编)者：宋英华　2018年9月出版／估价：99.00元
PSN B-2016-562-1/1

政府绩效评估蓝皮书
中国地方政府绩效评估报告 No.2
著(编)者：贠杰　2018年12月出版／估价：99.00元
PSN B-2017-672-1/1

政治参与蓝皮书
中国政治参与报告（2018）
著(编)者：房宁　2018年8月出版／估价：128.00元
PSN B-2011-200-1/1

政治文化蓝皮书
中国政治文化报告（2018）
著(编)者：邢元敏　魏大鹏　龚克
2018年8月出版／估价：128.00元
PSN B-2017-615-1/1

中国传统村落蓝皮书
中国传统村落保护现状报告（2018）
著(编)者：胡彬彬　李向军　王晓波
2018年12月出版／估价：99.00元
PSN B-2017-663-1/1

皮书系列 2018全品种
社会政法类·产业经济类

中国农村妇女发展蓝皮书
农村流动女性城市生活发展报告（2018）
著（编）者：谢丽华　2018年12月出版 / 估价：99.00元
PSN B-2014-434-1/1

宗教蓝皮书
中国宗教报告（2017）
著（编）者：邱永辉　2018年8月出版 / 估价：99.00元
PSN B-2008-117-1/1

产业经济类

保健蓝皮书
中国保健服务产业发展报告 No.2
著（编）者：中国保健协会　中共中央党校
2018年7月出版 / 估价：198.00元
PSN B-2012-272-3/3

保健蓝皮书
中国保健食品产业发展报告 No.2
著（编）者：中国保健协会
　　　　中国社会科学院食品药品产业发展与监管研究中心
2018年8月出版 / 估价：198.00元
PSN B-2012-271-2/3

保健蓝皮书
中国保健用品产业发展报告 No.2
著（编）者：中国保健协会
　　　　国务院国有资产监督管理委员会研究中心
2018年6月出版 / 估价：198.00元
PSN B-2012-270-1/3

保险蓝皮书
中国保险业竞争力报告（2018）
著（编）者：保监会　2018年12月出版 / 估价：99.00元
PSN B-2013-311-1/1

冰雪蓝皮书
中国冰上运动产业发展报告（2018）
著（编）者：孙承华　杨占武　刘戈　张鸿俊
2018年9月出版 / 估价：99.00元
PSN B-2017-648-3/3

冰雪蓝皮书
中国滑雪产业发展报告（2018）
著（编）者：孙承华　伍斌　魏庆华　张鸿俊
2018年9月出版 / 估价：99.00元
PSN B-2016-559-1/3

餐饮产业蓝皮书
中国餐饮产业发展报告（2018）
著（编）者：邢颖
2018年6月出版 / 估价：99.00元
PSN B-2009-151-1/1

茶业蓝皮书
中国茶产业发展报告（2018）
著（编）者：杨江帆　李闽榕
2018年10月出版 / 估价：99.00元
PSN B-2010-164-1/1

产业安全蓝皮书
中国文化产业安全报告（2018）
著（编）者：北京印刷学院文化产业安全研究院
2018年12月出版 / 估价：99.00元
PSN B-2014-378-12/14

产业安全蓝皮书
中国新媒体产业安全报告（2016~2017）
著（编）者：肖丽　2018年6月出版 / 估价：99.00元
PSN B-2015-500-14/14

产业安全蓝皮书
中国出版传媒产业安全报告（2017~2018）
著（编）者：北京印刷学院文化产业安全研究院
2018年6月出版 / 估价：99.00元
PSN B-2014-384-13/14

产业蓝皮书
中国产业竞争力报告（2018）No.8
著（编）者：张其仔　2018年12月出版 / 估价：168.00元
PSN B-2010-175-1/1

动力电池蓝皮书
中国新能源汽车动力电池产业发展报告（2018）
著（编）者：中国汽车技术研究中心
2018年8月出版 / 估价：99.00元
PSN B-2017-639-1/1

杜仲产业绿皮书
中国杜仲橡胶资源与产业发展报告（2017~2018）
著（编）者：杜红岩　胡文臻　俞锐
2018年6月出版 / 估价：99.00元
PSN G-2013-350-1/1

房地产蓝皮书
中国房地产发展报告No.15（2018）
著（编）者：李春华　王业强
2018年5月出版 / 估价：99.00元
PSN B-2004-028-1/1

服务外包蓝皮书
中国服务外包产业发展报告（2017~2018）
著（编）者：王晓红　刘德军
2018年6月出版 / 估价：99.00元
PSN B-2013-331-2/2

服务外包蓝皮书
中国服务外包竞争力报告（2017~2018）
著（编）者：刘春生　王力　黄育华
2018年12月出版 / 估价：99.00元
PSN B-2011-216-1/2

产业经济类 | 皮书系列 2018全品种

工业和信息化蓝皮书
世界信息技术产业发展报告（2017~2018）
著(编)者：尹丽波　2018年6月出版 / 估价：99.00元
PSN B-2015-449-2/6

工业和信息化蓝皮书
战略性新兴产业发展报告（2017~2018）
著(编)者：尹丽波　2018年6月出版 / 估价：99.00元
PSN B-2015-450-3/6

海洋经济蓝皮书
中国海洋经济发展报告（2015~2018）
著(编)者：殷克东　高金田　方胜民
2018年3月出版 / 定价：128.00元
PSN B-2018-697-1/1

康养蓝皮书
中国康养产业发展报告（2017）
著(编)者：何莽　2017年12月出版 / 定价：88.00元
PSN B-2017-685-1/1

客车蓝皮书
中国客车产业发展报告（2017~2018）
著(编)者：姚蔚　2018年10月出版 / 估价：99.00元
PSN B-2013-361-1/1

流通蓝皮书
中国商业发展报告（2018~2019）
著(编)者：王雪峰　林诗慧
2018年7月出版 / 估价：99.00元
PSN B-2009-152-1/2

能源蓝皮书
中国能源发展报告（2018）
著(编)者：崔民选　王军生　陈义和
2018年12月出版 / 估价：99.00元
PSN B-2006-049-1/1

农产品流通蓝皮书
中国农产品流通产业发展报告（2017）
著(编)者：贾敬敦　张东科　张玉玺　张鹏毅　周伟
2018年6月出版 / 估价：99.00元
PSN B-2012-288-1/1

汽车工业蓝皮书
中国汽车工业发展年度报告（2018）
著(编)者：中国汽车工业协会
　　　　　中国汽车技术研究中心
　　　　　丰田汽车公司
2018年5月出版 / 估价：168.00元
PSN B-2015-463-1/2

汽车工业蓝皮书
中国汽车零部件产业发展报告（2017~2018）
著(编)者：中国汽车工业协会
　　　　　中国汽车工程研究院深圳市沃特玛电池有限公司
2018年9月出版 / 估价：99.00元
PSN B-2016-515-2/2

汽车蓝皮书
中国汽车产业发展报告（2018）
著(编)者：中国汽车工程学会
　　　　　大众汽车集团（中国）
2018年11月出版 / 估价：99.00元
PSN B-2008-124-1/1

世界茶业蓝皮书
世界茶业发展报告（2018）
著(编)者：李闽榕　冯廷佺
2018年5月出版 / 估价：168.00元
PSN B-2017-619-1/1

世界能源蓝皮书
世界能源发展报告（2018）
著(编)者：黄晓勇　2018年6月出版 / 估价：168.00元
PSN B-2013-349-1/1

石油蓝皮书
中国石油产业发展报告（2018）
著(编)者：中国石油化工集团公司经济技术研究院
　　　　　中国国际石油化工联合有限责任公司
　　　　　中国社会科学院数量经济与技术经济研究所
2018年2月出版 / 定价：98.00元
PSN B-2018-690-1/1

体育蓝皮书
国家体育产业基地发展报告（2016~2017）
著(编)者：李颖川　2018年6月出版 / 估价：168.00元
PSN B-2017-609-5/5

体育蓝皮书
中国体育产业发展报告（2018）
著(编)者：阮伟　钟秉枢
2018年12月出版 / 估价：99.00元
PSN B-2010-179-1/5

文化金融蓝皮书
中国文化金融发展报告（2018）
著(编)者：杨涛　金巍
2018年6月出版 / 估价：99.00元
PSN B-2017-610-1/1

新能源汽车蓝皮书
中国新能源汽车产业发展报告（2018）
著(编)者：中国汽车技术研究中心
　　　　　日产（中国）投资有限公司
　　　　　东风汽车有限公司
2018年8月出版 / 估价：99.00元
PSN B-2013-347-1/1

薏仁米产业蓝皮书
中国薏仁米产业发展报告No.2（2018）
著(编)者：李发耀　石明　秦礼康
2018年8月出版 / 估价：99.00元
PSN B-2017-645-1/1

邮轮绿皮书
中国邮轮产业发展报告（2018）
著(编)者：汪泓　2018年10月出版 / 估价：99.00元
PSN G-2014-419-1/1

智能养老蓝皮书
中国智能养老产业发展报告（2018）
著(编)者：朱勇　2018年10月出版 / 估价：99.00元
PSN B-2015-488-1/1

中国节能汽车蓝皮书
中国节能汽车发展报告（2017~2018）
著(编)者：中国汽车工程研究院股份有限公司
2018年9月出版 / 估价：99.00元
PSN B-2016-565-1/1

产业经济类·行业及其他类

中国陶瓷产业蓝皮书
中国陶瓷产业发展报告（2018）
著(编)者：左和平 黄速建
2018年10月出版 / 估价：99.00元
PSN B-2016-573-1/1

装备制造业蓝皮书
中国装备制造业发展报告（2018）
著(编)者：徐东华
2018年12月出版 / 估价：118.00元
PSN B-2015-505-1/1

行业及其他类

"三农"互联网金融蓝皮书
中国"三农"互联网金融发展报告（2018）
著(编)者：李勇坚 王弢
2018年8月出版 / 估价：99.00元
PSN B-2016-560-1/1

SUV蓝皮书
中国SUV市场发展报告（2017~2018）
著(编)者：靳军 2018年9月出版 / 估价：99.00元
PSN B-2016-571-1/1

冰雪蓝皮书
中国冬季奥运会发展报告（2018）
著(编)者：孙承华 伍斌 魏庆华 张鸿俊
2018年9月出版 / 估价：99.00元
PSN B-2017-647-2/3

彩票蓝皮书
中国彩票发展报告（2018）
著(编)者：益彩基金 2018年6月出版 / 估价：99.00元
PSN B-2015-462-1/1

测绘地理信息蓝皮书
测绘地理信息供给侧结构性改革研究报告（2018）
著(编)者：库热西·买合苏提
2018年12月出版 / 估价：168.00元
PSN B-2009-145-1/1

产权市场蓝皮书
中国产权市场发展报告（2017）
著(编)者：曹和平
2018年5月出版 / 估价：99.00元
PSN B-2009-147-1/1

城投蓝皮书
中国城投行业发展报告（2018）
著(编)者：华景斌
2018年11月出版 / 估价：300.00元
PSN B-2016-514-1/1

城市轨道交通蓝皮书
中国城市轨道交通运营发展报告（2017~2018）
著(编)者：崔学忠 贾文峥
2018年3月出版 / 定价：89.00元
PSN B-2018-694-1/1

大数据蓝皮书
中国大数据发展报告（No.2）
著(编)者：连玉明 2018年5月出版 / 估价：99.00元
PSN B-2017-620-1/1

大数据应用蓝皮书
中国大数据应用发展报告No.2（2018）
著(编)者：陈军君 2018年8月出版 / 估价：99.00元
PSN B-2017-644-1/1

对外投资与风险蓝皮书
中国对外直接投资与国家风险报告（2018）
著(编)者：中债资信评估有限责任公司
        中国社会科学院世界经济与政治研究所
2018年6月出版 / 估价：189.00元
PSN B-2017-606-1/1

工业和信息化蓝皮书
人工智能发展报告（2017~2018）
著(编)者：尹丽波 2018年6月出版 / 估价：99.00元
PSN B-2015-448-1/6

工业和信息化蓝皮书
世界智慧城市发展报告（2017~2018）
著(编)者：尹丽波 2018年6月出版 / 估价：99.00元
PSN B-2017-624-6/6

工业和信息化蓝皮书
世界网络安全发展报告（2017~2018）
著(编)者：尹丽波 2018年6月出版 / 估价：99.00元
PSN B-2015-452-5/6

工业和信息化蓝皮书
世界信息化发展报告（2017~2018）
著(编)者：尹丽波 2018年6月出版 / 估价：99.00元
PSN B-2015-451-4/6

工业设计蓝皮书
中国工业设计发展报告（2018）
著(编)者：王晓红 于炜 张立群 2018年9月出版 / 估价：168.00元
PSN B-2014-420-1/1

公共关系蓝皮书
中国公共关系发展报告（2017）
著(编)者：柳斌杰 2018年1月出版 / 定价：89.00元
PSN B-2016-579-1/1

行业及其他类

皮书系列 2018全品种

公共关系蓝皮书
中国公共关系发展报告（2018）
著（编）者：柳斌杰　2018年11月出版／估价：99.00元
PSN B-2016-579-1/1

管理蓝皮书
中国管理发展报告（2018）
著（编）者：张晓东　2018年10月出版／估价：99.00元
PSN B-2014-416-1/1

轨道交通蓝皮书
中国轨道交通行业发展报告（2017）
著（编）者：仲建华　李闽榕
2017年12月出版／定价：98.00元
PSN B-2017-674-1/1

海关发展蓝皮书
中国海关发展前沿报告（2018）
著（编）者：干春晖　2018年6月出版／估价：99.00元
PSN B-2017-616-1/1

互联网医疗蓝皮书
中国互联网健康医疗发展报告（2018）
著（编）者：芮晓武　2018年6月出版／估价：99.00元
PSN B-2016-567-1/1

黄金市场蓝皮书
中国商业银行黄金业务发展报告（2017~2018）
著（编）者：平安银行　2018年6月出版／估价：99.00元
PSN B-2016-524-1/1

会展蓝皮书
中外会展业动态评估研究报告（2018）
著（编）者：张敏　任中峰　聂鑫焱　牛盼强
2018年12月出版／估价：99.00元
PSN B-2013-327-1/1

基金会蓝皮书
中国基金会发展报告（2017~2018）
著（编）者：中国基金会发展报告课题组
2018年6月出版／估价：99.00元
PSN B-2013-368-1/1

基金会绿皮书
中国基金会发展独立研究报告（2018）
著（编）者：基金会中心网　中央民族大学基金会研究中心
2018年6月出版／估价：99.00元
PSN G-2011-213-1/1

基金会透明度蓝皮书
中国基金会透明度发展研究报告（2018）
著（编）者：基金会中心网
清华大学廉政与治理研究中心
2018年9月出版／估价：99.00元
PSN B-2013-339-1/1

建筑装饰蓝皮书
中国建筑装饰行业发展报告（2018）
著（编）者：葛道顺　刘晓一
2018年10月出版／估价：198.00元
PSN B-2016-553-1/1

金融监管蓝皮书
中国金融监管报告（2018）
著（编）者：胡滨　2018年3月出版／定价：98.00元
PSN B-2012-281-1/1

金融蓝皮书
中国互联网金融行业分析与评估（2018~2019）
著（编）者：黄国平　伍旭川　2018年12月出版／估价：99.00元
PSN B-2016-585-7/7

金融科技蓝皮书
中国金融科技发展报告（2018）
著（编）者：李扬　孙国峰　2018年10月出版／估价：99.00元
PSN B-2014-374-1/1

金融信息服务蓝皮书
中国金融信息服务发展报告（2018）
著（编）者：李平　2018年5月出版／估价：99.00元
PSN B-2017-621-1/1

金蜜蜂企业社会责任蓝皮书
金蜜蜂中国企业社会责任报告研究（2017）
著（编）者：殷格非　于志宏　管竹笋
2018年1月出版／定价：99.00元
PSN B-2016-693-1/1

京津冀金融蓝皮书
京津冀金融发展报告（2018）
著（编）者：王爱俭　王璟怡　2018年10月出版／估价：99.00元
PSN B-2016-527-1/1

科普蓝皮书
国家科普能力发展报告（2018）
著（编）者：王康友　2018年5月出版／估价：138.00元
PSN B-2017-632-4/4

科普蓝皮书
中国基层科普发展报告（2017~2018）
著（编）者：赵立新　陈玲　2018年9月出版／估价：99.00元
PSN B-2016-568-3/4

科普蓝皮书
中国科普基础设施发展报告（2017~2018）
著（编）者：任福君　2018年6月出版／估价：99.00元
PSN B-2010-174-1/3

科普蓝皮书
中国科普人才发展报告（2017~2018）
著（编）者：郑念　任嵘嵘　2018年7月出版／估价：99.00元
PSN B-2016-512-2/4

科普能力蓝皮书
中国科普能力评价报告（2018~2019）
著（编）者：李富强　李群　2018年8月出版／估价：99.00元
PSN B-2016-555-1/1

临空经济蓝皮书
中国临空经济发展报告（2018）
著（编）者：连玉明　2018年9月出版／估价：99.00元
PSN B-2014-421-1/1

皮书系列 2018全品种 — 行业及其他类

旅游安全蓝皮书
中国旅游安全报告（2018）
著(编)者：郑向敏 谢朝武　　2018年5月出版 / 估价：158.00元
PSN B-2012-280-1/1

旅游绿皮书
2017~2018年中国旅游发展分析与预测
著(编)者：宋瑞　　2018年1月出版 / 定价：99.00元
PSN G-2002-018-1/1

煤炭蓝皮书
中国煤炭工业发展报告（2018）
著(编)者：岳福斌　　2018年12月出版 / 估价：99.00元
PSN B-2008-123-1/1

民营企业社会责任蓝皮书
中国民营企业社会责任报告（2018）
著(编)者：中华全国工商业联合会
2018年12月出版 / 估价：99.00元
PSN B-2015-510-1/1

民营医院蓝皮书
中国民营医院发展报告（2017）
著(编)者：薛晓林　　2017年12月出版 / 定价：89.00元
PSN B-2012-299-1/1

闽商蓝皮书
闽商发展报告（2018）
著(编)者：李闽榕 王日根 林琛
2018年12月出版 / 估价：99.00元
PSN B-2012-298-1/1

农业应对气候变化蓝皮书
中国农业气象灾害及其灾损评估报告（No.3）
著(编)者：矫梅燕　　2018年6月出版 / 估价：118.00元
PSN B-2014-413-1/1

品牌蓝皮书
中国品牌战略发展报告（2018）
著(编)者：汪同力　　2018年10月出版 / 估价：99.00元
PSN B-2016-580-1/1

企业扶贫蓝皮书
中国企业扶贫研究报告（2018）
著(编)者：钟宏武　　2018年12月出版 / 估价：99.00元
PSN B-2016-593-1/1

企业公益蓝皮书
中国企业公益研究报告（2018）
著(编)者：钟宏武 汪杰 黄晓娟
2018年12月出版 / 估价：99.00元
PSN B-2015-501-1/1

企业国际化蓝皮书
中国企业全球化报告（2018）
著(编)者：王辉耀 苗绿　　2018年11月出版 / 估价：99.00元
PSN B-2014-427-1/1

企业蓝皮书
中国企业绿色发展报告No.2（2018）
著(编)者：李红玉 朱光辉
2018年8月出版 / 估价：99.00元
PSN B-2015-481-2/2

企业社会责任蓝皮书
中资企业海外社会责任研究报告（2017~2018）
著(编)者：钟宏武 叶柳红 张蒽
2018年6月出版 / 估价：99.00元
PSN B-2017-603-2/2

企业社会责任蓝皮书
中国企业社会责任研究报告（2018）
著(编)者：黄群慧 钟宏武 张蒽 汪杰
2018年11月出版 / 估价：99.00元
PSN B-2009-149-1/2

汽车安全蓝皮书
中国汽车安全发展报告（2018）
著(编)者：中国汽车技术研究中心
2018年8月出版 / 估价：99.00元
PSN B-2014-385-1/1

汽车电子商务蓝皮书
中国汽车电子商务发展报告（2018）
著(编)者：中华全国工商业联合会汽车经销商商会
　　　　　北方工业大学
　　　　　北京易观智库网络科技有限公司
2018年10月出版 / 估价：158.00元
PSN B-2015-485-1/1

汽车知识产权蓝皮书
中国汽车产业知识产权发展报告（2018）
著(编)者：中国汽车工程研究院股份有限公司
　　　　　中国汽车工程学会
　　　　　重庆长安汽车股份有限公司
2018年12月出版 / 估价：99.00元
PSN B-2016-594-1/1

青少年体育蓝皮书
中国青少年体育发展报告（2017）
著(编)者：刘扶民 杨桦　　2018年6月出版 / 估价：99.00元
PSN B-2015-482-1/1

区块链蓝皮书
中国区块链发展报告（2018）
著(编)者：李伟　　2018年9月出版 / 估价：99.00元
PSN B-2017-649-1/1

群众体育蓝皮书
中国群众体育发展报告（2017）
著(编)者：刘国永 戴健　　2018年5月出版 / 估价：99.00元
PSN B-2014-411-1/3

群众体育蓝皮书
中国社会体育指导员发展报告（2018）
著(编)者：刘国永 王欢　　2018年6月出版 / 估价：99.00元
PSN B-2016-520-3/3

人力资源蓝皮书
中国人力资源发展报告（2018）
著(编)者：余兴安　　2018年11月出版 / 估价：99.00元
PSN B-2012-287-1/1

融资租赁蓝皮书
中国融资租赁业发展报告（2017~2018）
著(编)者：李光荣 王力　　2018年8月出版 / 估价：99.00元
PSN B-2015-443-1/1

行业及其他类

商会蓝皮书
中国商会发展报告No.5（2017）
著(编)者：王钦敏　　2018年7月出版 / 估价：99.00元
PSN B-2008-125-1/1

商务中心区蓝皮书
中国商务中心区发展报告No.4（2017~2018）
著(编)者：李国红　单菁菁　　2018年9月出版 / 估价：99.00元
PSN B-2015-444-1/1

设计产业蓝皮书
中国创新设计发展报告（2018）
著(编)者：王晓红　张立群　于炜
2018年11月出版 / 估价：99.00元
PSN B-2016-581-2/2

社会责任管理蓝皮书
中国上市公司社会责任能力成熟度报告No.4（2018）
著(编)者：肖红军　王晓光　李伟阳
2018年12月出版 / 估价：99.00元
PSN B-2015-507-2/2

社会责任管理蓝皮书
中国企业公众透明度报告No.4（2017~2018）
著(编)者：黄速建　熊梦　王晓光　肖红军
2018年6月出版 / 估价：99.00元
PSN B-2015-440-1/2

食品药品蓝皮书
食品药品安全与监管政策研究报告（2016~2017）
著(编)者：唐民皓　　2018年6月出版 / 估价：99.00元
PSN B-2009-129-1/1

输血服务蓝皮书
中国输血行业发展报告（2018）
著(编)者：孙俊　　2018年12月出版 / 估价：99.00元
PSN B-2016-582-1/1

水利风景区蓝皮书
中国水利风景区发展报告（2018）
著(编)者：董建文　兰思仁
2018年10月出版 / 估价：99.00元
PSN B-2015-480-1/1

数字经济蓝皮书
全球数字经济竞争力发展报告（2017）
著(编)者：王振　　2017年12月出版 / 定价：79.00元
PSN B-2017-673-1/1

私募市场蓝皮书
中国私募股权市场发展报告（2017~2018）
著(编)者：曹和平　　2018年12月出版 / 估价：99.00元
PSN B-2010-162-1/1

碳排放权交易蓝皮书
中国碳排放权交易报告（2018）
著(编)者：孙永平　　2018年11月出版 / 估价：99.00元
PSN B-2015-652-1/1

碳市场蓝皮书
中国碳市场报告（2018）
著(编)者：定金彪　　2018年11月出版 / 估价：99.00元
PSN B-2014-430-1/1

体育蓝皮书
中国公共体育服务发展报告（2018）
著(编)者：戴健　　2018年12月出版 / 估价：99.00元
PSN B-2013-367-2/5

土地市场蓝皮书
中国农村土地市场发展报告（2017~2018）
著(编)者：李光荣　　2018年6月出版 / 估价：99.00元
PSN B-2016-526-1/1

土地整治蓝皮书
中国土地整治发展研究报告（No.5）
著(编)者：国土资源部土地整治中心
2018年7月出版 / 估价：99.00元
PSN B-2014-401-1/1

土地政策蓝皮书
中国土地政策研究报告（2018）
著(编)者：高延利　张建平　吴次芳
2018年1月出版 / 估价：98.00元
PSN B-2015-506-1/1

网络空间安全蓝皮书
中国网络空间安全发展报告（2018）
著(编)者：惠志斌　覃庆玲
2018年11月出版 / 估价：99.00元
PSN B-2015-466-1/1

文化志愿服务蓝皮书
中国文化志愿服务发展报告（2018）
著(编)者：张永新　良警宇　　2018年11月出版 / 估价：128.00元
PSN B-2016-596-1/1

西部金融蓝皮书
中国西部金融发展报告（2017~2018）
著(编)者：李忠民　　2018年8月出版 / 估价：99.00元
PSN B-2010-160-1/1

协会商会蓝皮书
中国行业协会商会发展报告（2017）
著(编)者：景朝阳　李勇　　2018年6月出版 / 估价：99.00元
PSN B-2015-461-1/1

新三板蓝皮书
中国新三板市场发展报告（2018）
著(编)者：王力　　2018年8月出版 / 估价：99.00元
PSN B-2016-533-1/1

信托市场蓝皮书
中国信托业市场报告（2017~2018）
著(编)者：用益金融信托研究院
2018年6月出版 / 估价：198.00元
PSN B-2014-371-1/1

信息化蓝皮书
中国信息化形势分析与预测（2017~2018）
著(编)者：周宏仁　　2018年8月出版 / 估价：99.00元
PSN B-2010-168-1/1

信用蓝皮书
中国信用发展报告（2017~2018）
著(编)者：章政　田侃　　2018年6月出版 / 估价：99.00元
PSN B-2013-328-1/1

皮书系列 2018全品种 — 行业及其他类

休闲绿皮书
2017~2018年中国休闲发展报告
著(编)者：宋瑞　2018年7月出版　估价：99.00元
PSN G-2010-158-1/1

休闲体育蓝皮书
中国休闲体育发展报告（2017~2018）
著(编)者：李相如　钟秉枢
2018年10月出版　估价：99.00元
PSN B-2016-516-1/1

养老金融蓝皮书
中国养老金融发展报告（2018）
著(编)者：董克用　姚余栋
2018年9月出版　估价：99.00元
PSN B-2016-583-1/1

遥感监测绿皮书
中国可持续发展遥感监测报告（2017）
著(编)者：顾行发　汪克强　潘教峰　李闽榕　徐东华　王琦安
2018年6月出版　估价：298.00元
PSN B-2017-629-1/1

药品流通蓝皮书
中国药品流通行业发展报告（2018）
著(编)者：佘鲁林　温再兴
2018年7月出版　估价：198.00元
PSN B-2014-429-1/1

医疗器械蓝皮书
中国医疗器械行业发展报告（2018）
著(编)者：王宝亭　耿鸿武
2018年10月出版　估价：99.00元
PSN B-2017-661-1/1

医院蓝皮书
中国医院竞争力报告（2017~2018）
著(编)者：庄一强　2018年3月出版　定价：108.00元
PSN B-2016-528-1/1

瑜伽蓝皮书
中国瑜伽业发展报告（2017~2018）
著(编)者：张永建　徐华锋　朱泰余
2018年6月出版　估价：198.00元
PSN B-2017-625-1/1

债券市场蓝皮书
中国债券市场发展报告（2017~2018）
著(编)者：杨农　2018年10月出版　估价：99.00元
PSN B-2016-572-1/1

志愿服务蓝皮书
中国志愿服务发展报告（2018）
著(编)者：中国志愿服务联合会
2018年11月出版　估价：99.00元
PSN B-2017-664-1/1

中国上市公司蓝皮书
中国上市公司发展报告（2018）
著(编)者：张鹏　张平　黄胤英
2018年9月出版　估价：99.00元
PSN B-2014-414-1/1

中国新三板蓝皮书
中国新三板创新与发展报告（2018）
著(编)者：刘平安　闻召林
2018年8月出版　估价：158.00元
PSN B-2017-638-1/1

中国汽车品牌蓝皮书
中国乘用车品牌发展报告（2017）
著(编)者：《中国汽车报》社有限公司
　　　　　博世（中国）投资有限公司
　　　　　中国汽车技术研究中心数据资源中心
2018年1月出版　定价：89.00元
PSN B-2017-679-1/1

中医文化蓝皮书
北京中医药文化传播发展报告（2018）
著(编)者：毛嘉陵　2018年6月出版　估价：99.00元
PSN B-2015-468-1/2

中医文化蓝皮书
中国中医药文化传播发展报告（2018）
著(编)者：毛嘉陵　2018年7月出版　估价：99.00元
PSN B-2016-584-2/2

中医药蓝皮书
北京中医药知识产权发展报告No.2
著(编)者：汪洪　屠志涛　2018年6月出版　估价：168.00元
PSN B-2017-602-1/1

资本市场蓝皮书
中国场外交易市场发展报告（2016~2017）
著(编)者：高峦　2018年6月出版　估价：99.00元
PSN B-2009-153-1/1

资产管理蓝皮书
中国资产管理行业发展报告（2018）
著(编)者：郑智　2018年7月出版　估价：99.00元
PSN B-2014-407-2/2

资产证券化蓝皮书
中国资产证券化发展报告（2018）
著(编)者：沈炳熙　曹彤　李哲平
2018年4月出版　定价：98.00元
PSN B-2017-660-1/1

自贸区蓝皮书
中国自贸区发展报告（2018）
著(编)者：王力　黄育华
2018年6月出版　估价：99.00元
PSN B-2016-558-1/1

国际问题与全球治理类

"一带一路"跨境通道蓝皮书
"一带一路"跨境通道建设研究报（2017~2018）
著(编)者：余鑫 张秋生　2018年1月出版 / 定价：89.00元
PSN B-2016-557-1/1

"一带一路"蓝皮书
"一带一路"建设发展报告（2018）
著(编)者：李永全　2018年3月出版 / 定价：98.00元
PSN B-2016-552-1/1

"一带一路"投资安全蓝皮书
中国"一带一路"投资与安全研究报告（2018）
著(编)者：邹статеки 梁昊光　2018年4月出版 / 定价：98.00元
PSN B-2017-612-1/1

"一带一路"文化交流蓝皮书
中阿文化交流发展报告（2017）
著(编)者：王辉　2017年12月出版 / 定价：89.00元
PSN B-2017-655-1/1

G20国家创新竞争力黄皮书
二十国集团（G20）国家创新竞争力发展报告（2017~2018）
著(编)者：李建平 李闽榕 赵新力 周天勇
2018年7月出版 / 估价：168.00元
PSN Y-2011-229-1/1

阿拉伯黄皮书
阿拉伯发展报告（2016~2017）
著(编)者：罗林　2018年6月出版 / 估价：99.00元
PSN Y-2014-381-1/1

北部湾蓝皮书
泛北部湾合作发展报告（2017~2018）
著(编)者：吕余生　2018年12月出版 / 估价：99.00元
PSN B-2008-114-1/1

北极蓝皮书
北极地区发展报告（2017）
著(编)者：刘惠荣　2018年7月出版 / 估价：99.00元
PSN B-2017-634-1/1

大洋洲蓝皮书
大洋洲发展报告（2017~2018）
著(编)者：喻常森　2018年10月出版 / 估价：99.00元
PSN B-2013-341-1/1

东北亚区域合作蓝皮书
2017年"一带一路"倡议与东北亚区域合作
著(编)者：刘亚政 金美花
2018年5月出版 / 估价：99.00元
PSN B-2017-631-1/1

东盟黄皮书
东盟发展报告（2017）
著(编)者：杨晓强 庄国土　2018年6月出版 / 估价：99.00元
PSN Y-2012-303-1/1

东南亚蓝皮书
东南亚地区发展报告（2017~2018）
著(编)者：王勤　2018年12月出版 / 估价：99.00元
PSN B-2012-240-1/1

非洲黄皮书
非洲发展报告No.20（2017~2018）
著(编)者：张宏明　2018年7月出版 / 估价：99.00元
PSN Y-2012-239-1/1

非传统安全蓝皮书
中国非传统安全研究报告（2017~2018）
著(编)者：潇枫 罗中枢　2018年8月出版 / 估价：99.00元
PSN B-2012-273-1/1

国际安全蓝皮书
中国国际安全研究报告（2018）
著(编)者：刘慧　2018年7月出版 / 估价：99.00元
PSN B-2016-521-1/1

国际城市蓝皮书
国际城市发展报告（2018）
著(编)者：屠启宇　2018年2月出版 / 定价：89.00元
PSN B-2012-260-1/1

国际形势黄皮书
全球政治与安全报告（2018）
著(编)者：张宇燕　2018年1月出版 / 定价：99.00元
PSN Y-2001-016-1/1

公共外交蓝皮书
中国公共外交发展报告（2018）
著(编)者：赵启正 雷蔚真　2018年6月出版 / 估价：99.00元
PSN B-2015-457-1/1

海丝蓝皮书
21世纪海上丝绸之路研究报告（2017）
著(编)者：华侨大学海上丝绸之路研究院
2017年12月出版 / 定价：89.00元
PSN B-2017-684-1/1

金砖国家黄皮书
金砖国家综合创新竞争力发展报告（2018）
著(编)者：赵新力 李闽榕 黄茂兴
2018年8月出版 / 定价：128.00元
PSN Y-2017-643-1/1

拉美黄皮书
拉丁美洲和加勒比发展报告（2017~2018）
著(编)者：袁东振　2018年6月出版 / 估价：99.00元
PSN Y-1999-007-1/1

澜湄合作蓝皮书
澜沧江-湄公河合作发展报告（2018）
著(编)者：刘稚　2018年9月出版 / 估价：99.00元
PSN B-2011-196-1/1

皮书系列 2018全品种
国际问题与全球治理类

欧洲蓝皮书
欧洲发展报告（2017~2018）
著(编)者：黄平 周弘 程卫东
2018年6月出版 / 估价：99.00元
PSN B-1999-009-1/1

葡语国家蓝皮书
葡语国家发展报告（2016~2017）
著(编)者：王成安 张敏 刘金兰
2018年6月出版 / 估价：99.00元
PSN B-2015-503-1/2

葡语国家蓝皮书
中国与葡语国家关系发展报告·巴西（2016）
著(编)者：张曙光
2018年8月出版 / 估价：99.00元
PSN B-2016-563-2/2

气候变化绿皮书
应对气候变化报告（2018）
著(编)者：王伟光 郑国光
2018年11月出版 / 估价：99.00元
PSN G-2009-144-1/1

全球环境竞争力绿皮书
全球环境竞争力报告（2018）
著(编)者：李建平 李闽榕 王金南
2018年12月出版 / 估价：198.00元
PSN G-2013-363-1/1

全球信息社会蓝皮书
全球信息社会发展报告（2018）
著(编)者：丁波涛 唐涛
2018年10月出版 / 估价：99.00元
PSN B-2017-665-1/1

日本经济蓝皮书
日本经济与中日经贸关系研究报告（2018）
著(编)者：张季风
2018年6月出版 / 估价：99.00元
PSN B-2008-102-1/1

上海合作组织黄皮书
上海合作组织发展报告（2018）
著(编)者：李进峰
2018年6月出版 / 估价：99.00元
PSN Y-2009-130-1/1

世界创新竞争力黄皮书
世界创新竞争力发展报告（2017）
著(编)者：李建平 李闽榕 赵新力
2018年6月出版 / 估价：168.00元
PSN Y-2013-318-1/1

世界经济黄皮书
2018年世界经济形势分析与预测
著(编)者：张宇燕
2018年1月出版 / 定价：99.00元
PSN Y-1999-006-1/1

世界能源互联互通蓝皮书
世界能源清洁发展与互联互通评估报告（2017）：欧洲篇
著(编)者：国网能源研究院
2018年1月出版 / 定价：128.00元
PSN B-2018-695-1/1

丝绸之路蓝皮书
丝绸之路经济带发展报告（2018）
著(编)者：任宗哲 白宽犁 谷孟宾
2018年1月出版 / 定价：89.00元
PSN B-2014-410-1/1

新兴经济体蓝皮书
金砖国家发展报告（2018）
著(编)者：林跃勤 周文
2018年8月出版 / 估价：99.00元
PSN B-2011-195-1/1

亚太蓝皮书
亚太地区发展报告（2018）
著(编)者：李向阳
2018年5月出版 / 估价：99.00元
PSN B-2001-015-1/1

印度洋地区蓝皮书
印度洋地区发展报告（2018）
著(编)者：汪戎
2018年6月出版 / 估价：99.00元
PSN B-2013-334-1/1

印度尼西亚经济蓝皮书
印度尼西亚经济发展报告（2017）：增长与机会
著(编)者：左志刚
2017年11月出版 / 定价：89.00元
PSN B-2017-675-1/1

渝新欧蓝皮书
渝新欧沿线国家发展报告（2018）
著(编)者：杨柏 黄森
2018年6月出版 / 估价：99.00元
PSN B-2017-626-1/1

中阿蓝皮书
中国-阿拉伯国家经贸发展报告（2018）
著(编)者：张廉 段庆林 王林聪 杨巧红
2018年12月出版 / 估价：99.00元
PSN B-2016-598-1/1

中东黄皮书
中东发展报告No.20（2017~2018）
著(编)者：杨光
2018年10月出版 / 估价：99.00元
PSN Y-1998-004-1/1

中亚黄皮书
中亚国家发展报告（2018）
著(编)者：孙力
2018年3月出版 / 定价：98.00元
PSN Y-2012-238-1/1

皮书系列 2018全品种

国别类·文化传媒类

国别类

澳大利亚蓝皮书
澳大利亚发展报告（2017-2018）
著（编）者：孙有中 韩锋　2018年12月出版 / 估价：99.00元
PSN B-2016-587-1/1

巴西黄皮书
巴西发展报告（2017）
著（编）者：刘国枝　2018年5月出版 / 估价：99.00元
PSN Y-2017-614-1/1

德国蓝皮书
德国发展报告（2018）
著（编）者：郑春荣　2018年6月出版 / 估价：99.00元
PSN B-2012-278-1/1

俄罗斯黄皮书
俄罗斯发展报告（2018）
著（编）者：李永全　2018年6月出版 / 估价：99.00元
PSN Y-2006-061-1/1

韩国蓝皮书
韩国发展报告（2017）
著（编）者：牛林杰 刘宝全　2018年6月出版 / 估价：99.00元
PSN B-2010-155-1/1

加拿大蓝皮书
加拿大发展报告（2018）
著（编）者：唐小松　2018年9月出版 / 估价：99.00元
PSN B-2014-389-1/1

美国蓝皮书
美国研究报告（2018）
著（编）者：郑秉文 黄平　2018年5月出版 / 估价：99.00元
PSN B-2011-210-1/1

缅甸蓝皮书
缅甸国情报告（2017）
著（编）者：祝湘辉
2017年11月出版 / 定价：98.00元
PSN B-2013-343-1/1

日本蓝皮书
日本研究报告（2018）
著（编）者：杨伯江　2018年4月出版 / 定价：99.00元
PSN B-2002-020-1/1

土耳其蓝皮书
土耳其发展报告（2018）
著（编）者：郭长刚 刘义　2018年9月出版 / 估价：99.00元
PSN B-2014-412-1/1

伊朗蓝皮书
伊朗发展报告（2017~2018）
著（编）者：冀开运　2018年10月出版 / 估价：99.00元
PSN B-2016-574-1/1

以色列蓝皮书
以色列发展报告（2018）
著（编）者：张倩红　2018年8月出版 / 估价：99.00元
PSN B-2015-483-1/1

印度蓝皮书
印度国情报告（2017）
著（编）者：吕昭义　2018年6月出版 / 估价：99.00元
PSN B-2012-241-1/1

英国蓝皮书
英国发展报告（2017~2018）
著（编）者：王展鹏　2018年12月出版 / 估价：99.00元
PSN B-2015-486-1/1

越南蓝皮书
越南国情报告（2018）
著（编）者：谢林城　2018年11月出版 / 估价：99.00元
PSN B-2006-056-1/1

泰国蓝皮书
泰国研究报告（2018）
著（编）者：庄国土 张禹东 刘文正
2018年10月出版 / 估价：99.00元
PSN B-2016-556-1/1

文化传媒类

"三农"舆情蓝皮书
中国"三农"网络舆情报告（2017~2018）
著（编）者：农业部信息中心
2018年6月出版 / 估价：99.00元
PSN B-2017-640-1/1

传媒竞争力蓝皮书
中国传媒国际竞争力研究报告（2018）
著（编）者：李本乾 刘强 王大可
2018年8月出版 / 估价：99.00元
PSN B-2013-356-1/1

传媒蓝皮书
中国传媒产业发展报告（2018）
著（编）者：崔保国
2018年5月出版 / 估价：99.00元
PSN B-2005-035-1/1

传媒投资蓝皮书
中国传媒投资发展报告（2018）
著（编）者：张向东 谭云明
2018年6月出版 / 估价：148.00元
PSN B-2015-474-1/1

文化传媒类

非物质文化遗产蓝皮书
中国非物质文化遗产发展报告（2018）
著(编)者：陈平　2018年6月出版 / 估价：128.00元
PSN B-2015-469-1/2

非物质文化遗产蓝皮书
中国非物质文化遗产保护发展报告（2018）
著(编)者：宋俊华　2018年10月出版 / 估价：128.00元
PSN B-2016-586-2/2

广电蓝皮书
中国广播电影电视发展报告（2018）
著(编)者：国家新闻出版广电总局发展研究中心
2018年7月出版 / 估价：99.00元
PSN B-2006-072-1/1

广告主蓝皮书
中国广告主营销传播趋势报告No.9
著(编)者：黄升民　杜国清　邵华冬　等
2018年10月出版 / 估价：158.00元
PSN B-2005-041-1/1

国际传播蓝皮书
中国国际传播发展报告（2018）
著(编)者：胡正荣　李继东　姬德强
2018年12月出版 / 估价：99.00元
PSN B-2014-408-1/1

国家形象蓝皮书
中国国家形象传播报告（2017）
著(编)者：张昆　2018年6月出版 / 估价：128.00元
PSN B-2017-605-1/1

互联网治理蓝皮书
中国网络社会治理研究报告（2018）
著(编)者：罗昕　支庭荣
2018年9月出版 / 估价：118.00元
PSN B-2017-653-1/1

纪录片蓝皮书
中国纪录片发展报告（2018）
著(编)者：何苏六　2018年10月出版 / 估价：99.00元
PSN B-2011-222-1/1

科学传播蓝皮书
中国科学传播报告（2016~2017）
著(编)者：詹正茂　2018年6月出版 / 估价：99.00元
PSN B-2008-120-1/1

两岸创意经济蓝皮书
两岸创意经济研究报告（2018）
著(编)者：罗昌智　董泽平
2018年10月出版 / 估价：99.00元
PSN B-2014-437-1/1

媒介与女性蓝皮书
中国媒介与女性发展报告（2017~2018）
著(编)者：刘利群　2018年5月出版 / 估价：99.00元
PSN B-2013-345-1/1

媒体融合蓝皮书
中国媒体融合发展报告（2017~2018）
著(编)者：梅宁华　支庭荣
2017年12月出版 / 估价：98.00元
PSN B-2015-479-1/1

全球传媒蓝皮书
全球传媒发展报告（2017~2018）
著(编)者：胡正荣　李继东　2018年6月出版 / 估价：99.00元
PSN B-2012-237-1/1

少数民族非遗蓝皮书
中国少数民族非物质文化遗产发展报告（2018）
著(编)者：肖远平（彝）柴立（满）
2018年10月出版 / 估价：118.00元
PSN B-2015-467-1/1

视听新媒体蓝皮书
中国视听新媒体发展报告（2018）
著(编)者：国家新闻出版广电总局发展研究中心
2018年7月出版 / 估价：118.00元
PSN B-2011-184-1/1

数字娱乐产业蓝皮书
中国动画产业发展报告（2018）
著(编)者：孙立军　孙平　牛兴侦
2018年10月出版 / 估价：99.00元
PSN B-2011-198-1/2

数字娱乐产业蓝皮书
中国游戏产业发展报告（2018）
著(编)者：孙立军　刘跃军　2018年10月出版 / 估价：99.00元
PSN B-2017-662-2/2

网络视听蓝皮书
中国互联网视听行业发展报告（2018）
著(编)者：陈鹏　2018年2月出版 / 定价：148.00元
PSN B-2018-688-1/1

文化创新蓝皮书
中国文化创新报告（2017·No.8）
著(编)者：傅才武　2018年6月出版 / 估价：99.00元
PSN B-2009-143-1/1

文化建设蓝皮书
中国文化发展报告（2018）
著(编)者：江畅　孙伟平　戴茂堂
2018年5月出版 / 估价：99.00元
PSN B-2014-392-1/1

文化科技蓝皮书
文化科技创新发展报告（2018）
著(编)者：于平　李凤亮　2018年10月出版 / 估价：99.00元
PSN B-2013-342-1/1

文化蓝皮书
中国公共文化服务发展报告（2017~2018）
著(编)者：刘新成　张永新　张旭
2018年12月出版 / 估价：99.00元
PSN B-2007-093-2/10

文化蓝皮书
中国少数民族文化发展报告（2017~2018）
著(编)者：武翠英　张晓明　任乌晶
2018年9月出版 / 估价：99.00元
PSN B-2013-369-9/10

文化蓝皮书
中国文化产业供需协调检测报告（2018）
著(编)者：王亚南　2018年3月出版 / 定价：99.00元
PSN B-2013-323-8/10

文化传媒类

文化蓝皮书
中国文化消费需求景气评价报告（2018）
著(编)者：王亚南　2018年3月出版 / 定价：99.00元
PSN B-2011-236-4/10

文化蓝皮书
中国公共文化投入增长测评报告（2018）
著(编)者：王亚南　2018年3月出版 / 定价：99.00元
PSN B-2014-435-10/10

文化品牌蓝皮书
中国文化品牌发展报告（2018）
著(编)者：欧阳友权　2018年5月出版 / 估价：99.00元
PSN B-2012-277-1/1

文化遗产蓝皮书
中国文化遗产事业发展报告（2017~2018）
著(编)者：苏杨　张颖岚　卓杰　白海峰　陈晨　陈叙图
2018年8月出版 / 估价：99.00元
PSN B-2008-119-1/1

文学蓝皮书
中国文情报告（2017~2018）
著(编)者：白烨　2018年5月出版 / 估价：99.00元
PSN B-2011-221-1/1

新媒体蓝皮书
中国新媒体发展报告No.9（2018）
著(编)者：唐绪军　2018年7月出版 / 估价：99.00元
PSN B-2010-169-1/1

新媒体社会责任蓝皮书
中国新媒体社会责任研究报告（2018）
著(编)者：钟瑛　2018年12月出版 / 估价：99.00元
PSN B-2014-423-1/1

移动互联网蓝皮书
中国移动互联网发展报告（2018）
著(编)者：余清楚　2018年6月出版 / 估价：99.00元
PSN B-2012-282-1/1

影视蓝皮书
中国影视产业发展报告（2018）
著(编)者：司若　陈鹏　陈锐
2018年6月出版 / 估价：99.00元
PSN B-2016-529-1/1

舆情蓝皮书
中国社会舆情与危机管理报告（2018）
著(编)者：谢耘耕
2018年9月出版 / 估价：138.00元
PSN B-2011-235-1/1

中国大运河蓝皮书
中国大运河发展报告（2018）
著(编)者：吴欣　2018年2月出版 / 估价：128.00元
PSN B-2018-691-1/1

地方发展类-经济

澳门蓝皮书
澳门经济社会发展报告（2017~2018）
著(编)者：吴志良　郝雨凡
2018年7月出版 / 估价：99.00元
PSN B-2009-138-1/1

澳门绿皮书
澳门旅游休闲发展报告（2017~2018）
著(编)者：郝雨凡　林广志
2018年5月出版 / 估价：99.00元
PSN G-2017-617-1/1

北京蓝皮书
北京经济发展报告（2017~2018）
著(编)者：杨松　2018年6月出版 / 估价：99.00元
PSN B-2006-054-2/8

北京旅游绿皮书
北京旅游发展报告（2018）
著(编)者：北京旅游学会
2018年7月出版 / 估价：99.00元
PSN G-2012-301-1/1

北京体育蓝皮书
北京体育产业发展报告（2017~2018）
著(编)者：钟秉枢　陈杰　杨铁黎
2018年9月出版 / 估价：99.00元
PSN B-2015-475-1/1

滨海金融蓝皮书
滨海新区金融发展报告（2017）
著(编)者：王爱俭　李向前　2018年4月出版 / 估价：99.00元
PSN B-2014-424-1/1

城乡一体化蓝皮书
北京城乡一体化发展报告（2017~2018）
著(编)者：吴宝新　张宝秀　黄序
2018年5月出版 / 估价：99.00元
PSN B-2012-258-2/2

非公有制企业社会责任蓝皮书
北京非公有制企业社会责任报告（2018）
著(编)者：宋贵伦　冯培
2018年6月出版 / 估价：99.00元
PSN B-2017-613-1/1

地方发展类-经济

福建旅游蓝皮书
福建省旅游产业发展现状研究（2017~2018）
著(编)者：陈敏华 黄远水　2018年12月出版／估价：128.00元
PSN B-2016-591-1/1

福建自贸区蓝皮书
中国(福建)自由贸易试验区发展报告(2017~2018)
著(编)者：黄茂兴　2018年6月出版／估价：118.00元
PSN B-2016-531-1/1

甘肃蓝皮书
甘肃经济发展分析与预测（2018）
著(编)者：安文华 罗哲　2018年1月出版／定价：99.00元
PSN B-2013-312-1/6

甘肃蓝皮书
甘肃商贸流通发展报告（2018）
著(编)者：张应华 王福生 王晓芳
2018年1月出版／定价：99.00元
PSN B-2016-522-6/6

甘肃蓝皮书
甘肃县域和农村发展报告（2018）
著(编)者：包东红 朱智文 王建兵
2018年1月出版／定价：99.00元
PSN B-2013-316-5/6

甘肃农业科技绿皮书
甘肃农业科技发展研究报告（2018）
著(编)者：魏胜文 乔德华 张东伟
2018年12月出版／估价：198.00元
PSN B-2016-592-1/1

甘肃气象保障蓝皮书
甘肃农业对气候变化的适应与风险评估报告（No.1）
著(编)者：鲍文中 周广胜
2017年12月出版／定价：108.00元
PSN B-2017-677-1/1

巩义蓝皮书
巩义经济社会发展报告（2018）
著(编)者：丁同民 朱军　2018年6月出版／估价：99.00元
PSN B-2016-532-1/1

广东外经贸蓝皮书
广东对外经济贸易发展研究报告（2017~2018）
著(编)者：陈万灵　2018年6月出版／估价：99.00元
PSN B-2012-286-1/1

广西北部湾经济区蓝皮书
广西北部湾经济区开放开发报告（2017~2018）
著(编)者：广西壮族自治区北部湾经济区和东盟开放合作办公室
　　　　　广西社会科学院
　　　　　广西北部湾发展研究院
2018年5月出版／估价：99.00元
PSN B-2010-181-1/1

广州蓝皮书
广州城市国际化发展报告（2018）
著(编)者：张跃国　2018年8月出版／估价：99.00元
PSN B-2012-246-11/14

广州蓝皮书
中国广州城市建设与管理发展报告（2018）
著(编)者：张其学 陈小钢 王宏伟　2018年8月出版／估价：99.00元
PSN B-2007-087-4/14

广州蓝皮书
广州创新型城市发展报告（2018）
著(编)者：尹涛　2018年6月出版／估价：99.00元
PSN B-2012-247-12/14

广州蓝皮书
广州经济发展报告（2018）
著(编)者：张跃国 尹涛　2018年7月出版／估价：99.00元
PSN B-2005-040-1/14

广州蓝皮书
2018年中国广州经济形势分析与预测
著(编)者：魏明海 谢博能 李华
2018年6月出版／估价：99.00元
PSN B-2011-185-9/14

广州蓝皮书
中国广州科技创新发展报告（2018）
著(编)者：于欣伟 陈爽 邓佑满　2018年8月出版／估价：99.00元
PSN B-2006-065-2/14

广州蓝皮书
广州农村发展报告（2018）
著(编)者：朱名宏　2018年7月出版／估价：99.00元
PSN B-2010-167-8/14

广州蓝皮书
广州汽车产业发展报告（2018）
著(编)者：杨再高 冯兴亚　2018年7月出版／估价：99.00元
PSN B-2006-066-3/14

广州蓝皮书
广州商贸业发展报告（2018）
著(编)者：张跃国 陈杰 荀振英
2018年7月出版／估价：99.00元
PSN B-2012-245-10/14

贵阳蓝皮书
贵阳城市创新发展报告No.3（白云篇）
著(编)者：连玉明　2018年5月出版／估价：99.00元
PSN B-2015-491-3/10

贵阳蓝皮书
贵阳城市创新发展报告No.3（观山湖篇）
著(编)者：连玉明　2018年5月出版／估价：99.00元
PSN B-2015-497-9/10

贵阳蓝皮书
贵阳城市创新发展报告No.3（花溪篇）
著(编)者：连玉明　2018年5月出版／估价：99.00元
PSN B-2015-490-2/10

贵阳蓝皮书
贵阳城市创新发展报告No.3（开阳篇）
著(编)者：连玉明　2018年5月出版／估价：99.00元
PSN B-2015-492-4/10

贵阳蓝皮书
贵阳城市创新发展报告No.3（南明篇）
著(编)者：连玉明　2018年5月出版／估价：99.00元
PSN B-2015-496-8/10

贵阳蓝皮书
贵阳城市创新发展报告No.3（清镇篇）
著(编)者：连玉明　2018年5月出版／估价：99.00元
PSN B-2015-489-1/10

地方发展类-经济

贵阳蓝皮书
贵阳城市创新发展报告No.3（乌当篇）
著(编)者：连玉明　2018年5月出版／估价：99.00元
PSN B-2015-495-7/10

贵阳蓝皮书
贵阳城市创新发展报告No.3（息烽篇）
著(编)者：连玉明　2018年5月出版／估价：99.00元
PSN B-2015-493-5/10

贵阳蓝皮书
贵阳城市创新发展报告No.3（修文篇）
著(编)者：连玉明　2018年5月出版／估价：99.00元
PSN B-2015-494-6/10

贵阳蓝皮书
贵阳城市创新发展报告No.3（云岩篇）
著(编)者：连玉明　2018年5月出版／估价：99.00元
PSN B-2015-498-10/10

贵州房地产蓝皮书
贵州房地产发展报告No.5（2018）
著(编)者：武廷方　2018年7月出版／估价：99.00元
PSN B-2014-426-1/1

贵州蓝皮书
贵州册亨经济社会发展报告（2018）
著(编)者：黄德林　2018年6月出版／估价：99.00元
PSN B-2016-525-8/9

贵州蓝皮书
贵州地理标志产业发展报告（2018）
著(编)者：李发耀 黄其松　2018年8月出版／估价：99.00元
PSN B-2017-646-10/10

贵州蓝皮书
贵安新区发展报告（2017~2018）
著(编)者：马长青 吴大华　2018年6月出版／估价：99.00元
PSN B-2015-459-4/10

贵州蓝皮书
贵州国家级开放创新平台发展报告（2017~2018）
著(编)者：申晓庆 吴大华 季泓
2018年11月出版／估价：99.00元
PSN B-2016-518-7/10

贵州蓝皮书
贵州国有企业社会责任发展报告（2017~2018）
著(编)者：郭丽　2018年12月出版／估价：99.00元
PSN B-2015-511-6/10

贵州蓝皮书
贵州民航业发展报告（2017）
著(编)者：申振东 吴大华　2018年6月出版／估价：99.00元
PSN B-2015-471-5/10

贵州蓝皮书
贵州民营经济发展报告（2017）
著(编)者：杨静 吴大华　2018年6月出版／估价：99.00元
PSN B-2016-530-9/9

杭州都市圈蓝皮书
杭州都市圈发展报告（2018）
著(编)者：洪庆华 沈翔　2018年4月出版／定价：98.00元
PSN B-2012-302-1/1

河北经济蓝皮书
河北省经济发展报告（2018）
著(编)者：马树强 金浩 张贵　2018年6月出版／估价：99.00元
PSN B-2014-380-1/1

河北蓝皮书
河北经济社会发展报告（2018）
著(编)者：康振海　2018年1月出版／定价：99.00元
PSN B-2014-372-1/3

河北蓝皮书
京津冀协同发展报告（2018）
著(编)者：陈璐　2017年12月出版／定价：79.00元
PSN B-2017-601-2/3

河南经济蓝皮书
2018年河南经济形势分析与预测
著(编)者：王世炎　2018年3月出版／定价：89.00元
PSN B-2007-086-1/1

河南蓝皮书
河南城市发展报告（2018）
著(编)者：张占仓 王建国　2018年5月出版／估价：99.00元
PSN B-2009-131-3/9

河南蓝皮书
河南工业发展报告（2018）
著(编)者：张占仓　2018年5月出版／估价：99.00元
PSN B-2013-317-5/9

河南蓝皮书
河南金融发展报告（2018）
著(编)者：喻新安 谷建全
2018年6月出版／估价：99.00元
PSN B-2014-390-7/9

河南蓝皮书
河南经济发展报告（2018）
著(编)者：张占仓 完世伟
2018年6月出版／估价：99.00元
PSN B-2010-157-4/9

河南蓝皮书
河南能源发展报告（2018）
著(编)者：国网河南省电力公司经济技术研究院
　　　　　河南省社会科学院
2018年6月出版／估价：99.00元
PSN B-2017-607-9/9

河南商务蓝皮书
河南商务发展报告（2018）
著(编)者：焦锦淼 穆荣国　2018年5月出版／估价：99.00元
PSN B-2014-399-1/1

河南双创蓝皮书
河南创新创业发展报告（2018）
著(编)者：喻新安 杨雪梅
2018年8月出版／估价：99.00元
PSN B-2017-641-1/1

黑龙江蓝皮书
黑龙江经济发展报告（2018）
著(编)者：朱宇　2018年1月出版／定价：89.00元
PSN B-2011-190-2/2

皮书系列 2018全品种　地方发展类-经济

湖南城市蓝皮书
区域城市群整合
著(编)者：童中贤 韩未名　2018年12月出版 / 估价：99.00元
PSN B-2006-064-1/1

湖南蓝皮书
湖南城乡一体化发展报告（2018）
著(编)者：陈文胜 王文强 陆福兴
2018年8月出版 / 定价：99.00元
PSN B-2015-477-8/8

湖南蓝皮书
2018年湖南电子政务发展报告
著(编)者：梁志峰　2018年5月出版 / 估价：128.00元
PSN B-2014-394-6/8

湖南蓝皮书
2018年湖南经济发展报告
著(编)者：卞鹰　2018年5月出版 / 估价：128.00元
PSN B-2011-207-2/8

湖南蓝皮书
2016年湖南经济展望
著(编)者：梁志峰　2018年5月出版 / 估价：128.00元
PSN B-2011-206-1/8

湖南蓝皮书
2018年湖南县域经济社会发展报告
著(编)者：梁志峰　2018年5月出版 / 估价：128.00元
PSN B-2014-395-7/8

湖南县域绿皮书
湖南县域发展报告（No.5）
著(编)者：袁准 周小毛 黎仁寅
2018年6月出版 / 定价：99.00元
PSN G-2012-274-1/1

沪港蓝皮书
沪港发展报告（2018）
著(编)者：尤安山　2018年9月出版 / 估价：99.00元
PSN B-2013-362-1/1

吉林蓝皮书
2018年吉林经济社会形势分析与预测
著(编)者：邵汉明　2017年12月出版 / 定价：89.00元
PSN B-2013-319-1/1

吉林省城市竞争力蓝皮书
吉林省城市竞争力报告（2017~2018）
著(编)者：崔岳春 张磊
2018年3月出版 / 定价：89.00元
PSN B-2016-513-1/1

济源蓝皮书
济源经济社会发展报告（2018）
著(编)者：喻新安　2018年6月出版 / 估价：99.00元
PSN B-2014-387-1/1

江苏蓝皮书
2018年江苏经济发展分析与展望
著(编)者：王庆五 吴先满
2018年7月出版 / 估价：128.00元
PSN B-2017-635-1/3

江西蓝皮书
江西经济社会发展报告（2018）
著(编)者：陈石俊 龚建文　2018年10月出版 / 估价：128.00元
PSN B-2015-484-1/2

江西蓝皮书
江西设区市发展报告（2018）
著(编)者：姜玮 梁勇
2018年10月出版 / 定价：99.00元
PSN B-2016-517-2/2

经济特区蓝皮书
中国经济特区发展报告（2017）
著(编)者：陶一桃　2018年1月出版 / 估价：99.00元
PSN B-2009-139-1/1

辽宁蓝皮书
2018年辽宁经济社会形势分析与预测
著(编)者：梁启东 魏红江　2018年6月出版 / 估价：99.00元
PSN B-2006-053-1/1

民族经济蓝皮书
中国民族地区经济发展报告（2018）
著(编)者：李曦辉　2018年7月出版 / 估价：99.00元
PSN B-2017-630-1/1

南宁蓝皮书
南宁经济发展报告（2018）
著(编)者：胡建华　2018年9月出版 / 估价：99.00元
PSN B-2016-569-2/3

内蒙古蓝皮书
内蒙古精准扶贫研究报告（2018）
著(编)者：张志年　2018年1月出版 / 定价：89.00元
PSN B-2017-681-2/2

浦东新区蓝皮书
上海浦东经济发展报告（2018）
著(编)者：周小平 徐美芳
2018年1月出版 / 定价：89.00元
PSN B-2011-225-1/1

青海蓝皮书
2018年青海经济社会形势分析与预测
著(编)者：陈玮　2018年1月出版 / 定价：98.00元
PSN B-2012-275-1/2

青海科技绿皮书
青海科技发展报告（2017）
著(编)者：青海省科学技术信息研究所
2018年3月出版 / 定价：98.00元
PSN G-2018-701-1/1

山东蓝皮书
山东经济形势分析与预测（2018）
著(编)者：李广杰　2018年7月出版 / 估价：99.00元
PSN B-2014-404-1/5

山东蓝皮书
山东省普惠金融发展报告（2018）
著(编)者：齐鲁财富网
2018年9月出版 / 估价：99.00元
PSN B2017-676-5/5

地方发展类-经济

皮书系列
2018全品种

山西蓝皮书
山西资源型经济转型发展报告（2018）
著(编)者：李志强　　2018年7月出版　/　估价：99.00元
PSN B-2011-197-1/1

陕西蓝皮书
陕西经济发展报告（2018）
著(编)者：任宗哲　白宽犁　裴成荣
2018年1月出版　/　定价：89.00元
PSN B-2009-135-1/6

陕西蓝皮书
陕西精准脱贫研究报告（2018）
著(编)者：任宗哲　白宽犁　王建康
2018年4月出版　/　定价：89.00元
PSN B-2017-623-6/6

上海蓝皮书
上海经济发展报告（2018）
著(编)者：沈开艳　　2018年2月出版　/　定价：89.00元
PSN B-2006-057-1/7

上海蓝皮书
上海资源环境发展报告（2018）
著(编)者：周冯琦　胡静　2018年2月出版　/　定价：89.00元
PSN B-2006-060-4/7

上海蓝皮书
上海奉贤经济发展分析与研判（2017~2018）
著(编)者：张兆安　朱平芳　2018年3月出版　/　定价：99.00元
PSN B-2018-698-8/8

上饶蓝皮书
上饶发展报告（2016~2017）
著(编)者：廖其志　　2018年6月出版　/　估价：128.00元
PSN B-2014-377-1/1

深圳蓝皮书
深圳经济发展报告（2018）
著(编)者：张骁儒　　2018年6月出版　/　定价：99.00元
PSN B-2008-112-3/7

四川蓝皮书
四川城镇化发展报告（2018）
著(编)者：侯水平　陈炜　2018年6月出版　/　估价：99.00元
PSN B-2015-456-7/7

四川蓝皮书
2018年四川经济形势分析与预测
著(编)者：杨钢　　2018年1月出版　/　定价：158.00元
PSN B-2007-098-2/7

四川蓝皮书
四川企业社会责任研究报告（2017~2018）
著(编)者：侯水平　盛毅　2018年5月出版　/　定价：99.00元
PSN B-2014-386-4/7

四川蓝皮书
四川生态建设报告（2018）
著(编)者：李晟之　　2018年5月出版　/　定价：99.00元
PSN B-2015-455-6/7

四川蓝皮书
四川特色小镇发展报告（2017）
著(编)者：吴志强　　2017年11月出版　/　定价：89.00元
PSN B-2017-670-8/8

体育蓝皮书
上海体育产业发展报告（2017~2018）
著(编)者：张林　黄海燕
2018年10月出版　/　估价：99.00元
PSN B-2015-454-4/5

体育蓝皮书
长三角地区体育产业发展报（2017~2018）
著(编)者：张林　　2018年6月出版　/　估价：99.00元
PSN B-2015-453-3/5

天津金融蓝皮书
天津金融发展报告（2018）
著(编)者：王爱俭　孔德昌
2018年5月出版　/　估价：99.00元
PSN B-2014-418-1/1

图们江区域合作蓝皮书
图们江区域合作发展报告（2018）
著(编)者：李铁　　2018年6月出版　/　估价：99.00元
PSN B-2015-464-1/1

温州蓝皮书
2018年温州经济社会形势分析与预测
著(编)者：蒋儒标　王春光　金浩
2018年6月出版　/　估价：99.00元
PSN B-2008-105-1/1

西咸新区蓝皮书
西咸新区发展报告（2018）
著(编)者：李扬　王军
2018年6月出版　/　估价：99.00元
PSN B-2016-534-1/1

修武蓝皮书
修武经济社会发展报告（2018）
著(编)者：张占仓　袁凯声
2018年10月出版　/　估价：99.00元
PSN B-2017-651-1/1

偃师蓝皮书
偃师经济社会发展报告（2018）
著(编)者：张占仓　袁凯声　何武周
2018年7月出版　/　估价：99.00元
PSN B-2017-627-1/1

扬州蓝皮书
扬州经济社会发展报告（2018）
著(编)者：陈扬　　2018年12月出版　/　估价：108.00元
PSN B-2011-191-1/1

长垣蓝皮书
长垣经济社会发展报告（2018）
著(编)者：张占仓　袁凯声　秦保建
2018年10月出版　/　估价：99.00元
PSN B-2017-654-1/1

遵义蓝皮书
遵义发展报告（2018）
著(编)者：邓彦　曾征　龚永育
2018年9月出版　/　估价：99.00元
PSN B-2014-433-1/1

地方发展类-社会

安徽蓝皮书
安徽社会发展报告（2018）
著(编)者：程桦　2018年6月出版／估价：99.00元
PSN B-2013-325-1/1

安徽社会建设蓝皮书
安徽社会建设分析报告（2017~2018）
著(编)者：黄家海　蔡宪
2018年11月出版／估价：99.00元
PSN B-2013-322-1/1

北京蓝皮书
北京公共服务发展报告（2017~2018）
著(编)者：施昌奎　2018年6月出版／估价：99.00元
PSN B-2008-103-7/8

北京蓝皮书
北京社会发展报告（2017~2018）
著(编)者：李伟东
2018年7月出版／估价：99.00元
PSN B-2006-055-3/8

北京蓝皮书
北京社会治理发展报告（2017~2018）
著(编)者：殷星辰　2018年7月出版／估价：99.00元
PSN B-2014-391-8/8

北京律师蓝皮书
北京律师发展报告No.4（2018）
著(编)者：王隽　2018年12月出版／估价：99.00元
PSN B-2011-217-1/1

北京人才蓝皮书
北京人才发展报告（2018）
著(编)者：敏华　2018年12月出版／估价：128.00元
PSN B-2011-201-1/1

北京社会心态蓝皮书
北京社会心态分析报告（2017~2018）
北京市社会心理服务促进中心
2018年10月出版／估价：99.00元
PSN B-2014-422-1/1

北京社会组织管理蓝皮书
北京社会组织发展与管理（2018）
著(编)者：黄江松
2018年6月出版／估价：99.00元
PSN B-2015-446-1/1

北京养老产业蓝皮书
北京居家养老发展报告（2018）
著(编)者：陆杰华　周明明
2018年8月出版／估价：99.00元
PSN B-2015-465-1/1

法治蓝皮书
四川依法治省年度报告No.4（2018）
著(编)者：李林　杨天宗　田禾
2018年3月出版／定价：118.00元
PSN B-2015-447-2/3

福建妇女发展蓝皮书
福建省妇女发展报告（2018）
著(编)者：刘群英　2018年11月出版／估价：99.00元
PSN B-2011-220-1/1

甘肃蓝皮书
甘肃社会发展分析与预测（2018）
著(编)者：安文华　谢增虎　包晓霞
2018年1月出版／定价：79.00元
PSN B-2013-313-2/6

广东蓝皮书
广东全面深化改革研究报告（2018）
著(编)者：周林生　涂成林
2018年12月出版／估价：99.00元
PSN B-2015-504-3/3

广东蓝皮书
广东社会工作发展报告（2018）
著(编)者：罗观翠　2018年6月出版／估价：99.00元
PSN B-2014-402-2/3

广州蓝皮书
广州青年发展报告（2018）
著(编)者：徐柳　张强
2018年8月出版／估价：99.00元
PSN B-2013-352-13/14

广州蓝皮书
广州社会保障发展报告（2018）
著(编)者：张跃国　2018年8月出版／估价：99.00元
PSN B-2014-425-14/14

广州蓝皮书
2018年中国广州社会形势分析与预测
著(编)者：张强　郭志勇　何镜清
2018年6月出版／估价：99.00元
PSN B-2008-110-5/14

贵州蓝皮书
贵州法治发展报告（2018）
著(编)者：吴大华　2018年5月出版／估价：99.00元
PSN B-2012-254-2/10

贵州蓝皮书
贵州人才发展报告（2017）
著(编)者：于杰　吴大华
2018年9月出版／估价：99.00元
PSN B-2014-382-3/10

贵州蓝皮书
贵州社会发展报告（2018）
著(编)者：王兴骥　2018年6月出版／估价：99.00元
PSN B-2010-166-1/10

杭州蓝皮书
杭州妇女发展报告（2018）
著(编)者：魏颖
2018年10月出版／估价：99.00元
PSN B-2014-403-1/1

地方发展类–社会

河北蓝皮书
河北法治发展报告（2018）
著(编)者：康振海　2018年6月出版／估价：99.00元
PSN B-2017-622-3/3

河北食品药品安全蓝皮书
河北食品药品安全研究报告（2018）
著(编)者：丁锦霞
2018年10月出版／估价：99.00元
PSN B-2015-473-1/1

河南蓝皮书
河南法治发展报告（2018）
著(编)者：张林海　2018年7月出版／估价：99.00元
PSN B-2014-376-6/9

河南蓝皮书
2018年河南社会形势分析与预测
著(编)者：牛苏林　2018年5月出版／估价：99.00元
PSN B-2005-043-1/9

河南民办教育蓝皮书
河南民办教育发展报告（2018）
著(编)者：胡大白　2018年9月出版／估价：99.00元
PSN B-2017-642-1/1

黑龙江蓝皮书
黑龙江社会发展报告（2018）
著(编)者：王爱丽　2018年1月出版／定价：89.00元
PSN B-2011-189-1/2

湖南蓝皮书
2018年湖南两型社会与生态文明建设报告
著(编)者：卞鹰　2018年5月出版／估价：128.00元
PSN B-2011-208-3/8

湖南蓝皮书
2018年湖南社会发展报告
著(编)者：卞鹰　2018年5月出版／估价：128.00元
PSN B-2014-393-5/8

健康城市蓝皮书
北京健康城市建设研究报告（2018）
著(编)者：王鸿春　盛继洪
2018年9月出版／估价：99.00元
PSN B-2015-460-1/2

江苏法治蓝皮书
江苏法治发展报告No.6（2017）
著(编)者：蔡道通　龚廷泰
2018年8月出版／估价：99.00元
PSN B-2012-290-1/1

江苏蓝皮书
2018年江苏社会发展分析与展望
著(编)者：王庆五　刘旺洪
2018年8月出版／估价：128.00元
PSN B-2017-636-2/3

民族教育蓝皮书
中国民族教育发展报告（2017·内蒙古卷）
著(编)者：陈中永
2017年12月出版／定价：198.00元
PSN B-2017-669-1/1

南宁蓝皮书
南宁法治发展报告（2018）
著(编)者：杨维超　2018年12月出版／估价：99.00元
PSN B-2015-509-1/3

南宁蓝皮书
南宁社会发展报告（2018）
著(编)者：胡建华　2018年10月出版／估价：99.00元
PSN B-2016-570-3/3

内蒙古蓝皮书
内蒙古反腐倡廉建设报告No.2
著(编)者：张志华　2018年6月出版／估价：99.00元
PSN B-2013-365-1/1

青海蓝皮书
2018年青海人才发展报告
著(编)者：王宇燕　2018年9月出版／估价：99.00元
PSN B-2017-650-2/2

青海生态文明建设蓝皮书
青海生态文明建设报告（2018）
著(编)者：张西明　高华　2018年12月出版／估价：99.00元
PSN B-2016-595-1/1

人口与健康蓝皮书
深圳人口与健康发展报告（2018）
著(编)者：陆杰华　傅崇辉
2018年11月出版／估价：99.00元
PSN B-2011-228-1/1

山东蓝皮书
山东社会形势分析与预测（2018）
著(编)者：李善峰　2018年6月出版／估价：99.00元
PSN B-2014-405-2/5

陕西蓝皮书
陕西社会发展报告（2018）
著(编)者：任宗哲　白宽犁　牛昉
2018年1月出版／定价：89.00元
PSN B-2009-136-2/6

上海蓝皮书
上海法治发展报告（2018）
著(编)者：叶必丰　2018年9月出版／估价：99.00元
PSN B-2012-296-6/7

上海蓝皮书
上海社会发展报告（2018）
著(编)者：杨雄　周海旺
2018年2月出版／定价：89.00元
PSN B-2006-058-2/7

社会建设蓝皮书
2018年北京社会建设分析报告
著(编)者：宋贵伦 冯虹　2018年9月出版／估价：99.00元
PSN B-2010-173-1/1

深圳蓝皮书
深圳法治发展报告（2018）
著(编)者：张骁儒　2018年6月出版／估价：99.00元
PSN B-2015-470-6/7

深圳蓝皮书
深圳劳动关系发展报告（2018）
著(编)者：汤庭芬　2018年8月出版／估价：99.00元
PSN B-2007-097-2/7

深圳蓝皮书
深圳社会治理与发展报告（2018）
著(编)者：张骁儒　2018年6月出版／估价：99.00元
PSN B-2008-113-4/7

生态安全绿皮书
甘肃国家生态安全屏障建设发展报告（2018）
著(编)者：刘举科 喜文华
2018年10月出版／估价：99.00元
PSN G-2017-659-1/1

顺义社会建设蓝皮书
北京市顺义区社会建设发展报告（2018）
著(编)者：王学武　2018年9月出版／估价：99.00元
PSN B-2017-658-1/1

四川蓝皮书
四川法治发展报告（2018）
著(编)者：郑泰安　2018年6月出版／估价：99.00元
PSN B-2015-441-5/7

四川蓝皮书
四川社会发展报告（2018）
著(编)者：李羚　2018年6月出版／估价：99.00元
PSN B-2008-127-3/7

四川社会工作与管理蓝皮书
四川省社会工作人力资源发展报告（2017）
著(编)者：边慧敏　2017年12月出版／定价：89.00元
PSN B-2017-683-1/1

云南社会治理蓝皮书
云南社会治理年度报告（2017）
著(编)者：晏雄 韩全芳
2018年5月出版／估价：99.00元
PSN B-2017-667-1/1

地方发展类-文化

北京传媒蓝皮书
北京新闻出版广电发展报告（2017~2018）
著(编)者：王志　2018年11月出版／估价：99.00元
PSN B-2016-588-1/1

北京蓝皮书
北京文化发展报告（2017~2018）
著(编)者：李建盛　2018年5月出版／估价：99.00元
PSN B-2007-082-4/8

创意城市蓝皮书
北京文化创意产业发展报告（2018）
著(编)者：郭万超 张京成　2018年12月出版／估价：99.00元
PSN B-2012-263-1/7

创意城市蓝皮书
天津文化创意产业发展报告（2017~2018）
著(编)者：谢思全　2018年6月出版／估价：99.00元
PSN B-2016-536-7/7

创意城市蓝皮书
武汉文化创意产业发展报告（2018）
著(编)者：黄永林 陈汉桥　2018年12月出版／估价：99.00元
PSN B-2013-354-4/7

创意上海蓝皮书
上海文化创意产业发展报告（2017~2018）
著(编)者：王慧敏 王兴全　2018年8月出版／估价：99.00元
PSN B-2016-561-1/7

非物质文化遗产蓝皮书
广州市非物质文化遗产保护发展报告（2018）
著(编)者：宋俊华　2018年12月出版／估价：99.00元
PSN B-2016-589-1/1

甘肃蓝皮书
甘肃文化发展分析与预测（2018）
著(编)者：马廷旭 戚晓萍　2018年1月出版／定价：99.00元
PSN B-2013-314-3/6

甘肃蓝皮书
甘肃舆情分析与预测（2018）
著(编)者：王俊莲 张谦元　2018年1月出版／定价：99.00元
PSN B-2013-315-4/6

广州蓝皮书
中国广州文化发展报告（2018）
著(编)者：屈哨兵 陆志强　2018年6月出版／估价：99.00元
PSN B-2009-134-7/14

广州蓝皮书
广州文化创意产业发展报告（2018）
著(编)者：徐咏虹　2018年7月出版／估价：99.00元
PSN B-2008-111-6/14

海淀蓝皮书
海淀区文化和科技融合发展报告（2018）
著(编)者：陈名杰 孟景伟　2018年5月出版／估价：99.00元
PSN B-2013-329-1/1

地方发展类-文化

河南蓝皮书
河南文化发展报告(2018)
著(编)者：卫绍生　2018年7月出版 / 估价：99.00元
PSN B-2008-106-2/9

湖北文化产业蓝皮书
湖北省文化产业发展报告(2018)
著(编)者：黄晓华　2018年9月出版 / 估价：99.00元
PSN B-2017-656-1/1

湖北文化蓝皮书
湖北文化发展报告(2017~2018)
著(编)者：湖北大学高等人文研究院
　　　　　中华文化发展湖北省协同创新中心
2018年10月出版 / 估价：99.00元
PSN B-2016-566-1/1

江苏蓝皮书
2018年江苏文化发展分析与展望
著(编)者：王庆五　樊和平　2018年9月出版 / 估价：128.00元
PSN B-2017-637-3/3

江西文化蓝皮书
江西非物质文化遗产发展报告(2018)
著(编)者：张圣才　傅安平　2018年12月出版 / 估价：128.00元
PSN B-2015-499-1/1

洛阳蓝皮书
洛阳文化发展报告(2018)
著(编)者：刘福兴　陈启明　2018年7月出版 / 估价：99.00元
PSN B-2015-476-1/1

南京蓝皮书
南京文化发展报告(2018)
著(编)者：中共南京市委宣传部
2018年12月出版 / 估价：99.00元
PSN B-2014-439-1/1

宁波文化蓝皮书
宁波"一人一艺"全民艺术普及发展报告(2017)
著(编)者：张爱琴　2018年11月出版 / 估价：128.00元
PSN B-2017-668-1/1

山东蓝皮书
山东文化发展报告(2018)
著(编)者：徐可国　2018年5月出版 / 估价：99.00元
PSN B-2014-406-3/5

陕西蓝皮书
陕西文化发展报告(2018)
著(编)者：任宗哲　白宽犁　王长寿
2018年1月出版 / 定价：89.00元
PSN B-2009-137-3/6

上海蓝皮书
上海传媒发展报告(2018)
著(编)者：强荧　焦雨虹　2018年2月出版 / 定价：89.00元
PSN B-2012-295-5/7

上海蓝皮书
上海文学发展报告(2018)
著(编)者：陈圣来　2018年6月出版 / 估价：99.00元
PSN B-2012-297-7/7

上海蓝皮书
上海文化发展报告(2018)
著(编)者：荣跃明　2018年6月出版 / 估价：99.00元
PSN B-2006-059-3/7

深圳蓝皮书
深圳文化发展报告(2018)
著(编)者：张骁儒　2018年7月出版 / 估价：99.00元
PSN B-2016-554-7/7

四川蓝皮书
四川文化产业发展报告(2018)
著(编)者：向宝云　张立伟　2018年6月出版 / 估价：99.00元
PSN B-2006-074-1/7

郑州蓝皮书
2018年郑州文化发展报告
著(编)者：王哲　2018年9月出版 / 估价：99.00元
PSN B-2008-107-1/1

社会科学文献出版社　　**皮书系列**

✤ 皮书起源 ✤

"皮书"起源于十七、十八世纪的英国，主要指官方或社会组织正式发表的重要文件或报告，多以"白皮书"命名。在中国，"皮书"这一概念被社会广泛接受，并被成功运作、发展成为一种全新的出版形态，则源于中国社会科学院社会科学文献出版社。

✤ 皮书定义 ✤

皮书是对中国与世界发展状况和热点问题进行年度监测，以专业的角度、专家的视野和实证研究方法，针对某一领域或区域现状与发展态势展开分析和预测，具备原创性、实证性、专业性、连续性、前沿性、时效性等特点的公开出版物，由一系列权威研究报告组成。

✤ 皮书作者 ✤

皮书系列的作者以中国社会科学院、著名高校、地方社会科学院的研究人员为主，多为国内一流研究机构的权威专家学者，他们的看法和观点代表了学界对中国与世界的现实和未来最高水平的解读与分析。

✤ 皮书荣誉 ✤

皮书系列已成为社会科学文献出版社的著名图书品牌和中国社会科学院的知名学术品牌。2016年，皮书系列正式列入"十三五"国家重点出版规划项目；2013~2018年，重点皮书列入中国社会科学院承担的国家哲学社会科学创新工程项目；2018年，59种院外皮书使用"中国社会科学院创新工程学术出版项目"标识。

中国皮书网

（网址：www.pishu.cn）

发布皮书研创资讯，传播皮书精彩内容
引领皮书出版潮流，打造皮书服务平台

栏目设置

关于皮书：何谓皮书、皮书分类、皮书大事记、皮书荣誉、
皮书出版第一人、皮书编辑部

最新资讯：通知公告、新闻动态、媒体聚焦、网站专题、视频直播、下载专区

皮书研创：皮书规范、皮书选题、皮书出版、皮书研究、研创团队

皮书评奖评价：指标体系、皮书评价、皮书评奖

互动专区：皮书说、社科数托邦、皮书微博、留言板

所获荣誉

2008年、2011年，中国皮书网均在全国新闻出版业网站荣誉评选中获得"最具商业价值网站"称号；

2012年，获得"出版业网站百强"称号。

网库合一

2014年，中国皮书网与皮书数据库端口合一，实现资源共享。

权威报告·一手数据·特色资源

皮书数据库
ANNUAL REPORT(YEARBOOK) DATABASE

当代中国经济与社会发展高端智库平台

所获荣誉

- 2016年，入选"'十三五'国家重点电子出版物出版规划骨干工程"
- 2015年，荣获"搜索中国正能量 点赞2015""创新中国科技创新奖"
- 2013年，荣获"中国出版政府奖·网络出版物奖"提名奖
- 连续多年荣获中国数字出版博览会"数字出版·优秀品牌"奖

成为会员

通过网址www.pishu.com.cn或使用手机扫描二维码进入皮书数据库网站，进行手机号码验证或邮箱验证即可成为皮书数据库会员（建议通过手机号码快速验证注册）。

会员福利

- 使用手机号码首次注册的会员，账号自动充值100元体验金，可直接购买和查看数据库内容（仅限使用手机号码快速注册）。
- 已注册用户购书后可免费获赠100元皮书数据库充值卡。刮开充值卡涂层获取充值密码，登录并进入"会员中心"—"在线充值"—"充值卡充值"，充值成功后即可购买和查看数据库内容。

数据库服务热线：400-008-6695 图书销售热线：010-59367070/7028
数据库服务QQ：2475522410 图书服务QQ：1265056568
数据库服务邮箱：database@ssap.cn 图书服务邮箱：duzhe@ssap.cn

更多信息请登录

皮书数据库
http://www.pishu.com.cn

中国皮书网
http://www.pishu.cn

皮书微博
http://weibo.com/pishu

皮书微信"皮书说"

请到当当、亚马逊、京东或各地书店购买,也可办理邮购

咨询/邮购电话:010-59367028 59367070
邮　　箱:duzhe@ssap.cn
邮购地址:北京市西城区北三环中路甲29号院3号楼
　　　　 华龙大厦13层读者服务中心
邮　　编:100029
银行户名:社会科学文献出版社
开户银行:中国工商银行北京北太平庄支行
账　　号:0200010019200365434